Maike Stünkel

W0056703

Barcelona
& Umgebung

IWANOWSKI'S REISEBUCHVERLAG

Im Internet:

www.iwanowski.de

Hier finden Sie aktuelle Infos zu allen Titeln,
interessante Links – und vieles mehr!

Einfach anklicken!

Schreiben Sie uns,
wenn sich etwas
verändert hat. Wir
sind bei der Aktuali-
sierung unserer
Bücher auf Ihre
Mithilfe angewiesen:
info@iwanowski.de

Barcelona
2. Auflage 2012

© Reisebuchverlag Iwanowski GmbH
Salm-Reifferscheidt-Allee 37 • 41540 Dormagen
Telefon 0 21 33/26 03 11 • Fax 0 21 33/26 03 33
info@iwanowski.de
www.iwanowski.de

Titelfoto: Casa Milà / La Pedrera
age fotostock / LOOK-foto

Alle anderen Farbabbildungen: siehe Bildnachweis Seite 283
Layout und Lektorat: Annette Pundsack, Köln
Karten: Thomas Buri, Bielefeld
Titelgestaltung sowie Layout-Konzeption: Studio Schübel, München
Redaktionelles Copyright, Konzeption und dessen ständige Überarbeitung: Michael Iwanowski

Alle Informationen und Hinweise erfolgen ohne Gewähr für die Richtigkeit im Sinne des Pro-
dukthaftungsrechts. Verlag und Autorin können daher keine Verantwortung und Haftung für
inhaltliche oder sachliche Fehler übernehmen. Auf den Inhalt aller in diesem Buch erwähnten
Internetseiten Dritter haben Autorin und Verlag keinen Einfluss. Eine Haftung dafür wird ebenso
ausgeschlossen wie für den Inhalt der Internetseiten, die durch weiterführende Verknüpfungen
(sog. „Links") damit verbunden sind.

Gesamtherstellung: Grafisches Centrum Cuno, Calbe
Printed in Germany

ISBN: 978-3-86197-029-3

Überblick

Stadtbesichtigung

Stadtbesichtigung

Interessantes

Legende

i Information	•• Ausgrabungsstätte	🚂 Bahnhof
★ Sehenswürdigkeit	🧺 Markt	🚌 Busbahnhof
Kirche	✳ Aussicht	✉ Post
Kathedrale/Dom	Strand	
Kloster	Leuchtturm	Unterkunft
Burg	M Museum	Restaurants
Schloss	T Theater	Ausgehen
Turm	▲ Camping	Einkaufen
Statue/Denkmal		

6. ANHANG 272

Weiterführende Informationen zu folgenden Themen

Verzeichnis der Karten und Grafiken

Vordere Umschlagklappe: Barcelona – Übersicht
Hintere Umschlagklappe: Metroplan, mit freundlicher Genehmigung von
© Transports Metropolitans de Barcelona (TMB)

Interessantes

Vorwort

„*Barcelona no es Barcelona, sino Barcelonas*" – „Barcelona ist nicht Barcelona, sondern Barcelonas", schrieb einmal Manuel Vázquez Montalbán, „Barcelonist" aus Leidenschaft und einer der bekanntesten Schriftsteller der Stadt. Und er hat Recht: Barcelona ist Plural: Römisch, gotisch, modernistisch, olympisch – wohl kaum eine zweite Stadt ist so vielfältig wie die faszinierende Mittelmeermetropole.

In der Hauptstadt Kataloniens, zwischen den Hügeln des Montjuïc und Tibidabo und dem glitzernden Meer gelegen, findet man in breiten Prachtstraßen wie dem Passeig de Gràcia die weltberühmten modernistischen Bauten Gaudís gleich neben den engen Gassen der mittelalterlichen Viertel mit ihren gotischen Kirchen, Szenebars neben traditionellen Tavernen, moderne Museen in alten Palästen, den modernen Yachthafen neben dem traditionellen Fischerviertel. Nicht zu vergessen die ehemaligen Dörfer wie Sarrià und Gracià, die sich mitten in der brodelnden Großstadt ihren dörflichen Charme erhalten haben. Und nicht umsonst bezeichnet sich Barcelona als die Designer-Hauptstadt Europas. Im Schatten mittelalterlicher Bauten werden die neuen Trends in Mode, Architektur und Gastronomie gesetzt – hinzu kommt ein vibrierendes Nachtleben.

Mediterran und kosmopolitisch, extravagant und lebenslustig, charmant und geschäftstüchtig – Barcelona erfindet sich ständig neu, ohne dabei sein ursprüngliches katalanisches Wesen zu verlieren. Und gerade diese Kombination macht es spannend, sich auf den Zauber der Stadt einzulassen. So nannte sie der Dichter Joan Maragall auch: *la gran encisera*, die große Zauberin. Lassen Sie sich verführen!

Düsseldorf, im September 2011

 So geht's

Im Kapitel **Stadt und Leute** erhalten Sie einen Einblick in Geschichte und Kultur sowie andere Aspekte des Reiseziels. Die Gelben Seiten geben **Allgemeine Tipps von A–Z** (ab S. 44) zur Planung und Ausführung einer Reise nach Barcelona und stellen eine Auswahl an Unterkünften vor. In den **Grünen Seiten** (ab S. 83) wird kurz aufgelistet, was Sie der Aufenthalt in Barcelona kostet.

Im Anschluss folgt der **Reiseteil** (ab S. 86), in dem auf alle wichtigen und wesentlichen Sehenswürdigkeiten mit Vorschlägen zu Spaziergängen durch die Stadt eingegangen wird. Reisepraktische Informationen zu Restaurants, Cafés, Einkaufen und Nachtleben finden Sie bei den jeweiligen Stadtteilbeschreibungen. **Ausflugsziele** in der Umgebung von Barcelona werden ab S. 250 vorgestellt. Ein ausführliches Register im **Anhang** (ab S. 278) gibt Ihnen die Möglichkeit, schnell den gesuchten Begriff zu finden. Über Kritik, Anregungen und Verbesserungsvorschläge freuen wir uns: info@iwanowski.de

Barcelona auf einen Blick
Fakten

Bedeutung	Hauptstadt von Katalonien und zweitgrößte Stadt Spaniens
Geografische Lage	am Mittelmeer im Nordosten Spaniens
Größe	ca. 100 km²
Administration	10 *districtes* (Distrikte), die je in mehrere *barris* (Viertel) unterteilt sind. Katalonien ist eine von 17 autonomen Gemeinschaften Spaniens. Sie wird innerhalb ihrer Kompetenzen von der Generalitat de Catalunya (Parlament, Regierung und Präsident) regiert. Dazu zählen u. a. die Bereiche Kultur, Transport, Handel, Tourismus, Bildung, Gesundheit.
Lage	Barcelona erstreckt sich auf ca. 100 km² zwischen der bewaldeten Bergkette der Collserola (mit dem Tibidabo mit 512 m als höchstem Punkt), dem Meer und den zwei Flüssen Besòs und Llobregat.
Einwohner	ca. 1,6 Mio. (nach Madrid zweitgrößte Stadt Spaniens), im Ballungsraum wohnen etwa 4,8 Mio. Menschen (knapp 65 % aller Einwohner Kataloniens)
Religion	überwiegend römisch-katholisch (ca. 70 %)
Sprache	Katalanisch (*català*), Kastilisch (*castellano*)
Nationalfeiertag	11. September
Klima	mediterran (17 °C im Durchschnitt)
UNESCO-Weltkulturerbestätten	9 (Weltrekord)
Berühmteste Katalanen	Antoni Gaudí, Salvador Dalí und Joan Miró

Orientierung: Die interessantesten Stadtteile

Hinweis
siehe Übersichtskarte in der vorderen Umschlagklappe.

Ciutat Vella

Barri Gòtic (S. 88 ff.)
Das gotische Viertel ist das alte Herz der Stadt. Neben den vielen Läden, Bars und Restaurants in den engen Gassen sind die Hauptattraktionen die Kathedrale (s. S. 96), die Plaça del Rei mit dem Museum für Stadtgeschichte (s. S. 101) und die älteste Synagoge Spaniens (s. S. 106).

Altes Herz der Stadt

El Raval (S. 115 ff.)

Das Multikulti-Viertel, einst verrufen, heute z. T. noch im Sanierungsprozess, wartet besonders im nördlichen Teil mit zahlreichen Bars und Restaurants auf und beherbergt eines der kulturellen Highlights der Stadt, das MACBA, das Museum für Zeitgenössische Kunst (s. S. 123), und einen der wenigen romanischen Bauten, die Kirche Sant Pau del Camp (s. S. 120). Auch das Schifffahrtsmuseum (s. S. 117) in den alten gotischen Werften ist einen Besuch wert.

Sant Pere, Santa Caterina i La Ribera (S. 145 ff.)

Der südliche Teil des Viertels, der Born, ist bekannt als In-Treff und für die kleinen Boutiquen und zahllosen Bars. Hier findet man eine Perle des gotischen Sakralbaus, die Kirche Santa María del Mar (s. S. 146), und eines der meistbesuchten Museen Barcelonas, das Museu Picasso am Carrer de Montcada (s. S. 152). Der Parc de la Ciutadella

(s. S. 166) bildet eine grüne Oase mitten in der Metropole. In den Gassen des stark von Immigranten geprägten, oberhalb des Carrer de la Princesa gelegenen Teils des Viertels, Sant Pere und Santa Caterina, lädt der Mercat de Santa Caterina (s. S. 156) und das überwältigende Meisterwerk des Modernisme, der Palau de la Música Catalana (s. S. 158), zum Staunen ein.

La Rambla (S. 134 ff.)

Die Rambla ist die berühmteste Straße der Stadt. Hier findet man z. B. den berühmten Mercat de la Boqueria (s. S. 137). Sie ist in verschiedene Abschnitte unterteilt und endet am **Port Vell**, der für die

Die Rambla, die berühmteste Straße Barcelonas

Olympischen Spiele 1992 herausgeputzten Hafenfront, wo man u. a. das Aquarium (s. S. 173) und das Museum für katalanische Geschichte (s. S. 174) besuchen kann.

Barceloneta (S. 170 ff.)

Barcelona und das Meer

Das alte Fischerviertel, das sich an den Port Vell anschließt, hat zwar weniger beeindruckende Sehenswürdigkeiten aufzuweisen, dafür aber die besten Fischrestaurants (s. S. 178) und den Stadtstrand. Auf der Strandpromenade kann man fast bis zur Stadtgrenze am Fluss Besòs zum Edifici Fòrum mit dem naturwissenschaftlichen Museu Blau (s. S. 183) entlangflanieren. Während das alte Industrieviertel **Poblenou** aufpoliert wird, entstand oberhalb des Forums das neue Viertel **Diagonal Mar** (s. S. 184).

Eixample (S. 187 ff.)

Das Viertel Eixample steht für den katalanischen Jugendstil, den Modernisme. Das schachbrettartig angelegte Viertel entstand ab 1856 nach den Plänen des Architekten

Ildefonso Cerdà. Die meisten der berühmten Bauten von Antoni Gaudí liegen am Passeig de Grácia (Casa Batlló und Casa Milà, S. 195). Und unweit davon erhebt sich das Wahrzeichen Barcelonas: die Sagrada Família (S. 199).

Wiege des Modernisme

Gràcia (S. 209 ff.)

Das beschauliche, eher alternativ geprägte Viertel oberhalb des Eixample ist besonders am Abend ein Anziehungspunkt, wenn sich auf den Plätzen die Terrassen füllen, aber es bietet sich auch für einen Shoppingbummel an, z. B. entlang der Straßen Gran de Gràcia oder Carrer de Verdi. Die **Casa Vicens** (S. 213) ist eines der frühen Werke Gaudís, aber Hauptanziehungspunkt ist der oberhalb von Gràcia gelegene **Park Güell** (S. 214).

Montjuïc (S. 220 ff.)

Der Berg der Museen bietet etwas für jeden Geschmack: ob 1.000 Jahre katalanische Kunst, die Miró-Stiftung, das Sportmuseum oder ein Spaziergang zum Castell de Montjuïc – ein Ausflug lohnt sich in jedem Fall.

Sarrià-Sant Gervasi (S. 240 ff.)

In das feine Wohngebiet oberhalb der Avinguda Diagonal (auch Zona Alta genannt) haben sich die wohlhabenderen Einwohner aus der lärmenden Altstadt zurückgezogen. In **Sarrià** ist noch das dörfliche Flair vergangener Tage spürbar. Kultureller Höhepunkt ist das gotische **Kloster von Pedralbes** (S. 243), außerdem locken die Museen des Palau Reial und der grandiose Blick vom Tibidabo. Für Fußballfans: das Stadion **Camp Nou** (S. 245) des FC Barcelona.

Wohl-habendes Barcelona

Barcelona für Kinder

info

Der Ruf Barcelonas als architekturträchtige, mediterrane Partystadt, wo spät gegessen und bis in die tiefe Nacht gefeiert wird, lässt die katalanische Hauptstadt nicht auf den ersten Blick als das ideale Ziel für einen Familienurlaub erscheinen. Aber zum einen sind die Spanier in der Regel sehr kinderfreundlich und haben mit Kindern z. B. im Restaurant kein Problem. Auch stellen viele Hotels gratis oder günstig ein Kinderbett ins Zimmer, oder man mietet sich ein kleines Apartment. Zum anderen hat Barcelona einiges zu bieten, das (nicht nur) den Kleinen gefallen wird. Ein Besuch im Hochsommer ist allerdings nicht unbedingt zu empfehlen: Zum einen kann es dann brüllend heiß sein, und lange Schlangen etwa vor der Casa Batlló verbreiten auch keine gute Laune.

Das **Aquarium** (S. 173) ist nicht gerade günstig, bietet aber faszinierende Einblicke in die Unterwasserwelten. Und ein Gang über die Rambla mit den vielen „lebenden Statuen" und eine anschließende Tour mit den **Golondrinas** (S. 69) oder ein Besuch am Strand sind willkommene Aktionen. Auf der Rambla befindet sich zudem das **Wachsfigurenmuseum** (S. 142), und auch wenn die Erklärungen im **Schokoladenmuseum** (S. 155) auf Englisch sind, könnte es einen Abstecher wert sein. Auch die bunten Modernisme-Häuser mit ihren ungewöhnlichen Formen und besonders die Echse im Park Güell können Kinder begeistern.

Ein Besuch des Vergnügungs-parks auf dem **Tibidabo** (S. 235) ist vielleicht keine gute Idee, wenn die Kids große Freizeit-parks wie Disneyworld kennen, aber auch hier gibt es besonders für kleine Kinder eine ordentli-che Auswahl an Spielen. In der Nähe liegt das preisgekrönte Wissenschaftsmuseum **Cosmo Caixa** (S. 239), das dazu einlädt, sich interaktiv zu betätigen. Auf dem **Montjuïc** kann man sich im modernen olympischen Museum die Idole des Sports ansehen (S. 228) und die Kleinen in einem der zahlreichen **Parks**, etwa im Parc Laribal (S. 229), austoben lassen. Auch der Parc de la Ciu-tadella mit kleinem See und dem **Zoo** nebenan (S. 168) bietet sich an.

Flug mit Ausblick: im Vergnügungspark Tibidabo

Auch mit dem **Essen** gibt es kaum Probleme: Zwar öffnen die Restaurants erst spät, aber in den zahlreichen Tapas-Bars, ob rustikal oder schick, kann man den ganzen Tag über (oder ab dem frühen Abend) aus einer großen Auswahl etwas zusammen-stellen, bei der für jedes Kind etwas dabei sein dürfte. Sonst gibt es immer noch den Gang zu **Papa Bubble** (Carrer de Ample 28), wo man beim Herstellen von Bonbons zuschauen kann, oder in einen der vielen Schokoläden.

Buchtipps

Barcelona für Kinder, von Javier Zabala, Bohem Press (2008); viele Sehenswürdigkeiten der Stadt werden mit farblich aufklappbaren Bildern darge-stellt.

Weltreise Barcelona: Mister Pock und die blaue Echse, von Dana Haralambie, Dix Verlag (2010); Max erkundet mit seinem Lemuren Mr. Pock und einer ein-heimischen Eidechse die Stadt und erlebt spannende Abenteuer – sehr unter-haltsam, nicht nur für Kinder.

Historischer Überblick

☞ **Hinweis**
Wer sich für die Geschichte Barcelonas und Kataloniens interessiert, dem sei ein Besuch des **Museums katalanischer Geschichte** *empfohlen, in dem diese sehr anschaulich erzählt wird (Museu d'Història de Catalunya, s. S. 174).*

Iberer, Römer und die Gründung Barcelonas

Archäologischen Funden zufolge sollen schon in grauer Vorzeit (ca. 1500 v. Chr.) Menschen in der Gegend des heutigen Barcelona gelebt haben. Der hier ab etwa 650 v. Chr. lebende Stamm der **Laetaner** (Iberer) führte, abgesehen von späteren sporadischen Besuchen von Phöniziern, Karthagern und Griechen (die im Übrigen im 6. Jh. Empúries an der Costa Brava gründeten) ein vom Weltgeschehen unbehelligtes Leben am Fuße des Montjuïc und in den umliegenden Wäldern. Dann starteten die **Römer** ihren Siegeszug und unterwarfen, teils kaufend, teils kämpfend, die Iberische Halbinsel, Hispania genannt. Hauptstadt wurde die damals sehr viel bedeutendere Stadt Tàrraco (Tarragona, s. S. 268). Der einsetzende Prozess der Romanisierung der Iberischen Halbinsel legte die Basis der hispanisch-römischen Kultur. *Erste Bewohner*

Obwohl laut verschiedener Legenden und Quellen der Grieche Herkules (wahlweise mit neun Mitstreitern, neun Schiffen oder einem neunten Schiff – *Barca-nona*) bzw. Amílcar Barca, karthagischer Feldherr und Vater des famosen Hannibal, Barcelona gegründet haben sollen, legen andere Quellen eine **römische Gründung** im 1. Jh. v. Chr. auf dem Mont Taber nahe, etwa an der Stelle der heutigen Plaça Sant Jaume im Barri Gòtic. Hier entstand der Tempel des Kaisers Augustus, von dem heute noch vier mächtige Säulen stehen (s. S. 102). Die Stadt bekam den klangvollen Namen **Colonia Faventia Julia Augusta Paterna Barcino**. Von den in den folgenden Jahrhunderten hochgezogenen Mauern zeugen heute die Reste im Barri Gòtic. Im Museum für Stadtgeschichte unter der Plaça del Rei kann man über erstaunlich gut erhaltene römische Straßen und Häuserreste wandeln und sich mit etwas Fantasie das damalige Leben der Römer vorstellen.

Als das römische Imperium ins Wanken geriet, wurde dies auch in Barcelona spürbar. Die Völkerwanderung schwappte über auf die Halbinsel. Nach den Franken, Alemannen, Vandalen und anderen „Barbaren" kamen um 400 n. Chr. die **Westgoten** auf die Iberische Halbinsel. Nach der Eroberung Barcinos machte deren König Ataulf die Stadt 415 zur Hauptstadt seines Königreichs, bevor er wenig später nach Toletum (Toledo) umzog. *Ankunft der Westgoten*

Um 700 standen die **Araber** vor den Toren, doch Barcelona entging einer Plünderung durch sofortige Kapitulation. Und während die **Franken** im Jahr 801 die Stadt unter Ludwig dem Frommen zurückeroberten, verhallte der Hilfeschrei der Katalanen bei einem erneuten Angriff 985 ungehört. Die Invasion und Zerstörung Barcelonas unter Graf Borrell II. bedeutete somit de facto die **Unabhängigkeit** vom Frankenkönig. Von der recht kurzen arabischen Herrschaft in Barcelona sind keine nennenswerten Spuren geblieben.

Die Grafen von Barcelona – Geburt einer Nation und katalanischer Machtausbau

Der Frankenkönig setzte 878 Guifré (Wilfried) als Verwalter des Gebiets südlich der Pyrenäen ein. Guifré, eigentlich ein Vasall des Königs, vereinte die verschiedenen unabhängigen Grafschaften Kataloniens zu dem, was man als **Catalunya Vella** (Altkatalonien) bezeichnet. Mit **Guifré**, aufgrund ausgeprägter Körperbehaarung auch *Guifré* *el Pelós* (Wilfried der Haarige) genannt, Sohn des Comte D'Urgell, begann die legendäre Zeit der **Grafen von Barcelona**, die diesen Titel bis 1410 in der Familie behielten. Von Guifré stammt laut Legende auch die **katalanische Flagge**: So soll er in einer Schlacht tödlich getroffen worden sein. Der König von Frankreich fuhr aus Dankbarkeit gegenüber seinem treuen Vasallen mit blutigen Fingern über das goldene Schild Guifrés. Und so kamen die vier roten Streifen auf die katalanische Flagge. Die wahre Herkunft der Flagge ist allerdings wahrscheinlich älter.

Wilfried der Haarige

In den beiden folgenden Jahrhunderten vereinten sich die verschiedenen Grafen Kataloniens durch politische Allianzen und vorteilhafte Eheschließungen und dehnten den Machtbereich der **Casal de Barcelona** (Haus Barcelonas) mächtig aus. Unter Ramón Berenguer III. (1082–1131) kam die Provence dazu. Barcelona wandte sich dem Meer zu und Katalonien legte mit seiner ersten eigenen Flotte den Grundstock für den später mächtigen Seehandel. Doch die für die nächsten Jahrhunderte entscheidende Heirat tätigte Ramón Berenguer IV. (1131–1162) im 12. Jh.: Er heiratete Prinzessin Petronilla aus Aragonien, die als Mitgift das **Königreich Aragonien** (Aragón) mit in die Ehe brachte, das ihr Vater vor den kastilischen Avancen schützen wollte. Katalonien und Aragonien vereinten sich zu einem Staat, der von den *Comtes-Reais* – Graf (von Barcelona)/König (von Aragonien) – regiert wurde. Barcelona war nun Hauptstadt eines bedeutenden, über die Pyrenäen hinausreichenden Reichs, das zu der Handelsmacht im Mittelmeer aufstieg.

Dynastische Union

Goldenes Zeitalter und Decadència

Das katalanische Reich wurde immer größer: **König Jaume I. der Eroberer** (1208–1276) zog in zartem Alter im Jahr 1229 los, Mallorca zu erobern, einige Jahre später Ibiza und Formentera. Die Einnahme des auf dem Festland gelegenen Valencia gestaltete sich jedoch ungleich schwieriger und dauerte 16 Jahre (1232–1248). Trotz hoher Kriegskosten stieg die Stadt zu einer boomenden Handelsmacht im Mittelmeer auf. Barcelona wuchs und wuchs, die Stadtmauern wurden erweitert, neue Viertel wie La Ribera, Kirchen und Klöster gebaut (trotz oder gerade wegen grassierender Pestepidemien), Händler, Handwerker und Seeleute, Juristen, Ärzte und Chronisten, aber auch Regierung und Adel zogen in die Stadt. Um 1330 hatte Barcelona bereits ca. 50.000 Einwohner, das katalanische Handelsrecht galt im ganzen Mittelmeerraum als Grundlage.

Unter Pere II. (1240–1285), Sohn von König Jaume I., erlebte Barcelona einen Höhepunkt seiner **Mittelmeerherrschaft**. 1282 wurde Sizilien annektiert, das bis zum 15. Jh. zu Katalonien gehörte. Malta und Athen wurden kurzzeitig von dem Helden

Roger de Flor besetzt, später kam noch Neapel hinzu. Überall war zu jener Zeit das Katalanische Verwaltungssprache. Bereits jetzt wurden von den *Corts Generals* (Ständerat) die *Diputació del General* (später Generalitat) und der *Consell der Cent* (Rat der Hundert) geschaffen, eine Art frühes Parlament. Es war die oberste Autorität, vor der sich der König zu verantworten hatte. Mit dem Handel und viel Geld florierte auch die Kultur, die „Jocs Florals" („Blumenspiele"), ein Dichterwettbewerb, wurden ins Leben gerufen, 1450 die Universität von Barcelona gegründet, 1474 erschien das erste gedruckte Buch in Katalanisch.

Graf von Barcelona: Ramón Berenguer

Dem katalanischen Höhenflug folgten demografische, kulturelle, wirtschaftliche und politische **Krisen**: Hungersnöte, Bürgerkrieg und die Pest halbierten die Einwohnerzahl der einst blühenden Stadt. Hinzu kam die Auslöschung des Hauses von Barcelona aufgrund Nachfolgermangels: 1410 starb König Martí e Humà, Martin der Menschliche, ohne Erbe. Alle umliegenden Staaten schielten begierig auf das wohlhabende Katalonien und meldeten umgehend ihre Ansprüche an. Schließlich kam ein kastilischer Neffe Martís *Ende der* auf den Thron. Die **dynastische Union mit Kastilien** setzte sich unter den in Bar- *Grafen* celona wenig beliebten **Katholischen Königen**, Isabella von Kastilien und Ferdinand *Barcelonas* von Aragón, fort, die den geschäftstüchtigen Katalanen den Handel mit dem neu entdeckten Amerika untersagten – obwohl die Könige Kolumbus bei seiner Rückkehr auf den Stufen des Salò de Tinell empfangen haben sollen. Mit der Inquisition und Pogromen (1391) gegen die jüdische Bevölkerung begann Barcelonas Stern zu sinken.

Den Katholischen Königen folgte Karl I. von Spanien (bzw. Kaiser Karl V., 1500–1558). Dessen als fanatischer Katholik und Kastile geltende Sohn Philipp II. (1527–1598) begann mit dem Idealbild eines mächtigen bürokratischen, zentralisierten Staates die Halbinsel zu hispanisieren, d. h. zu kastilisieren, was der Beginn der wohl nie endenden, heute aber glücklicherweise meist in friedlichen Bahnen verlaufenden Spannungen zwischen Madrid und Barcelona markierte.

Das Ende des politischen Kataloniens

Im Jahr 1635 schlug sich Katalonien im spanisch-französischen Krieg auf die Seite Frankreichs und sagte sich von Spanien los. Die in Katalonien herumlungernden und marodierenden kastilischen Truppen verstärkten den Unmut der Bewohner. Als im Sommer 1640 ein paar Hundert Schnitter *(segadors)* in die Stadt kamen, um nach Arbeit in den umliegenden Feldern zu suchen, gingen sie an Corpus Cristi mit den präch-

Kachelbild von Barcelona um 1700

tigen Fronleichnamsprozessionen auf die königlichen Funktionäre los. Die Revolte gegen die kastilischen Truppen breitete sich in ganz Katalonien aus, 1641 vertrieben Katalanen und Franzosen die Truppen Philipps IV. aus der Festung auf dem Montjuïc. Doch im **Pyrenäenfrieden 1659** zwischen Kastilien und Frankreich verlor Katalonien nicht nur die katalanischen Gebiete nördlich der Pyrenäen, sondern auch seinen Verbündeten. Barcelona hatte in den folgenden Jahren mit der Pest und der Belagerung durch kastilische Truppen zu kämpfen, bis es 1652 in die Knie gezwungen wurde und ausgeblutet die Waffen streckte. Dieser aufgrund seines Ursprungs als **Guerra dels Segadors** (Krieg der Schnitter, 1640–1652) bekannte Krieg hinterließ tiefe Wunden. Das damals entstandene Lied „Els Segadors", ein feierlicher Aufruf, zu den Waffen zu greifen, ist heute die katalanische Nationalhymne.

Krieg der Schnitter

Unter den Königen Philipp III. (1578–1621), Philipp IV. (1605–1665) und Karl II. (1661–1700) kam die katalanische Wirtschaft zunächst wieder in Schwung. Doch als Karl als letzter Habsburger 1700 ohne Nachkommen starb, löste er damit den **Spanischen Erbfolgekrieg** aus (*Guerra de Sucesión*, 1701–1714), bei dem die Katalanen wieder auf das falsche Pferd setzten. Die europäischen Mächte meldeten umgehend ihre Ansprüche auf den spanischen Thron an. Katalonien schlug sich auf die Seite des von den Habsburgern unterstützten Karls III., der dem Gegenkandidaten, dem Bourbonen Philipp V., den Krieg erklärte. Doch nach dem Tod seines Bruders Kaiser Joseph I. 1711 wurde Karl zum Kaiser des Reichs gewählt. Im **Frieden von Utrecht 1713** wurde der Krieg in Europa beendet.

Doch nicht für die Katalanen, die sich plötzlich ohne ihre österreichischen Verbündeten wiederfanden. Die katalanische Regierung entschied sich für den Widerstand, für Barcelona endete der Krieg ein Jahr später mit einer verheerenden Niederlage und der Eroberung der Stadt. Nach langen Belagerungsmonaten schossen am frühen Morgen des **11. September 1714** (heute katalanischer Nationalfeiertag) die vereinten kastilischen und französischen Truppen die Stadt in Schutt und Asche. Am Abend war Barcelona trotz erbitterten Widerstands gefallen. Mit dem neuen Grundgesetz, den **Decretos de Nueva Planta** (1716), entzog der neue König Philipp V. Katalonien die Souveränität. Dies bedeutete das vorläufige Ende jeglicher Autonomiebestrebungen eines katalanischen Staates, Abschaffung der eigenen Währung, des Steuersystems, der Universität und das Verbot der katalanischen Sprache. Damit nicht genug, ließ Philipp V. einen großen Teil des Viertels La Ribera abreißen, um eine riesige Zitadelle zu errichten, von der aus Barcelona in Schach gehalten wurde (heute Park Ciutadella).

Verbot des Katalanischen

Beginn der Industrialisierung

Die politische Eigenständigkeit der Katalanen ging verloren, nicht aber ihr Geschäftssinn. Im Gegensatz zu dem noch länger agrarisch geprägten Rest Spaniens war Katalonien eines der am frühesten **industrialisierten Gebiete** Südeuropas. Schließlich wurde es den Katalanen 1778 gestattet, von ihren Häfen Handel mit den Überseekolonien in Amerika zu treiben – mehr als drei Jahrhunderte nach der Entdeckung. Rohstoffe, vor allem Baumwolle, bildeten die Grundlage für die boomende Textilindustrie. 1832 entstand die erste Fabrik der Iberischen Halbinsel in Barcelona (El Vapor) und 1848 wurde die erste Eisenbahnlinie Spaniens zwischen Barcelona und Mataró in Betrieb genommen.

Wirtschaftlicher Aufschwung

Die Industrialisierung brachte **gesellschaftliche und soziale Veränderungen** mit sich. Tausende Arbeiter strömten in die Gegend, schon 1900 waren gut 20 % der Einwohner der Provinz Barcelona zugewanderte Arbeitskräfte. Doch die Lebensbedingungen waren prekär und die Arbeiter sahen sich nicht in der Lage, ihre Familien zu ernähren. Bei den Industriearbeitern fiel so besonders der Anarchismus auf fruchtbaren Boden. Als Folge der königlichen Intrigen und des ersten Karlistenkriegs (1833–1839) entluden sich die sozialen Spannungen 1835 in Form einer **antiklerikalen Revolte** der Arbeiter, bei der viele Kirchen und Klöster abbrannten. 1842 wurde Barcelona vom „Held" des Karlistenkriegs, General Espartero, vom Montjuïc aus zur Niederschlagung einer Revolte bombardiert.

Industrialisierung und Immigration

Sozialen Unruhen zum Trotz begann man ab 1860 in seltener Einigkeit mit dem **Abriss der alten Stadtmauern**, die die bereits knapp 500.000 Bewohner der Stadt einengten. Das Gesicht Barcelonas veränderte sich nachhaltig. Für die **Weltausstellung 1888** stand der Abriss der verhassten Zitadelle auf dem Plan, im neuen Viertel Eixample entstanden die prächtigsten Bauten des katalanischen Jugendstils und das bis heute unvollendete Wahrzeichen Barcelonas: die Sagrada Família.

Während das spanische Imperium mit dem Verlust der letzten Kolonien (1898 Kuba und die Philippinen an die USA) in Bedeutungslosigkeit und Depression versank, sonnte sich Barcelona nach der Weltausstellung 1888 in seiner neuen Bekanntheit. Mit der **Stadterweiterung**, der Entstehung des neuen Viertels Eixample, brach bei den Spekulanten das **Goldfieber** aus (s. S. 188). An der 1894 eröffneten Avinguda Paral·lel (die parallel zum Äquator verläuft, daher der Name) öffneten Theater, die ersten Kinos, Bars, und Musiksäle. War Paris der Treffpunkt Intellektueller und Künstler Europas, so war Barcelona so etwas wie das Vorzimmer der Iberischen Halbinsel. Künstler wie der junge Picasso

Die ersten Häuser des Eixample: die Casas Cerdà

kamen in die Stadt, mischten sich in die lokale Kunstszene und hielten ihre legendären Treffen im Quatre Gats ab. Dem argentinischen Schriftsteller Sarmiento erschien einzig Barcelona in Spanien als kulturell „zivilisierte" Stadt. Er schrieb, nachdem er zuvor Madrid besucht hatte, nach seiner Ankunft in Barcelona: *„Estoy, por fin, fuera de la España"* („Endlich bin ich raus aus Spanien").

Soziale Konflikte und Anarchismus

„Lo teu present esplèndid és de nous temps aurora" („Deine glanzvolle Gegenwart ist die Morgenröte der neuen Zeit"), dichtete Jacint Verdaguer, einer der größten Vertreter der katalanischen Renaixença 1902 in seiner „Oda a Barcelona". Doch diese Morgenröte kam nicht ohne schwarze Rauchschwaden daher. Kriege, Aufstände, Attentate und Revolutionen, die Barcelona den Spitznamen *Rosa de Fuego* (Feuerrose) einbrachten, erschütterten die Stadt. Denn während ein Teil der Barceloneser Gesellschaft mit der wirtschaftlichen Entwicklung Geld scheffelte, brodelte es unter der Oberfläche weiter. 1893 wurden bei einem Anschlag des aragonesischen Anarchisten Santiago Salvador im Gran Teatre del Liceu, Synonym des Geldadels, 20 Menschen getötet. 1909 endete ein Generalstreik der Arbeiter gegen die Einberufung nach Marokko mit der Ausrufung des Kriegszustands und der **Semana Trágica**, der „Tragischen Woche". Die blutige Niederschlagung durch das Militär ging mit über 2.000 Verhaftungen und mehreren Exekutionen von Anarchisten, Arbeiterführern und Republikanern einher. Die Unruhen in Barcelona setzten sich mit dem Auftreten des *pistolerismo* fort: Die Industriellen heuerten bewaffnete Männer zur Ermordung der Gewerkschaftsführer an. Die Antwort der Anarchisten ließ nicht lange auf sich warten. Dieser schmutzige Krieg zwischen Gewerkschaftern und Industriebossen forderte 1920–1923 über 200 Tote auf Barcelonas Straßen.

Feuerrose

Konflikt mit Madrid und der Catalanisme

Mit der Industrialisierung wuchsen die Uneinigkeiten mit dem noch überwiegend agrarisch geprägten spanischen Staat. Mit der wachsenden wirtschaftlichen Macht begannen sich die Verfechter einer **katalanischen Identität** zu Wort zu melden. 1892 wurden von der Unió Catalanista die *Bases de Manresa* verabschiedet, eine Art regionale Verfassung. Die katalanische Widerstandsbewegung **Solidaritat Catalana** gewann 1907 die Provinzwahlen mit haushohem Vorsprung. Zu Beginn des Ersten Weltkriegs wurde unter **Enric Prat de la Riba** (Verfasser des Werkes „La nacionalitat catalana", 1906, eine der wichtigsten Schriften zum politischen Katalanismus) die sog. *Mancomunitat de Catalunya* mit Billigung Madrids geschaffen, ein Zusammenschluss der Provinzen mit Barcelona als Hauptstadt.

Regionale Verfassung

Die spanische Zentralregierung hatte nicht nur in Katalonien die Kontrolle verloren, und so bat König Alfons XIII. 1923 den Generalkapitän von Katalonien, **Miguel Primo de Rivera**, mit dem Militär zu putschen. Er verbot die *Mancomunitat*, die mächtige anarchistische Gewerkschaft CNT und sogar den FC Barcelona. Die stagnierende

Wirtschaft sollte mit öffentlichen Aufträgen wieder in Gang gebracht werden, und einer der weitreichendsten war die **Weltausstellung 1929**, die wieder in Barcelona stattfand, diesmal auf dem Montjuïc. Künstlerisch war diese Expo ein Triumph der Monumentalbauten, was ein Blick auf den in Rekordzeit gebauten Palau Nacional am Fuße des Montjuïc deutlich macht. Im Zuge der Weltausstellung schwappte eine weitere Welle von Immigranten, vor allem aus dem hungernden Südspanien, nach Katalonien.

Das Ende der Diktatur 1930 zog ein Jahr später den Fall der Monarchie nach sich, in Madrid wurde die Zweite Spanische Republik ausgerufen. In Katalonien hatte die ERC (*Esquerra Republicana de Catalunya*, Republikanische Linke Kataloniens) unter dem beliebten **Francesc Macià** die Wahlen gewonnen und rief mit der breiten Unterstützung der Bevölkerung vom Balkon der Generalitat eine unabhängige katalanische Republik, den **Estat Català**, aus. Diese dauerte auf Druck aus Madrid allerdings nur wenige Tage. Stattdessen mussten sich

Wahlplakat der Solidaritat Catalana

die Katalanen mit einer von der Zentralregierung tolerierten Regionalregierung zufriedengeben, die den alten Namen der 1714 aufgelösten **Generalitat de Catalunya** wieder annahm.

Nach dem Tod Maciàs rief **Lluís Companys** 1934 angesichts der immer weiter nach rechts rückenden Zentralregierung in Madrid einen katalanischen Staat im Rahmen der Spanischen Republik aus. Daraufhin verurteilte Madrid alle Mitglieder der Generalitat zu 35 Jahren Haft. Als die **Frente Popular** 1936 die Wahlen in Spanien gewann, wurden die Häftlinge freigelassen und die Generalitat mit Companys als Präsident wieder eingesetzt: Katalonien besaß für einen kurzen Moment reale Autonomie. Aber die Hoffnung währte nicht lange.

Spanischer Bürgerkrieg und Franquismo

Franco erhob sich 1936 mit Teilen des Militärs gegen die Republik. Das linke Barcelona konnte sich lange halten, doch war die Front gegen die Truppen Francos mehr als zerstritten. Die legitime republikanische Regierung lieferte sich verlustbringende Gefechte mit den Anarchisten, die Milizen verübten bei der Durchsetzung ihres revolutionären „Gesetzes" allerhand Gräueltaten. Die Bevölkerung litt nach dem linken Terror bald unter Übergriffen von rechts durch die Bombardierungen von deutschen und italienischen Flugzeugen. 1938 hatten die Francuisten ihre Offensive in Aragonien begonnen, und der Ebro wurde zum Schauplatz blutiger Schlachten. Nach dem Fall Madrids wurde Barcelona **Hauptstadt der Republik**, aber ein Ende des Kriegs war

Gräueltaten

Das katalanische Parlament im Parc de la Ciutadella

nur noch eine Frage der Zeit. Im Januar 1939 verließen die Truppen der Generalitat Barcelona und überließen sie den Händen der Nationalisten.

Die Diktatur Francos, die fast 40 Jahre dauerte, war mit den Folgen der Niederlage von 1716 vergleichbar. Der Krieg hatte Tausende sterben lassen, Zehntausende, vor allem Intellektuelle, Gewerkschafter, die politische Klasse, wanderten ins Exil, andere kamen ins Gefängnis oder wurden hingerichtet. Der Präsident der Generalitat, Lluís Companys, wurde im besetzten Frankreich gefasst und von der Gestapo nach Spanien ausgeliefert, wo er auf dem Montjuïc erschossen wurde. Die Exilregierung richtete *Verbot alles* sich in Frankreich ein. Die Franco-Zeit bedeutete einen schweren Rückschlag für alle *Katalani-* katalanischen Aspirationen. Wieder einmal wurden die katalanische Regierung und die *schen* katalanische Sprache (in der Schule und auf der Straße) verboten und verfolgt. Sogar der traditionelle katalanische Tanz, die Sardana, durfte nicht mehr aufgeführt werden.

Der für Spanien so bedeutenden Wirtschaft Kataloniens tat dies keinen Abbruch: Nach der langen, harten Nachkriegszeit setzte ab 1959 ein spektakuläres Wirtschaftswachstum ein. In 30 Jahren verdoppelte sich die Einwohnerzahl Kataloniens vor allem durch die Einwanderer aus Südspanien, die Arbeit in den Fabriken des Nordens suchten.

Rückkehr zur Demokratie

Ende der 1950er-Jahre begann sich der Widerstand zu formieren, der gegen Ende des Franquismo immer öffentlicher wurde. Die **Nova Cançó Catalana**, die mit politischen Texten auf Katalanisch gegen die politische Unterdrückung protestierte, erfuhr eine phänomenale Verbreitung. Franco starb nach schwerer Krankheit im November 1975. Der von ihm auserwählte Nachfolger, König Juan Carlos I. von Spanien, leitete den Übergang zur Demokratie ein *(transición)*. Für Katalonien bedeutete dies: Die Generalitat wurde wieder eingesetzt und Barcelona Hauptstadt von Katalonien. Umge-

hend erschienen katalanische Tageszeitungen. Am 11. September 1977, dem Nationalfeiertag Kataloniens, fand die bis dato **größte Demonstration Spaniens** statt:
1,5 Mio. Menschen forderten die Autonomie Kataloniens. 1979 wurde das Autono-
miestatut, allerdings von Madrid stark beschnitten, verabschiedet, der Auftakt zu einer
bis heute andauernden Diskussion über das Ausmaß der Autonomie. Die Katalanen erhielten eine eigene Polizei, Parlament, Bildungshoheit, Telekommunikationsmittel und
Justiz. Das Katalanische wurde offizielle Amtssprache.

Erstes Auto-nomiestatut

Die ersten Wahlen des katalanischen Parlaments 1980 gewann Jordi Pujol mit der ka-
talanisch-nationalistischen Partei *Convergència i Unio* (CiU, Konvergenz und Union). 23
Jahre lang blieb Pujol Chef der Generalitat de Catalunya. Barcelona wählte links, erster Bürgermeister wurde Pasqual Maragall (PSC – *Partits dels Socialistes de Catalunya*,
katalanische Sozialisten), der bei der Modernisierung und Entwicklung der Stadt in
den folgenden Jahren eine wichtige Rolle spielte. Diese Zeit nach Franco bedeutete
einen spektakulären wirtschaftlichen und politischen **Modernisierungsprozess**, verstärkt durch den Eintritt Spaniens in die EU, der schließlich mit den Olympischen Spielen 1992 in Barcelona seinen Höhepunkt erreichte. Barcelona entwickelte sich zu
einer der meistbesuchten Städte Europas. Auf Pujol folgte 2003 Pasqual Maragall, der
ehemalige Bürgermeister von Barcelona, als Präsident der Generalitat.

Bei den **Wahlen 2010** wurde die linke Koalition abgewählt, und die CiU mit Artur
Mas gewann die Wahlen zur Generalitat, er steht seitdem einer Minderheitsregierung
vor. Bürgermeister ist seit 2006 Jordi Hereu (FSC).

Wirtschaft

Der sprichwörtliche Geschäftssinn der Katalanen kommt nicht von ungefähr: Schon
im Mittelalter etablierte sich Barcelona als Handelsmetropole, strategisch günstig am
Mittelmeer und nahe Frankreich gelegen. Im 19. Jh. wurde Katalonien zur Fabrik Spaniens. Die in erster Linie auf Textilindustrie aufbauende Industrialisierung begann 1832,
als in Barcelona die erste mechanische Fabrik der gesamten Iberischen Halbinsel mit
Dampfmaschinen, El Vapor, ihre Arbeit aufnahm.

Als wichtiges Industriezentrum, das heute noch 25 % der Industrieproduktion Spaniens
ausmacht, und wichtiger Hafen, an dem heute nicht nur Millionen Container umge-
schlagen werden, sondern auch Millionen von Kreuzfahrttouristen mit nicht unbe-
deutender Wirtschaftskraft in die Stadt kommen, ist der Raum Barcelona (und ganz
Katalonien) ein auch heute noch starkes Wirtschaftszentrum mit geringerer Arbeits-
losigkeit und höherem Pro-Kopf-BIP als der spanische Durchschnitt. Heute ist der
Dienstleistungssektor mit über 80 % der Beschäftigten der mit Abstand wichtigste in
Barcelona (in Katalonien ca. 65 %). Vor allem die Tourismusbranche hat seit 1992 mächtig zugelegt und kann ständig neue Besucherrekorde vermerken. Auch viele große Ver-
lage haben hier ihren Sitz.

Industrie-zentrum

Ein Großteil der Industrie ist mittlerweile aus Barcelona in die Umgebung abgewan-
dert. Wichtig sind vor allem die Automobilindustrie (z. B. Seat), Metall verarbeitende
Betriebe, Chemie, Wein, Konsumgüter und die (abnehmende) Textilindustrie.

Kultureller Überblick
Architektur und Stadtentwicklung

Die Stadtgeschichte und -entwicklung Barcelonas lässt sich gut an der Stadtstruktur, den Vierteln und Gebäuden ablesen, die verschiedene Völker, Epochen und Geschmäcker in der Mittelmeermetropole hinterlassen haben. Millionen von Touristen pilgern jährlich nach Barcelona – und daran hat die Architektur keinen unerheblichen Anteil. Neben den mittelalterlichen Bauten der Gotik ist der Modernisme die für Barcelona prägende Epoche gewesen. Die Zeit der **Gotik** und des **Modernisme** gingen jeweils mit wirtschaftlichen Hochphasen, Stadterweiterungsprojekten und (einer gewissen) Unabhängigkeit vom spanischen Staat einher, die Raum und Mittel stellten. Auch eine Reihe von Großereignissen haben frenetische stadtplanerische Aktivitäten in Gang gesetzt und maßgeblich zum heutigen Stadtbild beigetragen: die **Weltausstellungen 1888** und **1929**, die **Olympischen Spiele 1992** und das **Fòrum 2004.**

Spuren des Mittelalters: Römer, Romanik und Gotik

Römische Überbleibsel

An verschiedenen Stellen im Herzen der Altstadt legen Mauerreste Zeugnis von der **römischen Stadtgründung** ab. Auch wenn das heutige Tarragona Hauptstadt war und dort die größten römischen Ruinen bewundert werden können, so war Barcino doch ein wichtiger Handelsort und militärischer Stützpunkt. Auf die heutigen Mauerreste stößt man in der Altstadt immer wieder, wie etwa an der Plaça Nova und im Carrer de Palla. An der Plaça Madrid legte eine Bürgerkriegsbombe einst die Reste eines römischen Friedhofs frei. Auch die mächtigen korinthischen Säulen, Überreste des Augustustempels im Carrer del Paradis, und ganz besonders das fantastische Museum für Stadtgeschichte (MHCB) an der Plaça del Rei (s. S. 101), in dem man auf Stegen über die Reste des römischen Barcino wandern kann, halten die Erinnerung an die Stadtgründer lebendig.

Die **Romanik** war die erste bedeutende Kunstepoche des Mittelalters, die sich in ganz Europa verbreitete. Profanbauten gibt es kaum, es wurden im Wesentlichen Kirchen und Klöster erbaut, die in Katalonien von der lombardischen Romanik inspiriert wurden. In ganz Katalonien gibt es zahlreiche Zeugnisse dieser Zeit, während die romanischen Spuren in Barcelona eher rar gesät sind. Ein Beispiel ist die Kirche **Sant Pau del Camp** im Raval (s. S. 120) mit ihren Rundbögen, den kompakten Mauern mit kleinen Fenstern und den stei-

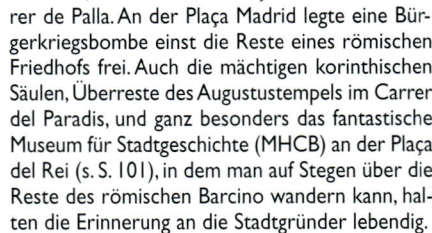

Kreuzgang von Sant Pau del Camp im Raval

nernen Gewölben. Andere Überreste der Romanik sind die in der Mauer der Kathedrale integrierte Kapelle Santa Llucía (s. S. 96) und die Kapelle d'en Marcús (s. S. 155).

Die **Gotik** ist eine der baulich wichtigsten Epochen der Stadtentwicklung, die etwa im 13. Jh. begann. Barcelona wird durch den Handel reich und wächst unermüdlich, neue Viertel wie La Ribera und El Raval werden in die Stadtmauern mit einbezogen. Und so entstehen einige der mächtigsten und faszinierendsten Bauten der Stadt in diesem Stil, der einem ganzen Viertel seinen Namen gab: dem **Barri Gòtic**, einem der besterhaltenen städtebaulichen Komplexe dieser Epoche in Europa. Neben den Sakralbauten sind auch die von gotischen Palästen gesäumten Straßen Carrer de la Montcada und Carrer Lledò beeindruckende Zeugnisse dieser Zeit.

Dabei entwickelte sich in Katalonien eine eigene Abwandlung, die sog. **katalanische Gotik**, die der Kunsthistoriker Damián Bayón als „kühn in der Konstruktion und sehr zurückhaltend in der Dekoration" (im Vergleich zur nördlicheren Gotik) beschrieb. Eines der besten Beispiele der katalanischen Gotik ist die Kirche Santa María del Mar (s. S. 146) mit ihrer schlichten Fassade, drei gleich hohen Schiffen und schmalen achteckigen Pfeilern, die einen großen freien Raum entstehen lassen. Die „zarten Pfeiler und hohen Bögen" verglich die spanische Schriftstellerin Pardo Bazàn mit einer Sonate von Chopin. Auch bei der Kirche Santa María del Pi (s. S. 92) sticht die einfache Fassade mit dem spitzbogigen Portal und der riesigen gotischen Fensterrose hervor.

Katalanische Gotik

Charakteristisch für die katalanische Gotik waren zunächst einschiffige Kirchen mit Seitenkapellen und Kreuzrippengewölbe, wie die Kirche des **Monestir de Pedralbes** (s. S. 243). Später wurden im Wettstreit mit Südfrankreich dreischiffige Kirchen wie die Kathedrale von Barcelona (s. S. 96) erbaut. Auch runde oder spitzbogige Transversalbogen (Holzbogen, die quer zum steinernen Gewölbe verlaufen) finden zunehmend Verbreitung, wie z. B. in der Kapelle Santa Àgata an der Flaça del Rei, im Salò de Tinell (mit dem weitesten Steinbogen Europas) und im Salò del Cent im Rathaus (s. S. 105). Eines der besten noch erhaltenen Beispiele gotischer **Zivilarchitektur** sind die königlichen Werften (Drassanes Reials, s. S. 117).

Renaissance, Barock, Klassizismus

Während sich in Kastilien Ende des 15. Jh. die Architektur der **Renaissance** zu verbreiten begann, verschloss sich Katalonien aufgrund politischer und wirtschaftlicher Probleme zunächst dem neuen Stil. Dementsprechend selten sind die architektonischen Spuren der Renaissance, die wenigen (und wenig anspruchsvollen) sind die Fassade des Palau de la Generalitat (s. S. 103) und der Eingang der Casa de l'Ardiaca (s. S. 95). Schon an der Schwelle zum 17. Jh. entstand die Kirche Betlem (s. S. 136) an der Rambla mit **barocker Fassade**, auch die Kirche de la Mercè im Barri Gòtic (s. S. 110) ist dezent in diesem Stil errichtet.

Rare Spuren der Renaissance

Der später einsetzende **Neoklassizismus** (ab Ende des 18. Jh.) orientiert sich an der griechisch-römischen Architektur und wird in Teilaspekten am Palau de la Virreina (1777) oder am gegenüberliegenden Palau Moja (s. S. 136) deutlich. Die alte Börse wurde ihrer gotischen Fassade beraubt und durch eine neoklassizistische Dekoration ersetzt, die an einen römischen Tempel erinnern sollte. Als eine Art Vorstufe zum Modernisme tauchten in der Architektur neue, industrielle Materialien wie Eisen und Stahl auf, die z. B. zum Bau des Mercat del Born (s. S. 149) genutzt wurden.

Der Modernisme

Zwei Großereignisse im 19. Jh. prägten das Stadtbild nachhaltig: Das erste war der Abriss der alten Stadtmauern. Die Lebensbedingungen in der für die wachsende Bevölkerung viel zu kleinen Stadt waren mehr als prekär, Krankheiten breiteten sich rasend schnell aus, den Häusern mangelte es nicht nur an Licht und Luft, es fehlte Platz, an allen Ecken und Enden. 1859 wurde der Plan von der Zentralregierung genehmigt, und der

Ein neues Viertel entsteht

Bau eines neuen Viertels konnte beginnen: des **Eixample** (katalan. *eixample* für Erweiterung, s. S. 187). Architekt und Ideengeber war Ildefonso Cerdà, der ein schachbrettartiges Straßensystem mit einer Diagonale entwarf. Inspiriert wurde er von den Ideen der Gartenstadt, sodass z. B. die Innenhöfe des Eixample grüne Gemeinschaftsflächen für die Bewohner sein sollten und die Häuser eine bestimmte Höhe nicht überschreiten durften. Die Spekulanten und der Geschäftssinn der Katalanen machten diesen Plänen einen Strich durch die Rechnung, es wurde gebaut, was das Zeug hielt. Die Bourgeoisie hatte Geld und wetteiferte um die prächtigsten Bauten.

Katalanischer Jugendstil

Das Viertel wurde stark von der neu aufkommenden Strömung des **Modernisme** geprägt. Drei der berühmtesten Architekten verewigten sich hier: der allgegenwärtige **Antoni Gaudí** (1852–1926, s. S. 202), der seine geschwungenen Häuserfassaden mit Kacheln und bunten Steinen in irisierenden Farben dekorierte, **Lluís Domènech i Montaner** (1849–1923), der den unvergleichlichen Palau de la Música Catalana und das Hospital de la Santa Creu i Sant Pau schuf (s. S. 158 und 203) und als Direktor der Escuela de Arquitectura de Barcelona von 1900 bis 1920 einen erheblichen Anteil an der Verbreitung und Definition des katalanischen Jugendstils hatte. Der Dritte im Bunde war **Josep Puig i Cadafalch** (1867–1956), er schuf u. a. die Casa Amatller und die Casa de les Punxes. Als letzte Generation des Modernisme wird er später einer der ersten Architekten des nachfolgenden **Noucentisme**.

Die Entwicklung eines eigenen Stils wurde verstärkt durch das Gefühl, einen eigenen, urkatalanischen Stil zu schaffen. Seine Hochzeit erlebte er ab 1890, zunächst unterstützt von der katalanischen Bourgeoisie, und verwandelte sich im Sinne der nationalromantischen katalanischen Tendenzen der Renaixença zu einem identitätsstiftenden Merkmal. Der Modernisme verschaffte sich Akzeptanz bei allen Bevölkerungsschichten (auch wenn Gaudís Bauten und z. B. der Palau de la Música Catalana später herben Spott über sich ergehen lassen mussten, Letzterer entging sogar nur knapp dem Abriss). Dalí soll Gaudí gar als „Genie des schlechten Geschmacks" bezeichnet haben.

Der Modernisme steht mit dem englischen *Arts and Crafts Movement* und dem europäischen Jugendstil in Verbindung, entwickelte sich aber nur in Katalonien und besonders in Barcelona in dieser eigenen Ausprägung. Er vereinte die alten Vorgaben der (Neo)Gotik und Romanik mit arabischen sowie modernen Einflüssen und Inspiration aus der Natur und brachte eine weltweit einzigartige Ausprägung des Jugendstils hervor. Der Schwerpunkt des Modernisme lag im Ornamentalen und einem architektonischen Gesamtansatz: Nicht nur das Haus, sondern auch Möbel und Kunst wurden in diesem Stil geschaffen. Und es sind nicht nur die bekannten Gebäude, auch Apotheken, ältere Läden und einzelne Fassaden, Laternen und sogar die Steine auf dem Bordstein des Passeig de Gràcia sind Zeugnisse dieser Jahre.

Einzigartig: die Fassade der Casa Batlló von Gaudí

Hinweis
Sämtliche modernistische Bauten der Stadt (insgesamt 115), auch die unbekannteren, sind in der **Ruta del Modernisme** *aufgeführt, s. S. 69.*

Der Modernisme prägte Architektur, Kunstgewerbe, Theater und Literatur bis etwa 1915. Schon nach dem Ersten Weltkrieg war diese Epoche, die die Stadt in einen einem Fieberrausch ähnlichen Zustand grenzenloser Fantasie versetzt hatte, wieder vorbei. Ab 1906 entwickelte sich parallel der politisch motivierte Noucentisme (s. S. 31), mit dem das Bürgertum eine katalanische Identität zu schaffen suchte, weg vom verspielten Modernisme, mit den klaren, harmonischen Linien einer rationaleren Architektur. Puig i Cadafalch war einer ihrer ersten Architekten.

Ein weiteres Ereignis veränderte das Stadtbild Barcelonas: Die **Weltausstellung 1888**, die der umtriebige Bürgermeister Rius i Taulet in die Stadt holte, brachte den Parc de la Ciutadella und eine Reihe von Bauten hervor, welche die bis dato international eher namenlose Stadt über ihre Grenzen hinaus bekannt machten. Von damals stammen u. a. der Triumphbogen im Neomudéjar-Stil und das Castell dels tres dragons (Schloss der drei Dachen) von Domènech i Montaner.

Weltausstellung 1888

Avantgarde und Weltausstellung 1929

Die Avantgarde der katalanischen Architektur brachte nach dem Ersten Weltkrieg den Rationalismus nach Barcelona. Einer ihrer prominentesten Vertreter ist Josep Lluís Sert, Freund Mirós und späterer Architekt der Fundació Joan Miró, eines der wenigen Highlights der Franco-Zeit. 1929 war er mit Josep Torres einer der Begründer der GATCPAC (*Grup d'artistes i tècnics catalans per l'arquitectura contemporània*, Gruppe katalanischer Architekten für zeitgenössische Architektur), die im Auftrag der Generalitat eine ganze Reihe von Gebäuden und sozialen Wohnprojekten durchführte. Unter Franco exilierte Sert in die USA und lehrte in Harvard.

Avantgarde der Architektur

Die Weltausstellung brachte neben den Monumentalbauten wie dem Palau Nacional (s. S. 226) ein Prachtstück des Rationalismus hervor: den **Pavillon Mies van der**

Rohe, der in den 1980er-Jahren originalgetreu wieder aufgebaut wurde (s. S. 225). Auch zu dieser Expo strömten Arbeitskräfte in die Stadt, 1930 zählte Barcelona bereits eine Million Einwohner.

Nachkriegszeit

Mit dem Beginn der Franco-Diktatur war es vorbei mit der Avantgarde, katalanische Künstler wurden verfolgt oder gingen ins Exil. Der vielleicht wichtigste Bau der Franco-Zeit ist das größte Stadion Europas, das Camp Nou (1955–1957), ein Werk der Architekten Francesc Mitjans, Josep Soteras und Lorenzo García-Barbón.

Mangel an Wohnraum

Mit dem spektakulären wirtschaftlichen Aufschwung der Nachkriegszeit ging es in erster Linie um Schaffung von Wohnraum für die zu Tausenden zuströmenden Immigranten, mit denen die franquistische Stadtregierung unter Porcioles völlig überfordert war. Mitte der 1950er-Jahre fehlten über 60.000 Wohnungen. Neben den in schlechter Qualität hochgezogenen Wohnblöcken versuchte man dem Problem Herr zu werden, indem man im Eixample Stockwerke auf die bereits bestehenden Häuser draufsetzte. Die Häuserblöcke der Erweiterungsgebiete der 1950/60/70er-Jahre ersetzten die Baracken der neuen Immigranten. Diese Bauten in den suburbanen Stadtteilen mit schlechter Infrastruktur waren nicht in die Stadt integriert. Einige dieser Bausünden kann man heute in den Vororten der Stadt wie Hospitalet del Llobregat sehen.

Architektur heute

Seit den 1980er-Jahren wischte man mit radikalen Renovierungsmaßnahmen den Staub der Franco-Zeit ab, und schon bald begannen die Vorbereitungen für die städtebaulich so immens wichtigen Olympischen Spiele 1992. In der Altstadt wurden Häuserblocks abgerissen, neue Infrastruktur geschaffen, die Vila Olímpica entstand und die Meeresfront wurde neu strukturiert. Die Öffnung Barcelonas zum Meer hin ist unter den

zahlreichen baulichen Maßnahmen der letzten Jahre und Jahrzehnte sicherlich eine mit der größten Zustimmung seitens der Bevölkerung. Die Wiederbelebung des Küstenstreifens seit den 1980er-Jahren durch den Abriss der alten Industriegebäude am Port Vell, die den Blick auf das Meer verstell-

Teil des neuen Barcelonas: die Vila Olímpica

ten, die Verlagerung des Hafens an den südlichen Fuß des Montjuïc, die Säuberung der Strände und der Bau der schönen Strand- und Hafenpromenaden haben das Bild der Stadt nachhaltig zum Positiven verändert und den mediterranen Charakter Barcelonas verstärkt. Einer der diese Entwicklung wesentlich prägenden Architekten war Oriol Bohigas, der mit seiner Gruppe MBM (Martorell, Bohigas, Mackay) u. a. das olympische Dorf und die Hochhäuser des Hotel Arts und die Torre Mapfre entworfen hat. *Öffnung zum Meer*

Als einer der zahlreichen Architekten hat auch der früh verstorbene katalanische Stararchitekt Enric Miralles, der u. a. auch das Parlament in Schottland entwarf, mit der Restauration des Mercat de Santa Caterina und dem neuen Parc Diagonal Mar seinen Teil zur Entwicklung der Stadt geleistet.

Und es ist kein Ende in Sicht. Das derzeitige Spielfeld der Stadtplaner ist der Nordosten der Stadt, der mit dem Fòrum 2004 ins Blickfeld gerückt ist: die Weiterführung der Diagonal bis zum Meer und das neue Viertel **Diagonal Mar** mit dem riesigen Shoppingcenter, Hotels, Parks und Neubauten. Das Kongresszentrum von Herzog & De Meuron und das Fotovoltaiksegel von Elias Torres entstanden, Hotelgebäude und Einkaufszentrum werden gebaut, gehobener Wohnungsraum geschaffen, an dessen Planung u. a. Oscar Tusquets mitgewirkt hat. Zudem ist die neue Uferlandschaft mit Badeanlage und dem Marine Zoo im Bau.

Das **Poblenou** soll in den nächsten zehn bis 15 Jahren in den „**Technologiebezirk Plan 22@**" verwandelt werden – Hightech in alten Fabriken, der Umbau ist in vollem Gange. Eine weitere Großbaustelle ist die **Plaça de les Glòries Catalanes**, an der heute schon ein Zeichen der Erneuerung in den Himmel ragt: die Torre Agbar. Hier entsteht ein modernes Zentrum für Design des Architekten Oriol Bohigas (Disseny Hub, Eröffnung geplant für Mitte 2012). Auch die **Barceloneta** soll in Zukunft einer „Überholung" unterzogen werden, den Anfang machte das Glasgebäude von *Gas Natural* und das 2009 eröffnete hypermoderne Hotel W.

Ein weiteres Projekt ist der **neue Hauptbahnhof** im Nordosten der Stadt, La Sagrera, dessen Eröffnung für 2013 geplant ist. Hier soll u. a. der Hochgeschwindigkeitszug aus Frankreich (AVE) und die neue Metrolinie L9 halten. Für Proteste hat u. a. die Streckenführung vom neuen Bahnhof Sagrera im Norden nach Sants (Hauptbahnhof) gesorgt, da der Tunnel direkt unter den Wohnhäusern des Eixample und der Sagrada Família verläuft. Architekt ist Frank Gehry (www.barcelonasagrera.com). Hier soll auch das 145 m hohe neue Hochhaus, Torre la Sagrera, entstehen. Und es ist nicht die letzte Veränderung der Barceloneser Skyline. Anfang 2011 zog Telefónica in seinen 110 m hohen gläsernen Sitz direkt am Forum, der mit rautenförmigen Fenstern verglast ist. Auch das Hochschulgelände von Besòs in der Nähe des Fòrum wird mit dem an einen Bücherstapel erinnernden „**Spiral-Turm**" von Stararchitektin Zaha Hadid einen architektonischen Höhepunkt bilden. *Neuer Haupt-bahnhof*

Barcelona befindet sich in ständigem Wandel und wird weltweit als Vorbild betrachtet, doch nicht ohne dabei auch auf Kritik zu stoßen. Denn bezahlbarer Wohnraum ist ohnehin schon rar gesät, der Abriss älterer Häuser treibt viele der Bewohner raus aus der Stadt ins Umland. Tatsächlich sank die Einwohnerzahl Barcelonas lange aufgrund der (heute noch) **astronomischen Mieten**, während die des Umlandes stieg.

Literatur und Sprache

Ursprung und Bedeutung des Katalanischen

Das Katalanische ist keinesfalls nur ein Dialekt des Spanischen. Die ersten erhaltenen Schriftstücke stammen aus dem 12. Jh. Die am engsten verwandte Sprache ist das Okzitanische, das heute noch vereinzelt nördlich des katalanischen Sprachgebiets im heutigen Frankreich gesprochen wird. Heute spricht man Katalanisch (mit regionalen Besonderheiten) in den sog. **Països Catalans**, den katalanischen Ländern, die außer Katalonien das País Valenciao, die Balearen, einen an Katalonien grenzenden Streifen von Aragonien (Franja de Ponent), Südfrankreich (Nordkatalonien genannt), die sardische Stadt Alghero und Andorra umfassen, wo es offizielle Landessprache ist. Ingesamt wird geschätzt, dass etwa 9 Mio. Menschen Katalanisch sprechen und 11 Mio. es verstehen können.

Unterricht auf Katalanisch

„El català, com a llengua pròpia de Catalunya, ha de ser la llengua vehicular d'ensenyament", heißt es bei der Generalitat und bedeutet, dass in den öffentlichen Schulen auf Katalanisch unterrichtet wird – Spanisch spricht man nur im Spanischunterricht. Das Identitäts- und Nationalgefühl der Katalanen ist eng an ihre Sprache gebunden. Jahrzehntelang unterdrückt, wurde das Katalanische zum Zeichen des Widerstands gegen Franco und für die Freiheit. Die nach Ende der Diktatur von der Generalitat mit dem *Llei de Normalització Lingüística* (Gesetz der sprachlichen Normalisierung) stark geförderte Sprache brachte eine ungewöhnlich schnelle Katalanisierung, heute ist das Stadtbild klar katalanisch geprägt. Umfragen zufolge versteht mittlerweile fast jede in Katalonien wohnhafte Person Katalanisch, 75 % können es sprechen. In Barcelona ist das Spanische aber sehr verbreitet und wird auch privat genutzt. Seit 2006 hat Katalonien sogar eine eigene Internet-Domäne (**.cat**). Im Rahmen der „linguistischen Normalisierung" gibt die Regionalregierung jährlich Millionen für katalanische Sprachkurse der Zuwanderer aus. Und es ist z. B. verboten, Waren oder Speisen in Läden und Restaurants nur auf Kastilisch auszuzeichnen. Die meisten Einwohner Barcelonas leben aber ohne Probleme zweisprachig – doch wird ein *Bona nit* (Guten Abend) oder *Adéu* meist ein umso freundlicheres Lächeln hervorrufen.

Katalanische Literatur und Theater

Kultursprache Europas

Ihre Blüte erlebte die katalanische Literatur während der Expansionszeiten Kataloniens im Mittelalter, als Katalanisch offizielle Amtssprache und **erste Kultursprache Europas** war. Entscheidenden Anteil daran hatte der Mallorquiner Ramon Llull (ca. 1232–1316), Lichtgestalt der katalanischen Literatur und Sprache. Er verfasste 250 Werke zu sämtlichen Themen wie Philosophie, Mathematik und Theologie in Katalanisch (seine „Ars Magna" beeinflusste später zahlreiche Philosophen) und erhob sie somit zur Kultur- und Literatursprache.

Das **Goldene Zeitalter** der katalanische Literatur waren die Jahre 1350–1500 mit Chronisten und Schriftstellern wie Ramon Muntaner und den beiden Valencianern Ausiàs March mit seinem „Cant espiritual" (ein Gebet an Gott) und, allen voran, Joanot Martorell mit seinem Ritterroman „**Tirant le Blanc**', dem wohl bekanntesten katalanischen Roman aller Zeiten. Dann begann mit den Katholischen Königen die sog. *decadència* der katalanischen Kultur, die etwa vom 16. bis 18. Jh. andauerte. Die Epochen der Renaissance und des Barock waren eine Zeit des literarischen (und kulturellen) Stillstands.

Erst mit der durch die Romantik inspirierten **Renaixença**, deren Beginn mit der Veröffentlichung der Ode „La Patria" („Das Vaterland", 1833) von Carles Aribau angesetzt wird, begann eine Wiederbelebung der katalanischen Sprache und Kultur. Die bedeutendste Schriftstellerin jener Zeit war Caterina Albert (1869–1966), die sich, allerdings unter dem männlichen Pseudonym **Víctor Català**, mit Frauenschicksalen auf dem Land jener Zeit beschäftigte. Ihr bekanntester Roman ist „Solitud" von 1905 (auf Deutsch erschienen als „Solitud: Eine Liebesgeschichte aus Katalonien" bei Piper). *Renaixença*

Die Wiederbelebung verdankt das katalanische **Theater** ebenfalls der Renaixença, und vor allem **Àngel Guimerà** (1845–1924). Als einziger katalanischer Dramatiker des 19. Jh. wurden seine von der Romantik inspirierten Werke mit realistisch-naturalistischen Zügen über die Grenzen Spaniens hinaus bekannt, besonders sein Werk „Terra Baixa" („Tiefland"), das als Oper aufgeführt und insgesamt zehnmal verfilmt worden ist. Ebenfalls einen Namen als Vorreiter des katalanischen Theaters machte sich Frederic Soler (unter dem Pseudonym Serafí Pitarra).

Nachdem der **Modernisme** mit Autoren wie Santiago Rusiñol (1861–1931) und Joan Maragall (1860–1911), der auch Goethe, Novalis und Nietzsche übersetzte, auch literarische Spuren hinterlassen hatte, kommt ab 1906 mit Eugeni d'Ors (1881–1954) der **Noucentisme** als Gegenentwurf zum Modernisme von den bürgerlichen katalanischen Nationalisten auf, der sich auf epische, mediterran inspirierte The-

Nationaldichter Àngel Guimerà

men konzentriert. Nach dem Ersten Weltkrieg erreichte die **Avantgarde** Barcelona. Der Dichter Joan Salvat-Papasseit (1894–1924), einer der wenigen aus der Arbeiterklasse stammenden großen Poeten, war mit seinen „Poemes en ondes hertzianes" („Gedichte hertzianischer Wellen", 1919) einer der Vorreiter der literarischen Avantgarde. Als überzeugter Katalanist gründete er u. a. die Zeitschrift „Un Enemic del Poble" („Volksfeind") und schrieb 1920 das „Primer manifest català futurista" („Das erste futuristische katalanische Manifest"). **Josep-Vicenç Foix** (1893–1987), der Konditormeister aus Sarrià (s. S. 241), schrieb „postsurrealistische" Gedichte und war ein weiterer Verfechter des Katalanischen. *Avantgarde*

Das Katalanische unter Franco und Nachkriegsliteratur

Mit der Niederlage des republikanischen Lagers war es wieder vorbei mit der Autonomie und der eigenen Sprache. Das Katalanische (und alle anderen Regionalsprachen) waren für Franco ein Übel, das es zu beseitigen galt. Es wurde komplett aus der Öffentlichkeit und dem Straßenbild verbannt. Die massive Zuwanderung aus dem Süden Spaniens in das industriell starke Katalonien verschlechterte die Situation zusätzlich. Trotz des Verbots brachte ab den 1960er-Jahren besonders die Lyrik einige Höhepunkte hervor. Die Poeten der Avantgarde vom Beginn des Jahrhunderts, Salvat-Palpasseit, Carles Riba und J. V. Foix, Pere Quart und Salvador Espriu mit seiner realistisch-engagierten Poesie (1913–1985) wurden mit der **Nova Cançó** bekannt gemacht. Ein weiterer Dichter der Avantgarde und Neuzeit war Joan Brossa (1919–1998, s. S. 94).

Nova Cançó

Während der Franco-Diktatur fasste das **unabhängige Theater** als neue Ausdrucks- und Protestmöglichkeit in Barcelona Fuß, die kleinen Gruppen traten in den teilweise heute noch existierenden kleinen Sälen wie der Sala Beckett und dem Teatre Tantarantana (s. S. 71) auf. 1962 gründeten Albert Boadella und Carlota Soldevila das legendäre pantomimische Theaterensemble **Els Joglars** (www.elsjoglars.com). Die Ensemblemitglieder verstehen sich als Komödianten und Satiriker, die auf Missstände aufmerksam machen wollen. Später wurde auch Text in die Stücke integriert, heute sind sie eine der bekanntesten Theatergruppen Spaniens, die international auftreten. **Els Comediants**, 1972 von Joan Font gegründet, sind nicht nur eine Theatertruppe, sondern veranstalten Spektakel und bedienen sich dabei Folklore und populärer Kultur. Andere bekannte Gruppen sind z. B. **El Tricicle**, die 1979 ihre ersten Sketche und Pantomimen auf der Straße und kleinen Theaterbühnen aufführten, und die wohl derzeit berühmteste Formation, **La Fura dels Baus** (www.lafura.com), die als „Aktions-Theater-Gruppe" ihre Zuschauer mit sehr eigenwilligen Darbietungen immer wieder überraschen oder auch mal in Panik versetzen.

Unabhängiges Theater

 Hinweis
Theater-Adressen s. S. 71.

Nach dem Bürgerkrieg spielten viele **Romane** vor dem Grau des Nachkriegs-Barcelona. Aber auch die Repression ist ein Thema, ebenso wie die vielen armen Zuwanderer aus dem Süden, zu jener Zeit in Katalonien verächtlich *murcianos* genannt. **Mercè Rodoreda** (1908–1983) hat mit „Auf der Plaça del Diamant" den weltweit am häufigsten übersetzten katalanischen Roman aller Zeiten verfasst. Internationale Bekanntheit erlangte auch der aus Mallorca stammende **Llorenç Villalonga** (1897–1980) mit „Mort de Dama", „Tod einer Dame". **Josep Pla** (1897–1981) war einer der produktivsten katalanischen Autoren aller Zeiten: 60 Jahre war er aktiv, seine Werke reichen von Essays, Erzählungen, Prosa bis hin zu Reiseberichten und Porträts. Noch viel berühmter (bzw. in deutscher Übersetzung häufiger erhältlich) wurden spanisch schreibende Katalanen: Der auch heute noch allgegenwärtige **Manuel Vázquez Montalbán** schuf mit seinem Helden, dem Privatdetektiv Pepe Carvalho, eine Kultfigur.

Nachkriegs-literatur

Einer der international bekannteren Autoren ist **Quim Monzó** (geb. 1952) mit seinen humorvollen Romanen (z. B. „Die beste aller Welten", 13 Geschichten und ein kurzer Roman) und Erzählungen. Unter dem Titel „Hundert Geschichten" sind alle seine Erzählungen in einem Band erschienen. Andere, hierzulande eher unbekannte Autoren sind **Albert Sanchez-Piñol**, Autor von „Im Rausch der Stille", einem Abenteuerroman, in dem ein Freiheitskämpfer auf einer einsamen Insel gegen unheimliche Wesen kämpft, **Montserrat Abelló**, eine der großen katalanischen Dichterinnen des 20. Jh., sowie **Jaume Cabré** mit seinem spannenden Bürgerkriegsroman „Stimmen des Flusses". Ein weiterer Name ist **Baltasar Porcel** (1937–2009), Autor von zahlreichen Romanen (z. B. „Galopp in die Finsternis") und Erzählungen, Reiseberichten, Theaterstücken etc. Er wurde mit den bedeutendsten katalanischen Literaturpreisen ausgezeichnet.

Hommage an den Autor: die Plaça George Orwell im Barri Gòtic

📖 **Tipp: Barcelona in der Literatur**
Eine Vielzahl von Romanen spielen in Barcelona (und Katalonien), in denen die Stadt manchmal als Kulisse, manchmal als Protagonistin fungiert. Einer der berühmtesten neueren in Barcelona spielenden Romane ist „Im Schatten des Windes", der Bestseller von **Carlos Ruiz Zafón**. *Auch Die „Kathedrale des Meeres" von* **Ildefonso Falcones** *(der zu Zeiten des Baus der Kirche Santa Maria del Mar spielt) wurde ein Bestseller. Nicht nur Katalanen wählten Barcelona und Katalonien als Schauplatz: Das französische Enfant terrible* **Jean Genet** *beschreibt im „Tagebuch eines Diebes" den heruntergekommenen Raval,* **George Orwell** *erzählt in „Homage to Catalonia" seine Erfahrungen im Bürgerkrieg. Um sich literarisch auf Barcelona einzustimmen, gibt es eine Auswahl auf S. 276.*

Einer der berühmtesten katalanischen **Musiker** ist Pau Casals (1876–1973). Er gilt dank neuer Techniken und Ausdrucksstärke als einer der besten Cellisten und Dirigenten der Welt. Außerdem komponierte er die Hymne der Vereinten Nationen. Auch die Hymnen von Mexiko, Chile und Argentinien stammen von katalanischen Komponisten. In der Oper erlangten u. a. Montserrat Caballé und Josep Carreras Weltruhm.

Malerei, Bildhauerkunst, Design

Barcelona – und Katalonien – haben eine reiche Kunstgeschichte, die u. a. in den Museen katalanischer Kunst (MNAC, s. S. 226) und Zeitgenössischer Kunst (MACBA, s. S. 123) besichtigt werden kann. So stammen nicht nur einige der bekanntesten Künstler des 20. Jh. aus Katalonien (Dalí, Miró, Picasso – der allerdings in Málaga geboren wurde), sondern Barcelona etablierte sich z. B. mit der bereits 1903 gegründeten Foment de les Arts Decoratives (FAD) zur Förderung von Kunst und Design als Desig-

Bekannte Künstler

ner-Stadt und Vorreiter neuer Tendenzen. Auch heute hat Barcelona eine lebendige Kunstszene, die sich mit Namen wie Jaume Plenser und seinen international ausgestellten Installationen ihren Ruf erhält. In den vielen Galerien des Raval (s. S. 124) und im Eixample können Kunstinteressierte die Barceloneser Kunstszene näher kennenlernen.

Die **romanische** und gotische Kunst Kataloniens wurden maßgeblich von Frankreich und später Italien beeinflusst. An italienischen Vorbildern inspirierte sich z. B. Ferrer Bassa, von dem nur noch die Fresken im **Monestir de Pedralbes** erhalten sind (s. S. 243). Die Sammlung romanischer Kunst im MNAC (s. S. 227) zählt weltweit zu den bedeutendsten Sammlungen dieser Epoche.

Gotische Kunst

Die **Gotik** entwickelte sich aber dann zu einer der brillantesten Zeiten katalanischer Kunst. Die Malerei stand zunächst unter französischem Einfluss, wie etwa die Wandmalereien der Eroberung Mallorcas durch Jaume I. aus einem der gotischen Paläste am Carrer de Montcada zeigen (heute im MNAC zu sehen). Im sog. internationalen Stil, der sich durch eine geschwungene Linienführung, Hell-Dunkel-Abstufungen, reichere Farben und minutiöse Darstellungen charakterisiert, arbeitete Bernat Martorell, der den Altaraufsatz in der Kathedrale von Barcelona schuf. Lluís Borrassà malte mit leuchtenden Farben und dekorativem Charakter und gilt als einer der besten Vertreter der internationalen Gotik in Katalonien. Eines der besten Werke der gotischen **Bildhauerkunst** Kataloniens ist die Skulptur von Sant Jordi an der Seite des Palau de la Generalitat von Pere Joan (s. S. 103)

Eines der wenigen Beispiele für die Kunst der **Renaissance** sind die Marmorreliefs am hinteren Teil des Chors in der Kathedrale von Barcelona, die das Schicksal der hl. Eulàlia darstellen. Ihr Erschaffer Bartolomé Ordoñez ist eine Größe der spanischen Renaissance. Der größte katalanische Künstler des **Barock** ist Antoni Viladomat (1698–1755), in dessen Werken französische und italienische Einflüsse zu finden sind, obwohl er nie das Land verlassen hatte.

19. und 20. Jahrhundert

Marià Fortuny (1838–1874) war der bedeutendste katalanische und international bekannte Künstler des 19. Jh. mit detaillierter und technisch anspruchsvoller Historienmalerei (vor allem die „Schlacht von Tetuan") und seinem eng an Goya angelehnten Stil (z. B. „Besuchstag im Pfarrhaus", 1870). Der Realismus (ab Mitte des 19. Jh.) fand in Katalonien mit dem Maler Ramon Martí Alsina seinen Höhepunkt.

Siegeszug des Modernisme

Ende des 19. Jh. trat der Modernisme seinen kurzen, aber erfolgreichen und alle Kunstsparten übergreifenden Siegeszug an (u. a. Architektur, Verwendung von Kacheln und Keramikabfall als Dekorationselement, Möbel, Malerei und Literatur, s. S. 26). Die Strömung prägte im letzten Jahrzehnt des 19. Jh. und ersten des 20. Jh. die katalanische Kultur und Kunst. Zwei bekannte Namen sind Santiago Rusiñol (1861–1931), bei dem Einflüsse des französischen Impressionismus zu erkennen sind, und Ramon Casas (1866–1932). Letzterer lebte lange in Paris, leitete die avantgardistischen Strömungen an seine Landsleute weiter und gilt als einer der Initiatoren der modernen Kunstentwicklung. Viele der Werke sind im MNAC zu sehen. Im **Skulpturenbereich** ragen Anfang des 20. Jh. die Werke von Josep Llimona (1864–1934) und Josep Clarà hervor, die sich dem von Eugeni d'Ors propagierten Noucentisme und seiner Wiederbelebung des mediterranen Renaissancestils zuordnen lassen. Einer der herausragenden Bildhauer des 20. Jh. ist Juli González (1876–1942), der neue Materialien und Techniken in diesem Bereich etablierte. Internationale Bekanntheit erlangte auch Josep M. Sert (1874–1945) mit seinen Wandmalereien u. a. im Rockefeller Center und Hotel Waldorf Astoria in New York. Das 20. Jh. bringt auch einige der weltweit bekanntesten katalanischen Künstler hervor: Picasso, der zu Zeiten des Modernisme seine blaue Periode malte, Dalí und Miró. Um 1916 war Barcelona ein internationaler Künstlertreff, und Strömungen wie Expressionismus, Kubismus, Surrealismus kamen in die Stadt.

Nachdem der Barceloneser Galerist Josep Dalmau schon die Malerei des jungen Joan Miró (s. S. 227) in seiner Galerie in Barcelona vorgestellt hatte, verhalf er 1924 Salvador Dalí, der als der bedeutendste Maler und Bildhauer des

Pop Art: „Cap de Barcelona" von Roy Lichtenstein am Port Vell

Surrealismus gilt, zu mehr Öffentlichkeit. Dalí-Fans sei das Dalí-Museum in Figueres empfohlen (s. S. 259). Ab den 1950er-Jahren tritt trotz Unterdrückung unter *Neue* Franco eine neue Avantgarde hervor, deren wichtigster Vertreter Antoni Tàpies *Avantgarde* (s. S. 195) ist. Er war, ebenso wie Joan Brossa, der für seine experimentelle Kunst berühmt wurde, Mitglied der Gruppe Dau al Set, die großen Einfluss auf die moderne Kunst Kataloniens hatte.

 Barcelona im Film

Wenige auf Katalanisch gedrehte Filme schaffen es, über die Grenzen Kataloniens hinaus gezeigt zu werden. Dafür ist Barcelona beliebte Filmkulisse und Drehort von Kinofilmen. Pedro Almodóvars **„Alles über meine Mutter"** („Todo sobre mi madre") spielt in Barcelona, ebenso **„Auberge Espanyol – Barcelona für ein Jahr"**. Mit Daniel Brühl wurde das Leben des Anarchisten Salvador Puig Antich verfilmt, und auch Teile von „Das Parfum". Erklärter Barcelona-Fan ist auch Woody Allen, der den Film **„Vicky Christina Barcelona"** mit Scarlett Johansson und Penelope Cruz hier drehte.
In Barcelona findet alljährlich das **Festival des unabhängigen Films** statt (www.alternativa.cccb.org), in Sitges ein **internationales Filmfestival** (www.cinemasitges.com). Wer auf den Spuren der Stars wandeln möchte: **Barcelona Movie Walks** (☏ 93 410 14 05, *www.iconoserveis.com, www.barcelonamove.com)* bietet Touren zu den Schauplätzen berühmter Filme.

Hinweis

Um einen Überblick über die zeitgenössische Kunst Kataloniens zu bekommen, sei ein Besuch des **MACBA** (s. S. 123) und der **CaixaForum** (s. S. 224) auf dem Montjuïc empfohlen. Hier sind die Werke des bekannten Künstlers Miquel Barceló ebenso wie die Arbeiten zahlreicher weniger bekannter zeitgenössischer Maler und Künstler versammelt. Wechselnde Ausstellungen von traditionellem katalanischem Handwerk und Kunsthandwerk gibt es im Barri Gòtic in der **Artesania Catalunya**, c/ Banys Nous 11, www.artesania-catalunya.com, Mo–Sa 10–20, So 10–14 Uhr.

Menschentürme: die Castellers

Feste und Traditionen

Barcelonas Festkalender ist reich an typischen Feierlichkeiten, zu denen sich eine Reise besonders lohnt. Kein Volksfest kommt ohne die berühmten Menschenpyramiden, *castellers*, die Umzüge der Riesen *(gegants)*, Feuer speiende Drachen *(correfoc)* und Figuren mit Riesenköpfen *(capgrossos)* aus.

Hinweis

Jeden Sonntag (in der Regel um 12 Uhr) wird auf dem Vorplatz der Kathedrale **Sardana** getanzt, der traditionelle katalanische Volkstanz.

Im Folgenden sind nur die größten Feste aufgeführt, aber jedes Viertel wie Sants oder Barceloneta feiert, meist im Sommer oder Herbst, seine eigene **Festa Major**. Die aktuellen Daten gibt es unter www.bcn.es, „Culture" – „Festivals and Traditions".

➤ Am 5. Januar findet die **Cavalcada de Reis** statt, der Umzug der Hl. Drei Könige. Nachmittags landen sie mit dem Segelboot „Santa Eulàlia" (s. S. 119) am Portal de la Pau und ziehen von dort aus in einer Parade durch die Stadt.

➤ Anfang Febuar werden die **Festes de Santa Eulàlia** fünf Tage lang mit Umzügen, Konzerten, Märkten etc. begangen. Infos unter www.bcn.cat/santa eulalia.

Festkalender ➤ Mitte Februar wird in Barcelona der **Karneval** etwa zehn Tage lang mit Paraden und Feuerwerken gefeiert und endet mit der Beerdigung der Sardine *(enterrament de la sardina)*. Infos: www.bcn.cat/carnaval. Größer und verrückter aber ist der Karneval in dem hübschen Städtchen Sitges (s. S. 267).

➤ 23. April: **Tag des Sant Jordi** (hl. Georg), der Tag der Rosen und des Buchs.

➤ Fronleichnam: An **Corpus Cristi** ziehen die Prozessionen der Giganten *(gegants)* und anderer Figuren mit riesigen Köpfen *(capgrossos)* durch die Stadt. Im Kreuzgang der Kathedrale lässt man traditionell an diesem Tag auf dem Brunnen ein Ei tanzen – *l'ou com balla*.

➤ 23.–24. Juni: Die Mittsommernacht **Nit de Sant Joan** ist die Nacht der Feuer und Feuerwerke. Der Sommer wird begrüßt, in dieser Nacht soll man feiern, um am nächsten Morgen die Sonne am Strand begrüßen zu können. Traditionell isst man dazu *coca*, einen Kuchen mit Trockenfrüchten oder Pinienkernen.

➤ 15.–21. August: Das größte Stadtteilfest, **Festa Major**, findet in Gràcia statt und dauert eine ganze Woche. Jede Straße wird von ihren Bewohnern mit recyceltem Material liebe- und kunstvoll zu unterschiedlichen Themen geschmückt, an den Plätzen und auf der Straße gibt es Konzerte, Darbietungen, Tanz und Partys. Infos: www.festamajordegracia.cat. Auch in den anderen Stadtteilen wird die Festa Major gefeiert.

➤ 24. September: Die **Festes de la Mercè** zu Ehren der Schutzpatronin der Stadt werden vier Tage lang gefeiert. Dabei verwandeln sich die Straßen Barcelonas in eine Freilichtbühne mit Konzerten, Paraden, Feuerwerk, Kultur und Open-Air-Disko. Alle traditionellen katalanischen Figuren haben hier ihren Auftritt.

Parade der Giganten

➤ 13. Dezember: An diesem Tag werden traditionell die **Krippen** in der Stadt aufgestellt, die größte auf der Plaça Sant Jaume vor dem Rathaus. Dann eröffnet auch der Weihnachtsmarkt von Barcelona, die **Feria de Santa Llucía**, vor der und rund um die Kathedrale.

Die Legende von Sant Jordi, Schutzpatron von Katalonien

info

Einst terrorisierte ein böser Drache die Bewohner des kleinen katalanischen Dorfes Montblanc, fraß die Bewohner und das Vieh. Um den Drachen zu beruhigen, opferte ihm das Volk jeden Tag ein Mädchen. So traf es eines Tages auch die Tochter des Königs. Bevor der Drache aber auch sie verschlingen konnte, kam ein tapferer Ritter des Weges, stellte sich dem Drachen und tötete ihn mit seiner Lanze. Dieser Ritter war **Jordi** (Georg), und aus dem Blut des Drachen wuchsen rote Rosen. Deshalb schenkt man in Katalonien an diesem Tag seiner/m Liebsten eine Rose – oder ein Buch. Denn der **23. April** ist zudem der Tag des Buches. Dieser Tag wurde in Katalonien Anfang des 20. Jh. ins Leben gerufen, da am 23. April so bedeutende Schriftsteller wie Miguel de Cervantes, Garcilaso de la Vega und William Shakespeare gestorben sind.

In der ganzen Stadt und vor allem entlang der Rambla sind an diesem Tag mit der katalanischen Flagge geschmückte Blumen- und Bücherstände aufgestellt. 1996 wurde das Datum von der UNESCO zum Welttag des Buches erklärt.

Krippenschmuck auf Katalanisch

Schlendert man durch die geschmückten Stände des Weihnachtsmarktes und entdeckt plötzlich eine Figur mit blankem Hintern, die sich gerade erleichtert hat, braucht man sich nicht zu wundern: Das ist der *caganer*, „Kacker", eine Figur des traditionellen katalanischen Krippenschmucks. Meist ist die Figur als Bauer mit dem traditionellen katalanischen Hut, der *barretina*, gekleidet, aber es gibt den *caganer* auch als Politiker, Fußballspieler, Polizisten, König von Spanien oder sogar als Papst. Woher die Figur kommt, ist nicht ganz klar. Angeblich soll einer der Hirten bei der Geburt Jesu sich hinter den Stall verdrückt haben, um sein Geschäft zu erledigen. Außerdem düngt er die Erde und bedeutete früher Wohlstand für das kommende Jahr. Nach dem Inkrafttreten des Verbots, im Freien sein Geschäft zu verrichten, verschwand der *caganer* zeitweise von der offiziellen Krippenlandschaft vor dem Rathaus – er sei ein schlechtes Beispiel. Die Empörung war groß, und ein Jahr später war er wieder da. Sogar Miró hat ihn auf dem Bild „La Masia" („Bauernhof") versteckt verewigt …

Eine andere Variante ist der *cagatió*, ein Stück Holz mit Gesicht und einer roten Mütze: Auch wenn die Kinder in Katalonien die Hl. Drei Könige und den Weih-

Auf dem Weihnachtsmarkt: der cagatió

nachtsmann kennen – es gibt ihn noch, den *cagatió*, der eine jahrhundertealte Tradition besitzt. Früher dankte man auf dem Land traditionell einem großen Stück Holz für seine Gaben – Licht und Wärme. Heute ist der *tió* eine mythologische Figur, die man 15 Tage vor Weihnachten füttern muss, um später seine Gaben aufzusammeln: Abends lassen die Kinder einen kleinen Teller mit Nüssen und getrockneten Früchten da – und am nächsten Morgen ist er leer. An Weihnachten kommen sie mit Stöcken und singen „*Caga tió, tió del bo, si no, et dono un cop de bastó*" – in etwa „Mach etwas, oder wir schlagen dich". Kurze Zeit später sind unter der Decke *neules* (katalanische Waffeln) und *turrones* zu finden.

Katalanische Küche

Eines des ältesten Kochbücher Europas in romanischer Sprache wurde schon im 15. Jh. in Katalanisch verfasst: „El Libre de Sent Sovi" enthält über 200 Rezepte, die den Beginn der katalanischen Küche markieren. Und schon im Mittelalter schrieb Francesc Eiximenis (1327–1409), Franziskaner und Berater der Könige: „*Com catalans mengen pus graciosament e ab millor manera que altres nacions*" („Wie die Katalanen mit mehr Anmut und besserem Benehmen als andere Nationen essen").

Tapas mal anders

info

Auch wenn es für viele der Inbegriff spanischer Gastronomie ist – katalanisch sind sie nicht, die Tapas, und eigentlich ist Barcelona keine Tapas-Stadt – gewesen. Viele Einwanderer, vor allem aus Südspanien, Galizien und dem Baskenland, brachten die **Tapas** und **Pintxos** in die Stadt. Zudem hat sich mit dem Touristenboom auch die Gastronomieszene den Erwartungen angepasst. Tapas bekommt man an jeder Ecke in mehr oder weniger großzügigen Portionen in wechselnder Qualität. Vorreiter dieser Kultur waren die baskischen Bars, in denen man einfache und kunstvoll zubereitete *pintxos* bekommt. *Pintxos* sind keine Tapas im eigentlichen Sinn, hierbei werden Käse, Wurst, Tortilla, Fisch und alle möglichen variablen Zutaten mit einem Zahnstocher auf ein Stück Brot aufgespießt.

Wichtig: Zahnstocher aufbewahren, danach wird am Ende abgerechnet.

Aber Barcelona wäre nicht die Designer-Hauptstadt Europas, gäbe es hier einfach nur traditionelle Tapas. Die findet man natürlich auch, eines der bekanntesten Gerichte sind die *patatas bravas*, gebackene Kartoffelecken mit Knoblauchmayonnaise und etwas Chili. Und die werden beileibe nicht nur in ihrer ursprünglichen Form serviert, sondern kreativ verarbeitet – zu „Designer-Tapas" eben. Wo sonst, außer in Barcelona, könnte man wohl eben diese Kartoffelecken sogar in Schaumform aus einem Martiniglas löffeln?

Tipps und Adressen zu traditionellen und kreativen Tapas-Bars findet man am Ende der jeweiligen Stadtviertel-Beschreibungen in den Reisepraktischen Informationen.

Die katalanische Küche hat einiges zu bieten. Sie ist traditionell sehr variantenreich und eher deftig. Hier vereinen sich die Einflüsse aus dem bergigen Hinterland wie Eintöpfe, Wurst, Wild mit den Meeresprodukten der Küste zu teilweise gewagten Kreationen. Niemals fehlen darf dabei das **pa amb tomàquet** (eine Scheibe Brot, eingerieben mit Knoblauch und Tomate und mit Olivenöl beträufelt). In den letzten Jahren haben immer mehr junge Köche die traditionelle katalanische Küche neu definiert und modernisiert. Die sog. *cocina de autor*, die in etwa mit „Autorenküche" oder „Kreative Küche" übersetzt werden könnte, heißt nichts anderes, als dass der Koch den Gerichten seinen persönlichen, eben kreativen Touch verleiht – was sich leider oft in kleinen Portionen und hohen Preisen niederschlägt. Verantwortlich dafür war u. a. die Lichtgestalt aller Köche, Ferran Adrià, der gerne mit der sog. „Molekularküche" experimentiert und dessen mittlerweile geschlossenes Restaurant El Bulli an der Costa Weltruhm erlangte. Aber auch andere Meisterköche wie Santi Santamaria (Evo), Carme Ruscalleda oder Sergi Arola (Arola im Hotel Arts) stehen ihm in nichts nach.

Katalanische Spezialitäten

Katalonien ist der Hauptexporteur von **Cava**, der nach derselben Methode wie französischer Champagner hergestellt wird. Der größte Anteil der Cava-Produktion stammt aus dem Penedès. Neben vielen kleinen Herstellern haben hier auch die internationalen Unternehmen wie *Freixenet* und *Cordoníu* ihren Sitz (s. S. 265).

Cava-Produktion

Kulinarischer Sprachführer

Auf der Speisekarte in den Restaurants findet man meistens (katalanisch/spanisch):
entrants/entradas *(freds/frío* oder *calents/caliente)* – Vorspeisen (kalt oder warm)
amanides/ensaladas – Salat
sopa – Suppe
primers plats/primeros platos – erster Gang (Vorspeise, allerdings manchmal ziemlich üppig)
segons plats/segundo platos – zweiter Gang, Hauptgericht, manchmal unterteilt in *peixos/pescados* (Fisch) und *carns/carne* (Fleisch)
plat principal/plato principal – Hauptgang (dasselbe wie *segons plats*)
ració/ración – eine Portion, auch als *media ració* – ein etwas kleinerer Teller
postres – Nachtisch
per picar/para picar – kleine Portionen, Tapas

Einige typisch katalanische Gerichte
Vegetarisch
pa amb tomàquet – das famose Brot mit Olivenöl, Tomate und Knoblauch. Man nimmt ein Stück Knoblauch und reibt es über das frische Brot, ebenso eine halbe Tomate, anschließend träufelt man Olivenöl darüber, und schon ist die typischste katalanische Vorspeise fertig.
escalivada – gegrilltes Gemüse (Paprika, Aubergine, Tomate, Zwiebeln), als Salat angemacht
calçots – gegrillte Frühlingszwiebeln, gibt es nur im Herbst und Winter
espinacs a la catalana – Spinat mit Pinienkernen und Rosinen
rovellons – gegrillte Pilze, meist mit Knoblauch und Petersilie, ebenfalls nur im Herbst
trinxat de la cerdanya – deftige Speise von der Costa Brava mit Kohl, Kartoffeln und Speck
torrades – geröstetes Brot (Toast) mit verschiedenem Belag

Mit Fisch
esqueixada de bacallà – Salat aus Stockfisch, Tomate, Paprika, Zwiebeln, Oliven, Essig und Öl
bunyols de bacallà – frittierte Stockfischbällchen
empedrat – typische Speise (kalt) aus weißen Bohnen, Stockfisch, Eier, Tomate, Zwiebeln, Oliven, Essig, Öl
xató – noch ein Salat mit *bacallà:* Endivie, Zwiebeln, Stockfisch, Thunfisch, Tomate und Pfefferschote, wird oft mit einem Omelett serviert
bacallà a la llauna – typisches Gericht aus Barcelona, bei dem der Stockfisch mit Paprika und Tomate gebraten serviert wird
brandada de bacallà – gibt es in Katalonien und Südfrankreich: Der Stockfisch wird mit Knoblauch, Olivenöl und Sahne zu einem Püree verarbeitet.
arròs negre – schwarzer Reis, ein Gericht aus Reis, Tintenfisch, Fisch, Zwiebeln, Tomaten, Olivenöl und der Tinte vom Tintenfisch als Soße
espardenyes – Seegurke, gibt es in den teureren Restaurants und ist aufgrund ihrer Konsistenz nicht jedermanns Sache
fideuà – Paella bekommt man natürlich auch, aber man kann auch die katalanische Variante probieren: mit Nudeln anstatt Reis, obendrauf meist Knoblauchsoße.

suquet de peix – Fischeintopf mit Kartoffeln

Mit Fleisch
butifarra amb mongetes – weiße Bohnen mit *butifarra* (katalanische Bratwurst)
escudella i carn d'olla – katalanischer Eintopf mit Gemüse, Fleisch, Huhn, *butifarra* und Fleischbällchen, erst wird die Suppe, dann Fleisch und Gemüse serviert
habas a la catalana – dicke Bohnen mit Blutwurst
pato con peras – Ente mit Birnen
arròs de muntanya – „Bergreis", Gericht aus den Pyrenäen mit Schwein, Kaninchen, Huhn und *butifarra*
cap i pota – ebenfalls ein deftiges Berggericht: Kopf und Fuß vom Hammel
embutidos – Wurstwaren

Mar i Muntanya – mit Fisch und Fleisch
gambes amb pollastre – Huhn mit Gambas
mandonguilles amb sípia – Tintenfisch mit Fleischbällchen
arròs parellada – Reispfanne mit Fisch und Fleisch, die in dieser Form im Restaurant Set Portes erfunden worden sein soll

Patatas Bravas mal anders: als Schaum im Glas

Soßen
alioli – beliebt und oft verwendet: Knoblauchsoße
romesco – typische Soße aus Tarragona aus Tomaten, getrockneter Paprika, Knoblauch, Mandeln und Haselnüssen, Öl und verschiedenen Gewürzen

Nachtisch/Süßspeisen
crema catalana – Das wohl berühmteste Gericht aus Katalonien ist die Creme mit Karamellkruste, die traditionell im Tontöpfchen serviert wird.
mel i mató – ein Nachtisch bestehend aus Frischkäse und Honig
menjar blanc – Mandelcreme
neules – Waffeln, typisch für die Weihnachtszeit
panellets – Süßigkeit, die es besonders im Herbst gibt. Die Konfekte bestehen in erster Linie aus Marzipan (Mandeln, Zucker) und Pinienkernen, können aber in zahlreichen Varianten erstanden werden.
coca – eine Art flacher Kuchen aus Weizenmehl, der mit süßen oder herzhaften Zutaten belegt werden kann. Wird traditionell am *Dia de Sant Jordi* gegessen.
horchata – süße Mandelmilch

Bon profit! – Guten Appetit!

Die „katalanische Gesellschaft"

„Das ist der Wohnsitz der feinen Sitten, die Herberge der Fremden, die Zuflucht der Armen, die Heimat der Helden, der Rächer der Gekränkten, das anmutige Stelldichein treuer Freundschaften und ganz einzig durch seine Lage und Schönheit."
(Don Quijote über Barcelona)

Zwischen „seny i rauxa"

Die beliebteste „Beschreibung" der Katalanen ist *seny i rauxa*, was man frei mit „Kopf (oder Vernunft) und Herz (oder Rausch)" übersetzen könnte. Denn auf der einen Seite gelten die Katalanen als extrem geschäftüchtig und fleißig. Auf der anderen Seite gibt es zahlreiche prächtige Feste, sind die Barceloneser Nächte wild und lang. Auch der Drang zur Moderne hat im Laufe der Geschichte die Entwicklung Barcelonas entscheidend mitbestimmt – und tut es noch heute. In fieberähnlichen Anfällen haben die Barcelonesen zu Großereignissen wie den Olympischen Spielen ihre Stadt erneuert.

Bevölkerung

Barcelona hat etwa 1,6 Mio. Einwohner. Viele sind in die Gemeinden, die die Stadt wie einen Gürtel umgeben, gezogen, sodass im Großraum Barcelona etwa 4,8 Mio. Menschen leben (in ganz Katalonien rund 7 Mio.). Heute sind ca. 40 % der Bevölkerung Zuwanderer, nur etwa 25 % haben katalanische Großeltern.

Moderne Einwanderer

In der Stadt soll es aktuell Menschen aus 190 Ländern und 223 Sprachen geben. Zurzeit leben rund 290.000 Ausländer in der Stadt (ca. 18 %, 1996: 1,9 %). Die „modernen" Einwanderer kommen zu einem großen Teil aus Südamerika. Aber auch für diese gilt mittlerweile ein verschärftes Zuwanderungsrecht, sodass viele nur mit einem Touristenvisum einreisen und dann illegal bleiben – mit all den damit verbundenen Problemen: schlechtere Bezahlung, keine Krankenversicherung etc. Aber auch viele Afrikaner, vor allem aus den nordafrikanischen Ländern, Pakistaner und Chinesen versuchen ihr Glück in Barcelona. Die meisten ihrer Läden (vor allem Telefonshops, kleine Supermärkte, Textilgeschäfte) findet man im Raval (der einen Immigrantenanteil von fast 50 % hat).

Auch wenn 90 % der Katalanen die **Familie** als „wichtig oder sehr wichtig" einstufen und der Familienzusammenhalt weiterhin eng ist, nimmt das „traditionelle" Familienleben immer mehr ab. Katalonien hat eine der niedrigsten Geburtenraten Europas, die erst in den letzten Jahren, vor allem durch vermehrte Immigration, wieder zugenommen hat. 20 % der Haushalte sind Ein-Personen-Haushalte – was die gesellschaftlichen Veränderungen, besonders in einer Großstadt wie Barcelona, wohl am deutlichsten belegt. Dennoch leben die Jugendlichen noch relativ lange bei ihren Eltern, sowohl während des Studiums als auch nach Arbeitsbeginn, was allerdings auch nicht immer ganz freiwillig ist. Nur etwa 11 % der Bevölkerung Barcelonas mieten eine Wohnung – fast ausschließlich Ausländer und Geschiedene. In Spanien ist die Wohnungsmiete nicht üblich, es wird gekauft – wenn nötig mit Krediten und Hypotheken, die mehr als 50 % des Einkommens ausmachen. Dabei stehen gerade die Einstiegslöhne in keinem Verhältnis zu den auch nach der Krise noch horrenden Immobilienpreisen.

In den letzten Jahren hat es vermehrt in ganz Spanien Demonstrationen junger Leute gegeben, die bezahlbare Mieten und mehr soziale Gerechtigkeit fordern. Die **Bewegung der „Indignados"** („Empörten") hatte 2011 etwa in Madrid und Barcelona monatelang die zentralen Plätze mit Zeltcamps in Beschlag genommen.

Für soziale Gerechtigkeit

Universität

Fast 200.000 Studenten gibt es in Barcelona, das auch bei Austauschstudenten äußerst beliebt ist. Die größten Universitäten sind die Universitat Autonoma de Barcelona, Universitat de Barcelona und die Unversitat Pompeu Fabra. Daneben gibt es noch eine Reihe renommierter Wirtschaftsschulen wie ESADE, die eines der besten MBA-Programme der Welt bietet.

Der FC Barcelona – „Més que en club"

info

„Mehr als ein Club" – das ist der *FC Barcelona* tatsächlich: Er ist ein globales Unternehmen und verpflichtet die teuersten Spieler der Welt. Nebenher hat der FCB das größte Stadion Europas mit 98.772 Sitzplätzen und über 150.000 Mitglieder auf der ganzen Welt. Doch der Spruch hat noch einen anderen Hintergrund: Der 1899 von dem Schweizer Hans Gamper (der später Selbstmord beging) gegründete Club entwickelte sich mit den Jahren zu einem Symbol der katalanischen Identität. Der erklärte Barcelonist und Schriftsteller Vázquez Montalbán beschrieb den FCB einst als *ejército desarmado de Cataluña* – als „unbewaffnete Armee Kataloniens". Dies galt besonders während der Diktatur Francos, dem der Club zeitlebens ein Dorn im Auge war. Aus dieser Zeit stammt auch die gern ausgelebte und heute noch bei Spielen ausführlich kommentierte Feindschaft mit *Real Madrid*,

der für den verhassten spanischen Zentralstaat stand. Die große (sportliche) Zeit des FCB begann nach dem Ende der Diktatur und besonders mit dem Holländer Johan Cruyff als Trainer, mit dem der FCB viermal hintereinander die Liga gewann und 1992 das erste Mal die Champions League. Ingesamt hat der FCB neben so ziemlich allen Titeln, die es zu gewinnen gibt, 21-mal die spanische Liga und viermal die Champions League gewonnen, zuletzt 2011.

Die Fans des FCB nennt man übrigens *culés* – Hintern: denn Anfang des 20. Jh., als der FCB in Les Corts spielte, setzten sich die Zuschauer ohne Ticket oben auf die schmale Mauer. Die Passanten gingen an einer langen Reihe von Hintern vorbei, die über die Mauer ragten.

3. BARCELONA ALS REISEZIEL

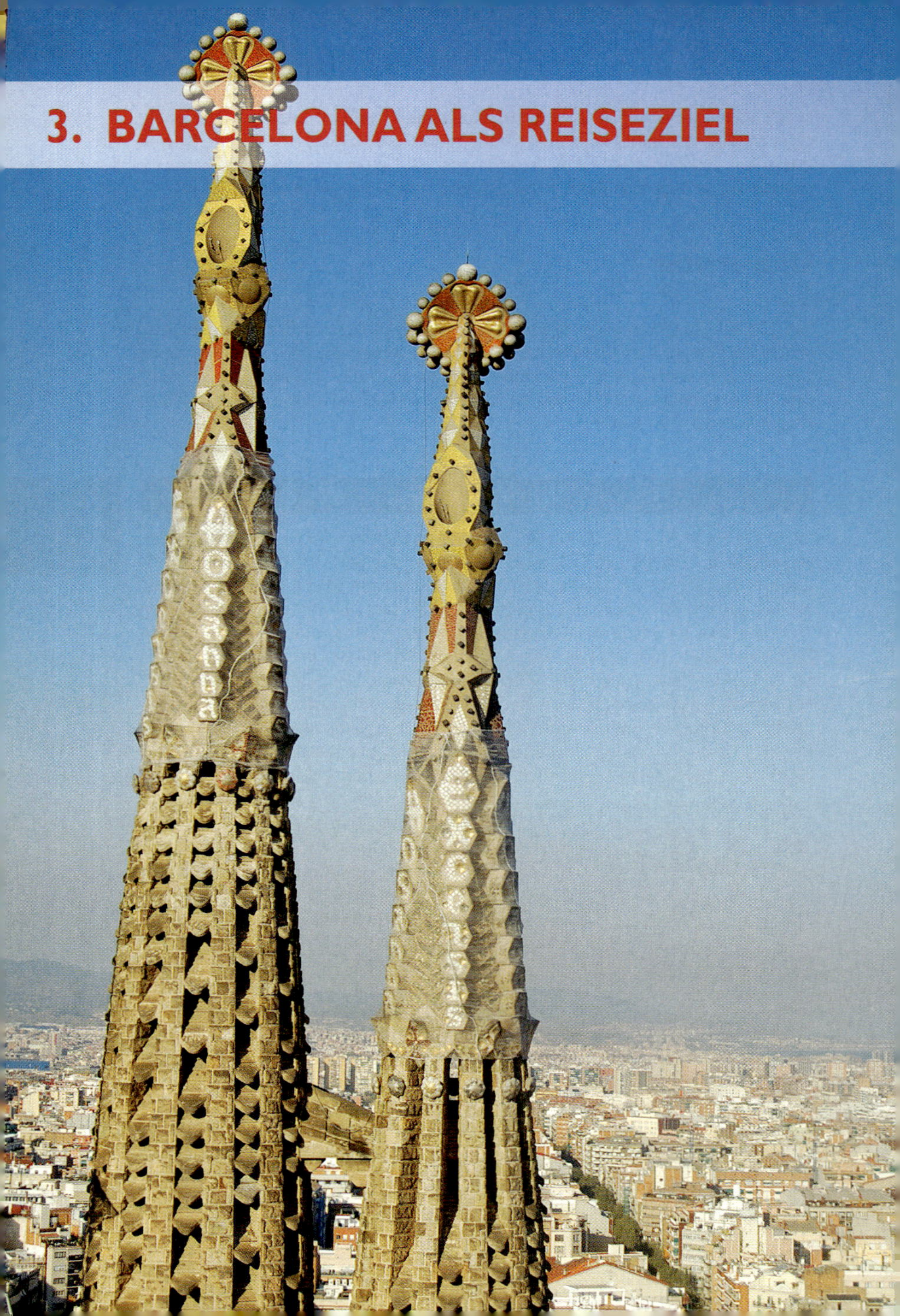

Allgemeine Reisetipps von A–Z

 Hinweis

In den **Allgemeinen Reisetipps von A–Z** finden Sie – alphabetisch geordnet – reisepraktische Hinweise für die Vorbereitung Ihrer Reise und für Ihren Aufenthalt in Barcelona, einschließlich einer Auswahl an Unterkünften, nach Stadtteilen geordnet (ab S. 72). Auf den darauf folgenden **Grünen Seiten** (ab S. 83) werden Preisbeispiele für Ihren Barcelona-Aufenthalt gegeben. Im anschließenden **Reiseteil** (ab S. 86) erhalten Sie dann bei den jeweiligen Beschreibungen der Stadtviertel detailliert Auskunft über Sehenswürdigkeiten mit Adressen und Öffnungszeiten, Restaurants, Cafés, Bars, Diskotheken, Einkaufen, Touren und Stadtrundgänge.

Die Angaben in diesem Buch wurden sorgfältig recherchiert, sollten sich dennoch einige Details geändert haben, freuen wir uns über Ihre Anregungen und Korrekturen: info@iwanowski.de.

News im Web:
www.iwanowski.de

Abkürzungen

av., Av.	=	Avinguda (Allee, Chaussee)
c/, c., C.	=	Carrer (Straße)
Ctra.	=	Carretera (Landstraße, Fernstraße)
Ptge.	=	Passatge (Passage)
Pg.	=	Passeig (Promenade)
Pl.	=	Plaça (Platz)
Rda.	=	Ronda (Ringstraße)
s/n	=	sense número (ohne Nummer)
esq.	=	esquerra (links)
dta.	=	dreta (rechts)
cast. (es)	=	castellà (kastilisch)
cat. (ca)	=	català (katalanisch)
dl.	=	dilluns (Montag)
dt.	=	dimarts (Dienstag)
dc.	=	dimecres (Mittwoch)
dj.	=	dijous (Donnerstag)
dv.	=	divendres (Freitag)
ds.	=	dissabte (Samstag)
dg.	=	diumenge (Sonntag)

In Spanien steht übrigens selten der Name an der Klingel, sondern meist Stockwerk und Wohnungsnummer: 1° = 1. Stock; 1° 2ª = 1. Stock, Wohnung Nr. 2 bzw. Puerta (Tür) 2.

Anreise

▶ Flugzeug

Eine ganze Reihe günstiger Fluggesellschaften fliegt Barcelona an, u. a. **Air Berlin** (www.air berlin.com), **Easyjet** (www.easyjet.com), **Germanwings** (www.germanwings.com), **TuiFly** (www.tuifly.com), **Vueling** (www.vueling.com, zzt. nur von Amsterdam, Brüssel und Zürich) und **Ryanair** (Achtung: landet z. T. in Reus, gut 1 Std. von Barcelona entfernt). Auch **Lufthansa** (www.lufthansa.de) hat mitunter günstige Europa-Angebote. Flugpreise vergleichen kann man z. B. auf www.swoodoo.com, www.flug.de oder www.momondo.de, allerdings lohnt es sich immer, den Preis auf der Seite der Fluggesellschaft noch mal zu prüfen (s. auch S. 83).

Der Flughafen **El Prat** liegt 12 km südlich der Stadt. Es gibt zwei Terminals, zwischen denen ca. alle 7 Minuten Shuttlebusse (**Bustransit**) verkehren (die Fahrt dauert ca. 10 Minuten): **T1** (u. a. Iberia, Lufthansa, Air France, Swiss, Austrian, Spaniar, TAP) und **T2** (u. a. Air Berlin, Germanwings). Direkt nebenan in T2B befinden sich zzt. die Schalter von Easyjet. **Infos** zum Flughafen und den Terminals unter www.aena.es, ☎ 902 40 47 04.

Flughafentransfer

Taxi: Sicherlich die bequemste, aber auch teuerste Variante für den Transfer vom Flughafen in die Stadt ist das Taxi: Ins Zentrum kostet es ca. 25–30 € (bei wenig Verkehr, ca. 35 Minuten). Dazu wird ein Gepäckzuschlag von 1 € pro großem Koffer und eine Flughafengebühr von 3,10 € fällig.

Bus: Vom Flughafen fährt der **Aerobús** (5,30 € Einzelticket, für einzelne Tickets kann höchstens mit einem 20-€-Schein gezahlt werden, Infos: www.aerobusbcn.com, ☏ 902 100 104) in die Stadt bis zur Pl. de Catalunya mit Stopps an der Pl. Espanya, Gran Vía/Urgell und Pl. Universitat auf dem Weg in die Stadt und Gran Vía/Sepúlveda und Pl. Espanya auf dem Weg zum Flughafen. Der hellblaue Bus hält direkt vor den Terminals, der

Beim Hinflug rechts im Flugzeug sitzen – dann bietet sich ein erster Blick auf die Stadt und die Bergkette Collserola

A1 fährt zum Terminal 1, der **A2** zum Terminal 2. Der Bus kommt je nach Uhrzeit alle 5–10 Min. (5.30–00.30 Uhr), ohne Staus braucht er etwa 30 Min. Darauf sollte man sich aber lieber nicht verlassen. Ein regulärer **Bus** (**Nr. 46**, 1,45 €, auch T-10 gültig) fährt ebenfalls, allerdings braucht er deutlich länger und endet an Pl. Espanya, wo man in die Metro (L1, L3) umsteigen kann. Nachts verbindet der **Nachtbus N17** die Pl. Catalunya (Ronda Universitat) mit dem Flughafen.

Außerdem fahren am Flughafen Busse nach **Andorra la Vella** (www.andorradirectbus.es, www.andorrabybus.com) und zu Zielen in ganz **Katalonien** wie Figueres, Girona, Lleida und Reus (www.alsa.es, www.empresaplana.es, www.monbus.cat).

🚌 Transfer von den Flughäfen Girona und Reus

Vom Flughafen **Girona** (www.barcelonagirona.com) fährt der **Barcelona Bus** der Busgesellschaft Sagalés (☏ 902 13 00 14, www.barcelonabus.com, www.sagales.com) nach Barcelona (Ankunft und Abfahrt in Barcelona an der **Estació del Nord**). Der Fahrplan (den man sich auf der Homepage herunterladen kann) richtet sich nach den Ankunfts- und Abflugzeiten der Flugzeuge. Eine Strecke dauert ca. 70 Min. und kostet 12 €, hin und zurück 21 €. Nach Girona-Zentrum (18 km entfernt) dauert die Fahrt 25 Min. (2,50 €, die Busse verkehren stündlich). Von Girona kann man dann mit dem Zug nach Barcelona fahren (s. S. 252).

Landet man in **Reus** (www.aena.es, der Flughafen ist 3 km von Reus und 13 km von Tarragona entfernt), verbindet die **Barcelona Line** von **Hispano Igualadina** (☏ 902 29 29 00, Fahrplan: www.igualadina.com, auf die Ankunftszeiten der Flüge abgestimmt, 13 €) den Flughafen in ca. 80 Min. mit Barcelona (Stopps an der Pl. Reina María Cristina und Estació de Sants). Die lokale Linie **L50** (www.reustransport.com) verbindet in gut 20 Minuten den Flughafen mit dem Zentrum von Reus. Von dort verkehren Züge (www.renfe.com) nach Barcelona.

Zug: Die Linie **R2** (Norte Aeropuerto – Sant Celoni / Maçanet Massanes, Renfe Cercanías, www.renfe.com, ☏ 902 320 320) verbindet den Flughafen mit dem Zentrum und dem Hauptbahnhof Sants zwischen 6 und 23.30 Uhr im 30-Min.-Takt (ca. 3 €, Aeropuerto – El Prat de Llobregat – Bellvitge – Barcelona Sants – Passeig de Gràcia – Barcelona-El Clot Aragó). Fahrtdauer bis Sants: 20 Min. Der Bahnhof liegt gegenüber des T2, man erreicht ihn über die lange, überdachte Brücke. Vom T1 muss man zunächst mit dem Shuttle zum T2 fahren. Insgesamt sollte man mind. 20 Minuten einrechnen. Auch im Bahnhof Sants selber sind bis zur Metrostation (L5) noch einige Treppen und Gänge zu bewältigen. Auch am Passeig de Gràcia kann man in die Metro umsteigen.

▶ **Bus**

Eurolines fährt von vielen europäischen Städten aus nach Barcelona, die Fahrt dauert ca. 20–25 Std. In Barcelona kommt man entweder am Hauptbahnhof Sants an oder an der Estació del Nord, wo man jeweils in die Metro umsteigen kann. Die Preise liegen je nachdem, wie früh man bucht, zwischen 70 und 120 € pro Strecke und damit kaum unter denen günstiger Flugtarife. Tickets gibt es online, in den Reisezentren der Deutschen Bahn, in DER-Reisebüros sowie den in allen größeren Städten vertretenen DTG-Ticket-Centern.
Touring/Eurolines, Am Römerhof 17, 60486 Frankfurt am Main, Service-☏ 069-7903 501, www.touring.de.

▶ **Bahn**

Von Deutschland lohnt sich eine Zugfahrt nach Barcelona eigentlich nur dann, wenn man auf der Strecke verschiedene Zwischenstopps, z. B. in Frankreich einlegen möchte. Man muss mindestens zweimal umsteigen, die Fahrt dauert je nach Abfahrtsort etwa 20 Std. Es gibt Direktverbindungen nach Barcelona von Paris, Montpellier und Mailand. Ein Nachtzug fährt dreimal pro Woche über Zürich, Bern, Lausanne und Genf. Die meisten Züge kommen im Bahnhof **Sants** an (Pl. Països Catalanes, Metro: L3 und L5, hier gibt es auch eine Touristeninformation, s. S. 59). Etwa ab Ende 2012 sollen die Hochgeschwindigkeitszüge aus Frankreich im noch im Bau befindlichen Bahnhof **La Sagrera** ankommen.
Infos im Internet: www.renfe.es, www.bahn.de, www.sbb.ch, www.elipsos.com

▶ **Auto**

Von Frankreich kommt man über die mautpflichtige AP-7 über Figueres und Girona nach Barcelona, außerdem gibt es die mautfreie, dafür meist befahrenere Nationalstraße N-II.

▶ **Schiff**

Barcelona ist mit vielen Häfen des Mittelmeers verbunden, z. B. fahren Linienfähren nach Genua, Rom, Algiers, Mallorca, Ibiza und Menorca. Die größte Schifffahrtsgesellschaft ist **Trasmediterránea** (www.trasmediterranea.es), auf die Balearen fahren **Baleària** (www.balearia.com) und **Iscomar** (www.iscomar.com). Weitere Infos zum Hafen von Barcelona unter www.portdebarcelona.es.

Ärztliche Versorgung

Apotheken *(farmàcies)* gibt es an jeder Ecke, zu erkennen an dem grünen oder roten Neonkreuz. Normalerweise sind sie Mo–Fr 9–13 und 16.30–20 Uhr, Sa 9–13.30 Uhr geöffnet (in touristischen Gegenden auch durchgängig). An den Türen der Apotheken findet man Informationen zur Bereitschaftsapotheke *(farmàcies de guàrdic)*, Auskunft auch unter ☎ 010 oder auf www.farmaciesdeguardia.com. Im Zentrum gibt es mehrere **24-Std.-Dienst-Apotheken**, z. B. Farmacia Clapés Antoja, La Rambla 98, ☎ 93 301 28 43 oder **Farmàcia Torres**, Aribau 62, ☎ 93 453 92 20.

Innerhalb der EU werden die Kosten einer Notfallbehandlung normalerweise von der heimischen Kasse übernommen bzw. man wird vor Ort kostenlos behandelt. Privat niedergelassene Ärzte und Zahnbehandlungen werden oftmals nicht abgedeckt. Der Abschluss einer **Auslandskrankenversicherung** ist aber in jedem Fall dringend angeraten. Derartige Versicherungen kann man schon für relativ kleine Summen abschließen. Dabei sollte man darauf achten, dass der Rücktransport im Krankheitsfall inklusive ist. Im Krankheitsfall benötigt man dann eine detaillierte Rechnung vom Arzt, die man später zur Erstattung einreicht. Bei kleineren Verletzungen wendet man sich an die Erste-Hilfe-Zentren, **Centres d'Assistència Primaria** (CAP, z. B. **CAP Casc Antic**, c/ Rec Comtal 24, ☎ 93 310 14 21, oder **CAP Eixample**, c/ Rosselló 161, ☎ 93 227 98 00).

In dringenden Fällen wendet man sich an die **24-Std.-Notaufnahme** *(urgències)* eines Krankenhauses, z. B.:
Hospital Clinic, Av. Villarroel 170, ☎ 93 227 54 00, www.hospitalclinic.org; das größte Krankenhaus der Stadt
Centre d'Urgencies Perecamps, Av. Drassanes 13–15, ☎ 93 441 06 00
Hospital de la Santa Creu i Sant Pau, c/ Cant Antoni Maria Claret 167,
☎ 93 291 90 00, www.santpau.es
Hospital del Mar, Pg. Marítim 25–29, ☎ 93 248 30 00, www.parcdesalutmar.cat

Beim deutschen Generalkonsulat (www.barcelona.diplo.de, „Downloadbereich") und beim ADAC kann man eine **Liste deutschsprachiger Ärzte** erfragen bzw. herunterladen. Vorher fragen, ob dort auch über die Krankenkasse abgerechnet werden kann.

Notfall
Im **Notfall** *wählt man die* ☎ *112. Die Nummer gilt im ganzen Land.*
Ambulanz: ☎ **061.**

Auto fahren

Zur **Stadtbesichtigung** braucht man in Barcelona kein Auto. Alle Sehenswürdigkeiten können problemlos zu Fuß, mit der Metro oder dem Bus erreicht werden. Zur Not nimmt man sich ein Taxi, was deutlich günstiger ist als in Deutschland. Auch die **Ausflugsziele** sind mit öffentlichen Verkehrsmitteln recht gut erreichbar, einzig für den Besuch des Weinlandes Penedès würde sich ein Auto lohnen. Die Weingüter sind mit öffentlichen Verkehrsmitteln schwierig zu erreichen. Ein Auto macht auch dann Sinn, wenn man einen Abstecher zu den kleineren Orten an der Costa Brava machen möchte.

▶ Parken
Im Innenstadtbereich gibt es wenige Parkplätze. Ein Großteil der Altstadt ist Fußgängerzone. Und dort, wo man fahren darf, macht es in den engen Gässchen wenig Freude, parken kann man dort ohnehin nicht. Bei den meisten Parkmöglichkeiten handelt es sich um Anwohner-

parkplätze (**grün markiert**). **Gelbe Bordsteinmarkierungen** bedeuten Halteverbot bzw. Be- und Entladezone. Daran sollte man sich halten, denn abgeschleppt zu werden (Abschleppwagen: *grúa*) ist recht teuer (ca. 150 € zzgl. Aufbewahrungsgebühren). **Blaue Markierungen** bedeuten, dass man ein Parkticket ziehen muss, das ist eigentlich überall der Fall. Ein **Strafzettel** wegen Falschparkens, auch mit abgelaufenem Parkticket, kann bis zu 90 € kosten – und die Gebühren werden EU-weit eingetrieben. Am besten fährt man direkt in eines der zahlreichen unterirdischen Parkhäuser. Die Gebühr beträgt ca. 2–3 €/Std.

Parken

Infos zu Parkhäusern in Barcelona und wechselnden, speziellen **Langzeitparkangeboten** unter **www.bsmsa.cat** (auch in Englisch). Im Parkhaus am Fòrum (Pl. d'Ernest Lluch i Martin, ☎ 93 356 11 99) kann man z. B. 5 Tage für zzt. rund 35 € parken, an der Estació Barcelona-Nord (c/ d'Alí Bei 54, ☎ 93 265 81 64) 24 Std. für 17 €. Das Auto darf in dieser Zeit allerdings nicht bewegt werden.

Parken für **Wohnmobile**: **Park&Ride del Besòs** (Av. d'Eduard Maristany / C. Sant Ramón de Penyafort, Sant Adrià de Besòs, gut 500 m hinter dem Fòrum). Stellplatz für Reisemobile und Wohnwagen (kein Campingplatz), 24-Std.-Bewachung, Dusche, Entsorgung der Bordtoilette, Frischwasser- und Stromanschluss, maximale Standdauer: 72 Std., Tarif ca. 30 €/Tag, 2 Min. zur Metrostation Maresme Fòrum, Straßenbahnhaltestelle Can Llima (Trambesòs).

Hinweis

In Katalonien werden im Vergleich zum Rest Spaniens viermal so viele Strafzettel wegen Geschwindigkeitsübertretungen verteilt – und das kann bis zu 600 € kosten. In der Stadt gilt eine **Höchstgeschwindigkeit** *von 50 km/h, auf Landstraßen 90 km/h und auf der Autobahn 120 km/h. Ansonsten gelten im Prinzip die gleichen Verkehrsregeln wie in Deutschland:* **Promillegrenze 0,5**, **Handy-Verbot**, **Gurtpflicht**. *Vor Kuppen und auf schlecht einsehbaren Straßen herrscht Überholverbot.*

▶ Mietwagen

Voraussetzungen für die Automiete sind zumeist ein Mindestalter von 21 Jahren und die Vorlage einer Kreditkarte. Der Abschluss einer **Vollkaskoversicherung** kann nur jedem angeraten werden. **Niederlassungen** der großen Mietwagenfirmen findet man am Flughafen und am Hauptbahnhof, der Estació de Sants. Zudem haben die meisten größeren Firmen weitere Niederlassungen in der Innenstadt (Infos auf der jeweiligen Homepage). Für eine längere Mietdauer empfiehlt es sich, den Wagen bereits vorab von zu Hause zu buchen.

Hertz, www.hertz.com
- Flughafen El Prat, T1 und T2, ☎ 93 298 36 37
- Sants, c/ Viriat 45, ☎ 93 419 61 56
Europcar, www.europcar.de
- Flughafen El Prat, T1 und T2, ☎ 902 105 055
Avis, www.avis.com
- Flughafen El Prat, ☎ 902 108 495
- Sants, Pl. Països Catalans s/n, ☎ 902 110 293

National ATESA, www.atesa.es
- Flughafen El Prat, ☏ 93 521 90 95/96
- Sants, ☏ 93 491 28 72
Günstige Angebote, vor allem für einen Tag, gbt es auch bei **Easycar** (www.easycar.com) und **PepeCar** (www.pepecar.com).

Diplomatische Vertretungen

▶ **in Barcelona**
Generalkonsulat von Deutschland, Passeig de Gràcia 111, 11°, 08008 Barcelona,
☏ 93 292 10 00, Notfallnummer (mobil): ☏ 639 61 52 78, www.barcelona.diplo.de
Generalkonsulat von Österreich, c/ Marià Cubí 7, 1°, 2a, 08006 Barcelona,
☏ 93 368 60 03, barcelona@consuladodeaustria.com
Generalkonsulat der Schweiz, Edificios Trade, Gran Via Carles III 94, 7°,
08028 Barcelona, ☏ 93 409 06 50, www.eda.admin.ch/spain

Einkaufen

Hinweis
Spezielle Einkaufstipps finden sich in den Reisepraktischen Informationen der einzelnen Stadtviertel.

Gerade im Mode- und Designerbereich ist Barcelona ein wahres Shoppingparadies, wenn auch nicht unbedingt günstig. Wer sich abseits der großen Geschäftsstraßen in die kleinen Altstadtgassen hineinwagt, wird Originelles von jungen spanischen Designern finden. Typische **Souvenirs** sind vor allem Modelle von Gaudí-Bauten in allen Formen und Farben; man bekommt sie z. B. im Laden in der Touristeninformation an der Pl. Catalunya, auch rund um die Sagrada Família ist die Auswahl an Minikirchen groß. Entlang der Rambla gibt es wohl die meisten Souvenirläden, die meist eine Mischung aus Flamencopuppen, Fußballtrikots, Sagradas Famílias, dem Osborne-Stier und Sombreros im Angebot haben.

Im Eixample, besonders am und um den Passeig de Gràcia herum, findet man alle **Luxus- und Designermarken** dieser Welt. Hier führt auch die sog. **Barcelona Shopping Line** entlang (Avinguda Diagonal bis zur Pl. Francesc Macià und Umgebung, Infos und Adressen unter www.shoppinglinebarcelonasl.com).

In der Altstadt findet man eher kleinere und etwas **alternativere Läden** aufstrebender spanischer Designer, ebenso in Gràcia. Besonders im Born öffnen ständig neue Boutiquen, auch der Carrer d'Avinyó im Barri Gòtic hat viele kleine schöne Läden im Angebot. **Musik** bekommt man am besten im Carrer dels Tallers im Raval oder bei **FNAC** (s. S. 208). Dort hat man auch eine gute **Buchauswahl** mit vielen englischen Titeln. Ein weiterer großer Buchladen ist **La Central** (u. a. c/ Mallorca 237 im Eixample und c/ Elisabets 6 im Raval). Viele **Schuhläden** reihen sich am Carrer de Pelai aneinander, auch in der Avinguda Portal de l'Àngel ist die Auswahl groß. Hier findet man auch (neben vielen anderen Niederlassungen) Läden der spanischen Marken Zara und Mango, die teilweise deutlich günstiger sind als bei uns. Im Januar und Juli ist **Schlussverkauf** *(Rebaixas/Rebajas)*: bis zu 60 % kann man dann sparen.

Einer der zahlreichen Antiquitätenläden im Barri Gòtic

Der **Corte Inglés** ist die größte Kaufhauskette Spaniens. Die größeren Niederlassungen (Pl. Catalunya, María Cristina) haben im Untergeschoss einen (recht teuren) Supermarkt und Delikatessenladen, dafür ist die Auswahl auch an exotischeren Lebensmitteln groß. Auf keinen Fall verpassen sollte man einen Besuch in einer der vielen Konditoreien und **Schokoladenläden** (s. S. 92, 208). Kleinere **Supermärkte** findet man in der Altstadt an jeder Ecke, sie haben oft bis spät abends geöffnet. Der Corte Inglés hat bis 22 Uhr, Open Cor bis 2 Uhr geöffnet.

Antiquitäten bekommt man am besten in den kleinen Gassen um die Kirche Santa María del Pi, ganz besonders im Carrer de Palla und Carrer dels Banys Nous und im Call (s. S. 115). Im Bulevard dels Antiquaris (Passeig de Gràcia 55–57) im Eixample findet man über 70 Antiquitätenläden in einer Passage. Vor der Kathedrale wird donnerstags ein kleiner Antiquitätentrödel abgehalten (Mercat Gòtic auf der Pl. Nova), und sonntags kann man am Mercat de Sant Antoni seiner Sammelleidenschaft frönen.

Einige der größten Shoppingcenter:
La Maquinista, Paseo de Potosí 2, www.lamaquinista.com, großes Shoppingcenter unter freiem Himmel, Restaurants etc. (Metro L1, Stationen Sant Andreu oder Torres i Bages, L9 und 10, Bon Pastor).
L'Illa Diagonal, Av. Diagonal, www.lilla.com, ebenfalls sehr große Mall, die einen ganzen Block im Eixample ausfüllt, dazu gehört u. a. ein Hotel (L3 María Cristina, dann 10 Min. zu Fuß).
Maremagnum, im Port Vell neben dem Aquarium gelegen (L3 Drassanes).
Glories, Av. Diagonal 208, www.lesglories.com, an der Pl. de les Glòries Catalanes, neben der Torre Agbar (Rodalies L1 und L2 Clot-Aragó).
Diagonal Mar, Av. Diagonal 3, www.diagonalmar.com, das größte Einkaufszentrum Kataloniens findet sich in dem neu entstandenen Viertel Diagonal Mar in der Nähe des Fòrums (L4 Maresme/Fòrum, Selva de Mar, Besós-Mar).
Las Arenas de Barcelona, Gran Via de les Corts Catalanes 373, www.arenasdebarcelona.com, direkt an der Pl. Espanya in der alten Stierkampfarena der Pl. de los Toros untergebracht, von oben hat man einen 360°-Rundumblick auf die ganze Stadt.

▶ **Märkte**
Die überdachten **Lebensmittelmärkte** der Stadt sind berühmt, und Barcelona ist zu Recht stolz auf die vielen modernistischen Markthallen mit ihren beeindruckenden Metallkonstruktionen und dem überwältigenden Angebot an Waren, Farben und Gerüchen. Neben den bunten Marktständen findet man in den Märkten meist Restaurants und ein paar Tapas-Bars, wo man bei einem Glas Cava marktfrische Küche im wahrsten Sinne des Wortes probieren kann. Der berühmteste Markt ist mit Abstand der **Mercat de la Boqueria**, aber er ist bei-

leibe nicht der einzige. Insgesamt gibt es fast vierzig Markthallen in der ganzen Stadt. Nach und nach werden die alten Märkte renoviert und modernisiert. Einer der bekanntesten ist der **Mercat de Santa Caterina** mit seinem gewölbten, mit bunten Mosaiksteinchen verzierten Dach. Ebenfalls empfehlenswert sind der **Mercat de la Barceloneta**, der **Mercat de la Llibertat** in Gràcia und der größte Markt Barcelonas, der zzt. wegen Renovierungsarbeiten geschlossene **Mercat Sant Antoni**, der erst 2013 wieder eröffnen soll. Das Geschäft geht aber so lange in einem großen Zelt nebenan weiter.

Neben den Lebensmittelmärkten gibt es noch weitere Märkte, die meist am Wochenende auf der Straße stattfinden: Im **Barri Gòtic** wird donnerstags vor der Kathedrale ein kleiner Antiquitätenmarkt abgehalten. Auf der **Plaça del Pi** gibt es jedes zweite Wochenende einen kleinen, aber feinen

Im Mercat de la Boqueria

Markt mit handgemachten katalanischen Spezialitäten aus der Umgebung (s. S. 93). Besonders stimmungsvoll ist die **Plaça Sant Josep Oriol** am Wochenende, wenn hier Maler und Künstler ihre Stände aufbauen. Der Antiquitäten- und Sammlermarkt am Sonntagvormittag im **Mercat de Sant Antoni** *(Dominical de Sant Antoni)* hat seinen ganz eigenen Charme und ist einen Besuch wert. Allerdings findet auch dieser im Rahmen der Renovierung bis etwa 2013 in den umliegenden Straßen statt.

Els Encants *(Fira de Bellcaire)* ist der größte und älteste Flohmarkt der Stadt, das Angebot ist groß, aber tendenziell eher ramschig. Der Markt findet Mo, Mi, Fr und Sa nahe der Plaça Glòries Catalanes statt, Infos unter www.encantsbcn.com.

▶ **Kioske**

Im Zentrum gibt es fast an jeder Ecke noch einen Kiosk. Dort werden vor allem Zeitungen und Zeitschriften angeboten, am Passeig de Gràcia und auf der Rambla gibt es alle gängigen deutschen und europäischen Tageszeitungen und Magazine, zudem Postkarten und viel Barcelona-Literatur. Zigaretten bekommt man hier nicht, sondern in den **Tabacs** (gelbe Schrift auf braunem Schild), manche Kneipen haben auch Zigarettenautomaten.

Ermäßigungen, Eintrittsgebühren

ⓘ *s. S. 70 und 85*

Essen und Trinken

 s. auch „Katalanische Küche", S. 38

Zu Mittag *(dinar/almuerzo)* isst man zwischen 13.30 und 16 Uhr, dann haben auch die Restaurants geöffnet. In der Regel gibt es ein Mittagsmenü *(menú del día)* zu einem festen, oft günstigen Preis (6–15 €). Dazu gehören ein Getränk (Softdrink, Bier, Wasser oder Wein), Vorspeise, Hauptgericht und Nachtisch oder Kaffee. Die Lokale passen sich den Arbeitszeiten an, die Mittagspause dauert, nicht mehr überall, aber immer noch oft, mindestens eine Stunde. Dementsprechend spät (gegen 20 Uhr) hat man dann erst Feierabend. Viele Restaurants öffnen zum Abendessen *(sopar/cena)* erst ab 20/21 Uhr. Einige Lokale haben sonntags und/oder montags (manche auch dienstags) geschlossen. Öffnungszeiten sind bei den einzelnen Tipps nur dann angegeben, wenn sie vom Üblichen abweichen.

Zu hungern braucht man deshalb trotzdem nicht: Die **Tapas-Bars** haben z. B. meist durchgehend geöffnet. Eine Bar ist übrigens nicht immer eine Kneipe, sondern auch eine Art einfaches Lokal, in der man ab früh morgens kleinere Gerichte bekommt oder an der Theke etwas trinkt. Auch die Auswahl an **Cafés** für einen Snack zwischendurch oder das **Frühstück**, das man an jeder Ecke bekommt, ist groß. Dieses besteht meist nur aus einem Croissant, Brötchen *(bocadillo)* und Kaffee und ist auch meist deutlich billiger als bei uns, einen Kaffee mit einem Teilchen gibt es schon für rund 2 €.

 Tipps

Wer einen Überblick über die traditionelle katalanische Küche erhalten und dabei möglichst viele Gerichte probieren möchte, ohne zu viel Geld ausgeben zu müssen, dem sei ein Besuch im **La Llavor dels Origens** *empfohlen (s. S. 160).*

In fast allen Lokalen gibt es ein **Mittagsmenü** *(Menú del día) mit drei Gängen (inkl. einem Getränk), das in der Regel zwischen 8 und 15 € liegt.*

Kategorien der Restaurantempfehlungen

Die Angaben der Restaurantempfehlungen in diesem Buch beziehen sich auf den Durchschnittspreis für ein Hauptgericht von der Karte (kein Menü):

günstig	unter 10 €
mittlere Preisklasse	10–15 €
gehobene Preisklasse	über 15 €

Tipps zum Restaurantbesuch

• Generell ist es empfehlenswert, einen Tisch **zu reservieren**, besonders am Wochenende und dann, wenn man zu einem bestimmten Zeitpunkt in ein bestimmtes Lokal möchte. Ansonsten sollte man sich entweder recht früh, gegen 21 Uhr, auf den Weg machen, oder spät, d. h. nach 23 Uhr. Ist alles voll, kann man sich auf eine Liste setzen lassen und so lange in einer Bar oder auf einer Terrasse eines Lokals einen Aperitif zu sich nehmen.

• In den meisten Lokalen (Tapas-Bars) gibt es unterschiedliche **Preise**: Am billigsten ist es immer am Tresen, am Tisch etwas teurer, und für die Terrasse wird noch mal ein Zuschlag verlangt.

• Besonders wenn es voll ist: Nicht einfach einen Tisch suchen, sondern warten, bis der Ober kommt und einen **zum Tisch führt**. Auch sich bei anderen an den Tisch zu setzen, wenn dort noch Plätze frei sind, ist eher unüblich.

• „Stimmt so" – gibt es in Spanien nicht, jeder noch so kleine Betrag Wechselgeld wird auf einem Silbertellerchen zurückgebracht. **Trinkgeld** gibt man, aber man legt dieses vor Verlassen des Lokals auf den Tisch. Bei kleineren Beträgen sind dies meist nur ein paar Münzen, in einem Restaurant kann man schon um die 10 % dalassen.

• **Getrennt zahlen** ist ebenfalls nicht üblich, entweder sammelt man das Geld vorher ein oder jeder gibt am Ende seinen Teil dazu, dabei wird der Preis häufig durch die Gruppe geteilt, unabhängig von der Bestellung jedes Einzelnen.

• **Steuern**: Die IVA (MwSt.) beträgt im Restaurant und Hotel 8 % und ist manchmal auf den Preisen der Speisekarte noch nicht eingerechnet (meist vermerkt als + IVA)!

▶ **Getränke**

Auf rund 10 % der Fläche Kataloniens wird **Wein** angebaut: Die bekanntesten Tropfen kommen aus dem Penedès (s. S. 264), südlich von Barcelona gelegen. Auch in der an Frankreich grenzenden Gegend Empordà (Costa Brava) und in etwa acht weiteren kleinen Anbaugebieten werden schmackhafte Weine produziert. Zum Abendessen oder ausgedehnten Mittagsmahl am Wochenende wird gerne Wein getrunken. Unbedingt probieren sollte man auch den katalanischen Schaumwein: Cava (s. S. 265).

Vor dem Essen, zu ein paar Tapas, nachmittags auf der Terrasse wird auch **Bier** gerne getrunken. Abends in der Bar oder Disko gibt es *cubata* (oder *trago*, damit ist jeder Longdrink gemeint). **Cocktails** enthalten übrigens in der Regel wesentlich mehr Alkohol als in Deutschland.

Zum **Frühstück** gibt es meist einen *cafe amb llet/café con leche* (Milchkaffee), *café solo* (schwarzer Kaffee), *cortado* (Espresso mit Milch). *Bebidas* sind Erfrischungsgetränke wie Limonade, Cola etc., *aigua/agua (mineral)* ist Wasser.

Fahrrad fahren

Fahrräder kann man mittlerweile an fast jeder Ecke mieten. In der Stadt selber gibt es mittlerweile immer mehr Fahrradwege – auf den großen Straßen Gran Via, Diagonal und Passeig de Sant Joan sogar auf eigenen verkehrsfreien Spuren –, aber auch viele Autos. Außerdem ist Kartenlesen beim Radeln auch nicht eben einfach. Man kann natürlich auch an einer geführten Tour teilnehmen. Möchte man den Passeig Marítim und die Uferpromenade Richtung Fòrum entlangradeln, ist dies ohne Probleme und ganz entspannt möglich. Eine weitere Option ist der Parc de la Collserola mit seinen zahlreichen Rad- und Wanderwegen (s. S. 238).

🚴 **Tipp**

Wer etwas mehr Zeit hat und gerne radelt, dem seien die **Vies Verdes** *um Girona herum empfohlen (www.viasverdesdegirona.org). Verschiedene schöne Radwege führen von den Pyrenäen bis zur Costa Brava. Gut zu befahren ist z. B. die Strecke von Girona nach Sant Feliu de Guíxols am Meer (39 km, www.guixols.net). In den RENFE-Zügen darf man Räder den ganzen Tag über mitnehmen, unter der Woche von 10 bis 15 Uhr, in der Metro außer in der Rushhour ebenfalls. Wie man nach Girona kommt: s. S. 252.*

Fahrradverleih/-touren (kleine Auswahl):
Fat Tire Bike Tours, c/ Escudellers 48, ☎ 93 301 36 12, www.fattirebiketours.com; auch geführte Touren ab c/ Sant Honorat 7 (4 Std. 22 € inkl. Fahrrad), Treffpunkt: Pl. Sant Jaume, im Sommer tgl. 11 und 16 Uhr, sonst nur 11 Uhr, keine Reservierung nötig.
Budget Bikes, mehrere Niederlassungen, u. a. c/ Uniò (nahe Rambla, Metro: Liceu), Pg. Joan de Borbò 80 (Barceloneta), c/ Estruc 38 (Pl. Catalunya), ☎ 93 304 18 85, www.budgetbikes. eu; auch geführte Touren (22 € inkl. Fahrrad, 3 Std., Start um 10.30 Uhr an der Pl. Catalunya), auch Spezialtouren wie eine Flamenco- oder Tapas-Tour.
barnabike Tour, Pas de Sota Muralla 3, ☎ 93 269 02 04, www.barnabike.com, Treffpunkt vor dem Laden am Cap de Barcelona, neben der Post am Ende der Via Laietana; es werden zudem Touren mit Elektrorädern angeboten, Touren 17–27 € (3 Std.), Zeiten erfragen.
Die rot-weißen **Bicing-Räder**, die man überall in der Stadt sieht, sind übrigens nur für gemeldete Bürger zu nutzen.

Feiertage und Festivals

▶ Feiertage
Neben den landesweiten Feiertagen haben Katalonien und Barcelona noch ein paar eigene Feiertage. So ist hier im Gegensatz zum Rest Spaniens Ostermontag ebenso ein Feiertag wie der 2. Weihnachtsfeiertag: (1) ganz Spanien, (2) Katalonien, (3) Barcelona.

1. Jan. **Cap d'Any** (1), Neujahr, wie in ganz Spanien versucht man in den 12 Sekunden des letzten Jahres 12 Trauben zu essen.
6. Jan. **Reis** (1), Hl. Drei Könige, an diesem Tag gibt es die Geschenke.
Divendres Sant (1), Karfreitag, mit Prozessionen
Dilluns de Pasqua Florida (o de Resurrecció) (2), Ostermontag
1. Mai **Festa del Treball** (1), Tag der Arbeit
Dilluns de Pasqua Grande (3), Pfingstmontag
15. Aug. **L'Assumpció** (1), Mariä Himmelfahrt
11. Sept. **Dia Nacional de Catalunya** (2), Nationalfeiertag Kataloniens
24. Sept. **Dia de la Mercè** (3), (s. S. 37)
12. Okt. **Festa de la Hispanitat** (1), Tag der Entdeckung Amerikas
1. Nov. **Tots Sants** (1), Allerheiligen
6. Dez. **Dia de la Constitució** (1), Tag der Verfassung
8. Dez. **La Immaculada** (1), Tag der Unbefleckten Empfängnis
25. Dez. **Nadal** (1), Weihnachten
26. Dez. **Sant Esteve** (2), 2. Weihnachstfeiertag

▶ Feste: s. S. 36

▶ Festivals
Das ganze Jahr über gibt es in Barcelona Festivals zu Theater, Tanz, Musik, Kino, Kunst etc. Im Folgenden nur eine Auswahl, genaue Infos und aktuelle Termine zu sämtlichen Veranstaltungen unter www.bcn.es „What's on".

Festival del Grec: internationales Theater- und Tanzfestival. Besonders stimmungsvoll sind die Aufführungen im Teatre Grec im römischen Stil. Es findet ob seiner Größe mittlerweile nicht mehr nur im Teatre Grec, sondern in verschiedenen Theatern der Stadt statt (u. a. Mercat de les Flors, Teatre Lliure, CCCB, Teatre Nacional de Catalunya). Programm und Infos zum Festival unter http://grec.bcn.cat/ (im Sommer).

Primavera Sound (Mai/Juni, www.primaverasound.com, Parc del Fòrum), hat die unterschiedlichsten Musikstile im Programm, elektronische Musik, Pop, Rock.

Feuerspeiende Drachen bevölkern am Dia de la Mercé die Straßen

Sonar (Juni, www.sonar.es), eines der größten und besten Festivals elektronischer Musik, Veranstaltungen in der ganzen Stadt.

Benicàssim (Juli, www.fiberfib.com), eines der größten Festivals, von Indie über Techno, Pop und Elektro alles dabei, nicht direkt in Barcelona, sondern an der Küste Richtung València.

Außerdem gibt es viele kleine Festivals, wie das

Festival de Blues: großes Blues-Festival im Viertel Nou Barris, www.festivalbluesbarcelona.com

Festival de Guitarra de Barcelona: Gitarrenfestival, www.theproject.es

Festival de Música Antiga: mittelalterliche Musik, www.auditori.org

Festival Internacional de Jazz: ab Okt., www.barcelonajazzfestival.com

Festival LEM, ein Festival alternativer Musik in Gràcia (Okt., www.gracia-territori.com).

48 h Open House: An einem Wochenende im Oktober werden seit 2010 über 130 Häuser, die normalerweise nicht besucht werden können, für das Publikum geöffnet. Daten und Infos unter www.48hopenhousebarcelona.org, der Eintritt ist frei.

Festival de Cinema Independent: unabhängiges Kino, www.alternativa.cccb.org, Nov.

Barcelona Arte Contemporáneo: ein Festival zeitgenössischer Kunst, bei dem sich weltweit Künstler für eine Teilnahme bewerben können, www.bacfestival.com.

Fadfest: Mitte des Jahres werden die neuesten Werke der Mitglieder des FAD *(Foment de les Arts i el Disseny)* vorgestellt, www.fadfest.cat.

Geldangelegenheiten

In Spanien gilt der **Euro**. In den meisten Läder, Restaurants und Hotels kann man mit Kredit- und ec-Karte zahlen. Dabei wird häufig ein Ausweis mit Foto verlangt.

Auch Geldabheben ist kein Problem, **Bankautomaten** gibt es an jeder Ecke. Am besten erkundigt man sich vorher bei seiner Bank nach etwaigen Partnerbanken, um die Gebühren von ca. 4 € zu sparen. Mit den Karten einiger Banken kann man ohne Gebühr Geld abheben. Aufpassen sollte man beim Eingeben der PIN-Nummer und wenn man das Geld einsteckt.

Viele Touristen ziehen erfahrungsgemäß auch viele Taschendiebe an, das gilt besonders auf der Rambla und in der Altstadt. Am besten zieht man das Geld in den Vorräumen der Banken.

Beim Verlust der Kredit- oder EC-Karte sollte man diese umgehend sperren lassen: Es gibt eine **einheitliche Sperrnummer**: ☎ **0049-116 116** oder **0049-30 4050 4050**. Dort können auch Handykarten gesperrt werden.

Kreditkartensperrungen in Spanien
American Express, ☎ 902 37 56 37
Mastercard, ☎ 900 97 12 31
Visa, ☎ 900 99 11 24
Diners Club, ☎ 902 40 11 12
Notfall-Geldüberweisungen: Bei dringendem Geldmangel kann man sich durch **Western Union** Geld überweisen lassen, das meist schon wenige Minuten später an jeder Filiale abholbereit ist. Dies ist allerdings ziemlich teuer. Standorte und Tarife: www.westernunion.de. Filialen gibt es Dutzende in Barcelona, z. B. bei Interchange Spain auf der Rambla 74.

Information

▶ **Katalonien Tourismus**
Palmengartenstr. 6, 60325 Frankfurt/M., ☎ 069-7422 4873, www.catalunyatourism.com

▶ **Spanisches Fremdenverkehrsamt**
Prospektbestellung unter ☎ 0180/300 2647
– Kurfürstendamm 63, 10707 Berlin, ☎ 030-882 6543, www.spain.info
– Grafenberger Allee 100, Kutscherhaus, 40237 Düsseldorf, ☎ 0211-680 3981
– Myliusstr. 14, 60323 Frankfurt/M., ☎ 069-725 038
– Schubertstr. 10, 80336 München, ☎ 089-530 7460, nur tel. Auskunft
Österreich: Walfischgasse 8, 1010 Wien, ☎ 0810 242408, www.spain.info
Schweiz: Seefeldstr. 19, 8008 Zürich, ☎ 00800 10105050, www.spain.info

▶ **In Barcelona**
Turisme de Barcelona, www.barcelona turisme.com, **Callcenter**: ☎ 932 853 834, **Hotelreservierungen**: ☎ 932 853 833, Mo–Sa 9–20, So bis 14 Uhr.
Die Infostellen von **Turisme de Barcelona** sind in der ganzen Stadt verteilt. Hier erhält man kompetente Auskunft in mehreren Sprachen und kann die verschiedenen Tickets und Pässe *(Bus Turístic, Barcelona Card, Catalunya Bus Turístic)* erwerben und Last-Minute-Hotelreservierungen vornehmen.

Zahlreich vorhanden: die Infokabinen von Turisme de Barcelona

Flughafen El Prat: Terminal 1 und 2, tgl. 9–21 Uhr
Plaça de Catalunya 17-S (unterirdisch, es geht eine Treppe hinunter, an der ein großes Schild steht), tgl. 8.30–20.30 Uhr. Dies ist die zentrale Infostelle, es gibt einen gut sortierten Souvenirshop und man bekommt Eintrittskarten für Konzerte, kann Stadtführungen buchen, Hotelreservierungen vornehmen etc. Im Sommer gibt es zwei Infokabinen oben auf dem Platz.
Plaça Sant Jaume: Mitten im **Barri Gòtic** in einem Seitenflügel des Rathauses (c/ Ciutat 2), Mo–Fr 8.30–20.30, Sa 9–19, So 9–14 Uhr.
Rambla (oberer Abschnitt): Rambla dels Estudis 115, tgl. 8.30–20.30 Uhr und am Meer: Plaça Portal de la Pau s/n, tgl. 8.30–20.30 Uhr.
Estació de Sants, Pl. Països Catalans s/n, tgl. 8–20 Uhr (Hotelreservierungen).

Im Sommer gibt es zusätzlich **Infokabinen**:
Plaça Espanya: Plaça Espanya/Av. María Cristina.
Monumento de Colón: am unteren Ende der Rambla
Sagrada Família: c/ Sardenya, Passionsfassade.
Estació Nord: c/ Alí Bei 80

Informationen Katalonien
Turisme de Catalunya, Palau Robert, Passeig de Gràcia 107, ☎ 93 238 80 91, www.gencat.cat/probert, Mo–Sa 10–19, So 10–14.30 Uhr.

Informationen im Internet
Spanien/Katalonien
www.catalunyaturisme.com, umfangreiche Infos über ganz Katalonien
www.spain.info, offizielle Seite vom spanischen Fremdenverkehrsamt, auch auf Deutsch
www.renfe.es, Homepage der spanischen Bahn mit Fahrplan etc.

Barcelona
www.bcn.es, offizielle Seite der Stadtverwaltung, Infos zu Festen, Veranstaltungen, Kultur, Stadtplan etc., auch in Englisch
www.barcelonaturisme.com, offizielle Tourismusbehörde
www.guiadelocio.com, Tipps und Infos zu Restaurants, Ausgehen, Sport, Konzerten etc., gibt es auch als Broschüre wöchentlich am Kiosk für 1,20 €
www.barcelonahotels.es, Hotels in Barcelona
www.tmb.cat, die Seite des öffentlichen Nahverkehrs von Barcelona, auch auf Englisch, mit allen Plänen etc.
www.fgc.cat, Seite der *Ferrocarriles de la Generalitat* (lokale Eisenbahn)

Medien

Deutsche und europäische Presse bekommt man an den Kiosken im Zentrum, besonders an der Rambla, überall und in ziemlich großer Auswahl.

1976 erschien als erste **katalanische Zeitung** nach Franco „Avui" (Heute), die es trotz schlechter Verkaufszahlen auch heute noch gibt. „El Periódico" erschien zunächst auf Spanisch, seit 1997 gibt es eine spanische und eine katalanische Ausgabe, der Inhalt ist identisch.

Aus Barcelona kommt außerdem die wichtige Tageszeitung „La Vanguardia", zudem bekommt man überall die nationale Presse: „El País", „El Mundo", „ABC". „El Mundo deportivo" ist das in Barcelona herausgegebene Sportblatt, das sich die Unterstützung des FC Barcelona auf die Fahnen geschrieben hat.

Neben katalanischen **Radiosendern** (z. B. dem von der Generalitat gesponserten „Catalunya Ràdio"), die, wie alle Radiostationen, bestimmte Quoten für das Senden von Musiktiteln in katalanischer Sprache einhalten müssen, gibt es die lokalen Fernsehsender wie „Barcelona Televisió" (BTV) und „TV3", „Canal 33" (für ganz Katalonien). Außerdem werden natürlich die staatlichen spanischen Sender wie „TVE1" empfangen.

Nachtleben

Barcelonas Nachtleben ist bunt und hat für jeden etwas im Programm. Die **Bars** (wo man oft auch tanzen kann) öffnen teilweise schon ab 19 Uhr und schließen um 3 Uhr. Möchte man mit dem Taxi nach Hause, sollte man vielleicht einen Tick eher gehen. Besonders an der Pl. Catalunya bilden sich nämlich an den Taxiständen lange Schlangen.

In den **Diskotheken** darf bis 5/6 Uhr getanzt werden, zudem gibt es noch ein paar mehr oder wenige legale Afterhours, die bis in den späten Vormittag geöffnet haben. Die meisten Diskos öffnen gegen Mitternacht, aber erst ab ein Uhr oder noch später wird es richtig voll. Der große Schub kommt meist gegen 3 Uhr, wenn die Bars schließen. Wie überall produzieren die Türsteher in Barcelona gerne längere Schlangen vor dem Eingang. Dann taucht meist umgehend ein ambulanter Bierverkäufer auf und bietet seine Ware feil (die Dose kostet dann allerdings 1 €). Der Eintritt in die teureren Diskos liegt bei 10–15 €, meist ist ein Getränk im Preis inbegriffen. Oft werden auf der Straße auch Flyer verteilt, mit denen man einen verbilligten Eintritt bekommt.

Die belebtesten und von den meisten Touristen frequentierten Viertel nachts sind die Altstadtviertel **El Raval**, wo es eher noch etwas alternativ zugeht, das **Barri Gòtic** mit seinen unzähligen Bars und **El Born**, wo einem besonders um den Passeig del Born die Auswahl schwerfällt, wo man den nächsten Cocktail trinken soll. Ein zweites, schickeres Zentrum des Nachtlebens ist die Gegend **Carrer d'Aribau** und **Marià Cubí**, wo sich mehrere Bars und Diskos aneinanderreihen. Sein ganz eigenes Publikum hat das Industrieviertel **Poble Nou** mit der Riesendisko **Razzmatazz** und den umliegenden Clubs, das alternatives Publikum, Metal-Hard-Rocker, Gothic-, Punk- und Techno-Fans anzieht. Sehr touristisch geht es in den Clubs im **Port Olímpic** zu.

Notrufnummern/Wichtige Telefonnummern

Notruf allgemein:	☎ 112
Feuerwehr:	☎ 080
Guardia Urbana (Stadtpolizei):	☎ 092
Mossos d'Esquadra (Autounfälle/Notfälle):	☎ 088
Policia Nacional:	☎ 091
Medizinische Notfälle:	☎ 061

Flughafen: ☎ 902 40 47 04
Taxi (behindertengerecht): ☎ 93 420 80 88
Infotelefon der Regierung/Verwaltung: ☎ 010
Kreditkartenverlust: s. S. 58

Öffentliche Verkehrsmittel

Für alle Verkehrsmittel des **TMB** (Transports Metropolitans de Barcelona, www.tmb.cat),
d. h. Metro, Bus, Tram, die Züge der FGC und Renfe Cercanías und Rodalies innerhalb der
Zone 1 (das ganze Stadtgebiet), gelten innerhalb des **Sistema tarifari integrat** (integriertes Tarifsystem) die gleichen Fahrscheine. Die Tickets stempelt man im Bus ab, an der
Metro schiebt man sie zum Öffnen der Schranke in den Automaten. Nicht vergessen, die
Karte, die oben wieder rauskommt, wieder mitzunehmen! Zwar kommt man ohne sie aus den
Stationen wieder raus, aber es kann (sehr selten) auch kontrolliert werden. Auf den 10er-Ti-
ckets können mehrere Leute fahren, die Karte muss dann nur dementsprechend oft abgestempelt werden. Eine Fahrt kann bis zu 75 Min. dauern, währenddessen man die Transport-
mittel wechseln kann. Zwar muss die Karte an der Metro durch den Automaten geschoben
werden, aber war man kurz vorher im Bus, wird sie nicht neu abgestempelt.

Eine einzelne Fahrt (**Bitllet senzill**) kostet 1,45 €, eine **targeta T-10** (10er-Karte) 8,25 €
(für Besucher am empfehlenswertesten), ein **T-Dia** (Tagesticket) 6,20 €. Außerdem gibt es
Monatskarten und Tickets mit 50 Fahrten in 30 Tagen (nicht übertragbar). Fahrscheine bekommt man an den Automaten, Kiosken oder den Schaltern in den Metro-Stationen.

Infos (auch auf Englisch) auf www.tmb.cat, ☎ 902 07 50 27 und an den TMB-Infostellen in
den Stationen Sants Estació (Mo–Fr 7–21, Sa 9–19, So 9–14 Uhr), Diagonal (hier befindet
sich auch das Fundbüro), Universitat, La Sagrera (Mo–Fr 8–20 Uhr), Sagrada Família (Mo–Fr
7–21 Uhr).

▶ Metro
Die Metro ist wohl die schnellste und bequemste Möglichkeit, sich fortzubewegen. Es gibt zzt.
fünf Linien (**L1–L5**, dazu die im Bau befindlich **L9**, die einmal bis zum Flughafen fahren soll
(zzt. fährt sie von La Sagrera bis Can Zam) und die kurze **L10** ab Sagrera Richtung Osten und
L11, die Verlängerung der L4 nach Norden), die mit verschiedenen Farben gekennzeichnet
sind. Dazu kommen noch drei Stadt-Linien der FGC (**L5–L8**), wobei für den Städtereisen-
den vor allem die L6 Richtung Sarrià und die L7 Richtung Tibidabo von Bedeutung sind. Die
Metro verkehrt Mo–Do und So 5–24 Uhr, Fr und vor Feiertagen bis 2 Uhr, Sa die ganze
Nacht.

Hinweis
*Der **Metroplan** von Barcelona befindet sich in der hinteren Umschlagklappe.*

▶ Tram (Straßenbahn)
Es gibt sechs Straßenbahnlinien, die die Randgebiete Barcelonas abdecken. T1 bis T3 (**Tram-
baix**) fahren ab der Pl. Francesc Macià Richtung Westen aus der Stadt raus, die **Trambèsos**
(T3 bis T6) fahren im östlichen Randgebiet: die T4 startet an der Ciutadella/Vila Olímpica
und durchquert Diagonal Mar, fährt am Fòrum vorbei und über den Fluss Besòs nach Sant

Adrià, die T5 ab der Pl. Glòries über Besòs bis Gorg und die T6 verbindet die beiden End-
haltestellen der T5 und T6. Infos: www.trambcn.com.

Die nostalgische **Tramvia Blau** fährt unregelmäßig von der Pl. Kennedy zur Pl. Dr. Andreu
am Tibidabo (s. S. 234).

▶ FGC (Ferrocarrils de la Generalitat de Catalunya)
Neben den o. g. Stadtbahnen unterhält die FGC auch Nahverkehrszüge (**S- und R-Bahnen**),
die S1 und S2 fahren z. B. zum Peu del Funicular und Baixador de Vallvidrera, wo sich der Parc
de la Collserola befindet. Die Züge Richtung Zona Alta fahren an der Pl. Catalunya ab, der Zug
nach Montserrat startet an der Pl. Espanya (R5 Richtung Manresa). Info: www.fgc.cat.

▶ Renfe Cercanías/Rodalies
Die Nahverkehrszüge der Renfe halten meist an der Pl. Catalunya und in Sants, einige auch
am Passeig de Gràcia. Auch hier gibt es ein **Bitllet senzill** (einfaches Ticket) und eine 10er-
Karte, **Bonotren** (innerhalb eines Monats). Auch die meisten Fernzüge der Renfe fahren am
Bahnhof Sants ein. **Infos:** www.renfe.es/cercanias/, www.renfe.es, ☎ 902 320 320.

▶ Bus
Viele Busse kreuzen durch Barcelona, sie verkehren in der Regel zwischen 6 und 22 Uhr.
Tagsüber ist die Frequenz etwa alle 7–15 Min. Der Nachteil ist natürlich, dass es besonders
zu den Hauptverkehrszeiten etwas länger dauern kann, dafür sieht man mehr und bekommt
ein besseres Gefühl für die Stadt. Sollte man sich einmal etwas weiter weg von einer Metrostation befinden, lohnt es in jedem Fall, einen Blick auf den Busplan zu werfen, der an den meisten Haltestellen hinten angebracht ist. Einen Busplan bekommt man auch bei den Touristen-
büros und den Infostellen der TMB sowie auf www.tmb.cat.

Zudem gibt es die **Nachtbusse** (**Nit**), von denen die meisten ihren Ausgangspunkt an der
Pl. Catalunya haben. Die Busse fahren nachts die ganze Woche im 20-Min.-Takt. **Achtung**: Die
Strecken verlaufen anders als tagsüber, und an der Pl. Catalunya muss man erst einmal den
richtigen Abfahrtsort finden.

Der **Tibibus T2A** fährt von der Pl. Catalunya bis auf den Tibidabo, aber nur an den Tagen, an
denen der Vergnügungspark geöffnet hat (meist nur am Wochenende im Sommer, www.
tibidabo.net). Ein Ticket kostet 2,80 € (Verkauf im Bus).

▶ Funicular (Standseilbahn) und Telefèric (Gondel)
In Barcelona fahren drei Standseilbahnen: der **Funicular de Montjuïc** (s. S. 221), der **Funicular de Vallvidrera** und der **Funicular del Tibidabo**. Die Gondeln gibt es auf dem Montjuïc (**Telefèric de Montjuïc**) und von der Barceloneta zum Montjuïc (**Transbordador
Aeri**, s. S. 177).

Öffnungszeiten

Geschäfte: Die meisten Läden öffnen morgens um 9/10 Uhr und schließen zum Mittag gegen
13.30/14 Uhr. Nachmittags öffnen sie von 16/17 Uhr bis etwa 20 Uhr. Im Zentrum und in den
Shoppingcentern sind die Geschäfte meist durchgehend bis 22 Uhr geöffnet, die großen Su-

permärkte ebenso. Samstags haben einige Läden auch durchgehend geöffnet, sonntags ist fast alles geschlossen. **Längere Öffnungszeiten** haben die Supermarktkette OpenCor (tgl. bis 2 Uhr morgens) und die vielen kleinen Supermärkte in der Altstadt. Ab 23 Uhr darf allerdings zumindest legal kein Alkohol mehr verkauft werden.

Museen häufig Sonntagnachmittag und in der Regel Montags geschlossen. Die großen Museen haben meist ab 10 Uhr durchgehend bis etwa 19 Uhr geöffnet, viele machen aber auch Mittagspause. Genauere Infos in den entsprechenden Kapiteln.

Post

Das **Hauptpostamt** in dem beeindruckenden Gebäude gegenüber dem Port Vell, Pl. Antoni Lopez (www.correos.es), hat lange geöffnet: Mo–Fr 8.30–21.30, Sa 8.30–14 Uhr. Die meisten Postämter haben unter der Woche bis 20.30 Uhr geöffnet, die kleineren nur vormittags. Eine Postkarte nach Deutschland kostet 0,65 €.

Rauchen

Seit 2011 herrscht in geschlossenen Räumen, die öffentlich zugänglich sind, absolutes Rauchverbot, das betrifft auch Bars und Restaurants. Auch Raucherzonen am Flughafen oder in öffentlichen Gebäuden sind nicht erlaubt. Verboten ist es zudem auf Kinderspielplätzen und vor Krankenhäusern und Schulen.

Reisezeit

„Si vols passar una bona estona, vés pel maig a Barcelona" – „Wenn Du eine gute Zeit haben willst, komm im Mai nach Barcelona", sagt der Volksmund. Tatsächlich ist Barcelona bekannt für sein angenehmes mediterranes Klima mit einem Jahresdurchschnitt von ca. 17 °C, warmen Sommern und erträglichen Wintern. Die Stadt hat zu jeder Jahreszeit ihre Reize. Am angenehmsten für eine Stadtbesichtigung ist es im **Frühling** und **Herbst**, d. h. ab März bis Mai/Juni und ab September bis Oktober/ November. Dann kann man sich schon entspannt in ein Café in die Sonne setzen und ein paar Tapas genießen, aber es ist noch nicht bzw. nicht mehr zu heiß und auch nicht zu voll. Für abends sollte man aber auf jeden Fall Pulli und eine dünne Jacke einpacken.

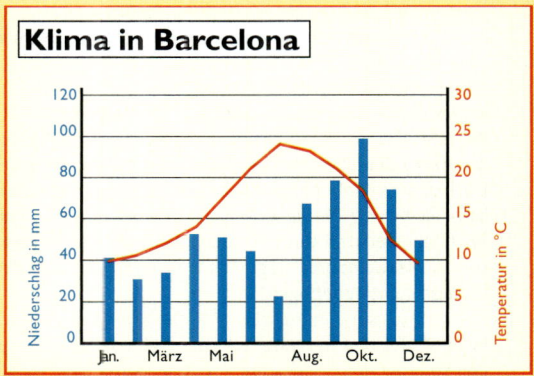

Klima in Barcelona

Niederschlag in mm — Temperatur in °C

© *graphic*

Im **Sommer**, besonders im Juli/ August, kann es richtig heiß wer-

Wintersonne an der Platja Nova Icària

den. Natürlich kann man sich immer mal wieder mit einem Sprung ins Mittelmeer abkühlen, aber Temperaturen Richtung 40 °C machen einen Spaziergang durch die Stadt trotzdem zu einer mitunter schweißtreibenden Angelegenheit. Hinzu kommt, dass im August ganz Spanien kollektiv in den Urlaub geht. Wer kann, verlässt Barcelona, zu dieser Zeit gibt es wahrscheinlich mehr Touristen als Barcelonesen in der Stadt. Neben wahren Menschenmassen und damit verbundenen langen Warteschlangen vor den Hauptattraktionen ist also mit brütender Hitze und einigen geschlossenen Restaurants zu rechnen. Nicht wenige Läden schließen zudem den gesamten August oder mindestens für zwei Wochen. In einigen Wohnvierteln haben sogar die Kioske geschlossen. Das gilt natürlich nicht für die Rambla und Umgebung, alles, was touristisch ist, hat das ganze Jahr über auf. Auf jeden Fall ist ein Zimmer mit Klimaanlage empfehlenswert.

In der **Vorweihnachtszeit** ist alles schön und ziemlich bunt geschmückt, man muss aber in den Einkaufszonen, wie bei uns, mit Getümmel rechnen. Schnee und Eis sind eher selten, aber im Winter können schon Temperaturen um die 7 °C herrschen, und die feuchte Kälte kann in Barcelona sehr unangenehm sein. Bei der Buchung fragen, ob das Zimmer eine Heizung hat! Vorteil: Im Januar und Februar gibt es (relativ) wenige Touristen, Nachteil: draußen zu sitzen ist, wenn überhaupt, nur mit dicker Jacke möglich. Wenn vom Meer der Wind durch die Häuser pfeift, kann man dicke Jacke, Schal und Mütze ganz gut gebrauchen.

Sicherheit

ⓘ *s. auch „Notrufnummern/Wichtige Telefonnummern", S. 60*

Barcelonas Ruf hinsichtlich der Häufigkeit von Taschendiebstahl ist nicht der beste. Das gilt ganz besonders für die **Rambla** und die Altstadt. Auch in der **Metro** sollte man ein Auge auf seine Brieftasche und Gepäck haben. Aufpassen sollte man auch bei den Taschenspielern auf der Rambla (am besten einen Bogen drum machen) und in den Menschenansammlungen bei Darbietungen auf der Straße. Das Problem gibt es schon lange in Barcelona, getan hat sich lange Zeit wenig. Mittlerweile ist laut Polizei aber ein Rückgang der Taschendiebstähle zu verzeichnen. Generell ist es nicht empfehlenswert, größere Bargeldbeträge mit sich herumzutragen, die Geldbörse trägt man am besten eng am Körper. Wertsachen sind am besten im Hotelsafe unterzubringen.

In den Cafés und Restaurants in der Nähe der Rambla sollte man seine **Tasche** nicht neben den Stuhl auf den Boden oder auf einen leeren Stuhl stellen! Auch beim Einkaufen, z. B. Schuhe anprobieren, die Tasche nicht aus den Augen verlieren. Abends ist besonders in der **Altstadt** (vor allem im unteren Teil des Rambles und im südlichen Raval) eine gewisse Vorsicht geboten: Besonders spät nachts sind einsame Gassen besser zu meiden.

Was tun bei Diebstahl?

Die **Guardia Urbana** (☎ 092, Stadtpolizei) findet man u. a. auf der Rambla 43, ☎ 93 256 24 30, sie ist besonders auf Touristen eingestellt und bietet Hilfe auch bei Übersetzungen. Hat man auch die Papiere verloren, wendet man sich an das **Generalkonsulat** (s. S. 51), das Ersatzpapiere ausstellt.

Sport und Freizeit

▶ Sport anschauen
Fußball

Das Erste, was den meisten zu dem Thema Barcelona und Sport einfällt, dürfte wohl der **FC Barcelona** sein. Ein Besuch im Camp Nou, und wenn es nur das Museum ist, ist ein Muss für jeden Fußballfan. Ein besonderes Erlebnis ist natürlich ein Spiel. Doch die Karten sind meist knapp, viele Fans haben Dauerkarten, Mitglieder ein Vorkaufsrecht. Dennoch, ist nicht gerade Erzfeind Real Madrid zu Gast, bekommt man mit etwas Glück und Vorlauf Karten (jedoch meist nur für „unwichtige" Spiele). Diese kann man ab einem Monat im Voraus im Internet kaufen, das klappt allerdings eher selten (www.fcbarcelona.com, ☎ 902 1899 00), ab zwei Wochen vorher unter www.servicaixa.com, www.ticketmaster.es oder direkt am Stadion.

Der zweite Club aus Barcelona spielt ebenfalls in der *Primera Divisón*: der **RCD Espanyol**. Er trägt seine Heimspiele im 2009 eröffneten Stadion Cornellà-El Prat aus, außerhalb der Stadt. Hier erhält man in der Regel auch kurz vor dem Spiel noch Tickets am Stadion (www.rcdespanyol.com).

▶ Hinweis

FC Barcelona ist aber nicht nur Fußball: auch die Basketballmannschaft **Winterthur Barça** *und die Handballmannschaft* **FC Barcelona Cifec** *spielen erfolgreich in Spanien und Europa. Infos und Tickets unter www.fcbarcelona.com.*

Formel 1

Einmal im Jahr findet am Ciurcuit de Catalunya in Montmeló (ca. 20 km von Barcelona entfernt) ein Formel-1-Rennen statt. Infos und Eintrittskarten unter www.circuitcat.com.

Stierkampf

Seit 2012 ist Barcelona „ciutat antitaurina" – „Anti-Stierkampf-Stadt", so entschieden in einer Abstimmung im Sommer 2010. In der Stierkampfarena **La Monumental** von 1914, der letzten aktiven Arena in Katalonien, sollen in Zukunft Konzerte stattfinden.

▶ Sport machen
Rad fahren

Fahrrad fahren kann man besonders schön am Meer entlang, die Ambitionierteren können auch auf dem Montjuïc oder im Parc de la Collserola etwas mehr im Grünen radeln. Zu Adressen, Verleih etc. s. „Fahrrad fahren".

Segeln

Base Nàutica Municipal, Platja de la Mar Bella, Av. Litoral s/n, ☎ 93 221 04 32, www.base nautica.org. Neben Segeln kann man Windsurfen, Kajak- oder Katamaran-Kurse belegen.
Real Club Náutico de Barcelona (Escuela de Navegación del RCNB), Muelle de España s/n, ☎ 93 221 65 21, www.rcnb.com
Centre Municipal de Vela, Moll de Gregal s/n, Port Olímpic, ☎ 93 225 79 40/1, www.velabarcelona.com

Schwimmbäder

Piscines Bernat Picornell, Av. de l'Estadi 30–40, ☎ 93 423 40 41, www.picornell.cat. Das Schwimmbad mit der wohl besten Aussicht oben am Montjuïc.
Poliesportiu Marítim – Centre Talassoteràpia, Passeig Marítim Barceloneta 33, ☎ 93 224 04 40, www.claror.cat. Großes Schwimmbad mit Thalassobädern und zig Pools mit verschiedenen Wassertemperaturen, Massage, Fango, Sauna etc.

Joggen und Wandern

Joggen kann man am schönsten von der Pl. del Mar am Meer entlang, für Ambitionierte bietet sich auch der Montjuïc an (allerdings teilweise ziemlich hügelig!). Wandern, ohne weit zu fahren: Parc de la Collserola, wo von 35-minütigen bis zu mehrstündigen Wanderungen alles möglich ist (s. S. 238).

Schlittschuhlaufen

Skating Club, Eislaufbahn mit Verleih, c/ Roger de Flor 168, ☎ 93 245 28 00, www.skatingclub.cat

► Strände

Von der Spitze der Barceloneta bis zum Fòrum reihen sich die Stadtstrände aneinander: Platja Sant Sebastià, Platja de la Barceloneta, Platja Nova Icària, Platja Bogatell, Platja de Mar Bella … Allerdings muss man im Sommer damit rechnen, dass es ziemlich voll ist, ganz besonders an den zentrumsnahen Stränden. Tendenziell wird es Richtung Fòrum etwas leerer, und man kann schön an der Uferpromenade entlang dorthin laufen. Baden ist erlaubt, kristallklares Wasser darf man aber nicht erwarten. Schöne Strände sind in der Umgebung Barcelonas auch gut mit Bus und Bahn zu erreichen (s. auch Kapitel „Ausflüge", ab S. 267).

Sprache und Sprachkurse

ⓘ *s. auch zum Katalanischen, S. 30, und „Kleiner Sprachführer", S. 273*

Barcelona ist äußerst beliebt bei Sprachstudenten, dabei sollte man aber nicht vergessen, dass die Stadt zweisprachig ist. Das Angebot ist groß, oft werden im Paket auch Kurs und Unterkunft angeboten.
Barcelona-Lingua, Agustí Durán i Sanpere 2, ☎ 93 329 22 04, www.barcelona-lingua.com
A.B.C Instituto Español de Cultura, c/ Guillem Tell 27, ☎ 93 415 57 57, in D: 09473-951550, www.abc-spanischkurse.de
Universitat de Barcelona, Secretaría de Estudios Hispánicos, Gran Via de les Corts Catalanes 585, ☎ 93 403 55 19, www.eh.ub.es
Flamenco Sprachreisen, ☎ (D) 0221-299 651 73, www.flamenco-sprachreisen.de

Strom

220 Volt/50 Hz. werden in das spanische Stromnetz eingespeist. Alle Euro-Stecker können verwendet werden.

Taxis

ⓘ *s. auch „Anreise", S. 46*

In Barcelona gibt es mehr als 10.000 **gelb-schwarze Taxis** (allgemeine Informationen unter www.taxibarcelona.cat). Taxi fahren ist um einiges günstiger als bei uns. Bei müden Füßen lohnt es sich gerade zu zweit oder mehreren manchmal einfach ein Taxi zu nehmen. Freie Taxis erkennt man an dem grünen Licht auf dem Dach. Man kann sie einfach auf der Straße heranwinken. Ist ein Taxistand in Sichtweite, sollte man sich dorthin begeben. Tagsüber (Tarif T-2, 8–20 Uhr) steht das Taxameter auf 2 €, pro Kilometer kostet es 0,90 €, nachts und am Wochenende (Tarif T-1) 1,15 €. Tagsüber ist es nie ein Problem, umgehend ein Taxi zu finden, nachts (und bei Regen), besonders gegen 3 Uhr, wenn die Bars schließen, sieht das schon etwas anders aus. Zum Flughafen wird ein Zuschlag von 3,10 € fällig, zudem 1 € pro Gepäckstück. Trinkgeld ist nicht üblich, man rundet höchstens auf.

Taxiruf: Es gibt zahlreiche Anbieter, z. B.:
Radio Taxi 033, ☎ 933 033 033, www.radiotaxi033.com
Cooperativa Radio Taxi, ☎ 93 225 00 00
Servi Taxi, ☎ 933 300 300, www.servitaxi.com
Behindertengerechte Taxis: Taxi Amic, ☎ 93 420 80 88, www.taxi-amic-adaptat.com

Wer es nicht so eilig hat oder seinen Füßen bei der Stadterkundung eine kleine Pause gönnen möchte, der kann sich eines der bunten **Fahrradtaxis**, **Trixi** genannt, heranwinken. 30 Min. kosten 15 €, 1 Std. 25 € (Preise für 2 Personen). Haltestellen vor der Kathedrale, wo man auch eine Tour starten kann, z. B. durch das gotische Viertel (www.trixi.com, Saison: März–Nov., 12–20 Uhr).

Telefonieren

Vorwahlen: Deutschland: 00 49, Österreich: 00 43, Schweiz: 00 41, Spanien: 00 34

In Spanien sind alle Ortsnetzkennzahlen in die Telefonnummern integriert, d. h., man muss auch innerhalb der Stadt immer eine **neunstellige Nummer** wählen. Festnetznummern beginnen mit einer 9 (Barcelona 93), Handynummern mit einer 6.

Aus dem Hotel zu telefonieren, ist immer die teuerste Option, besser besorgt man sich eine **Telefonkarte**, die es ab 5 € an Kiosken, Tankstellen und in den besonders in der Altstadt zahlreichen **Locutorios** (Telefonshops) gibt, wo man übrigens auch günstig telefonieren kann. Im Notfall hat man die Möglichkeit, ein **R-Gespräch** nach Deutschland zu führen, ☎ 900-990 049. Bevor das Gespräch zustande kommt, muss der Angerufene die Übernahme der Kosten akzeptieren.

Mit dem eigenen **Handy** zu telefonieren, auch angerufen zu werden, ist immer noch ziemlich teuer, obwohl die Tarife innerhalb Europas stark gesunken sind. Zumindest sollte man sich bei seiner Gesellschaft nach dem Roamingpartner erkundigen. Wer länger bleibt und öfter angerufen wird (und dessen Handy nicht blockiert ist), sollte über eine spanische **Pre-paid-Karte** *(tarjeta prepago)* nachdenken. Diese, erhältlich z. B. im Corte Inglés oder den Mobilfunkläden, kann einfach ins eigene Handy eingesetzt werden, meist kann man sie mit ca. 20 € Guthaben kaufen.

 Wichtig: *Wenn man auf dem Handy nicht angerufen werden möchte, unbedingt die Rufumleitung auf die Mailbox bereits in Deutschland deaktivieren!*

Touren

▶ Bus

Bei der Bustour mit den offenen Doppeldeckern kann man einen guten Überblick über die Stadt bekommen und evtl. die etwas entlegeneren Sehenswürdigkeiten wie das Kloster von

Pedralbes oder den Parc Güell besuchen. Dazu bekommt man ein Rabattheftchen, das ermäßigten Eintritt zu vielen Sehenswürdigkeiten ermöglicht.

Der **Bus Turístic** (www.barcelonabusturistic.cat) ist im Stadtbild fast ebenso präsent wie die riesige, schwarz-gelbe Taxiflotte. Die Doppeldecker fahren auf drei Routen durch die Stadt und decken alle, auch die etwas außerhalb gelegenen Sehenswürdigkeiten ab. Man kann so oft ein- und aussteigen wie man möchte. Die Fahrt auf der **roten (Nord)** und **blauen (Süd) Route** dauert jeweils ohne auszusteigen ca. 2 Std., die **grüne Fòrum-Linie** (nur im Sommer) ist ca. 40 Min. unterwegs. Die Busse fahren je nach Saison alle 5–25 Min. zwischen 9 und 19/20 Uhr. Besonders im Sommer kann es ziemlich voll werden. Tickets bei TMB, bei der Touristeninfo und direkt am Bus: 1 Tag 23 € (Kinder 14 €), 2 Tage 30 € (Kinder 18 €), bei Online-Kauf gibt es 10 % Rabatt.

Der **Bus Turístic de Nit** (ca. Juni–Sept., Fr–So 21.30–24 Uhr, 17 €, Kinder 10 €, ca. 2,5 Std.) bietet eine abendliche Fahrt durch die Stadt, vorbei an den beleuchteten Gebäuden und zur Font Màgica.

Barcelona Tours (www.barcelonatours.es): Die Fahrt mit den **roten Bussen** funktioniert nach demselben Prinzip, man kann so oft ein- und aussteigen wie man mag, es gibt eine West- und eine Osttour, alle Sehenswürdigkeiten (außer das Kloster Pedralbes) werden angefahren, die Busse fahren zwischen 9 und 20 Uhr. Ticketpreise wie beim Bus Turístic, Frequenz etwas niedriger, dafür häufig weniger voll.

▶ **Geführte Touren/Thematische Rundgänge**

Von literarischen Rundgängen, bei denen man auf den Spuren berühmter Romanfiguren wandeln kann, über Führungen zu Drehorten, Tapas-Touren, „Gaudí bei Nacht", das „Magische Barcelona", bis hin zu einer „Ghost-Walking-Tour" durch das gotische Viertel, mit Fahrrad, Segway oder Scooter – die Auswahl an Touren ist groß. Infos: www.barcelonaturisme.com.

Barcelona Walking Tours: Geführte Touren zu Fuß in Englisch, Spanisch und Katalanisch, organisiert vom Touristenbüro. Man sollte 10 Min. vorher an der Touristinfo an der Plaça de Catalunya sein. Info und Buchung: ☎ 93 285 38 32, www.barcelonaturisme.com
- Barri Gòtic: 2 Std., 13 €, tgl. in Englisch um 10 Uhr. Tour durch das gotische Viertel.
- Picasso: 2 Std., 19,50 €, Di, Do, Sa um 16 Uhr. Auf den Spuren Picassos, inkl. Museum.
- Gourmet: 2 Std., 19,50 € (inkl. zwei „tastings" Fr/Sa um 10 Uhr. Durch das gastronomische Barcelona, u. a. Besuch des Mercat de la Boqueria.
- Modernisme: 2 Std., 13 €, Fr/Sa um 15 Uhr (Juni–Sept. um 18 Uhr). Tour durch das Quadrat d'Or.
- Marina: 3 Std., ab Mirador Colón, 6,50 €, Fr/Sa 10 Uhr

Itinera Plus, c/ Copons 3, 1ª, ☎ 93 342 83 33, www.itineraplus.com. Kulturelle und literarische Rundgänge, meist in Spanisch und Katalanisch, andere Sprachen können gebucht werden.

Icono Serveis, c/ Muntaner 185, 1o, 2ª, ☎ 93 410 14 05, www.iconoserveis.com. Auf kulturelle und thematische Rundgänge spezialisiert, großes Angebot.

APIT-Barcelona (*Asociación profesional de Guías de Turismo*), Pl. Ramon Berenguer el Gran 1, 1°-1C, ☎ 93 319 84 16, www.apit-barcelona.org. Bei der Vereinigung professioneller Touristenführer von Katalonien können Führer in verschiedenen Sprachen und Touren gebucht werden.

My favourite things, ☎ 637 26 54 05, www.myft.net. Thematische, z. B. gastronomische Rundgänge (Englisch, Spanisch).

Außerdem bieten viele der **Fahrradvermietungen** (s. S. 55) geführte Touren an, die um die 3 Std. dauern und ca. 20 € kosten.

Las Golondrinas, ☎ 93 442 31 06, www.lasgolondrinas.com. Mit dem Ausflugsbötchen oder dem Katamaran kann man entweder eine Hafenrundfahrt machen (35 Min., 6,80 €) oder an der Küste entlang bis zum Fòrum (Poblenou) fahren (90 Min., 14 €). Die Abfahrtszeiten ändern sich mit den Jahreszeiten, Abfahrt ist ganz in der Nähe des Kolumbus-Denkmals.

Cook & Taste, c/ Paradís, ☎ 93 302 13 20, www.cookandtaste.net. Es werden Kochkurse (in Englisch, Französisch, Spanisch) angeboten, bei denen ein typisch spanisches Mahl zubereitet wird. Ein halber Tag (3,5 Std.) kostet ca. 60 € (inkl. Zutaten). Es stehen auch Touren durch den Mercat de la Boqueria auf dem Programm.

Barcelona Photographer, c/ Diputación 292, ☎ 629 557 089, www.barcelonaphotographer.com. Private Fotokurse durch das gotische Viertel, 3–4 Std. 110 €.

📖 ### La Ruta del Modernisme als Begleitbuch

Die von der Stadt erdachte **Modernisme-Route** *gibt in einem informativen und bebilderten Buch Auskunft über 115 Modernisme-Bauten der Stadt, auch die weniger bekannten. Das Buch mit Karte kostet 12 € (in Englisch, Französisch, Spanisch, Katalanisch); dazu gibt es Rabattheftchen. Für insgesamt 18 € gibt es noch ein Buch über modernistische Bars und Restaurants dazu.*

Informationen: www.rutadelmodernisme.com und bei der Touristeninformation.

Unterhaltung

▶ **Livemusik/Konzerte**

Konzerte werden in vielen Clubs der Stadt veranstaltet, die sich anschließend in eine Disko verwandeln. Diese sind bei den Ausgehtipps der jeweiligen Viertel aufgeführt, wie z. B. **Sala Bikini** (www.bikinibcn.com, s. S. 249), **Harlem Jazz Club** (www.urbaanjazz.com, s. S. 113), **Luz de Gas** (www.luzdegas.com, s. S. 207), **Razzmatazz** (www.salarazzmatazz.com, s. S. 187), **Jazz Sí Club** (www.tallerdemusics.com, s. S. 129), **Apolo** (www.sala-apolo.com, s. S. 133) oder das **Jamboree** (Pl. Reial 17, ☎ 93 319 17 89, www.masimas.com/jamboree).

Tipp: Open-Air-Musik
*Im Sommer gibt es sonntags manchmal stimmungsvolle Konzerte im **Parc de la Ciuta-della**, im Pavillon (Glorieta) vor der Kaskade. Auch auf dem Dach der **Casa Milà** kann man bei bezaubernder Aussicht im Sommer (meist im Juli und Aug.) Jazzklängen lauschen. Informationen unter: www.cxagenda.org, **Nits d'estiu a La Pedrera**, nur Fr/Sa, Eintrittskarten im Vorverkauf: www.telentrada.com der Caixa Catalunya.*

▶ **Klassische Musik/Oper/Großveranstaltungen**

Palau de la Música Catalana, c/ Sant Pere Més Alt 11, ☎ 902 442 882, www.palaumusica. org. Im berauschenden Modernisme-Design werden vor allem klassische Konzerte gegeben, aber auch Aufführungen in Rahmen des Flamenco-Festivals oder Gospelchöre stehen auf dem Programm (s. auch S. 158).

Gran Teatre del Liceu (Oper), Rambla 51–59, ☎ 93 485 99 00, www.liceubarcelona.com. Die schöne Oper Barcelonas bietet auch musikalisch Weltklasseniveau (s. S. 139).

L'Auditori, c/ Lepant 150, ☎ 93 247 93 00, www.auditori.org. Nicht nur Barcelonas Symphonieorchester, sondern der ganzen Palette von Musikrichtungen von Jazz über Elektronik und Konzerten verschiedener Festivals kann man in dem hochmodernen Auditori lauschen.

Barcelona Teatre Musical, c/ Guardia Urbana s/n, ☎ 93 423 15 41. Das größte Theater der Stadt ist seit 2001 im umgebauten Sportpalast (Palau dels Esports, von Josep Soteras y Lorenzo García-Barbón 1955) beheimatet, hier finden die großen Aufführungen und Musicals statt.

ℹ Eintrittskarten

Eintrittskarten für Konzerte, Theater, andere Veranstaltungen:

Palau de la Virreina/Tiquet Rambles, Rambla 99, ☎ 933 161 111, Mo–So 10–20.30 Uhr, für sämtliche Kulturveranstaltungen in der Stadt.

Servicaixa, www.servicaixa.com, Tickets können ausgedruckt oder an den Bankautomaten der Caixa abgeholt bzw. direkt dort gekauft werden.

Caixa Catalunya, 24-Std.-Service unter ☎ 902 10 12 12 oder im Internet unter www.telentrada.com

Ticketmaster, www.ticketmaster.es

FNAC (Pl. Catalunya, im Triangle-Gebäude auf der Ecke zum c/ Pelai, Untergeschoss)

Tipp
Tickets zum halben Preis gibt es bei Verfügbarkeit 3 Std. vor Veranstaltungsbeginn bei **Tiquet Rambles** im Palau de la Virreina (s.o.).

Palau de Sant Jordi, Pg. Olímpic s/n, auf dem Montjuïc, Programm: www.agendabcn.com. Die größte geschlossene Halle der Stadt, die mit ihrem Metall-Glasfliesendach an eine fliegende Untertasse erinnert, ist ein Werk des japanischen Architekten Arata Isozaki. Wie so vieles auf dem Montjuïc im Rahmen der Olympischen Spiele erbaut, finden in der mit modernster Technik ausgestatteten Multifunktionshalle bis zu 17.000 Besucher Platz. Nebenan im Olympiastadion finden ebenfalls Großveranstaltungen statt.

▶ Kinos

Die meisten Filme laufen in Barcelona in der synchronisierten Fassung auf Spanisch, einige auch auf Katalanisch. Filme in Originalversion mit Untertiteln (VOS, *Versión original subtitulada*) gibt es in folgenden Kinos:

Yelmo Icària (Vila Olímpica), c/ Salvador Espriú 61, ☎ 902 22 09 22, www.yelmocines.es. Das größte Kino mit 15 Sälen.

Verdi, c/ Verdi 32, und **Verdi Park**, c\ Torrijos 49 (Gracia), www.cines-verdi.com. Kleine Kinos mit alternativerem Programm.

Casablanca Kaplan, Pg. de Gràcia 115 (Eixample), ☎ 932 184 345. Kleines Programmkino.

Méliès Cinemes, c/ Villarroel 102, www.cinesmelies.net. Alte Filmklassiker und kleinere Produktionen (nach einem Brand voraussichtlich bis Ende 2011 geschl.).

Renoir, c/ Florida Blanca 135, ☎ 93 426 33 37, **Renoir Les Corts**, c/ Eugeni d'Ors 12, ☎ 93 490 55 10, www.cinesrenoir.com. Kleine Programmkinos.

Open-Air-Kino gibt es im Sommer auf dem Montjuïc am Castell, Programm unter www.salamontjuic.org.

▶ Theater/Tanz

Katalonien hat heute eine sehr lebendige Theaterszene. Die meisten Stücke in Barcelona werden allerdings auf Katalanisch aufgeführt. Neben Klassikern und moderneren Stücken (katalanischer Herkunft und übersetzt), die z. B. im Teatre Nacional de Catalunya gezeigt werden, hat besonders das unabhängige und alternative Theater eine lange Tradition, das mitunter auch ohne Wort auskommt und so auch für Zuschauer sehenswert ist, die des Katalanischen nicht mächtig sind.

Teatre Victòria, Av. Paral.lel 67, ☎ 93 329 91 89, www.teatrevictoria.com. Theater, Ballett und Musicals.

L'Antic Teatre, c/ Verdaguer i Callis, ☎ 93 3 5 23 54, www.anticteatre.com. Mitten in La Ribera werden in alternativem Ambiente Kurzfilme, Theater, Fotoausstellungen, Tanzaufführungen etc. gezeigt. Zudem gibt es eine schöne Terrasse mit guten Cocktails.

Teatre Nacional de Catalunya, Pl. de les Arts 1, ☎ 93 306 57 00, www.tnc.es. Nationaltheater von Katalonien, direkt neben dem Auditori gelegen, in dem vor allem Stücke katalanischer Autoren und Klassiker gespielt werden ebenso Tanzaufführungen.

Teatre Poliorama, Rambla dels Estudis 115, ☎ 93 317 75 99, www.teatrepoliorama.com.

Sala Beckett, c/ Alegre de Dalt 55, ☎ 93 284 53 12, www.salabeckett.cat. Hier wird vor allem zeitgenössisches katalanisches Theater gespielt.

Teatre Tantarantana, c/ Les Flors 22, ☎ 93 441 70 22, www.tantarantana.com. Kleine Bühne für alternatives katalanisches Theater.

Teatre Tívoli, c/ Casp 8, ☎ 902 33 22 11, www.grupbalana.com. Aufgeführt werden Klassiker und Komödien.

Teatre Grec, Pg. de Santa Madrona 36, ☎ 93 316 10 00. Das Teatre Grec, von einem Park umgeben, wurde von Ramon Raventós für die Weltausstellung 1929 im Stil der antiken griechischen Theater erbaut. Als Open-Air-Theater ist es nur in den Sommermonaten in Betrieb.

Konzerte, Theater- und Tanzaufführungen finden dann hier statt, vor allem während des **Festival del Grec**, das seit 1976 Ende Juni/Anfang Aug. stattfindet (www.grec.bcn.cat/).
Ciutat del Teatre: Die „Theaterstadt" am Montjuïc um die Pl. Margarita Xirgu, z. T. im alten Palau d'Agricultura von Josep Ribas und Manuel Mayol (1929) untergebracht, besteht aus den Sälen des **Teatre Lliure**, dem **Mercat de les Flors** und dem Institut del Teatre, der Schauspielschule.
Teatre Lliure, Pg. de Santa Madrona 40–46 ☎ 93 289 27 70, www.teatrelliure.com. Das Freie Theater wurde 1976 von Schauspielern des Unabhängigen Theaters gegründet und hat sich seitdem einen Namen im Bereich des modernen Theaters mit der Neuinterpretation klassischer Texte und seinem Engagement für die katalanische Kultur gemacht. Es gibt einen großen Saal (Sala Fabià Puigserver) mit knapp 800 Plätzen und einen kleinen (Espai Lliure) mit 170 Plätzen. Behindertengerecht. Das Theater hat einen Ableger in Gràcia, c/ Montseny 47, ☎ 93 238 76 25.
Mercat de les Flors, c/ Lleida 59, ☎ 93 426 18 75, www.mercatflors.org. Hier wird heute modernes Theater gespielt. Der Schwerpunkt liegt auf dem Tanz als zentrales Element des Programms.

Unterkunft

Barcelona hat im Jahresdurchschnitt eine der höchsten Bettenbelegungsraten Europas – dementsprechend sind auch die Preise gestiegen. Eine einfache Pensió kostet um die 80 € pro DZ, für ein Hotelzimmer in guter Lage und etwas mehr Komfort muss man mit 100–150 € pro DZ rechnen. Meist werden als Unterkunftsarten Hotel, Hostal/Pensió und Hostel unterschieden.

Ein **Hostal** (nicht zu verwechseln mit einem Hostel, das eine Jugendherberge ist und meist unter *Albergue Juvenil* verzeichnet ist) und eine **Pensió** bedeuten dasselbe und sind mit einem einfacheren Hotel oder Gästehaus vergleichbar. Eine Pensió bieten u. U. bessere und günstigere Übernachtungsmöglichkeiten als ein Hotel. Sie sind oft im Familienbesitz und bieten eine lockere und familiäre Atmosphäre, dafür aber mitunter weniger Leistungen (z. B. Telefon, Kabelfernsehen, Klimaanlage etc.). Bei der Buchung ist es wichtig darauf zu achten, dass es in diesen Unterkünften meist Zimmer mit und ohne Bad (bzw. Bad/Toilette auf dem Flur) gibt. Falls man unbedingt ein Zimmer mit einem eigenen Bad haben möchte, sollte man gezielt danach fragen.

Zudem gilt: Barcelona ist eine nachtaktive Stadt, und besonders in der Altstadt mit ihrer hohen Konzentration an Bars und Diskos kann es schon mal laut sein, vom Verkehr an den großen Straßen mal ganz abgesehen. Ist man sehr lärmempfindlich, empfiehlt es sich, entweder mitzufeiern oder nicht direkt in der Altstadt zu wohnen oder ein Zimmer nach hinten raus zu buchen *(habitación interior)*. In den einfacheren Unterkünften schaut man dabei allerdings nicht immer in einen hübschen Innenhof, sondern auch mal in den Luftschacht, die Zimmer sind entsprechend dunkel. Beim Buchen auf jeden Fall angeben, ob man ein Zimmer *exterior* (zur Straße) oder *interior* haben möchte!

Reist man im Sommer, sollte man auf eine Klimaanlage achten, da die Nächte ansonsten sehr schweißtreibend sein können. Umgekehrtes gilt für den Winter. Die Temperaturen fallen zwar selten unter null, aber es ist feucht und mit Heizung sehr viel angenehmer.

Für die Hauptsaison und europaweite Feiertage wie Ostern empfiehlt es sich, früh zu buchen (mindestens 2–3 Monate im Voraus) – sonst kann es teuer werden. Je früher man bucht, desto größer ist die Auswahl und desto günstiger kann man in der Regel wohnen.

Buchungsmöglichkeiten

Hotels kann man entweder direkt buchen, über verschiedene Internetanbieter oder beim Reisebüro. Vergleichen lohnt sich in jedem Fall. Bei Direktbuchungen benötigt man in der Regel eine Kreditkartennummer zur Reservierung, bei den günstigeren Unterkünften wird manchmal die erste Nacht oder der ganze Buchungszeitraum direkt abgebucht. Darauf sollte man auf jeden Fall achten und ggf. die Stornobedingungen erfragen. Bei den Preisangaben gilt auch, dass mitunter die 8 % IVA (MwSt.) meist nicht enthalten sind. **Online buchen** kann man Hotels z. B. über die Homepage der Tourismusbehörde (www.barcelonaturisme.com), deren Büros (s. S. 58) auch Last-Minute-Reservierungen vornehmen. Generell ist es aber nicht ratsam, ohne eine gebuchte Unterkunft nach Barcelona zu reisen. In der Stadt herrscht fast immer Hochsaison, im Sommer wird es sehr schwierig, bei Messen oder anderen Großveranstaltungen fast unmöglich, spontan eine Unterkunft zu finden. Weitere **Internetseiten** (von sehr vielen) mit Buchungsmöglichkeiten sind z. B. www.hotel.de, www.expedia.de, www.hrs.de.

Praktisch für den Preisvergleich ist **www.trivago.de**.

Jugendherbergen

Jugendherbergen *(Hostel, Albergue Juvenil)* gibt es in Barcelona eine ganze Reihe. Wer also keine hohen Ansprüche an die Unterkunft hat und Bad und Zimmer teilt, kann im Zentrum je nach Auslastung schon für rund 20 € inkl. Frühstück nächtigen. Neben den klassischen (offiziellen) Jugendherbergen (Youth Hostelling International, www.tujuca.com, www.peretarres.org) gibt es noch zahlreiche private **Hostels**, z. B. die Häuser der Gruppe Equity Point Hostels (www.equity-point.com).

Apartments

Es gibt ein riesiges und ziemlich unübersichtliches Angebot von Apartments in Barcelona, die von einem einfachen WG-Zimmer bis zum Luxusapartment reichen können. Auch viele Privatpersonen vermieten Wohnungen. In der Regel stellt dies kein Problem dar, man kann aber auch auf eine der vielen registrierten Agenturen (bei **Apartur**, Vereinigung der touristischen Apartments von Barcelona) zurückgreifen. Reist man zu mehreren, mit der Familie oder für einen etwas längeren Zeitraum, ist diese Unterkunftsform durchaus eine Überlegung wert.

Feel Good Apartments, c/ Mallorca 103, ☎ 933 102 000, www.feelgoodapartments.com. Nett eingerichtete Apartments für bis zu fünf Personen, u. a. im Born, Barceloneta und nahe der Rambla.

Desigbarcelona, ☎ 93 467 67 74, www.desigbarcelona.com. Suchmaschine für Unterkünfte in Barcelona, auch Last-Minute und monatliche Vermietungen.

City Siesta, ☎ 646 713 179, www.CitySiesta.com. Vermietung von Apartments und Zimmern, Auskünfte auch auf Deutsch.

Oh-Barcelona, ☎ 93 467 37 79, in D 030-590 024 935, www.oh-barcelona.com. Einer der größten Anbieter, hier kann man auch Hotels, Zimmer n einer WG oder bei einer Gastfamilie buchen.

Rent the Sun, Pg. de Gràcia 39, ☎ 931 930 424, www.rentthesun.com. Wohnungen in der ganzen Stadt.

Klassifizierung der Unterkünfte

Die Preiskategorien der in diesem Buch angegebenen Hotels und Pensionen (Hostal, Pensió) beziehen sich auf eine Übernachtung für zwei Personen im Doppelzimmer. Fast alle Preise für Hotels unterliegen starken saisonalen Schwankungen und sind bei Buchung über o. g. Internetseiten oft deutlich günstiger.

€	bis 70 €
€€	bis 100 €
€€€	bis 140 €
€€€€	bis 180 €
€€€€€	über 180 €

▶ **Unterkünfte nach Stadtvierteln**

Barceloneta/Port Olímpic (s. Karte S. 174)

Equity Point Sea Hostel € (2), Pl. del Mar 1–4, ☎ 93 231 20 45, www.equity-point.com. Nur ein paar Schritte vom Strand entfernt und ca. 15 Min. zu Fuß bis zur Rambla gelegen, die Zimmer haben 4, 6 oder 8 Betten, alle mit Bad im Zimmer. Frühstück und Internet inkl.
Barcelonetasuites €€–€€€ (1), c/ Grau i Torras 17, ☎ 93 221 42 25, www.barceloneta suites.com. Kleine, gut ausgestattete Apartments in der Nähe vom Strand (kein Fahrstuhl). Wer gerne kocht: Der Mercat de la Barceloneta (s. S. 177) ist nicht weit. Fangfrischen Fisch gibt es zudem nachmittags (18–21 Uhr) bei Peix i Marisc Antonio, c/ Baluard 68.
Hotel Arts €€€€€ (4), c/ Marina 19–21, ☎ 93 221 10 00, www.hotelartsbarcelona.com. Luxushotel am Port Olímpic mit atemberaubendem Ausblick: Rundum verglast, bietet es aus den 44 Stockwerken Blicke auf das Meer, die Stadt oder den Montjuïc. Das dazugehörige Restaurant **Arola** (s. S. 180) gehört zu den besten (und teuersten) Restaurants der Stadt.
W €€€€€ (3), Pl. Rosa del Vents 1, ☎ 93 295 28 00, www.w-barcelona.com. Neue Landmarke am Ende der Barceloneta, das 26 Stockwerke hohe, zu Beginn umstrittene Projekt des Architekten Ricardo Bofill besticht mit minimalistischem Design, Dachterrasse mit Bar und Infinity-Pool.

Barri Gòtic (s. Karte S. 90)

Als einem der Lieblings-Ausgehviertel der Touristen und Einheimischen kann es im Barri Gòtic in einigen Ecken abends etwas lauter sein. Dafür ist man mittendrin und kann einen Großteil der Sehenswürdigkeiten bequem zu Fuß erreichen. Besonders die Auswahl an Hostals ist rund um die Metrostation Urquinaona groß.

Hostal Avinyó € (12), c/ d'Avinyó 42, 1°, ☎ 93 318 79 45, www.hostalavinyo.com. Einfache 2- bis 3-Bett-Zimmer zu einem sehr günstigen Preis, zentral gelegen, Läden und Bars vor der Tür – ideal, wenn man nicht mehr als eine Schlafgelegenheit sucht.
Hostal Residencia Rembrandt € (5), c/ de la Portaferrissa 23, ☎ 93 318 10 11, www.hostalrembrandt.com. Kein Luxus, aber sauber und gut gelegen in einer belebten Einkaufsstraße, nahe Rambla und Pl. Catalunya.
Hostal Fontanella €–€€ (1), Via Laietana 71, 2°, ☎ 93 317 59 43, www.hostalfontanella.

com. Zentral an der großen Via Laietana gelegen (die Zimmer zur Straße sind trotz Doppel-verglasung etwas laut), nur wenige Minuten von der Kathedrale. Elf einfache und geräumige 1- bis 4-Bett-Zimmer (mit/ohne eigenes Bad) und hilfsbereites Personal.

Bonic Barcelona €–€€ (13), c/ Anselm Clavé 9, 1°–4°, ☎ 626 053 434 (mobil), www.bonic-barcelona.com. Wenige Minuten von der Rambla del Mar und dem Meer ent-fernt. Acht schöne und stilvoll eingerichtete Zimmer, die sich drei Bäder teilen. Außer an der Klingel von außen kaum gekennzeichnet.

Hotel Jardi €€ (9), Pl. Sant Josep Oriol 1, ☎ 93 301 59 00/58, www.eljardi-barcelona.com. Einfaches, aber sauberes Hotel mit hilfsbereitem Personal in ungeschlagener Lage direkt an der Kirche Santa María del Pi und ihren charmanten Plätzen.

Hotel Racó del Pi €€€ (6), c/ del Pi 7, ☎ 93 342 61 90, www.hotelh10racodelpi.com. Schönes Hotel mit 37 recht geräumigen Zimmern, im Herzen des Barri Gòtic in einer stim-mungsvollen Straße zwischen der Kathedrale und der Pl. del Pi gelegen.

Marina View B&B €€€ (14), Pg. de Colom, ☎ 93 317 59 20, www.marinaviewbcn.com. Blick auf Hafen und Meer und für Barcelona ungewöhnlich geräumige fünf Zimmer zeichnen das Marina View aus. Dazu Minibar, Klimaanlage, Kaffee und Tee im Zimmer und netter Ver-mieter – insgesamt ein prima Preis-Leistungs-Verhältnis.

NH Duc de la Victoria €€€ (4), c/ Duc de la Victoria 15, ☎ 93 270 34 10, www.nh-hotels.com. In einer zumindest abends etwas ruhigeren Einkaufsstraße gelegen, nur we-nige Meter von der Rambla entfernt, sind die meisten Sehenswürdigkeiten gut zu Fuß zu er-reichen. 156 moderne und komfortable Zimmer.

Hotel Colón €€€€ (7), Av. de la Catedral 7, ☎ 93 301 14 04, www.hotelcolon.es. Mit vier Sternen, einem etwas verstaubten Charme und dem besten Ausblick im Barri Gòtic kann das Hotel Colón aufwarten: Es liegt direkt gegenüber der Kathedrale. Zimmer mit Aussicht bu-chen!

Hotel Neri €€€€€ (8), c/ Sant Sever 5, ☎ 93 304 06 55, www.hotelneri.com. Versteckt mitten im Barri Gòtic liegt dieser kleine Palast aus dem 18. Jh., der als modernes Hotel mit 22 stilvollen Zimmern hergerichtet wurde. Nur wenige Minuten von der Kathedrale und der Pl. Sant Jaume entfernt, die Straße selber ist nachts allerdings ziemlich dunkel. Gutes Restau-rant im Haus.

Direkt an der Rambla

Hotels direkt an der Rambla sind ein bisschen teurer und lauter als die in den etwas abseits gelegenen Seitenstraßen. Aber wer mittendrin wohnen will, hat die Wahl zwischen einfachen Hostals bis zum Fünf-Sterne-Hotel. Ein Zimmer zur Rambla hin bietet zwar den besseren Blick, aber auch nachts mehr Lärm. Eine kleine Auswahl

Hostal Barcelona City Ramblas (Pensión Canaletas) € (2), La Rambla 133, ☎ 65 390 00 39, www.barcelonacitycentre.com/ramblas. Eine der günstigsten Unterkünfte an der Rambla, 1- bis 4-Bett-Zimmer in einem älteren Haus, geteiltes Bad. Vom 5. Stock (kein Auf-zug!) grandioser Blick auf Pl. Catalunya und Rambla. Nur zum Übernachten passable Budget-Option.

Hostal Opera € (10), c/ Sant Pau 20, ☎ 93 318 82 01, www.hostalopera.com. Einfache, sau-bere Zimmer mit Bad, Klimaanlage. Gute Lage, direkt an der Ecke der Rambla, aber auch dementsprechend laut.

Hotel Flor Parks €€€ (11), Rambla 70, ☎ 93 342 97 60, www.hotel-flor-parks.com. Mit-telklassehotel direkt an der Rambla, das den Geldbeutel etwas weniger strapaziert. Kleine Dachterrasse.

H 1898 €€€€€ (3), Rambla 109, ☏ 93 552 95 52, www.hotel1898.com. In dem alten Gebäude der Compañía de Tabacos, die Zimmer sind pro Stockwerk in unterschiedlichen Farben gehalten. Innen- und Außenpool, Spa mit Dampfbad, Sauna, Fitnessbereich etc.

Eixample (s. Karte S. 190)

Die wohl größte Auswahl an Luxus-Unterkünften findet man hier im Eixample, aber es gibt auch hier günstige Übernachtungsmöglichkeiten in guter Lage und hübsche Hostals. Von den Adressen am und um den Passeig de Gràcia hat man es nicht weit zu den berühmten Gaudí-Bauten, auch die Altstadt und Gràcia sind zu Fuß oder in zwei bis drei Metrostationen gut zu erreichen.

Centric Hostel (5), Pg. de Gràcia 33, ☏ 93 231 20 45, www.equity-point.com. Die luxuriöseste Lage für eine Jugendherberge, direkt auf dem Passeig de Gràcia in einem modernistischen Gebäude, einen halben Block von den Gaudí-Bauten entfernt, 10–15 Min. in die Altstadt. 400 Betten, 2- bis 12-Bett-Zimmer.

X **Residencia Australia € (8)**, Ronda Universitat 11, 4°1ª, ☏ 93 317 41 77, www.residenciaustralia.com. Familienunternehmen im Herzen von Barcelona. Gemütliche und saubere Unterkunft, die es bereits seit 25 Jahren gibt, auch Apartments. Der Inhaber gibt gern persönliche Tipps und Ratschläge.

), c/ Pau Claris 74, 1°, ☏ 93 302 25 65, www.hostalgoya.com. Di   elegenes, komfortables Hostal. Familiäres Ambiente, netter Service,   Aufpreis. Auch Apartments für 4–6 Personen werden vermietet.   **(2)**, c/ Mallorca 329, 3°, ☏ 93 458 77 58, www.hotelfelipe2.com. Einfaches Hostal mit 21 sauberen Zimmern, Klimaanlage und Heizung. Vier Blocks vom Passeig de Gràcia, wenige Minuten von der Metro Verdaguer (L5) entfernt.

Hostal Girona €–€€ (14), c/ Girona 24, 1° 1ª, ☏ 93 265 02 59, www.hostalgirona.com. Zentral im Quadrat d'Or gelegen, bietet das Hostal relativ geräumige Zimmer in familiärer Atmosphäre.

Hostal Fashion House Bed & Breakfast €€ (13), c/ Bruc 13, ☏ 637 904 044 (mobil), www.bcnfashionhouse.com. Gemütliches Hostal in einem Altbau, recht geräumige Zimmer mit hohen Decken, die sich je ein Bad teilen, einige Zimmer mit Veranda (Aufpreis).

The Praktik €€ (7), c/ Diputació 325, ☏ 93 467 31 15, www.praktikhotels.com. Als „lowcost" Designhotel bezeichnet sich das Praktik. Zentral gelegen, saubere, wenn auch kleine Zimmer – aber für Barcelona ein super Preis-Leistungs-Verhältnis.

Soho Hotel €€€ (6), Gran Via de les Corts Catalanes 543–545, ☏ 93 552 96 10, www.sercotel.es. 51 komfortable Zimmer in minimalistischem Schick in der Nähe der Pl. Catalunya, Flat-Screen-TV, Pool mit Sonnenterrasse.

Hostal L'Antic Espai €€€ (9), Gran Via de les Corts Catalanes 660, ☏ 93 304 19 45, www.lanticespai.com. Eine kleine Zeitreise bietet dieses Hotel mit nur zehn, mit Liebe zum Detail mit alten Möbeln eingerichteten Zimmern, einige mit Balkon.

Hotel Axel €€€ (4), c/ Aribau 33, ☏ 93 323 93 93, www.axelhotels.com. Die erste Hotelkette, die sich speziell an Schwule wendet. Geräumige, geschmackvoll eingerichtete Zimmer, zwei Blocks von der Pl. Universitat, 10–15 Min. zum Passeig de Gràcia und zur Pl. Catalunya gelegen.

Hotel Constanza €€€ (10), c/ Bruc 33, ☏ 93 270 19 10, www.hotelconstanza.com. Stilvoll und komfortabel, 46 Zimmer in warmen Farben, die zur Straße haben einen kleinen Balkon, sind aber recht laut. Dachterrasse. Drei Blocks bis zur Pl. Catalunya.

The 5 Rooms €€€ (12), c/ Pau Claris 72, 1°, ☏ 93 342 78 80, www.thefiverooms.com. Mit Liebe zum Detail eingerichtete Pension mit 10 Zimmern, familiäre Atmosphäre, Frühstück. Zwei Blocks entfernt von der Pl. Catalunya.

Hotel Majestic €€€€€ (3), Pg. de Gràcia 68, ☏ 93 488 17 17, www.hotelmajestic.es. Das älteste Luxushotel im Eixample, am Passeig de Gràcia gelegen, öffnete seine Pforten bereits 1917. Die neoklassizistische Fassade und Lobby mit Kerzen versprühen Luxusambiente. Das **Restaurant Drolma** (☏ 93 496 77 10) im Hotel darf sich mit einem Michelin-Stern schmücken, hier kann man an einem Abend locker das gesamte Reisebudget loswerden.

Hotel Omm €€€€€ (1), c/ Rosselló 265, ☏ 93 445 40 00, www.hotelomm.es. Designerhotel, modern und elegant eingerichtet. 59 lichtdurchflutete Zimmer mit Musikanlage, Internet. Dachterrasse mit kleinem Pool. Zentrale Lage (15 Min. zur Pl. Catalunya, 5 Min. zur Casa Batlló). Das zur Hotelgruppe gehörende **Restaurant Moo** wird von den Gebrüdern Roca geführt und ist mit einem Michelin-Stern dekoriert.

Gràcia (s. Karte S. 210)

In Gràcia ist die Auswahl nicht so groß wie in der Altstadt oder im Eixample, aber wer es lieber etwas ruhiger hat, ist hier gut aufgehoben. Man ist mit der Metro oder auch zu Fuß schnell am oberen Ende des Passeig de Gràcia mit seinen Modernisme-Bauten. Und besonders abends hat Gràcia auch eine Reihe schöner Ess- und Ausgehmöglichkeiten im Angebot.

Albergue Mare de Deu de Montserrat (1), Pg. Mare de Déu del Coll 41–51, ☏ 93 210 51 51, www.xanascat.cat, www.tujuca.com. Oberhalb der Stadt in einer ruhigen Zone gelegene Jugendherberge, 213 Betten (6-, 8- und 12-Bett-Zimmer). Etwas ab vom Schuss, dafür aber in einem schönen Gebäude im Grünen. Nächste Metro: Vallcarca, Bus: 28, 92.

Hostal San Medín € (3), Gran de Gràcia 125, ☏ 93 217 30 68, www.sanmedin.com. Einfache, saubere Zimmer, günstig am Carrer Gran de Gràcia gelegen (Metro Fontana). In 10 Min. ist man zu Fuß unten am Passeig de Gràcia. Keine Klimaanlage.

Aparthotel Silver €€–€€€ (2), c/ Bretón de los Herreros 26, ☏ 93 218 91 00, www. hotelsilver.com. Alle Zimmer haben eine kleine Küchenecke, einige auch Terrasse. Die günstigste Kategorie „Budget Rooms" geht in den Innenhof und hat wenig Tageslicht. 10 Min. von der Metro Fontana (L3) entfernt (10 Min. zur Pl. Catalunya), zu Fuß ca. 20 Min. bis zum Passeig de Gràcia.

Hotel Medium Confort €€–€€€ (4), Travessera de Gràcia 72, ☏ 93 238 68 28, www. h-confort.com. 36 Zimmer, schöne Terrasse. 2 km von der Rambla, ein paar Hundert Meter vom Passeig de Gràcia (10 Min. zur Metro Diagonal). Eine der besseren (und teureren) Zwei-Sterne-Unterkünfte.

Hotel Casa Fuster €€€€€ (5), Pg. de Gràcia 132, ☏ 93 255 30 00, www.hotelescenter. es/casafuster/. Das von Lluís Domènech i Montaner 1908 errichtete Wohnhaus ist unter Berücksichtigung der alten Strukturen vollständig renoviert worden und hat so seinen besonderen Charme. Es liegt am nördlichen Ende des Passeig de Gràcia und bietet von der Dachterrasse einen einmaligen Panoramablick auf den Passeig und die Stadt. 78 schöne Zimmer mit allem Luxus.

Montjuïc (s. Karte S. 222)

Auf dem Montjuïc selber gibt es nur ein Hotel, das **Hotel Miramar €€€€–€€€€€ (4)**, Pl. Carlos Ibáñez 3, ☏ 93 281 16 00, www.hotelmiramarbarcelona.es. Fünf-Sterne-Luxus in einem sorgfältig restaurierten Gebäude der Weltausstellung 1929 auf dem Montjuïc bietet dieses Hotel mit 75 Zimmern, Innen- und Außenpool im Garten, Bar und Restaurant. Wenige Minuten von der Ankunftsstelle des *Transbordador Aeri* über den Gärten Costa i Llobera gelegen, hat man einen wunderschönem Blick auf die Stadt, den alten Hafen und das Meer. Die Station des Funicular de Montjuïc ist ca. 1 km weit, abends müsste man sich ein Taxi nehmen.

Die an und um die **Pl. Espanya und Messe** gelegenen Hotels sind vom Flughafen aus gut zu erreichen, aber etwas vom Zentrum entfernt. Wer aber eine 10- bis 20-minütige U-Bahnfahrt bis zum Zentrum im Kauf nimmt, kann hier u. U. günstige Angebote bekommen, wenn gerade keine Messe ist.

Hotel Catalonia Barcelona Plaza €€€–€€€€ (1), Pl. Espanya 6–8, ☎ 93 426 26 00, www.hoteles-catalonia.com. Das die Pl. Espanya überragende Business-Hotel (347 Zimmer) bietet einen tollen Blick auf den Montjuïc: Es lohnt sich, ein Zimmer nach vorne zu buchen (die sind allerdings auch lauter). Kleiner Pool und Terrasse auf dem Dach.

B Hotel €€€ (2), Gran Via de les Corts Catalanes 389–391, ☎ 93 552 95 00, www.sercotelhoteles.com. 84 moderne Zimmer, neben der 2011 neu eröffneten Las Arenas Shopping Mall in der alten Stierkampfarena. Dachterrasse, wenige Meter zur Metro Pl. Espanya.

Hotel Fira Palace €€€–€€€€ (3), Av. Rius i Taulet 1–3, ☎ 93 426 22 23, www.fira-palace.com. Businesshotel mit 276 großen Zimmern, direkt am Fuß des Montjuïc. Mit Swimming Pool. Metro Pl. Espanya ca. 10 Min. entfernt.

Poble Sec (s. Karte S. 131)

Hotel Paral·lel €€ (1), c/ Poeta Cabanyes 5–7, ☎ 93 329 11 04, www.hotelparalel.com. Nur wenige Gehminuten vom Stadtzentrum entfernt, ist dieses einfache, sehr saubere Hotel ein guter Ausgangspunkt, die Stadt zu entdecken. Die Zimmer zur Avinguda Paral·lel sind etwas lauter. 66 Zimmer, WiFi. Insgesamt sehr gutes Preis-Leistungs-Verhältnis.

Poblenou/Diagonal Mar (s. Karte S. 182)

Eine ganze Reihe Hotels sind hinter der Ronda Litoral mehr oder weniger direkt am Strand um das Forum herum entstanden. Auch wenn das Neubauviertel Diagonal Mar noch wenig Eigenleben entwickelt hat, kann man hier in den neueren Hotels mitunter recht günstig unterkommen, und man ist in Strandnähe. Allerdings liegt immer die Küstenstraße dazwischen.

Hostal Poble Nou €–€€ (2), c/ Taulat 30, ☎ 93 221 26 01, www.hostalpoblenou.com. In der Nähe des Strandes und der Rambla del Poblenou liegt das kleine Hostal mit acht Zimmern, alle mit eigenem Bad. Im Sommer kann man auf der Terrasse frühstücken.

Hilton Diagonal Mar €€€€ (1), Av. Diagonal 589–591, ☎ 93 495 77 77, www.hilton.de. Großes Hilton-Hotel mit entsprechendem Komfort und Ausstattung, z. B. Pool und Wellnessbereich, von einigen Zimmern Blick auf das Meer. Mitunter günstige Angebote.

El Raval (s. Karte S. 118)

Die Auswahl an Hotels und Hostals im Raval ist groß, als In-Viertel findet man hier vom Fünf-Sterne-Luxushotel bis zur einfachen Pension etwas für jeden Geschmack und Geldbeutel. In dunklen Gassen, besonders wenn man allein unterwegs ist und nachts, ist wie in der gesamten Altstadt Vorsicht geboten.

Barcelona Mar Hostel € (7), c/ Sant Pau 80, ☎ 93 324 85 30, www.barcelonamar.com. Herberge mit 2- bis 16-Bett-Zimmern, Frühstück inkl., Handtücher und Laken extra, schräg gegenüber der Església de Sant Pau gelegen.

Hosteria Grau €–€€ (3), c/ Ramelleres 27, ☎ 93 301 81 35, www.hostalgrau.com. 31 Zimmer, rustikale Einrichtung, gemütlich und sauber. Einzelzimmer nach innen ziemlich dunkel. Die Badezimmer teilt man sich mit anderen Gästen. Lesesaal mit Fernseher und Kamin.

Hotel Peninsular €€ (s. S. 121), c/ Sant Pau 34, ☎ 93 302 31 38, www.hotelpeninsular.net. In dem ehemaligen Augustinerkloster (bis 1876) kann man in 70 kleinen und klösterlich einfach eingerichteten, aber sauberen Zimmern übernachten. Berühmt für den ungewöhnlichen überdachten Innenhof. In der Nähe der Rambla, allerdings in einer abends recht dunklen Straße des Raval (Fußgängerzone, kein Taxi bis vor die Tür).

Husa Mesón Castilla €€–€€€ (2), c/ Valldoncella 5, ☎ 93 318 21 82, www.mesoncas-

Schöner Innenhof: Hotel Peninsular

tilla.com. Sauberes kleines Hotel mit 56 Zimmern und Garten, nur wenige Minuten von der Pl. Catalunya entfernt, allerdings nicht besonders ruhig.

Hotel Principal €€€ (6), c/ Junta de Comerç 8–12, ☎ 93 318 89 70, www.hotelprincipal. es. Gute Lage in der Nähe der Rambla, saubere Zimmer, freundliches Personal, Dachterrasse, gutes Preis-Leistungs-Verhältnis.

Hotel Gaudi €€€ (8), Nou de la Rambla 12. ☎ 93 317 90 32, www.hotelgaudi.es. Sauberes Hotel in einer Querstraße der Rambla, gegenüber dem Palau Güell gelegen. Foyer mit Schornsteinen im „Gaudí-Stil". Manche Zimmer mit Blick auf den Gaudí-Palast.

Hotel Espanya €€€ (s. S. 121), c/ Sant Pau, 9–11, ☎ 93 550 00 00, www.hotelespanya.com. Der modernistische Bau von 1859 wurde 2010 komplett renoviert und kombiniert nun geschickt die Architektur jener Tage mit modernstem Komfort. Im modernistischen Speisesaal kann man im Restaurant **La Fonde España** die moderne katalanische Küche von Sternekoch Martín Berasategui genießen. Leider ist die Gegend abends nicht die allerbeste.

Hotel Jazz €€€–€€€€ (1), c/ Pelai 3, ☎ 93 552 96 96, www.hoteljazz.com. Modernes Hotel, Pool mit Terrasse auf dem Dach, schöner Blick, zentrale Lage, nur wenige Minuten von der Pl. Catalunya und der Rambla entfernt.

Barcelò €€€€ (5), Rambla del Raval 17, ☎ 93 320 1490, www.barceloraval.com. In dem runden, silbernen Turm mitten im Raval haben sich die Designer ausgetobt: von der lebensgroßen Pferdelampe in der Lobby über die gläsernen Duschen mitten im Zimmer und bunter Beleuchtung bis hin zur 360°-Panorama-Terrasse mit Ausblick über die Stadt ist die Übernachtung hier ein Erlebnis.

Casa Camper €€€€€ (4), c/ Elisabets 11, ☎ 93 342 62 80, www.casacamper.com. Elegantes Hotel der Schuhmarke, das auf Ökologie setzt. 25 minimalistische Zimmer, jedes hat eine separate Mini-Lounge. Frühstück inkl., 24 Std. *Tentempié* (Snacks, z. B. Früchte, Sandwiches).

La Ribera (s. Karte S. 150)

Equity Point Youth Hostel (4), c/ Vigatans 5, ☎ 93 231 20 45, www.equity-point.com. In einer Seitenstraße der Via Laietana gelegen, 17–22 € pro Nacht, inkl. Frühstück und WiFi.

Hostal Nuevo Colón € (7), Av. Marquès de l'Argenterá 19, 1°, ☎ 93 319 50 77, www.hostalnuevocolon.es. 32 einfache Zimmer mit oder ohne eigenes Bad, gegenüber der Estació de França. Nahe zum Strand und zur Altstadt.

Casa de Marcelo €€–€€€ (6), c/ Rera Palau 2, 1ª, ☎ 93 182 23 55, www.casamarcelo barcelona.com. Zentral im Born gelegenes, familiär geführtes B&B von Innenarchitekt Marcelo López, mit fünf gemütlich eingerichteten Zimmern und insgesamt drei Bädern, gemeinsame Küche und Esszimmer stehen zur Verfügung. Mindestaufenthalt zwei Nächte, nur Barzahlung!

Banys Oriental €€–€€€ (5), c/ Argenteria 37, ☎ 93 268 84 60, www.hotelbanysorientals.com. Direkt im Born und damit in der Nähe aller Sehenswürdigkeiten der Altstadt liegt dieses kleine Hotel mit kleinen, aber gemütlich eingerichteten 43 Zimmern. Das Gebäude stammt aus dem 18. Jh. und wurde vollständig renoviert.

Park Hotel €€€ (8), Av. Marquès de l'Argenterá, ☎ 93 319 60 00, www.parkhotelbarcelona.com. Kleine, moderne Zimmer, gute Lage am Rand des Born, wenige Minuten zum Parc de la Ciutadella. Eines der ersten Beispiele moderner Architektur in der Stadt aus den frühen 1950er-Jahren, besonders das Treppenhaus ist sehenswert.

Boria BCN €€€€–€€€€€ (1), c/ Bòria 24–26, ☎ 93 295 58 93, www.boriabcn.com. Die Mini-Apartments haben neben 1–2 Schlafzimmern noch einen Aufenthaltsraum und eine Küchenecke, modern und elegant eingerichtet. Gute Lage, es kann aber nachts etwas laut werden. Stark variierende Preise am Wochenende!

Chic and Basic €€€–€€€€ (3), c/ Princesa 50, ☎ 93 295 46 52, www.chicandbasic.com. Direkt am Parc de la Ciutadella, originelles Design in alten Gemäuern: Eine transparente Dusche befindet sich mitten im Zimmer, das Licht kann je nach Stimmung in verschiedene Farben eingestellt werden. Allerdings recht kleine Zimmer. Ein „Hostel"-Ableger befindet sich nahe der Rambla (c/ Tallers 82, ☎ 93 302 51 83).

Hotel Ciutat de Barcelona €€€–€€€€ (2), c/ Princesa 35, ☎ 93 269 74 75, www.ciutatbarcelona.com. Elegant eingerichtete Zimmer, WiFi, schöne Terrasse mit kleinem Pool. Nur ein paar Minuten vom Picasso-Museum entfernt.

Tibidabo (s. Karte S. 237)

Inout Alberge (2), Major del Rectoret 2, ☎ 93 280 09 85, www.inoutalberg.com. Im Grünen gelegene Jugendherberge, allerdings mehr als nur etwas ab vom Schuss. Mit der Bahn ist man allerdings in ca. 20 Min. in der Stadt.

Gran Hotel La Florida €€€€€ (1), Crta. Vallvidrera al Tibidabo 83–93, ☎ 93 259 30 00, www.hotellaflorida.com. Wunderschön gestaltetes Luxushotel oben auf dem Tibidabo mit einem tollen Blick auf die Stadt. Teures (!) Restaurant **L'Orangerie**, Pool, Bar und Spa. Der Weg in die Stadt ist allerdings recht weit.

⚠ Camping

In der Stadt gibt es keinen Campingplatz (zum Parken von Wohnwagen, s. S. 50), aber in der näheren Umgebung gibt es einige, die mit Bussen oder Bahn von der Pl. Catalunya aus erreichbar sind, z. B.:

Camping el Vedado (Kat. 1), Carretera Masnou-Granollers, Km 7, 08188 Vallromanes, ☎

Nobelunterkunft mit Aussicht: Gran Hotel La Florida

93 572 90 26, www.campingelvedado.com, März–Okt., 7 km zum Strand; 18 km nach Barcelona (Busverbindung), mit dem Auto auf der A7, Ausfahrt 13 (Granollers), dann Richtung El Masnou. In der Nähe der Formel-1-Strecke Montmeló (4 km), ruhig in einem Naturpark gelegen, ausreichend Schatten, Bungalows für 4–6 Personen, Pool, Bar, Restaurant, Supermarkt.
Camping Barcelona (Kat. 2a), Carretera N-II, Km 650, 08304 Mataró, ☎ 93 790 47 20, www.campingbarcelona.com, März–Nov.; 28 km von Barcelona, mit den Cercanías von Sants oder der Pl. Catalunya bis nach Sant Andreu de Llavaneres, von dort 1 km, nachts: Barcelona Nit-Bus 82 (alle 60 Min.); mit dem Auto: C31 Richtung Mataró/Girona, Abfahrt 104 (Girona) auf die A2, dann noch 2,5 km. Strand (20 Min. zu Fuß, im Sommer Shuttleservice, auch zum Bahnhof), Pool, Supermarkt, Holzbungalows.
Camping Tres Estrellas (Kat. 1), Carretera C-31, Km 186,2 (Autovía de Castelldefels), 08850 Gavá, ☎ 93 633 06 37, www.camping3estrellas.com, März–Okt.; 12 km von Barcelona, Bus L95 ab Ronda Universitat/Balmes (Pl. Catalunya); Anfahrt mit dem Auto: von der C31, Ausfahrt 13 (Gavà mar), dann zurück Richtung Barcelona, nach 500 m liegt rechts der Campingplatz. Direkt am Strand, Pool, Bar, Restaurant.

Eine umfangreiche Liste von weiteren Campingplätzen in der Umgebung Barcelonas findet man auf der Seite der Tourismusbehörde (www.barceloraturisme.com) und der **Associació de Càmpings** (www.campingsbarcelona.com).

Zoll

Innerhalb der EU bestehen keine Beschränkungen für das Reisegepäck und ausschließlich zu privaten Zwecken mitgeführte Waren (als Richtwert gelten 800 Zigaretten, 10 l Spirituosen bzw. 90 l Wein). Die Freimengengrenzen für Reisende aus Nicht-EU-Staaten sind geringer (200 Zigaretten, 1 l Spirituosen oder 2 l Wein, 50 g Parfüm). Infos unter www.zoll.de.

info

Ungewöhnliche Parks und ein Mosaik von Gaudí

Sant Andreu

Vom alten Kern Sant Andreus im Norden Barcelonas, durch die von Hochhäusern gesäumte Avinguda Meridiana von der Stadt getrennt, haben sich nur ein paar kleine Straßen rund um den Mercat de Sant Andreu erhalten. Wer den Weg bis hierhin findet, kann durch die kleinen Straßen schlendern und die von außen eher unscheinbare **Parroquia de Sant Pacià** besuchen (c/ Vallés 40/Ecke c/ Monges 27–29). Den mit geometrischen Formen dekorierten Mosaikfußboden entwarf in jungen Jahren Gaudí (1897). Das Mosaik ist wahrscheinlich eines der unbekanntesten Werke des genialen Architekten. (Metro: Sant Andreu)

Churros und mehr

Ist man schon mal hier, sollte man auf keinen Fall einen Stopp an der **Churrería Marisa** (Gran de Sant Andreu 241) verpassen. Die *churros* sind ein Gedicht und der leckere Kakao wärmt an kalten Wintertagen.

Sants

Außer zum Hauptbahnhof kommt man seltener in dieses Wohnviertel, das sich ebenfalls einen alten Kern erhalten hat. Direkt hinter dem Bahnhof Sants findet man den ungewöhnlichen **Parc de la Espanya Industrial** (Passeig de Sant Antoni), der hier vor über 20 Jahren auf dem Gelände einer alten Textilfabrik angelegt wurde. Bei Kindern beliebt ist der stählerne Drache, ungewöhnlich sind die um den künstlichen See gereihten Türme. (Metro: Sants)

Den Carrer de Tarragona hinunter Richtung Plaça Espanya (und nur wenige Meter von ihr entfernt) liegt der **Parc Joan Miró** (eigentlich schon im Eixample) auf dem Gebiet eines alten Schlachthofs, der den Namen Park nur bedingt verdient. Auf betonierter Fläche steht die riesige Skulptur *Dona i Ocell* („Frau mit Vogel") von Miró. Immerhin wurde das angrenzende begrünte Fleckchen mit Bänken und Bäumen ansprechend gestaltet.

Vall d'Hebron (Horta-Guinardó)

Das Vall d'Hebron erstreckt sich im Norden der Stadt an den Hängen des Parc de la Collserola. Der hier gelegene **Parc del Laberint d'Horta** (Passeig de Castanyers s/n) ist ein schöner und romantischer Garten im neoklassizistischen Stil aus dem 18. Jh. mit Skulpturen und einem Labyrinth – ideal für ein Picknick (10– mind. 18 Uhr, im Sommer länger). (Metro: Mundet)

Traditionelle Küche

In der Nähe der Gartenanlage – auf der anderen Seite der Ronda de Dalt – kann man im **Can Cortada** (Avinguda de l'Estatut de Catalunya s/n, ☎ 93 427 2315) oder im **Can Travi Nou** (c/ Jorge Manrique s/n, Parc de la Vall d'Hebrón, ☎ 93 428 03 01, www.gruptravi.com) in einer alten *masía*, einem katalanischen Bauernhaus, aus dem 17. Jh. bzw. 11. Jh. speisen. In den beiden Lokalen wird eine traditionelle und mediterrane Küche serviert (jeweils recht teuer).

Das kostet Sie der Aufenthalt in Barcelona

• Stand Herbst 2011 •

Auf den Grünen Seiten finden Sie Preisbeispiele für einen Aufenthalt in Barcelona. Die angegebenen Preise sind als Orientierungshilfe zu verstehen.

„*Barcelona ès bona quan la bolsa sona*", sagt ein katalanisches Sprichwort – „Barcelona ist gut, wenn der Geldbeutel klingelt". Auch wenn man günstig hinkommt, Barcelona ist kein Billigreiseziel. Taxi- und U-Bahnfahrten sind zwar deutlich günstiger als bei uns, Unterkunfts- und Verpflegungspreise entsprechen aber denen einer europäischen Großstadt, die eines der Lieblingsziele für Städtereisen geworden ist.

Aufpassen sollte man besonders in den von Touristen besonders frequentierten Gegenden und allen voran auf der Rambla. Die meisten der Speisen und Getränke, die man auf den Terrassen und Lokalen entlang der Rambla bekommt, sind schlichtweg überteuert.

Anreise

▶ Flug
Eine ganze Reihe von Billigfluglinien steuert Barcelona an, kurzfristig lässt sich hier aber eher selten ein Schnäppchen machen, besonders wenn man nur übers Wochenende reisen möchte. Unter der Woche sind die Flüge meist deutlich billiger. Mit etwas Vorlaufzeit (zu Feiertagen wie Ostern lieber etwas früher) liegt man bei 100–200 €. Gute Vergleichsmöglichkeiten bieten z. B. www.kayak.de oder www.flug.de.

▶ Taxi
Eine Taxifahrt vom Flughafen in die Stadt (Plaça de Catalunya) kostet inkl. Zuschläge etwa 25–30 €.

▶ Bus/Bahn
Günstiger ist der Transfer vom Flughafen in die Stadt mit dem **Aerobús**, der pro Strecke 5,30 € kostet und über die Avinguda Diagonal bis zur Plaça de Catalunya fährt. Noch preiswerter ist die Bahn (ca. 3 € bis zum Hauptbahnhof Sants), allerdings ist der Bahnhof ein paar Schritte vom Ankunftsterminal entfernt gelegen.

In der Stadt

▶ Taxi
Tagsüber steht das Taxameter auf 2 €, pro Kilometer werden 0,90 € berechnet. Am Wochenende und nachts ist es etwas teurer.

▶ Metro und Bus
Für Metro, Bus, Tram und die S-Bahnen gelten innerhalb des **Sistema tarifari integrat** (integriertes Tarifsystem) die gleichen Fahrscheine. Die **Zone 1** deckt ganz Barcelona ab. Auf den

10er-Tickets können mehrere Leute fahren, die Karte muss dann nur dementsprechend oft abgestempelt werden. Eine einzelne Fahrt (Bitllet senzill) kostet 1,45 €, eine **Targeta T-10** (10er-Karte) 8,25 €, eine **Targeta T-Dia** (Tagesticket) 6,20 €.

Außerdem gibt es Monatskarten und Tickets mit 50 Fahrten (nicht übertragbar). Die Mehrtagestickets lohnen sich nur dann, wenn man sehr viel mit der Metro unterwegs sein wird. Ansonsten fährt man mit der 10er-Karte am besten (zeitlich nicht begrenzt und übertragbar). Fahrscheine bekommt man an den Automaten oder den Schaltern in den Metro-Stationen.

Ein **Fahrrad** zu mieten kostet ca. 3–5 € in der Stunde, eine geführte Radtour ca. 20 €.

Unterkunft

Barcelona hat im Jahresdurchschnitt eine der höchsten Bettenbelegungsraten Europas – dementsprechend sind auch die Preise gestiegen. Im Zentrum ist es immer teurer, wer z. B. eine 15-minütige Metrofahrt in Kauf nimmt, zahlt mitunter schon weniger. Meiden sollte man Zeiten, in denen große Messen stattfinden, und zu europaweiten Feiertagen wie dem 1. Mai möglichst früh buchen. Ein Hostal kostet um die 70 € pro DZ (die Zimmer ohne Bad sind günstiger), für ein Hotelzimmer in guter Lage und etwas mehr Komfort muss man mit 100–150 € pro DZ rechnen. Ist das Frühstück nicht inklusive, wird für das Hotelbuffet 8–12 € berechnet. Günstiger ist es, außerhalb zu frühstücken.

Preiskategorien (Standardtarif)

€	bis 70 €
€€	bis 100 €
€€€	bis 140 €
€€€€	bis 180 €
€€€€€	über 180 €

Die Preiskategorien der in diesem Buch angegebenen Hotels und Pensionen (Hostal, Pensió) beziehen sich auf eine Übernachtung für zwei Personen im Doppelzimmer mit Frühstück (z. T. starke saisonale Schwankungen). Die Preise sind die offiziellen, im **Internet**, z. B. bei www.trivago.de (Vergleichsportal), www.booking.com, www.expedia.de oder www.hotel.de findet man oftmals deutlich günstigere Angebote.

Lokale

Das **Frühstück** fällt bei den Spaniern in der Regel nicht sehr üppig aus und ist dementsprechend günstig. In einer Tapas-Bar oder einem Café kosten ein Milchkaffee und ein Teilchen (Croissant oder Ähnliches) oder ein Toast um die 3–4 €. Mittags bieten fast alle Restaurants ein **Menú del Dia** an. Es kostet zwischen 9–13 € und beinhaltet Vorspeise und Hauptgericht, ein Getränk und meistens noch Kaffee oder Nachtisch. So günstig ist das Abendessen meist nicht. Selten gibt es ein Menü, und wenn, kostet es in der Regel ab 16 €. Für ein gutes **Abendessen** mit zwei Gängen, Wein und Wasser muss man pro Person mit mindestens 20 € rechnen. Als günstig kann ein **Hauptgericht** unter 10 € gelten, als mittelpreisig eines für 10–15 € und teuer ab 15 €.

Für **Tapas** bzw. eine kleine Portion wie *patatas bravas* zahlt man ab 3 €. Auf der Terrasse wird ein Zuschlag berechnet, und manchmal sind die 8 % IVA (MwSt.) noch nicht im Preis auf der Karte mit angegeben. Selten, aber mitunter sogar in den teureren Lokalen, werden für Brot und Gedeck um die 2 € pro Person zusätzlich in Rechnung gestellt.

Die meisten **Bars** nehmen keinen Eintritt, und wenn, dann erst ab einer bestimmten Uhrzeit (nach 23 Uhr). In den meisten Diskos ist ein Eintritt fällig, der zwischen 6 und 15 € liegen kann. Häufig ist das erste Getränk *(consumición)* darin enthalten. Je nach Örtlichkeit zahlt man für einen Longdrink 5–10 €, für ein Bier etwa 2–4 €. Auf der Rambla und vor manchen Bars werden häufig Flyer verteilt, mit denen man weniger Eintritt zahlt.

Museen

Der Eintritt zu den Museen liegt in der Regel zwischen 3 und 5 €, so richtig teuer wird es eigentlich nur bei den Gaudí-Bauten: Spitzenreiter ist die Casa Batlló, die ohne Ermäßigungen mit derzeit 18 € zu Buche schlägt, La Pedrera und die Sagrada Família mit 14 bzw. 12,50 €. Der Eintritt zu den großen Kunstmuseen wie das MNAC, das MACBA und das Picasso-Museum liegt bei 6–9 €. Einmal im Monat, meist sonntags, gibt es freien Eintritt, aber dann ist es meist entsprechend voll.

In diesem Reiseführer sind immer nur die regulären Eintrittspreise für einen Erwachsenen angegeben, aber in fast jedem Museum gibt es **Rabatt** für Kinder, Schüler/Studenten und Senioren, der den Eintrittspreis bis um die Hälfte senken kann. Auch mit dem **Coupon-Heftchen** des Bus Turístic (s. S. 68) und mit der **Barcelona Card** (s. u.) gibt es Ermäßigungen. Daneben ermöglichen **Kombitickets** den vergünstigten Eintritt zu mehreren Sehenswürdigkeiten:

Articket: Das Articket (www.articketbcn.org) kostet 25 € und ist sechs Monate lang gültig. Man bekommt es u. a. in den Touristeninformationen und bei den zugehörigen **sieben Museen**: MNAC, Fundació Joan Miró, Centre Cultural Caixa Catalunya (La Pedrera), MACBA, Fundació Antoni Tàpies, CCCB, Museu Picasso.

ArqueoTicket: Für 14 € erhält man Eintritt zum Museu d'Arqueologia de Catalunya, Museu Barbier-Mueller d'Art Precolombí, Museu Egipci de Barcelona, Museu d'Història de la Ciutat de Barcelona und dem Museu Marítim, Infos unter www.barcelonaturisme.com.

Barcelona Card: Verkauf u. a. in den Touristeninformationen, Corte Inglés, Casa Batlló oder online auf www.barcelonaturisme.com. Die Karte beinhaltet den Transport mit öffentlichen Verkehrsmitteln (auch den Zug zum Flughafen), Rabatt in den Museen und bei einigen Veranstaltungen (Ermäßigungen von in der Regel 20–30 %, bei einigen ist der Eintritt inklusive). Die Karte gibt es für 2, 3, 4 oder 5 Tage (2 Tage 27,50 €, 5 Tage 45 €). Der Erwerb lohnt sich nur dann, wenn man zahlreiche Museen in kurzer Zeit besuchen möchte.

Wer das Buch „**La Ruta del Modernisme**" mit Infos zu sämtlichen modernistischen Bauten in Barcelona und Umgebung kauft (z. B. im Touristenbüro an der Plaça de Catalunya, www.rutadelmodernisme.com), erhältlich in Englisch, Spanisch, Französisch und Katalanisch, bekommt dazu eine Art Scheckheft mit Ermäßigungen.

Tourenvorschläge

Barcelona ist von der Fläche her nicht riesig, und die meisten Hauptattraktionen lassen sich – zumindest von außen – an einem Wochenende besichtigen. Wer aber auch mal ein Museum von innen sehen möchte, ein bisschen in den kleinen Boutiquen stöbern, in einer schönen Bar entspannen und auch die weniger bekannten Sehenswürdigkeiten entdecken möchte, der sollte mindestens drei Tage einplanen. Teilweise Sonntagnachmittag und vor allem montags haben viele Museen geschlossen, dies sollte man bei der Reiseplanung bedenken.

Barcelona für ein Wochenende

Freitag Nachmittag
Der Nachmittag bietet sich dazu an, über die Rambla zu flanieren und einen Abstecher zur Plaça Reial und zum Mercat de la Boqueria zu unternehmen. Anschließend oder alternativ kann man am Meer entlang Richtung Barceloneta spazieren, wo man dann in einem der schönen Fischrestaurants zu Abend essen kann.

Samstag
Vormittags kann man das gotische Viertel rund um die Kathedrale erkunden (die Kirche Santa María del Pi und den kleinen Kunstmarkt besuchen, Besichtigung der Kathedrale, Spaziergang an der Plaça del Rei und Plaça Sant Jaume vorbei). Je nach Zeit, Ausdauer und Interesse geht es dann ins Viertel El Born, wo der Besuch des Picasso-Museums, der Kirche Santa María del Mar oder Shopping in den vielen schönen Läden auf dem Programm stehen. Oder man besucht im Raval das MACBA und die romanische Kirche Sant Pau del Camp. Die schönen Terrassen der vielen Lokale laden zu einem Mittagessen ein. *Wochenendbesuch*

Der Nachmittag ist dann Gaudí gewidmet, dem Passeig de Gràcia mit seinen modernistischen Bauten und natürlich dem Wahrzeichen der Stadt, der Sagrada Família. Wer noch Zeit und Lust hat, nimmt ein Taxi zum Parc Güell, um den Blick auf die Stadt bei untergehender Sonne zu genießen.

Den Sonntagvormittag kann man z. B. auf dem Montjuïc verbringen und eines der Museen besuchen, z. B. das MNAC (für das man sich idealerweise jedoch mehr als einen Vormittag gönnen sollte) oder die Miró-Stiftung.

Barcelona für 3 Tage

Der dreitägige Barcelona-Besuch lässt sich wie der vorgeschlagene Wochenend-Aufenthalt (s. oben) gestalten, nur dass man sich einen ganzen Tag Zeit für die Altstadtviertel (Raval, Barri Gòtic, Ribera, Barceloneta) nehmen kann und die Möglichkeit hat, z. B. auch den Parc de la Ciutadella kennenzulernen. Am nächsten Tag hat man dann genügend Zeit, um in Ruhe auf den Spuren Gaudís und des Modernisme zu wandeln. Ein nachmittäglicher Bummel führt durch das Viertel Gràcia, das vom Parc Güell nicht weit entfernt ist.

Barcelona für 5 Tage

In fünf Tagen kann man die meisten Sehenswürdigkeiten in Barcelona mit Muße erkunden, Museen besuchen und auch abgelegenere Viertel wie die Zona Alta entdecken, mit der Zahnradbahn auf den Tibidabo fahren, am Strand entlangspazieren, nach einer langen Nacht ein bisschen länger schlafen, einkaufen oder auch einfach öfter mal eine kleine Pause einlegen und es sich bei Wein und Tapas gut gehen lassen. Für die Altstadt mit ihren vielen Museen und kleinen Gassen kann man gut zwei Tage einplanen, und auf dem Montjuïc geht auch ein ganzer Tag schnell rum, besonders wenn man das MNAC besucht. Die Viertel Eixample und Gràcia sind an einem Tag ebenfalls recht gut zu schaffen.

Es lohnt sich auch, einen Ausflug zu machen, z. B. einen Tag am Strand in Castelldefels oder Sitges zu verbringen, die Berge um Montserrat zu entdecken, auf den Spuren der Römer in Tarragona oder Dalís in Figueres zu wandeln, eine Cava-Tour in Sant Sadurní d'Anoia zu unternehmen oder die schöne Altstadt von Girona zu besuchen.

Barri Gòtic –
Durch das gotische Herz der Stadt

Redaktionstipps

➤ Nicht verpassen sollte man die beiden schönsten Orte des Viertels: Den **Kreuzgang der Kathedrale** (S. 99) und die stimmungsvolle **Plaça de Sant Felip Neri** (S. 103).
➤ *Churros* essen in Barcelonas bekanntester „Schokoladenstraße", dem **Carrer Petritxol** (S. 92).
➤ In den **Antiquitätenläden** am Carrer Banys Nous und Carrer Palla stöbern (S. 115) und danach eines der köstlichen Produkte aus spanischen Klöstern bei **Caelum** probieren (S. 94).
➤ Besuch der **ältesten Synagoge Europas** im alten jüdischen Viertel El Call (S. 106).
➤ Ein Mittagessen auf der Terrasse des **Café de L'Academia** an der Plaça Sant Just (S. 111).
➤ Den Tag in einer der vielen Bars des Viertels ausklingen lassen, z. B. bei einem Cocktail im **Ginger** oder Wein in der **Vinatería del Call** (S. 112).

Das Barri Gòtic liegt im Herzen der Stadt und ist das älteste Viertel Barcelonas. Die Stadt wurde von den Römern unter Kaiser Augustus rund um die heutige Plaça Sant Jaume gegründet. Hier liefen die Straßen der römischen Befestigung zusammen und seit dem Mittelalter liegt hier das politische und institutionelle Zentrum der Stadt. Während sich Richtung Norden die Stadt modern erweitert hat, spürt man in den verwinkelten Gassen des gotischen Viertels noch den Atem der Geschichte. Gotisch hieß das Viertel übrigens nicht immer – zunächst nannte man es einfach „Barrio" oder „Barrio de la Catedral" oder schlicht „Districto 1°". Die Stadtväter schienen schon damals touristisches Gespür besessen zu haben – anlässlich der Weltausstellung 1888 fand man, dass die Bezeichnung „Barri Gòtic" dem beeindruckenden monumentalen Komplex besser gerecht würde. Nicht umsonst ist das Viertel einer der größten touristischen Anziehungspunkte der Stadt. Das Gesamtbild des Barri Gòtic ist bis ins 19. Jh. weitgehend intakt geblieben, als Kirchfriedhöfe in öffentliche Plätze umgewandelt und die alten Stadtmauern abgerissen wurden. Größere Sanierungsmaßnahmen wie im Raval (s. S. 117) hat es im Barri Gòtic bis heute nicht gegeben.

Gasse im Barri Gòtic

Es ist ein Erlebnis, durch diese schmalen und verschachtelten, stimmungsvollen und teilweise (im Sommer weniger) einsamen Straßen zu spazieren. Die mittelalterlichen Gassen sind mit Häusern aus dem 14.–16. Jh. gesäumt und versetzen den Besucher in die Vergangenheit zurück. Leicht kann man sich in den winzigen Gässchen verlieren – und das ist vielleicht auch eine der besten Möglichkeiten, das Viertel zu erkunden. Es dauert nie lange, bis man unvermittelt an einem schönen Platz oder an einer der Durchgangsstraßen angelangt ist – nur nicht unbedingt dort, wo man es erwartet hätte. Tagsüber ist der alte Kern einer der beliebtesten Anziehungspunkte für Touristen, und nachts ist es Treffpunkt für Nachtschwärmer (s. S. 112).

Rundgang durch das gotische Viertel

 Orientierung

So kommt man hin: Metro: Pl. de Catalunya, von dort sind es 3 Min. zu Fuß bis zur Avinguda Portal de l'Àngel.
Der Rundgang beginnt an der **Plaça de Catalunya** und führt durch den nördlichen Teil des Barri Gòtic sowie die Viertel **Santa Anna** und **Santa María del Pi**, die außerhalb des historischen Kerns liegen. Beide sind nach den zwei in ihrer Mitte errichteten gotischen Kirchen benannt.

Von der Plaça de Catalunya zur Plaça Vila de Madrid

Von der Plaça de Catalunya ausgehend nimmt man die Verlängerung des Passeig de Gracià, die **Avinguda Portal de l'Àngel**. Diese breite Straße ist eine der quirligsten **Einkaufsstraßen**. Das riesige, 16 m hohe Thermometer an dem Haus Nr. 40 auf der linken Seite war zum Zeitpunkt seiner Anbringung übrigens durchaus eine Attraktion und wurde von der franquistischen Presse stolz als das größte Thermometer der Welt gepriesen.

Beliebte Einkaufsmeile

Die erste Straße rechts ist der Carrer de Santa Anna. Biegt man in diese schmale Straße ein, führt wenig später rechts ein leicht zu übersehender Toreingang (Nr. 29)

Barri Gòtic

Sehenswürdigkeiten

1 Església de Santa Anna
2 Església de Santa María del Pi
3 Casa de l'Ardiaca
4 Catedral de Barcelona
5 Museu Diocesà
6 Museu Frederic Marés
7 Museu d'Història de la Ciutat (MHCB)
8 Església de Sant Felip Neri
9 Museu del Calçat

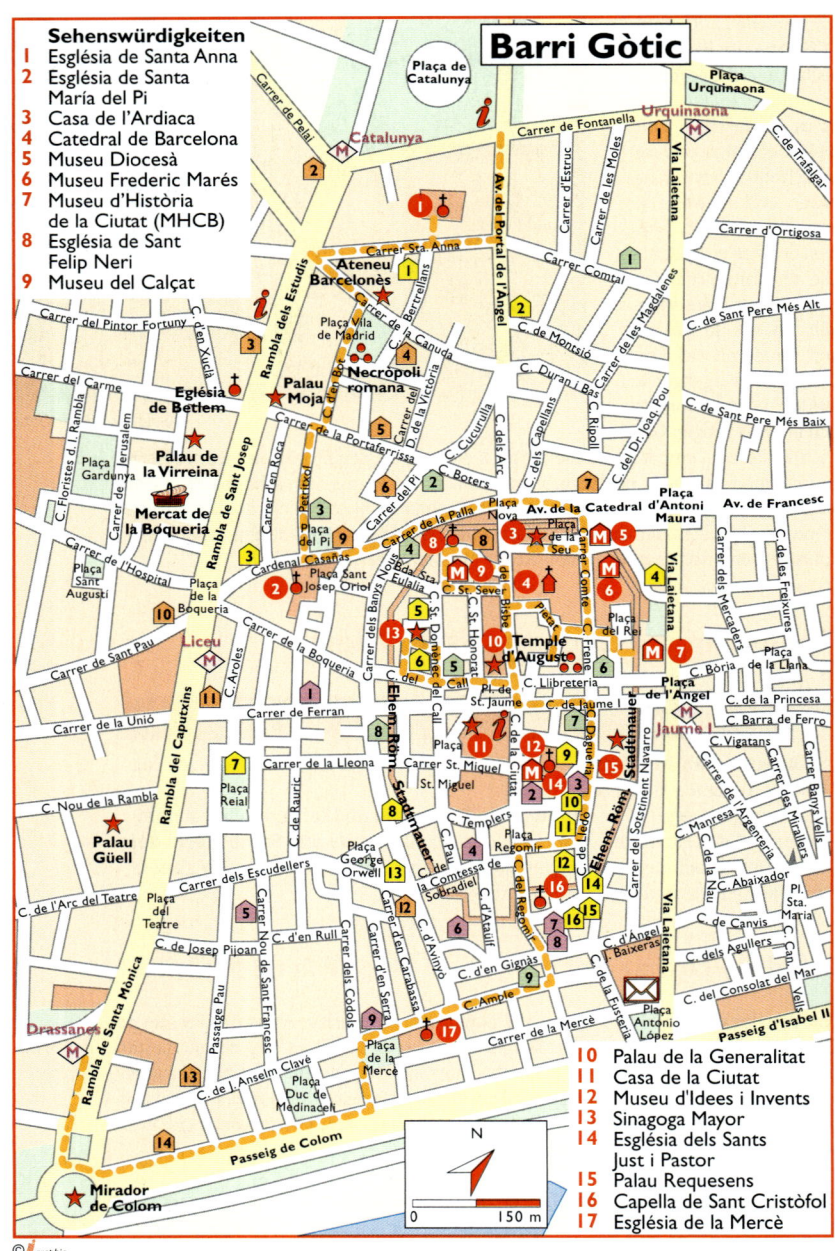

10 Palau de la Generalitat
11 Casa de la Ciutat
12 Museu d'Idees i Invents
13 Sinagoga Mayor
14 Església dels Sants Just i Pastor
15 Palau Requesens
16 Capella de Sant Cristòfol
17 Església de la Mercè

© graphic

⓿ Unterkunft
1 Hostal Fontanella
2 Hostal Barcelona City Ramblas
3 H 1898
4 NH Duc de la Victoria
5 Hostal Rembrandt
6 Hotel Racó del Pi
7 Hotel Colón
8 Hotel Neri
9 Hotel Jardi
10 Hostal Opera
11 Hotel Flor Parks
12 Hostal Avinyó
13 Bonic Barcelona
14 Marina View B&B

⓿ Restaurants
1 La Lluna
2 Els Quatre Gats
3 Juicy Jones
4 Chocolatería Valor
5 Vinatería del Call
6 Salterio
7 Les Quinze Nits
8 Venus Delicatessen
9 Café de l'Academia / Bliss
10 Bodega La Palma
11 Cometacinc
12 La Clandestina
13 Oviso
14 La Luna de Júpiter
15 El Salón
16 Kynoto

⓿ Ausgehen
1 Schilling
2 L'Ascensor
3 Ginger
4 Harlem Jazz Club
5 Macarena
6 Bar Manchester
7 Andú
8 Milk
9 Polaroid Bar

⓿ Einkaufen
1 Espacio de Creadores
2 La Pineda
3 Llibreria Quera
4 L'Arca de l'Àvia
5 Sombrería Obach
6 Cerería Subira
7 Formatgeria La Seu
8 La Manual Alpargatera
9 Papabubble

auf den kleinen Platz Ramon Amadeu. Diese versteckte Insel inmitten vom Geschäftsrubel und neuerer Gebäuden überrascht mit der gotischen Kirche in ihrer Mitte, **Església de Santa Ana (1)**. Die Kirche, im 12. Jh. außerhalb der damaligen Stadtmauern erbaut und später erweitert, ist der Rest eines alten Klosters. Den kleinen, schattigen und bewachsenen Kreuzgang kann man, falls die Kirche geschlossen ist, auch durch die Gittertür links der Kirche sehen. Der Carrer de Santa Anna war einst von Bettlern und Bordellen bevölkert, bis man diese im 16. Jh. in den Raval abschob. Manchmal lohnt sich ein Blick nach oben: Die Häuser Nr. 29 und Nr. 10 haben schöne Jugendstilfassaden.

Kaum an der Rambla angekommen, geht es wieder zurück ins Gassengewirr des gotischen Viertels. Nach links dem Carrer Canuda folgend, erreicht man nach wenigen Metern das **Ateneu Barcelonès** *(c/ Canuda 6, www. ateneubcn.org)*. 1796 von Josep Ferrer de Llupià für einen Baron errichtet, beherbergt das Gebäude seit 1872 das Ateneu und ist damit eine der ältesten Kulturinstitutionen der Stadt. Seine Räume waren Schauplatz berühmter literarischer Zirkel und Zufluchtsort von Schriftstellern und Dichtern. Der schöne Innenhof und der historische Lesesaal sind leider nur Mitgliedern zugänglich.

Kulturinstitution

Das Ateneu liegt an der Ecke zur **Plaça Vila de Madrid**. Dieser Platz entstand erst nach dem Bürgerkrieg an der Stelle eines 1936 abgebrannten Karmeliterklosters. Hier hat man nach einem Bombeneinschlag im Bürgerkrieg die Reste eines **römischen Friedhofs** gefunden, auf die Sarkophage kann man heute von außen hinunterschauen.

Römischer Friedhof

Eine Auswahl von Kunst und Schokolade

Galerien:
Sala Parés, c/ Petritxol 5, www.salapares.com. Eine der größten und traditionsreichsten Galerien Barcelonas, die es seit fast 125 Jahren gibt. Zweistöckig mit offener Mitte, umgeben von einem Balkon aus Stahl. Die Ausstellungen wechseln etwa alle 4 Wochen. Aktuelles Programm unter www.salapares.com.
Galería Carré D'Artistes, c/ Petritxol 3, www.carredartistes.com. Kunst für jeden Geldbeutel gibt es hier: mehr als 1.000 Originalwerke, in standardisierten Größen und zu festem Preis (ab 50 €).
Art Petritxol, c/ Petritxol 8, www.artpetritxol.com. Gemälde und Skulpturen aus dem 19.–21. Jh., regelmäßige Ausstellungen katalanischer Malerei (19.–20. Jh.).

Granjas und Schokolade:
Xocoa, c/ Petritxol 11–13, www.xocoa-bcn.com. Mehr als 100 Jahre Erfahrung und kreative neue Ideen wie Schokoladenbier oder CDs aus Schokolade – und natürlich Schokolade in allen möglichen Geschmacksrichtungen. Nebenan liegt die bereits in den 1940er-Jahren gegründetet **Granja La Palleresa** (Nr. 11, www.lapallaresa.com).
Granja Dulcinea, c/ Petritxol 2. Typische Granja, in der man seit 1941 seinen *suizo* (heiße Schokolade mit Sahne) mit *ensaimada* (Blätterteiggebäck) oder *churros* (frittiertes Gebäck), *miel i mato* (Frischkäse mit Honig) oder eine der anderen süßen Köstlichkeiten probieren kann.

Carrer Petritxol: Straße mit Schokoladengeruch

Direkt nach dem Ateneu geht es rechts in den Carrer d'en Bot. Wenig später erreicht man den Carrer Portaferrisa, eine belebte Einkaufsstraße. Dort hält man sich rechts und biegt dann direkt links in den Carrer Petritxol ein.

Galerien und Granjas

Die auf den ersten Blick etwas eigenartig erscheinende Mischung von **Galerien** und **Granjas**, deren Duft nach *churros* und heißer Schokolade die Luft erfüllt, machen den Charme dieser engen, nur 130 m langen Gasse aus, die von Gebäuden aus dem 17.–19. Jh. gesäumt ist. Dabei hat dies einen Grund: Die vielen Galerien der Straße, und im Besonderen die **Sala Parés** (Nr. 5, eröffnet 1840, s. u.), waren Pioniere im Kauf und Verkauf von Kunst. Hier waren im Laufe der Zeit u. a. Werke von Picasso und Santiago Rusiñol zu sehen. An Sonn- und Feiertagen zogen dann die Barcelonesen durch die Straße, um nach dem Kunstbesuch eine *merienda* in den umliegenden Cafés und Konditoreien einzunehmen. Im Haus Nr. 4 wohnte übrigens der berühmte katalanische Dramaturg Àngel Guimerà (1846–1924), dessen Denkmal auf der Plaça Sant Josep Oriol steht.

Rund um die Església de Santa María del Pi

Der Carrer Petritxol führt bis zur **Església de Santa María del Pi (2)** *(8.30–13, 17.30–20.30 Uhr)*, die an der **Plaça del Pi**, einem der charmantesten Plätze des gotischen Viertels, gelegen ist. Bereits 987 stand an dieser Stelle, zu jener Zeit außerhalb der Stadtmauern, eine kleine romanische Kirche, die der Santa María del Pi (hl. Maria der Pinie) gewidmet war. Das heutige gotische Gebäude stammt aus dem 14. Jh. An der Seitenfassade zur Plaça Sant Josep Oriol hin finden sich am Portal Ave María, einem der ältesten Teile der Kirche, noch romanische Elemente. Die Kapitelle am Tor sind mit menschlichen Figuren verziert, die romanische Reminiszenzen aufweisen – typisch für die Übergangszeit von der Romanik zur Gotik.

Die relativ schliche Hauptfassade zur Plaça del Pi hin wird von einem Spitzbogenportal mit einer gotischen Statue Marias im Tympanon und einer prächtigen, riesigen Fensterrose geschmückt, die im Durchmesser fast 10 m misst. Wie bei so vielen Kirchen der Stadt wurde sie 1936 bei einem Brand zerstört und 1940 rekonstruiert.

Der von Weitem sichtbare achteckige Glockenturm ist eines der charakteristischsten Merkmale der Kirche. Mit dem Bau des 54 m hohen Glockenturms begann der Architekt Bartolomé Mas im Jahr 1379. Bis zu seiner

Markt vor der Kirche Santa María del Pi

Fertigstellung vergingen gut 80 Jahre. Die Kirche selbst besteht aus einem einfachen und wenig dekorierten Schiff, das im Inneren von den durch Strebepfeiler getrennten Kapellen flankiert wird. Hervorzuheben ist die zweite Kapelle links, die **Kapelle des hl. Pancranio**, dem als Heiligen für Gesundheit und Arbeit *(salut i feina)* die Verehrung auch heute noch sicher ist: Hier werden die meisten Kerzen angezündet.

Der Hauptaltar wurde von Joaquín de Ros i de Ramis aus Alabaster gefertigt und 1967 eingeweiht. Die gut 3 m hohe Figur im Altarraum stellt Santa María del Pi dar und ist ein Werk des Bildhauers Enrique Monjo aus dem Jahr 1973. Santa María del Pi ist übrigens die Kirche Barcelonas, in der die meisten Heiligen gewirkt haben sollen.

Um die Kirche herum liegen drei hübsche, im Sommer sehr belebte kleine Plätze, die Anfang des 19. Jh. entstanden, als man die Kirchfriedhöfe vor die Stadt verlegte. Die Fassade des dem Haupteingang gegenüberliegenden Hauses ist mit den ältesten Fassadenmalereien der Stadt verziert (1685).

Hübsche Plätze

🍴 **Tipp: Märkte**
Auf der **Plaça del Pi**, direkt gegenüber der Kirche Santa María del Pi, findet am 1. und 2. Wochenende im Monat ein kleiner **Markt mit regionalen Lebensmitteln** des Col·lectiu d'Artesans de l'Alimentaciò statt: Hier werden Delikatessen der Umgebung aus eigener Produktion angeboten, z. B. Käse, Honig, Schokolade und Kräuter.

Fassadenmalerei im Barri Gòtic

Die im Sommer von Straßenmusikern, Kartenlegern und Touristen bevölkerte **Plaça Sant Josep Oriol** an der Längsseite von Santa María del Pi versprüht ein magisches Flair. Am Wochenende gibt es einen kleinen **Kunstmarkt**.

Das Haus Nr. 4 an der Plaça Sant Josep Oriol ist der **Palau Fiveller** von 1571, die Fassade geht auf das 18. Jh. zurück. Die Placeta del Pi hinter der Kirche ist ebenfalls ein hübsches Plätzchen, deren Cafés Gelegenheit für eine kleine Pause bieten.

Von der Plaça Sant Josep Oriol folgt man dem **Carrer Palla** in Richtung Kathedrale. In dieser Straße, im rechts abgehenden **Carrer Banys Nous** und in vielen Gassen rund um die Kirche gibt es viele kleine, häufig versteckt gelegene **Kunst-, Antiquitäten- und Schmuckgeschäfte** (S. 115), so dass es sich lohnt, ein wenig durch die Gässchen zu schlendern und zu stöbern.

Tipp für Leckermäuler
Wer Süßes mag, sollte einen Besuch im **Caelum** (c/ Palla 8, Ecke Banys Nous, Mo 17–20.20, Di–Do 10.30–21, Fr/Sa bis 24, So 11.30–21 Uhr, www.caelumbarcelona.com) nicht verpassen. Im gemütlichen, kerzenbeleuchteten Café und Laden in alten Gewölben gibt es Marmelade, Messweine, Käse, Marzipan, Gebäck und andere gastronomische klösterliche Köstlichkeiten aus ganz Europa, deren Rezepte geheim sind – Willkommen im Himmel!

Rund um die Kathedrale

Der Carrer Palla mündet auf die **Plaça Nova**. Der „neue Platz" trägt schon seit dem 14. Jh. diesen Namen. Kurz bevor man ihn erreicht, sind auf der rechten Seite einige Reste der römischen Stadtmauer zu sehen. Im Vergleich zu den mittelalterlichen Plätzen des Viertels wirkt die Plaça Nova groß und luftig. Von den engen gotischen Gässchen aus kommend eröffnet sich ein herrlicher Blick auf die Avinguda de la Catedral und die gotischen Gemäuer, die von der großartigen Kathedrale überragt werden. Der *Römisches BARCINO* Blick fällt geradeaus auf das Ideogramm „**BARCINO**", den römischen Stadtnamen und das „visuelle Gedicht" des Dichters und Dramaturgen Joan Brossa (1919–1998), das aus Bronze und Aluminium gefertigt ist und den Platz seit 1994 ziert. Joan Brossa gilt als einer der wichtigsten katalanischen Schriftsteller des 20. Jh.

Links liegt das **Col·legi d'Arquitectes de Catalunya**. Die Architektenschule ist eines der nichtgotischen Gebäude am Platz, dessen Fassade übrigens von Picasso und

Nesjar verziert wurde. Hinter dem Col·legi liegt der **Reial Circle Artístic**, in dem eine Privatsammlung von Dalí ausgestellt ist und hauptsächlich aus 44 Skulpturen besteht *(c/ d'Arcs 5, ☎ 93 318 17 74, www.dalibarcelona.com, tgl. 10–22 Uhr, 8 €).*

Rechter Hand führt das **Portal del Bisbe**, das von den zwei runden römischen Verteidigungstürmen flankierte Bischofsportal, in den Carrer del Bisbe. Früher war diese Porta Praetoria einer der Zugänge zur römischen Kolonie *Faventia Julia Augusta Paterna Barcino.* Die Türme wurden im 12. Jh. ausgebaut, die Fensteröffnungen erhielten sie erst im 16. Jh. Am linken Verteidigungsturm ist der letzte Bogen des römischen Aquädukts der Stadt zu sehen.

Das Gebäude rechts des Portals ist der **Palau Episcopal**, der Bischofspalast *(c/ Bisbe 5).* Von der Plaça Nova aus sieht man nur die seitliche Fassade des Bauwerks, das im 18. Jh. umgebaut aus dem 13. Jh. stammenden Gebäude ist nicht mehr viel übrig. Durch das Tor im Carrer del Bisbe kann man in den Innenhof blicken, den man aber, ebenso wie den Rest des Palastes, nicht besichtigen kann.

Zunächst geht es aber weiter auf die Avinguda de la Catedral. Die nach der Kathedrale benannte **Pla de la Seu** wurde 1421–1422 geschaffen, als die alten Häuser des Domherrn abgerissen wurden. Aus dieser Zeit stammt auch die Freitreppe. Vor dem Bürgerkrieg war die Pla de la Seu ein eher geschlossener Platz, der von mehreren Häusern umgeben war. Viele wurden durch die Bombardierungen während des Bürgerkriegs zerstört. Schließlich riss man den Rest für die Öffnung zur Avinguda de la Catedral ab.

Platz für Veranstaltungen

🕺 Tipp: Sardana
Jeden Sonntag wird auf der Pla de la Seu die Sardana, der katalanische Volkstanz, getanzt. Während der zahlreichen Festivals der Stadt finden hier auch Open-Air-Konzerte und andere Veranstaltungen statt.

Vor der Besichtigung der Kathedrale lohnt ein kleiner Abstecher rechts in den **Carrer Llucía**, um einen Blick in den schönen Innenhof der **Casa de l'Ardiaca (3)** *(c/ Llucía 1)* und auf einen ungewöhnli-

Sonntägliche Sardana auf der Pla de la Seu

chen **Briefkasten** zu werfen. Domènech i Montaner, der 1902 mit der Dekoration des Gebäudes beauftragt wurde, hat den originellen Briefkasten, der außen rechts vom Eingang zum Innenhof liegt, im Stil des Modernisme entworfen. Zu sehen sind drei Schwalben und eine Schildkröte, die auf die Langsamkeit der Justiz anspielen soll. Den Innenhof betritt man durch einen Renaissance-Eingang. Im 12. Jh. stand hier das Haus des Erzdiakons. Es wurde auf den Resten der römischen Stadtmauern errichtet, die man im Erdgeschoss anschauen kann, wenn man durch die Glastür ins heute hier ansässige Historische Archiv der Stadt *(Arxiu Municipal d'Història)* hineingeht. Um 1500 ließ Erzdiakon Lluís Desplá (1444–1524) das Gebäude im Stil der damaligen Paläste völlig umgestalten.

Der Innenhof ist in Form eines Kreuzgangs mit einem **gotischen Brunnen** und einer einzelnen, langen Palme in der Mitte angelegt. Der Hof ist ringsum mit blumigen Kacheln verziert, die erst Anfang des 20. Jh. hinzugefügt wurden. An Fronleichnam (Corpus Cristi) wird traditionell auf die Fontäne des Brunnens ein Ei gesetzt, das dort dann in Bewegung bleiben soll. Auf Katalanisch heißt dies deshalb „l'ou com balla", „das tanzende Ei".

„l'ou com balla" – „das tanzende Ei" im Innenhof der Casa de l'Ardiaca

Das Portal der **Capella de Santa Llucía** befindet sich in der gleichnamigen Straße, direkt gegenüber der Casa de l'Ardiaca. Die Kapelle wurde von Bischof Arnau de Gurb (gest. 1284) im Jahr 1268 erbaut. Das Tor ist allerdings geschlossen, der Zutritt erfolgt von der anderen Seite durch den Kreuzgang der Kathedrale. Das Portal gehört zu den wenigen intakten Überresten der romanischen Kirche. Der Blick nach oben zeigt, dass die Capella de Santa Llucía ein eigenes, in die Kathedrale integriertes Gebäude ist. Die schlichte, typisch romanische Fassade wird lediglich durchbrochen von einem Rundbogenportal und einer darüber liegenden Fensteröffnung. Gekrönt wird die Kapelle von einem Glockenturm, seitlich des Portals wechseln sich runde und eckige Säulen ab.

Catedral de Barcelona (4)

La Seu   Zurück auf der Pla de la Seu bietet sich Besuch der Kathedrale an, auch unter dem Namen **La Seu** bekannt. Sie ist der hl. Eulàlia geweiht, die in der Römerzeit zur Märtyrerin wurde. An der Stelle der heutigen Kathedrale standen zwei Vorgängerkirchen. Die erste, frühchristliche Basilika aus dem Jahr 599 war dem Heiligen Kreuz geweiht und wurde während des Konzils von Barcelona eröffnet. Bei der Eroberung durch die Mauren 985 nahm sie schweren Schaden. Der Graf von Barcelona, Ramón Berenguer I., und seine Frau Almodis veranlassten den Wiederaufbau einer neuen, romanischen Kathedrale, die 1058 geweiht wurde.

Die Bauarbeiten an der jetzigen Kathedrale begannen 1298 unter der Herrschaft von Jaume II. und wurden Mitte des 15. Jh. beendet (unter Alfonso V.). Die prächtig verzierte und viel bewunderte **Hauptfassade** im neogot schen Stil wurde allerdings erst 1887–1890 von den Architekten Josep Oriol Mestres und August Font ausgeführt. Dabei legten sie mehr oder weniger die Pläne aus dem 15. Jh. zugrunde. Zu verdanken war diese späte Fertigstellung einer großzügigen Spende des schwerreichen Barceloneser Bankiers und Industriellen Manuel Girona an die Stadt. Als Dank wurde er im Inneren der Kathedrale bestattet. Anfang des 20. Jh. wurde schließlich der 70 m hohe Kuppelturm vollendet.

150 Jahre Bauzeit

Die Kathedrale besteht aus drei nahezu gleich hohen Schiffen. In den seitlichen Schiffen reihen sich an beiden Seiten Kapellen aneinander, die vorwiegend aus dem 16. und 17. Jh. stammen. In der Mitte des Zentralschiffs befindet sich direkt gegenüber dem Eingang zur Kathedrale das beeindruckende spätgotische **Chorgestühl**. Die Rückseite (Trascoro) des Chores mit den feinen Relieffriesen wurde nach Vollendung des Chores von

Das prächtige Chorgestühl der Kathedrale

verschiedenen Künstlern, u. a. von Bartolomé Ordóñez, einem der größten Bildhauer seiner Zeit, erschaffen und zeigt das Martyrium der hl. Eulàlia.

Die prächtigen Sitzreihen des Gestühls sind jeweils mit einem anderen Wappen verziert – jedes gehört zu einem der Mitglieder der Barceloneser Abteilung der Ritter des Goldenen Vlies. 1519 berief Karl V. hier ein Treffen des Ordens ein. Das 1399 vollendete Chorgestühl mit seinem feinen prachtvollen Schnitzwerk ist ein Werk von Pere Ça Anglada und verschiedener anderer Künstler. Die Kanzel links stammt aus dem Jahr 1403, rechts ist der prächtige Bischofsthron zu sehen.

Vor dem Hauptaltar führt eine breite Treppe hinab zu der **Krypta der hl. Eulàlia**. Der Alabastersarg ist eine um 1330 geschaffene Arbeit, das fein gearbeitete Relief des Sarges zeigt im unteren Teil einige Szenen ihres Martyriums. Im oberen Abschnitt wird die feierliche Überführung ihrer sterblichen Überreste 1339 in die Krypta dargestellt. Eingemauert in der hinteren Wand befindet sich der alte Schrein der hl. Eulàlia, der an die glückliche Fügung des Wiederfindens ihrer Reliquien im Jahr 877 erinnert.

Reliquien der hl. Eulàlia

Das **Presbyterium** (Hochchor) liegt etwas erhöht über der Krypta. Die westgotischen Kapitelle, auf denen der Hochaltar ruht, stammen aus dem 6. Jh. und waren Teil der ersten religiösen Stätte an diesem Ort. Der prächtige, aus Alabaster gearbeitete Bischofsstuhl stammt aus der Mitte des 14. Jh. Das in Bronze gegossene Kreuz über dem Stuhl, umgeben von sechs Engeln, ist ein Werk von Frederic Marés, einem Künstler aus Barcelona, dessen eigenes Museum gleich neben der Kathedrale liegt (s. S. 100).

Die hinter dem Altar in der Apsis gelegenen zehn Kapellen stellen den ältesten Teil der Kathedrale dar.

Rettendes Kreuz

Direkt rechts vom Eingang liegt die **Sakramentskapelle des Allerheiligsten**: Der ursprüngliche Kapitelsaal entstand Anfang des 15. Jh. Nach der Heiligsprechung des Bischofs Ollegar (San Olegario, gest. 1137) wurde der Raum zu seinem Mausoleum. Sein reich verzierter Alabastersarg mit der Liegefigur des Bischofs ist ein barockes Meisterwerk (Ende 17. Jh.). Darüber hängt am Altar der hochverehrte **Cristo de Lepanto**. Das Kruzifix soll laut Legende bei der Seeschlacht von Lepanto 1571 das Flaggschiff des Oberbefehlshabers Don Juan d'Austria geschützt haben und diesem zum Sieg gegen die Türken verholfen haben. Die seltsame Form der Figur rührt demnach von einem Kanonenball, der an ihr abprallte.

Die beiden hölzernen Särge, die an der Wand zwischen Sakristeitür und Portal zum Kreuzgang hängen, sind die letzte Ruhestätte von Ramón Berenguer I., dem Grafen von Barcelona, und seiner Frau Almodis, den Gründern der romanischen Vorgängerkirche. Auf der anderen Seite des Schiffs führt ein kleiner Raum zu dem Fahrstuhl, der Besucher auf das Dach der Kathedrale befördert. Von dort hat man einen schönen Ausblick auf das gotische Viertel und die Stadt.

---

info

Die hl. Eulàlia – Zweite Schutzheilige Barcelonas

Obwohl die hl. Eulàlia schon viel länger Stadtpatronin Barcelonas war, musste sie im Jahr 1637 den ersten Rang als Schutzheilige an die Jungfrau de la Mercè abtreten, nachdem diese die Stadt von einer Heuschreckenplage befreit hatte. In deren Namen wird heute zudem das größte Stadtfest des Jahres gefeiert.

Die nunmehr zweite Schutzheilige Barcelonas hatte auch bis dahin wahrlich kein leichtes Schicksal zu tragen: Anno 304 soll die damals 13-jährige Eulàlia vor den römischen Konsul der Stadt getreten sein und, mit weisen und wohl durchdachten Argumenten, gegen die Ungerechtigkeiten gegenüber den Christen protestiert haben. Die römische Stadtverwaltung reagierte erbost und verurteilte Eulàlia daraufhin zum Martyrium, das 13 Torturen beinhaltete. Dabei wurde sie in eine Tonne voller Messer gesteckt und eine abschüssige Gasse heruntergerollt. Laut Legende soll es sich hierbei um die Baixada de Santa Eulàlia gehandelt haben. Aus diesem Grund ist sie übrigens auch die Schutzheilige der Böttcher. In dieser Straße ist in einer Ecke im oberen Abschnitt ein Bildnis der hl. Eulàlia zu sehen.

Die hl. Eulàlia erklärt auch die Existenz der weißen Gänse, die im Innenhof der Kathedrale wohnen (wobei es hierzu mehrere Erklärungen gibt): Eulàlia soll damals 13 dieser Tiere besessen haben. Zu guter Letzt musste Eulàlia das Kreuz von Sant Andreu durch die ganze Stadt bis zur Plaça Pedró schleppen, wo sie schließlich gekreuzigt wurde. In dieser Frühlingsnacht soll wie durch ein Wunder Schnee gefallen sein, der ihren nackten Körper in jungfräulichem Weiß bedeckte. Aus ihrem Körper soll schließlich eine weiße Taube aufgestiegen sein. Die Festa Major des Winters wird am 12. Februar in ihrem Namen gefeiert (s. S. 36).

Kreuzgang

Der mit Magnolien und Palmen bepflanzte Kreuzgang aus dem 14.–15. Jh. ist auch durch das Portal de Santa Eulàlia (s. S. 102) zu erreichen. Von der Kirche aus betritt man ihn durch ein wunderschönes Marmorportal. Gegenüber dem Portal thront auf dem moosbewachsenen Brunnen (Mitte des 15. Jh.) eine kleine Statue von Sant Jordi (hl. Georg) im Kampf mit dem Drachen.

An drei Seiten des prächtigen Kreuzgangs befinden sich Kapellen, die verschiedenen Heiligen gewidmet sind. Eine der Kapellen gedenkt der 930 Nonnen, Mönche und Priester, die während des Bürgerkriegs ums Leben gekommen sind. Wer früher eine Kapelle oder ein Altarbild stiftete, hatte das Anrecht auf eine Grabstätte in der Kathedrale. Dies zeigen die Wappen an den Wänden der Kapelle. Auch im Boden des Kreuzgangs befinden sich zahlreiche alte und abgetretene **Grabsteine** mit Namen, Inschriften und Symbolen, die alten Zünften, Familien oder religiösen Gemeinschaften gehörten.

Im Kreuzgang der Kathedrale leben heute noch Gänse

Auch heute noch lebt im Kreuzgang eine Schar Gänse. Für diese jahrhundertealte Tradition gibt es verschiedene Erklärungen: So soll die hl. Eulàlia bei ihrem Tod 13 Gänse besessen haben, und aus diesem Grund lebten diese Tiere seit jener Zeit im Kreuzgang der Kathedrale. Nach einer anderen Deutung sollen bereits seit dem Mittelalter Gänse als Wachtiere der Kathedrale und ihrer Schätze gehalten worden sein. An der nördliche Seite befindet sich die oben erwähnte Kapelle der Santa Llucía (s. S. 96). Der Sarg des Bischofs Arnau de Gurb (gest. 1284) wurde links der Kapelle in die Mauer eingebettet.

13 Gänse im Kreuzgang

Das **Museum** der Kathedrale nebenan ist mit seinen zwei Räumen recht überschaubar. Hier werden die **Kirchenschätze** der Kathedrale aufbewahrt. Im ehemaligen Zins- und Kapitelsaal (1700) befinden sich einige Skulpturen und Gemälde. Höhepunkt ist das aus dem 15. Jh. stammende Gemälde „**La Pietat**" (Pietà) von Bartolomé Bermejo, eine auf Holz gemalte Darstellung Jesu auf dem Schoße Marias, neben ihnen zwei Heilige.
Catedral, *Pla de la Seu s/n, Mo–Sa 9–12.45, 17.15–19, Sa 9–12, 13.15–16.30, So 14–17 Uhr; frei; Museum, Chorgestühl und Terrasse je 1 € bzw. 2,20 € (Mo–Sa 13.15–16.30, So 14–17 Uhr: 4 € inkl. Museum, Terrasse, und Chorgestühl).*

Verlässt man die Kathedrale, liegt rechts die **Pia Almoina** (Haus der frommen Almosen) oder Casa de la Canonja. Der rechte Teil des heutigen Gebäudes im gotischen Stil stammt aus dem 15. Jh. Es ist mit dem linken, 1546 angefügten Gebäudeteil im Re-

*Religiöse
Kunstwerke*

naissancestil durch eine Galerie im oberen Teil verbunden. Heute befindet sich darin das **Museu Diocesà de Barcelona (5)**, das über 3.000 religiöse Kunstwerke von den Westgoten und Römern bis zum 21. Jh. in seinem Fundus beherbergt. Zudem sind in den sieben Ausstellungsräumen wechselnde Ausstellungen zu sehen.

Museu Diocesà, *Av. de la Catedral 4,* ☏ *93 315 22 13, Di–Sa 10–14, 17–20, So 11–14 Uhr, 6 €.*

Carrer dels Comtes und um die Plaça del Rei

Hinter dem Museum geht es den Carrer dels Comtes hinauf. Der Palast der Grafen von Barcelona gab der Straße ihren Namen. Sie führt zu einem kleinen Platz an der **Porta de Sant Iu**, einem Tor an der Seite der Kathedrale. Zu Beginn der Bauphase der Kathedrale wurde dieses Portal aus Marmor und Sandstein vom Montjuïc geschaffen, wie die Inschrift mit der Jahreszahl 1298 verrät. Der Heilige im Tympanon wird in schönster katalanischer Gotik abgebildet, die perfekt zur Fassade passt. Schaut man ein Stückchen weiter nach oben, kann man die Wasserspeier der Apsis bewundern. Sie greifen verschiedene Themen auf und zeigen u. a. tapfere Krieger zu Pferd und mythische Figuren wie das Einhorn, das im Mittelalter besonders beliebt war.

🍴 Café im Innenhof

*Von der kleinen Plaça San Iu führt eine Treppe in den Innenhof des Museu Frederic Marés. In dem hübschen Patio mit seinen Brunnen und Schatten spendenden Bäumen stellt im Sommer das **Café d'Estiu** seine Tische auf (April–Sept.) und bietet u. a. Sandwiches und Quiches.*

*Bedeutendes
Skulpturen-
museum*

Der Eingang zum **Museu Frederic Marés (6)** liegt ein Stückchen die Straße zurück. Das Gebäude ist eine Erweiterung des zur Plaça del Rei gehörenden Königspalastes aus dem 14. Jh., der 1950 renoviert wurde. Heute sind darin die Werke des Bildhauers Frederic Marés (1893–1991) ausgestellt. Er war nicht nur Künstler, sondern auch ein passionierter Sammler. 1940 schenkte er seine umfangreiche Sammlung der Stadt. Das **Skulpturenmuseum** zählt zu den bedeutendsten in Spanien und zeigt eine der größten Sammlungen mittelalterlicher Skulpturen. Die ausgestellten Stücke reichen von der iberischen Kultur (5.–1. Jh. v. Chr.) über die Romanik und Gotik bis zum Barock.

Museu Frederic Marés, *Plaça Sant Iu 5–6,* ☏ *93 256 35 00, www.museumares.bcn.cat, Di–Sa 10–19, So 10–20 Uhr, 4,20 €.*

Wieder auf dem Carrer dels Comtes stößt man links auf den **Palau del Lloctinent** (Palast des königlichen Stellvertreters oder des Vizekönigs). Das Gebäude wurde im 15.–16. Jh. von Antonio Carbonell errichtet und beherbergt heute die Archive der Krone von Aragón. Es ist nicht zu besichtigen, aber durch das Tor kann man einen Blick in den Innenhof im Stil der italienischen Renaissance werfen.

Direkt dahinter geht es links die Baixada de Santa Clara hinunter zur **Plaça del Rei**. Der königlichste Platz des alten Barcelona ist rundum von mittelalterlichen Gebäuden umgeben. Seinen Namen verdankt er dem Königspalast, dem **Palau Reial Major** und der königlichen **Capella de Santa Àgata** (14. Jh.), die den Platz flankieren. Auf der obersten Stufe der Treppe des Salò de Tinell so I Kolumbus nach seiner Rückkehr von der ersten Amerika-Fahrt von den Katholischen Königen Isabella und Ferdinand empfangen worden sein. 1555 wurde der Aussichtsturm des Königs Martí gebaut. Martí war der letzte König der Linie der *Comtes-Reais*, die die Stadt seit mehreren Jahrhunderten regierten. Vom Turm aus konnte er fremde Invasoren und aufsässige Untertanen, die oft auf dem Platz protestierten, im Auge behalten. *Christoph Kolumbus*

An der Plaça del Rei steht auch die im 15. Jh. erbaute und 1931 Stein für Stein an diese Stelle versetzte **Casa Clariana-Padellàs**. In dieses typische gotische Stadtpalais des Mittelalters ist das Museum für Stadtgeschichte, das **Museu d'Història de la Ciutat (MHCB) (7)**, eingezogen. Das Haus stand ursprünglich in der Nähe des Carrer Mercaders und wurde versetzt, als beim Bau der Via Laietana Anfang der 1930er-Jahre eine breite Schneise durch das Barri Gòtic geschlagen wurde. Bei den Ausschachtungsarbeiten für die Fundamente wurden Reste aus der Römerzeit gefunden. Die Funde wurden immer zahlreicher und man legte schließlich einen beachtlichen Teil des römischen Barcino frei. Auch die Kapelle Santa Àgata und der Salò de Tinell, ein Saal des königlichen Palastes, sind Teil des heutigen Museums, das unbedingt einen Besuch lohnt.

Der Höhepunkt der Sammlung liegt im Untergeschoss, in das Besucher mit einem „Zeitfahrstuhl" befördert werden. Hier sind auf 4.000 m² die **Überreste der römischen Kolonie** mit dem klingenden Namen *Faventia Julia Augusta Paterna Barcino* (1. Jh. v. Chr.–5. Jh. n. Chr.) zu sehen, die unter Kaiser Augustus um 15–10 v. Chr. gegründet wurde. Über Brücken und Stege wandelt man über den Ruinen von Teilen der Thermalanlagen, einer Weinkellerei, Fischfabrik und Färberei und kann die schönen Fußbodenmosaike der Wohnhäuser der reichen Römer bewundern. Auch Sammlungen von Geschirr, Kacheln und Schmuck aus dem römischen Alltag sind zu besichtigen. Weiter geht es in den **Palau Reial Major**. Unter den romanischen Bögen aus dem *Wandern über römischen Ruinen*

12. Jh. ist die Ausstellung „Barcelona im Hochmittelalter (8.–13. Jh.)" zu sehen. Hier werden das Leben der Bewohner und die Entwicklung der mittelalterlichen Stadt zur Hauptstadt eines Mittelmeerimperiums dargestellt. Am Ende des Ganges durch das Museum lohnt ein Blick in den **Salò de Tinell**. Der imposante Raum wird von den größten Steinbögen Europas überspannt. Schräg gegenüber liegt die **Capella de Santa Àgata** aus dem 14. Jh.
Museu d'Història de la Ciutat (MHCB), *Pl. del Rei*

Königlich: die Plaça del Rei

s/n, ☎ 93 256 21 00, www.museuhistoria.bcn.es, Di–Sa 10–19 Uhr, im Winter bis 17, So 10–20 Uhr, 7 € (gilt für alle Zweigstellen des MHCB), der Eintrittspreis beinhaltet einen informativen Audioführer.

Die Baixada de Santa Clara wieder hinauf gelangt man zurück zum Carrer Pietat. Ein Abstecher links in den Carrer Paradís führt zu einem der verborgener gelegenen Schätze des Barri Gòtic. Die Ruinen des **Temple d'August** (Augustustempel, *Di–Sa 10–19, im Winter bis 17, So 10–20 Uhr, frei*), des größten Tempels des römischen Barcino im 1.–2. Jh., liegen hinter den Toren der Nr. 10 des Carrer Paradís. Vier dicke korinthische Säulen sind noch vorhanden. Vor dem Haus ist an der Mauer ein Stein eingelassen, der den höchsten Punkt des **Mont Tàber** bezeichnet, auf dem einst die Stadt gegründet wurde. Heute ist hier das **Centre Excursionista de Catalunya** beheimatet. Der Verein, der sich heute neben sportlichen auch kulturellen Themen widmet, wurde 1876 von Alpinisten ins Leben gerufen.

Höchster Punkt des Mont Tàber

Am Carrer del Bisbe

Zurück auf dem Carrer Pietat fällt der Blick links auf einen **gotischen Häuserblock**, in dem einst die Domherren residierten *(Casa dels Canonges, Nr. 7)*. Die herrschaftlichen Häuser stammen aus dem 14.–15. Jh. und repräsentieren die typischen katalanischen Bauten des Adels dieser Zeit.

Am Ende des Carrer Pietat geht es auf den Carrer del Bisbe, eine der Hauptstraßen des römischen Barcino und heute noch eine der größten Straßen des gotischen Viertels. Sie verbindet die Plaça Nova mit der Plaça Sant Jaume. Bevor man sich dem politischen Zentrum der Stadt nähert, lohnt unbedingt noch ein kleiner Umweg. Dazu geht es rechts in den Carrer del Bisbe bis zur **Plaça de Garriga i Bachs**, die durch die Spende eines Herrn selbigen Namens entstand: Er ließ eigens sein Haus zur Schaf-

fung dieses Platzes abreißen. Das Plätzchen wird von dem „Monument der Märtyrer" von 1809 dominiert. Die Bronzeskulptur von Josep Llimona ist den Einwohnern Barcelonas gewidmet, die bei einem Aufstand gegen Napoleon exekutiert wurden. Der steinerne Engel, der als Relief in der Wand zu sehen ist, wurde 1941 eingeweiht und ist ein Werk von Vicenç Navarro.

Durch das **Portal de Santa Eulàlia** aus dem Jahr 1431 direkt gegenüber kann man direkt den Kreuzgang der Kathedrale betreten. In dem Tympanon befindet sich die Figur der hl. Eulàlia, deren Original im Museum der Kathedrale zu sehen ist.

Portal der hl. Eulàlia

Der kleine Carrer Montjuïc del Bisbe führt links zu der bezaubernden **Plaça de Felip Neri** mit der **Església de Sant Felip Neri (8)** (1748–1752). An dieser Stelle lag früher der jüdische Friedhof (Montjuïc del Bisbe). Die Kirche und der Platz sind nach einem Jesuitenprediger benannt (gest. 1595). An der Kirche sind noch die Spuren von Bomben aus dem Bürgerkrieg zu sehen. Die Plaça de Sant Felip Neri ist mit ihrem Brunnen in der Mitte einer der stimmungsvollsten Plätze der ganzen Stadt. Mitten im touristischen Tumult des Barri Gòtic gelegen, ist der Ort eine wahre Oase der Ruhe.

Ebenfalls an dem Platz beherbergt der alte Sitz der Schusterzunft das **Museu del Calçat (9)** *(Pl. Sant Felip Neri 5, ☎ 93 301 45 33, Di–So 10–14 Uhr, 2,50 €)*. Wer sich für Schuhe und deren Geschichte interessiert, kann hier die Reproduktionen von Schuhen aus dem 2.–18. Jh. bewundern. Ein Teil der Sammlung widmet sich dem Schuhwerk bekannter Leute. Auch der erste katalanische Wanderschuh, der es an den Füßen von Carles Vallès bis auf den Mount Everest schaffte, ist zu sehen. Der Schuh des Kolumbus, der dem Fuß der Statue am Ende der Rambla angepasst ist, fand als größter Schuh der Welt seinen Eintrag ins Buch der Rekorde. Dahinter liegt das für Motorrad-Liebhaber interessante **Museu de Moto**, in dem die Geschichte des Motorrads in Katalonien von 1905 bis 2010 mit rund 70 Motorrädern präsentiert wird *(c/ Palla 10, www.museumoto.com, Di–Sa 10–14, 16.30–20.30, So 10–14 Uhr, 6 €)*.

Einst Sitz der Schusterzunft

Um die Plaça Sant Jaume

Über den Carrer Sant Sever, an der gleichnamigen Kirche vorbei, geht es zurück zur Plaça de Garriga i Bachs und rechts in den Carrer del Bisbe. Schon fällt die **Seufzerbrücke** ins Auge, die die Straße überspannt. Sie verbindet den Palau de la Generalitat mit der Casa dels Canonges. Sie wurde 1928 im gotischen Stil von Joan Rubió i Bellver errichtet.

Sehenswert ist die gotische Seitenfassade des **Palau de la Generalitat (10)** zum Carrer del Bisbe (rechts) mit ihrem Haupteingang aus dem 15. Jh. Hier hat die Ständevertretung Kataloniens ihren Sitz. Der damals erst 20-jährige Pere Joan schuf das Medaillon über dem Eingang, das den bewaffneten Ritter Sant Jordi wie so oft im Kampf gegen den Drachen zeigt. Toll sind auch die sieben kuriosen Wasserspeier: Links des Medaillons ist z. B. eine Prinzessin zu sehen, die aus den Klauen des Biestes gerettet wird, rechts ein weiteres Ungeheuer, das mit zwei Prinzen kämpft.

Seufzerbrücke über dem Carrer Bisbe

Tanz der Giganten vor dem Rathaus während des Festes de la Mercè

Die Straße mündet auf die **Plaça Sant Jaume**. Dieser Platz ist schon seit dem Mittelalter das politische Zentrum Barcelonas und wird heute für Demonstrationen sowie Feierlichkeiten und andere Veranstaltungen genutzt. Während des Stadtfestes La Mercè kann man hier verschiedene Spektakel wie den Tanz der Giganten und die berühmten Menschentürme *(castellers)* bewundern (s. S. 36).

Seit dem Mittelalter politisches Zentrum

Die Geschichte des Palau de la Generalitat ist eng mit den katalanischen Unabhängigkeitsbestrebungen verbunden. Die im 13. Jh. unter Jaume I. gegründete Ständevertretung Kataloniens, die Generalitat de Catalunya, ließ sich hier im 14. Jh. einen prachtvollen gotischen Palast errichten. Im 15. Jh. kamen der prächtige zweigeschossige gotische Innenhof und die Capella de Sant Jordi mit ihrer reich dekorierten spätgotischen Fassade im ersten Stock hinzu. Nach der Niederlage gegen die Spanier 1714 wurde die Generalitat aufgelöst. Während der spanischen Republik diente es kurzzeitig wieder als Sitz einer autonomen katalanischen Regierung, bis Franco die Generalitat erneut auflöste. Erst nach Francos Tod wurde das Gebäude wieder Sitz der katalanischen Regierung.

Die Fassade zur Plaça Sant Jaume wurde ab 1597 im Genueser Marmor ausgeführt. Der Balkon, von dem nach dem Tod Francos 1977 die Wiedereinsetzung der Generalitat verkündet wurde, stammt aus dem 19. Jh.

Im Norden schließt sich an den Innenhof der **Pati dels Tarongers**, der Orangenhof an. Dieser elegante Hof wurde ab Mitte des 16. Jh. im Stil der Renaissance angelegt.

👉 **Hinweis**
Der Besuch der Regierungssitzes und des Rathauses ist derzeit nur alle zwei Wochen sonntags (2. und 4. Sonntag im Monat) möglich. Dazu muss man sich unter www.gencat.cat/

generalitat/cas/guia/palau/visites.htm oder telefonisch unter ☏ *012 anmelden. Eine andere Besuchsmöglichkeit ist das* **Concert de Carilló**: *Im Pati dels Tarongers im Palau de la Generalitat finden sonntags mittags ab und zu Glockenkonzerte der 49, insgesamt fast 5 t schweren bronzener Glocken des Palastes statt, der Eintritt ist frei. Infos und Daten unter www.gencat.net/presidencia/carillo/,* ☏ *93 402 48 18.*

Auf der gegenüberliegenden Seite des Platzes steht das Rathaus, die **Casa de la Ciutat (11)**. In dem gotischen Gebäude aus dem späten 14. Jh., das immer wieder umgebaut und erweitert wurde, residierte der vom König mit der Verwaltung der Stadt beauftragte **Consell del Cent** (Rat der Hundert). Die Statuen am Hauptportal (König Jaume I. links und Ratsherr Fivaller rechts) erinnern daran.

Hinter der 1847 neu gestalteten neoklassizistischen Fassade zur Plaça Sant Jaume verbergen sich zwei sehenswerte gotische Innenhöfe und zwei berühmte Säle: der **Salò del Cent** (Saal der Hundert) mit gotischem Ge-

Der Saal der Hundert (Salò del Cent) im Rathaus

stühl und einem Alabasterrelief (allerdings aus dem 20. Jh., von Enric Monserdà), in dem eine Tafel an die erste Sitzung des Rates am 17. August 1373 erinnert; und der **Salò dels Croniques** (Saal der Chroniken) mit den Wandmalereien von Josep Sert, die den Feldzug des katalanischen Ritters Roger de Flors in den Orient darstellen.

Links der heutigen Hauptfassade, hinter der Touristeninformation am Carrer de la Ciutat, ist noch die alte gotische Hauptfassade erhalten. Sie besitzt ein prächtiges Rundbogenportal, eingefasst von mächtigen Keilsteinen. Über dem Wappen der Stadt ist der Erzengel Rafael zu sehen, eine der bedeutendsten Skulpturen der katalanischen Gotik.

Ein paar Meter weiter die Carrer de la Ciutat hoch liegt das originelle, 2011 eröffnete **Museu d'Idees i Invents (12)** – ein Museum der Ideen und Erfindungen. Die beiden Stockwerke sind über eine silberne Röhrenrutsche verbunden, auf ihnen kann man sich im **Espai Absurdo** über absurde Erfindungen wundern, im **Reflexionàrium** Nützliches bestaunen oder bei der **Societat Il·limitada** Wechselausstellungen verschiedener Erfinder erleben. Auch die Toilette, traditionell ein wichtiges Örtchen für Erfinder, ist eine Besonderheit. Geld- und Ideengeber ist Pep Torres, katalanischer Kreativer und Erfinder *(www.stereo-noise.com)*.
Museu d'Idees i Invents, *c/ Ciutat 7,* ☏ *933 32 79 30, www.mibamuseum.com, Di–Fr 10–19, Sa bis 20, So 10–14 Uhr, 7 €.*

Ideen und Erfindungen

Abstecher ins jüdische Viertel El Call

Überquert man den Platz und hält sich links des Palau de la Generalitat, gelangt man in das alte jüdische Viertel El Call bzw. dorthin, wo es vor vielen Jahrhunderten einmal zu finden war. Das seit einigen Jahren neu erwachte Interesse am jüdischen Erbe Barcelonas durch die Funde einer alten Sinagoga (s. u.) führten u. a. zur Gründung des **Centre d'Interpretació del Call**, einem Ableger des Museums für Stadtgeschichte, wo einige archäologische Überreste zu sehen sind *(Placeta de Manuel Ribé, Mi–Fr 11– 14, Sa 10–19, im Winter bis 17 Uhr, So 10–20 Uhr, www.museuhistoria.bcn.cat).*

Von der Plaça St. Jaume geht es in den Carrer del Call hinein und anschließend in die erste Straße rechts, den **Carrer Domènec**. Diese enge und dunkle Gasse führt zur **Sinagoga Major de Barcelona (13)**. An der Ecke zum Carrer Marlet liegt in dem verwinkelten Sträßchen diese in den 1990er-Jahren durch Zufall wiederentdeckte Synagoge aus dem Mittelalter. Sie besteht heute aus zwei Kellerräumen unter dem Straßenniveau. Vier Stockwerke wurden im 17. Jh. auf die ursprüngliche Synagoge aufgesetzt. Jahrelang hatte der Keller als Lagerraum gedient, bis die *Asociación Call de Barcelona* das Gebäude kaufte und feststellte, dass der feuchte und staubige Keller tatsächlich die Reste einer Synagoge waren. Die nach Südosten (Jerusalem) ausgerichtete

Älteste Synagoge Spaniens

Originalfassade und bei weiteren Ausgrabungen gefundene Fundamente aus römischer Zeit und römische Mauern (1. Jh.) aus Steinen aus Karthago gaben Gewissheit. Schon 212 soll den Juden gestattet worden sein, sich eine Synagoge zu bauen. Somit würde die jüdische Präsenz in Barcelona bis in die Römerzeit zurückreichen, und die Sinagoga Major wäre die älteste Synagoge Spaniens. Nach dem Pogrom im Jahr 1391 wurde die Synagoge konfisziert und verkauft.

Aufgrund der vielen Umbauten ist von der Originalstruktur nicht mehr viel zu sehen. Durch eine kleine Tür geht es eine Treppe hinab, da der Boden aus römischer Zeit gut

2 m unter dem heutigen Straßenniveau liegt. Man gelangt zunächst in den ersten Saal, die frühere Vorhalle. Durch die Scheiben im Fußboden können die mittelalterlichen Mauern aus dem 13. Jh. betrachtet werden. Der Durchgang führt in den zweiten Saal, das Herz der Synagoge. Die beiden Fenster vom Durchgang links zeigen in südöstlicher Richtung nach Jerusalem, die umgebenden Mauern stammen aus dem 13. Jh. und der Zeit des Umbaus, d. h. aus dem 17. Jh. **Sinagoga Major**, *Asociació Call de Barcelona, c/ Marlet 5, Ecke c/ Domènec,* ☎ *93 317 07 90, ww.calldebarcelona.org, Mo–Fr 10.30–14.30, 16– 19, Sa/So 10.30–15 Uhr, 2 €).*

Verlässt man die Synagoge in Richtung Arc de Sant Ramon, kann man eine **Plakette mit hebräischer Inschrift** von 1314 erkennen, die an der Hauswand angebracht ist. Sie erinnert an den Rabbiner Samuel Ha-Sardi. Von dort gelangt man nach links auf den Carrer Ferran, der zur Rambla und zur Plaça Sant Jaume führt.

Enge Gasse im Call

El Call – Das jüdische Viertel

Es gibt verschiedene Theorien über den etymologischen Ursprung des Wortes „Call". Am wahrscheinlichsten ist es, dass das Wort hebräischen Ursprungs ist – *kahal* bedeutet „Gemeinde" oder „Versammlung".

Bevor die Katholischen Könige Ferdinand von Aragón und Isabella von Kastilien Ende des 15. Jh. mit der systematischen Vertreibung der Juden von der Iberischen Halbinsel begannen, hatten diese jahrhundertelang mehr oder weniger friedlich Tür an Tür mit den Christen gewohnt. Während des Mittelalters florierte das jüdische Leben wie kaum an einem anderen Ort. In Barcelona lebten die Juden im Viertel El Call, das zu seiner Hochzeit im 13. Jh. etwa 4.000 Einwohner zählte – das waren immerhin 15 % der gesamten Stadtbevölkerung. Es gab vier Synagogen, Krankenhäuser, eigene Friedhöfe und Schulen. Nach dem heutigen Straßenverlauf wurde der älteste Teil des Viertels (Ausgang: Plaça Sant Jaume), **El Call Major**, von den Straßen L'Arc de Sant Ramon, Call, Bisbe und Sant Sever begrenzt. Mitte des 13. Jh. breitete sich das Gebiet über die Volta del Remei und die Straße L'Arc de Santa Eulàlia bis zum Carrer Ferran aus, **El Call Menor** genannt. An der Stelle der Kirche Sant Jaume im Carrer Ferran stand vor vielen Jahrhunderten die Synagoge des Call Menor.

Aber Wohlstand und Bildung der jüdischen Bevölkerung führten zu Neid und Missgunst. Verschiedene angebliche Vergehen, wie die Vergiftung der Brunnen und Einschleppung der Pest in die Stadt, wurden den Juden zur Last gelegt und die antisemitische Stimmung angeheizt, die schließlich in den furchtbaren Ereignissen des Pogroms von 1391 eskalierte. Nach dem Pogrom starben Häuser, Menschen wurden angezündet und das Viertel zum Teil zerstört. Die Wohnhäuser der Rabbiner und wohlhabenden Leute im Carrer Honorat wurden konfisziert und dort u. a. der erste Sitz der Generalitat eingerichtet. Wenig später wurden im Rahmen der Verfolgung der jüdischen Gemeinde durch die spanische Inquisition die Synagogen verboten und die jüdischen Friedhöfe zerstört. Die jüdischen Bewohner waren vor die Wahl gestellt, entweder zu konvertieren oder Spanien zu verlassen.

Heutzutage erinnern nur noch einige wenige Reste und Namen an das alte jüdische Viertel. Banys Nous beispielsweise („Neue Bäder") hat seinen Ursprung in den jüdischen Bädern, die hier im 12. Jh. (Ecke Boqueria) angelegt wurden.

Barri de Sant Just

Folgt man dem Carrer Ferran von der Plaça Sant Jaume aus ein Stück Richtung Via Laietana, geht es rechts durch den Carrer Dagueria in den **östlichen Teil** des Barri Gòtic, der noch nicht so überlaufen ist. Das Gässchen führt auf die **Plaça Sant Just**, einen der magischen kleinen Plätze der Altstadt. Er ist erst im 19. Jh. auf dem Gelände des ehemaligen Kirchfriedhofs entstanden und wird von der **Església dels Sants Just i Pastor (14)** *(www.basilicasantjust.cat)* dominiert. Die Kirche wurde ab 1342 im Stil der katalanischen Gotik erbaut, jedoch erst im 16. Jh. fertiggestellt. Die eher schlicht gehaltene Fassade mit Glockenturm zeigt über dem Eingangsportal die Jung-

Katalanische Gotik

Brunnen an der Plaça Sant Just

frau von Montserrat, flankiert von zwei Schutzengeln. Das Innere besteht aus einem großen Schiff mit Seitenkapellen. Bemerkenswert ist der Flügelaltar in der **Capella de Sant Felix** (Kapelle des hl. Felix), der 1535 von Joan de Requesens bei einem flämischen Bildschnitzer in Auftrag gegeben wurde. Der Flügelaltar besitzt eine bis heute gültige Besonderheit: das *Testamento Sacramental*. Erklärt man hier vor Zeugen seinen letzten Willen und wird dieser später von den Zeugen in der Kapelle (in Anwesenheit eines Notars) wiederholt, so ist das Testament rechtsgültig.

Von den Treppenstufen vor der Kirche lohnt der Blick zur gegenüberliegenden Seite: Das Gebäude mit der Nr. 4 ist der **Palau Moixó**, ein adliges Stadthaus aus dem 18. Jh., das den Marqueses von Sant Morí gehörte. Das ursprüngliche Gebäude stammt noch aus dem Mittelalter, allerdings wurde es im 18. Jh. völlig umgebaut. Hübsch ist die etwas verwitterte Fassade, die mit schönen Fresken aus Engeln und Blumen dekoriert ist. Etwas Besonderes ist der Brunnen am Platz: Die **Font de Sant Just** ist der älteste Leitungswasserbrunnen der Stadt. Er stammt aus dem Jahr 1367 und ist mit drei Köpfen verziert.

Königliche Akademie

Der **Palau Requesens (15)** (Bisbe Caçador, ein paar Schritte von der Plaça Sant Just entfernt in einer Sackgasse) ist der Sitz der **Reial Acadèmia de Bones Letres**, einer Institution, die sich seit 1790 der Geschichte und Literatur Kataloniens widmet. Das Gebäude wurde im 13. Jh. auf den Resten der römischen Stadtmauer errichtet und ist einer der größten mittelalterlichen Paläste. Wenn das Tor offen ist, kann man einen Blick in den gut erhaltenen Innenhof werfen.

Nun geht es den in Richtung Meer leicht abwärts verlaufenden **Carrer Lledó** entlang, der von dunklen Häusern aus dem 15.–18. Jh. gesäumt wird. Das Haus Nr. 4 ist der **Palau Fivaller** im gotischen Stil. In dem benachbarten und etwas bescheideneren Haus Nr. 5 wurde im Jahr 1868 Francesc Moragas geboren, der Gründer der Sparkasse Barcelonas. Die Nr. 6 ist der **Palau de la Reina Elionor** aus dem 14. Jh. In den alten Gemäuern gibt es zum Teil Neues zu entdecken, rechts bei den Nr. 4–6 findet man z. B. eine Auswahl von Mode verschiedener Designer, die sich zusammengetan haben.

Tipp
Die Baixada de Viladecols führt hinunter zur **Plaça Traginers**. *Eine Seite des lauschigen Plätzchens wird von einem der Türme der römischen Stadtmauer begrenzt. Mehrere nette Lokale stellen im Sommer die Tische raus.*

Vom Carrer Lledó geht es rechts in den Carrer Cometa, der auf die Plaça Regomir stößt, und dann links in den Carrer Regomir. Durch die Fensterfront eines Kulturzentrums (Nr. 3) sind die Reste eines römischen Gebäudes und eines der Tore der alten römischen Mauer zu sehen, die damals den Zugang zur Stadt gewährten.

Direkt daneben liegt am Carrer Regomir eine zwar weniger beeindruckende, aber dafür ungewöhnliche Kapelle, sowohl aufgrund ihrer Größe als auch des Heiligen, dem sie gewidmet ist: die **Capella de Sant Cristòfol (16)**. Die Oberschwelle stammt aus dem Jahr 1503. Zu jener Zeit wurde der hl. Christophorus als Schutzheiliger gegen Unannehmlichkeiten jeglicher Art, wie Pest oder Hunger, verehrt. Ein Bildnis des Heiligen wurde häufig am Stadttor angebracht, denn wer ihn vor seiner Abreise sah, sollte wohlbehalten wieder zurückkehren. Aus diesem Grund wurde ihm Anfang des 20. Jh. eine neue Aufgabe als Schutzpatron der Autofahrer zuteil.

Plaça Sant Just mit der Kirche Sants Just i Pastor

In dieser Kapelle wurden am 10. Juni 1907, dem Tag des Sant Cristòfol, das erste Mal in Spanien Autos gesegnet. Das Innere ist imitierte Gotik, die Ende des 19. Jh., als die Kapelle vollständig umgebaut wurde, von Joan Martorell entworfen wurde.

Ins Viertel La Mercè

Der Carrer Regomir endet am Carrer Ample und führt ins Viertel La Mercè hinein. Der Name geht auf *amplio* (breit) zurück, was die Hauptstraße für damalige Verhältnisse war. Einst war die Straße einer der Lieblingsboulevards des Adels und des wohlhabenden Bürgertums, bis sie durch die Stadterweiterung und Entstehung des Viertels Eixample ins Abseits geriet und heute eher heruntergekommen wirkt. Einige vormals bedeutende Gebäude sind z. B. das Haus Nr. 24 im romantischen Stil mit dekorierter Fassade und der Palau Sessa (Nr. 28) im klassizistischen Stil aus dem Jahr 1772 mit Skulpturenschmuck an der Fassade.

Linker Hand rückt wenig später die **Església de la Mercè (17)** ins Blickfeld. Zum Carrer Ample hin liegt der alte verzierte Eingang, ein paar Meter weiter gelangt man zum Platz vor der Kirche. Die Plaça de la Mercè entstand erst 1982 durch den Abriss eines Häuserblocks, die Kirche ist jedoch älter. Der Legende nach hatte im Jahr 1218 die Jungfrau Maria den Priester Pere Nolasc in einer Erscheinung mit der Errichtung eines Klosters beauftragt. 1249 wurde mit dem Bau für den Orden der Mercedarier begonnen, dessen Zielsetzung die „Erlösung der Gefangenen", d. h. der Loskauf christlicher Gefangener von nordafrikanischen Piraten war. Aufgabe des neu gegründeten Ordens *de la Mercè (Mercedarios)* war es, genügend Spenden zu sammeln. Für den Fall, dass das Geld nicht reichte oder nicht akzeptiert wurde, sollte eines der Mitglieder des Ordens gegen die Gefangenen eingetauscht werden.

Schutzheilige Barcelonas

Damit guter Taten nicht genug, die Jungfrau de la Mercè befreite zudem 1637 die Stadt von einer Heuschreckenplage und wurde aus Dank zur Schutzheiligen der Stadt ernannt. Die an der Stelle des alten Klosters ab 1765 bis 1775 von Josep Mas errichtete Barockkirche ist der Heiligen geweiht. Zudem findet alljährlich das grandiose und größte Stadtfest des Jahres in ihrem Namen statt: die **Festes de la Mercè** im September (s. S. 37).

Die Figur der Jungfrau de la Mercé auf der Kuppel der Kirche ist von weither sichtbar. Die spätbarocke Fassade ist die einzige ihrer Art in Barcelona. Das reich geschmückte Innere wurde 1936 stark zerstört, sodass von der ursprünglichen Ausstattung kaum noch etwas übrig ist. Das Gnadenbild über dem Hochaltar schnitzte Pere Moragues im Jahr 1361.

Durch eine der kleinen Querstraßen gelangt man auf den **Passeig de Colom**. Von dort geht es rechts zur Rambla (Metro Drassanes), links geht es weiter Richtung Barceloneta (s. S. 174). Wer noch ein wenig in den Modeboutiquen stöbern möchte, kann den **Carrer Avinyó** in Richtung Plaça Sant Jaume entlangschlendern (s. S. 114).

Església de la Mercè am gleichnamigen Platz

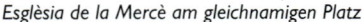

Reisepraktische Informationen Barri Gòtic

🍴 Restaurants

Die Auswahl an Restaurants im Barri Gòtic ist immens, geht man früh genug los und hat es nicht eilig, lohnt es sich, einfach mit offenen Augen durch die Straßen zu wandern und in einem der schönen Restaurants einzukehren. Bekommt man erst für später einen Tisch, kann man sich in einer der zahlreichen Bars und Terrassen einen Aperitif genehmigen. Hier eine kleine Auswahl unserer Favoriten:

La Lluna (1), *Carreró Sant Bonaventura 7*, ☎ *93 342 44 79, www.lallunarestaurant.com.* Versteckt in einer kleinen und ziemlich dunklen Seitengasse des Carrer de Santa Anna gelegen, bietet dieses romantische Lokal kreative und frische Küche mit viel Fisch.

Café de l'Academia (9), *c/ Lledó 1*, ☎ *93 319 82 53.* Das etwas abseits an der Plaça Sant Just gelegene Lokal empfiehlt sich besonders aufgrund der Tische auf dem kleinen charmanten Plätzchen, das von der mächtigen Kirche überragt wird. Leckere marktfrische Küche mit kreativem Touch, katalanisch/mediterran. Nicht so teuer wie es aussieht, für diese Gegend gutes Preis-Leistungs-Verhältnis. Am Wochenende geschl.

El Salón (15), *c/ Hostal d'en Sol 6–8*, ☎ *93 315 21 59.* Das Lokal lädt mit seiner kleinen Terrasse auf einem lauschigen Platz des Barri Gòtic und mit seinen kleinen, aber feinen Gerichten zu einem romantischen Abendessen ein. Auch drinnen ist es sehr gemütlich. Das Speisenangebot ist nicht riesig, aber sehr variabel: Fisch, Meeresfrüchte, aber auch Lammmedaillons, Wachtel und Ente sind zu finden. Mittleres bis gehobenes Preisniveau.

Cometacinc (11), *c/ Cometa 5*, ☎ *93 310 15 58, www.cometacinc.com.* Versteckt im tiefsten Barri Gòtic (am besten schaut man vorher auf den Stadtplan!) werden hier Gerichte wie Carpaccio vom Stier, roter gegrillter Thunfisch mit Aprikosenkonfitüre oder gefülltes Perlhuhn serviert. Einladend ist die schöne, klassisch-schlicht gehaltene Dekoration in Holztönen. Nicht günstig, aber gut.

Les Quinze Nits (7), *Pl. Reial 6*, ☎ *93 317 30 75.* Lange Schlangen vor der Tür zu den Hauptessenszeiten (mittags und abends geöffnet) sind das Kennzeichen des 15 Nits. Das Essen ist gut und sehr günstig, der Service effizient. Gemütlich sitzen bleibt man hier nicht. Es gibt lokale Küche, neben Salaten auch z. B. Hacksteak und die unvermeidlichen „butifarras" mit weißen Bohnen. Drinnen sitzt es sich sehr nett, durch die großen Fenster hat man Sicht auf die Plaça Reial. Entweder kommt man sehr früh oder sehr spät. Kann bei größeren Gruppen recht laut werden. Terrasse.

Neri, *c/ Sant Sever 5*, ☎ *93 304 06 55.* Das elegante und stilvolle Hotelrestaurant des feinen **Hotels Neri (8)** bietet kreative mediterrane Küche. Die Hauptgerichte liegen bei 20–25 €, aber man kann die hohe Kunst des Kochens probieren, ohne das Reisebudget zu sehr zu strapazieren: Es gibt Mo–Fr ein 3-Gänge-Mittagsmenü (Neri Prest, 22 €).

Els Quatre Gats (2), *c/ Montsió 3*, ☎ *93 302 41 40, www.4gats.com.* Das Restaurant lebt mittlerweile eher von seinem Ruf als vom Essen. Das bekannteste aller Modernista-Restaurants, in dem sich Picasso und Konsorten auf ein Bier trafen, zieht heute vor allen Dingen Touristen an. Wer im Hauch der Geschichte speisen möchte, sollte zum Mittagsmenü kommen, das Preis-Leistungs-Verhältnis ist in Ordnung. Das Original des berühmten Bildes von Ramon Casas auf dem Fahrrad, einst für dieses Lokal gemalt, hängt mittlerweile im MNAC (s. S. 227).

Juicy Jones (3), *c/ Cardenal Casañas 7*, ☎ *93 302 43 30.* Vegetarische und veganische Küche mit einer recht großen Auswahl an Gerichten wie Tofu-Brötchen, außerdem frische Säfte und Shakes. Ungewöhnliches Design. Menü. Günstig.

Kynoto (16), c/ Correu Vell 8, ☎ 93 268 25 40, www.kynoto.com. Kleines japanisches Restaurant mit exzellentem Sushi, gemütlich in Holztönen und gedämmtem Licht, die Köstlichkeiten werden unten frisch an der kleinen Theke zubereitet (ab 21 Uhr).

Oviso (13), Arai 5. Gemütliches Restaurant mit eher alternativem Publikum nahe der Pl. Orwell, nette Terrasse, um den leckeren Milchkaffee zu probieren, und ein unschlagbar günstiges Mittagsmenü.

Burgers del Gòtic, Pl. Jaume 1. Wenn es zwischendurch mal keine Tapas sein sollen: Hier gibt es prima Burger und jede Woche ein paar neue Kreationen zu probieren, z. B. mit Gorgonzola oder Serrano-Schinken und Parmesan. Lecker und sättigend.

Vinatería del Call (5), Sant Domènec del Call 9, ☎ 93 302 60 92, nur abends. Rustikales Ambiente mit schummrigem Licht. Große Weinauswahl, leckere und großzügige Tapas-Portionen, Wurstwaren und Käse. Die Küche liegt übrigens im früheren Patio der ehemaligen Synagoge.

Bodega La Palma (10), c/ Palma de Sant Just 7, ☎ 93 315 06 56. Seit über 60 Jahren ein Klassiker in der Stadt, an der eher rustikalen Einrichtung und den guten traditionellen Tapas hat sich in dieser Zeit nichts geändert.

Bliss (9), Pl. Sant Just. Schöne Terrasse direkt am Platz, leckere Salate und Sandwiches – ideal für ein Päuschen zwischendurch. Gutes Mittagsmenü.

Tetería La Clandestina (12), Baixada de Viladecols 2. Steht der Sinn nach einer kleinen Pause, bieten sich die Sofas der Tetería an, wo es im mit Farben und Einfallsreichtum im Hippie-Stil schön hergerichteten alten Archiv der Generalitat leckere frische Säfte, Tee und Kuchen gibt.

La Luna de Júpiter (14), Pl. Traginers 8, ☎ 93 319 64 32. An einem von einem Stück römischer Mauer begrenzten ruhigen Plätzchen liegt dieses Café mit bunt gemixten Möbeln, wo man ab 10 Uhr morgens Brötchen, Salate, Pasta und Crêpes bekommt (auch Mittagsmenü). Um die Ecke gelegen ist das „Mutterlokal" Júpiter (Carrer de Jupí 4), nur abends geöffnet.

Salterio (6), Sant Domènec del Call 4, ☎ 93 302 50 28. Kleines Café, erinnert an eine mit Laternen beleuchtete Steinhöhle, es gibt Tee, orientalischen Kuchen und Spezialitäten der türkischen Küche.

Venus Delicatessen (8), c/ Avinyó 25. An der Straße mit den vielen schönen Läden gelegen bietet sich das Café für eine kleine Pause an. Man bekommt Salat, Quiche, Kuchen und andere leckere Kleinigkeiten. In dem kleinen Lokal sind auch wechselnde Ausstellungen zu sehen.

Chocolatería Valor (4), c/ Tapineria, ☎ 93 487 62 46. Ein Meister der Schokolade seit über 125 Jahren Tradition. Im Geschäft findet man eine riesige Auswahl an Pralinen und Schokolade, oder man setzt sich ins Café und genießt „chocolate con churros" (heißen Kakao mit Churros). Es gibt auch Schokoladenfondue, Kuchen, Eis, Gebäck …

Ausgehen
Bars

Tagsüber ist der alte Kern einer der beliebtesten Anziehungspunkte für Touristen, aber auch nachts hat das Barri Gòtic einiges zu bieten. Die Auswahl ist wie in der ganzen Altstadt extrem groß, ständig schießen neue Bars, Clubs und Ideen aus dem Boden. Die **Plaça Reial** (s. S. 144) und Umgebung ist besonders für die Touristen ein zentraler Punkt des Barceloneser Nachtlebens. Eine Auswahl:

Ginger (3), c/ Palma de Sant Just 1/Lledò 2, ☎ 93 310 53 09. Bei schummrigem Licht kann man es sich auf den hellen Ledersesseln und im 30er/40er-Jahre-Dekor bei einem

Cocktail gemütlich machen. Es gibt zwar nur eine kleine Auswahl an Tapas, die sind aber erstaunlich gut.

Milk (8), c/ d'en Gignas, ☎ 93 268 09 22, www.milkbarcelona.com. Gemütlich mit Kronleuchtern, vergoldeten Spiegeln und bequemen Sofasitzen bestückt, Do–So gutes Frühstück (10–16 Uhr). Das Menü-Angebot ist eher deftig (z. B. Burger), aber sehr lecker und günstig. Preiswerte Cocktails.

Andú (7), c/ Correu Vell 3. In dem einladenden Lo-

Stimmung an der Plaça Sant Just an Sant Jordi

kal voller alter Tische und Lederstühle kann man bei Kerzenschein seinen Cocktail, Wein und Tapas genießen. Ruhiges Ambiente, ideal für einen entspannten Abend.

L'Ascensor (2), c/ Bellafila 3 (vom c/ Ciutat, 2. links), ☎ 93 318 53 47. Versteckt hinter dem Rathaus liegt diese Cocktailbar, die man durch die schmiedeeiserne Tür eines alten modernistischen Fahrstuhls betritt (daher der Name). Elegante Dekoration, entspannte Hintergrundmusik, gute Cocktails.

Schilling (1), c/ Ferrán 23. Alteingesessenes Café mit modernistischem Design und riesigen Fensterfronten zur Straße. Tagsüber Café, abends Cocktails. Zwischen Plaça Sant Jaume und Rambla gelegen, daher immer recht voll.

Bar Manchester (6), c/ Milans 5. Kein British Pub, sondern ein kleiner Club mit rockigem Ambiente, in dem hauptsächlich Rock und Britpop gespielt wird, eher alternatives Publikum.

Polaroid Bar (9), c/ Còdols 29. Hier leben die 80er weiter: mit Videokassetten an den Wänden, Filmplakaten von „E.T." bis „Flashdance", durchgesessene Sessel und günstige Drinks und natürlich die beste Musik dieses Jahrzehnts – gute Stimmung garantiert.

👉 Hinweis

Im Carrer de la Mercè gibt es neben vielen Bars auch ein paar urige alte Läden mit von der Decke hängenden Schinken, die man auf den Holzbänken mit einem Glas Sidre probieren kann, z. B. in der **Tasca El Corral** *(Nr. 17–19)*.

💃 Diskos

Harlem Jazz Club (4), c/ Comtessa de Sobradiel 8, ☎ 93 310 07 55, www.harlemjazzclub.es. Kleiner Club mit verschiedenen Konzerten, sie beginnen Di–Do und So um 22.30 Uhr, Fr und Sa um 23.30 Uhr, danach Disko mit Funk, Latin, Soul.

Macarena (5), c/ Nou de Sant Francesc 5, www.macarenaclub.com. Sehr kleiner und meist voller Club mit guter Stimmung, tgl. in der Regel bis 5 Uhr geöffnet, gespielt wird elektronische Musik.

Rabipelao, Mercè 26. Kleine Cocktailbar im Retro-Stil und günstigen Getränken – die Inhaber sind Venezolaner – besonders die Auswahl an Rum ist gut und groß.

Hinweis
Clubs an der Plaça Reial s. Rambla, S. 144.

 Einkaufen
Kulinarisches

Formatgeria La Seu (7), c/ Dagueria 16, ☏ 93 412 65 48, www.formatgerialaseu.com. Dieser kleine, feine Käseladen wird von der schottischen Inhaberin Katherine McLaughlin mit Hingabe geführt und bietet ausgesuchten, handgemachten Käse von Bauernhöfen aus ganz Spanien, zudem eine Auswahl von Olivenölen und Wein. Für 2,80 € gibt es auf einem Teller, einer Malerpalette ähnlich, drei Sorten Käse und ein Gläschen Wein zum Probieren. Für Käseliebhaber ist die Formatgeria auf jeden Fall einen Besuch wert! Zudem gibt es hier „Formatgelat" zu probieren: Käse-Eis.

Papabubble (9), c/ Ample 28, www.papabubble.com. Handgemachte Bonbons in allen Formen und Farben.

Xarcutería La Pineda (2), c/ del Pi 16, ☏ 93 302 43 93. Typischer Laden vom Anfang des 20. Jh., der sich seinen Charme erhalten hat. Hier werden Wurstwaren, Käse und Delikatessen in Dosen verkauft, die man an einem der wenigen Tische kosten kann. Am besten probiert man einen der Schinken zusammen mit einem Glas Cava und „pan amb tomaquèt" – ein idealer Aperitif.

Mode und Accessoires

Auf dem **Carrer d'Avinyó** reiht sich eine Boutique an die andere, hier findet man die neuesten Trends. Am besten schlendert man die (nicht besonders lange) Straße entlang und stöbert in den kleinen Läden, z. B.:

Bei **Cirkus Experience** (Nr. 24, www.cirkusgroup.com) gibt es Schmuck, u. a. von der kolumbianischen Designerin Mercedes Salazar. In der **Sushi-Bar** hinten im Laden bekommt man auch Cocktails, am Wochenende legt ein DJ auf. Direkt nebenan gibt es bei **Le Fortune** Mode zu moderaten Preisen der jungen Designerin Gaby Pujol und Schmuck von Francisca Izquierdo. Auch **Zsu Zsa** (Nr. 50) bietet junge spanische Designermode.

La Manual Alpargatera (8) (Nr. 7, www.lamanual.net) ist der wohl traditionsreichste Laden der Straße. Hier werden die berühmten **Alpargatas** (oder Espadrille, Espardenya: Schuh mit Sohle aus pflanzlichen Fasern wie Hanf, oben Baumwolle oder Leinen) in allen möglichen Formen und Farben hergestellt und verkauft. Selbst der Papst soll hier schon eingekauft haben.

Espacio de Creadores (1), c/ Comtal 24. Outlet-Laden mit Restposten und Ausstellungsstücken spanischer Designer wie Jordi Labanda oder David Delfin, mit etwas Glück kann man hier ein echtes Schnäppchen machen.

Sombrería Obach (5), c/ Call 2. Der traditionsreiche Hutladen ist einer der letzten Hutläden der Stadt. Die Auswahl ist bestechend.

Decathlon, c/ Canuda 20/Ecke Pl. Vila de Madrid. Alles, was man zum Sport braucht. Eine zweite Niederlassung befindet sich in der Illa Diagonal (s. S. 249).

Bücher, Antiquitäten, Deko

Llibreria Quera (3), c/ Peritxol 2, www.llibreriaquera.com. Seit der Laden 1916 von dem legendären Abenteurer del Josep Quera eröffnet wurde, werden hier Karten, Führer und spezialisierte Bücher zu Katalonien und Spanien verkauft.

Cererìa Subira (6), Baixada de la Llibreteria 7. Stimmungsvoller Kerzenladen im Originalgeschäft von 1847 mit neoklassizistischem Interieur – ein Hauch von Geschichte.

Sabater Hermanos, *Pl. Felip Neri 1. Selbst gemachte Seifen in allen Formen und Farben: von Schokolade, Jasmin, Grünem Tee über Mango, Kokos und Pfefferminz. Die argentinische Ladeninhaberin ist übrigens die Enkelin von Firmengründer Sebastián Sabater.*

Antiquitäten *aller Art findet man besonders in der Gegend zwischen Pl. Nova und Pl. del Pi am c/ Banys Nous und c/ Palla sowie im alten jüdischen Viertel El Call.*

Bei **L'Arca de l'Àvia (4)**, *c/ Banys Nous 20, www.larcadelavia.com, bekommt man z. B. Hemden sowie bestickte Tischdecken und Laken wie zu Großmutters Zeiten und kann bezaubernde alte Brautkleider bewundern.*

Heritage, *c/ Banys Nous 14. Der Laden lässt das Herz aller Liebhaber von altem Schmuck und Vintage-Kleidung und Accesoires höherschlagen, zudem gibt es einige Designerkleidung.*

Sala d'Art Artur Ramón, *c/ Palla 25, 23, 25, www.arturamon.com. Eine der größten (und teuersten) Galerien der Straße. Im unteren Stockwerk gibt es antike Möbel und Dekorationsobjekte, oben sind wechselnde Ausstellungen katalanischer und westeuropäischer Künstler zu sehen.*

Im Call findet man z. B. **Antigüedades Fernandez** *(c/ Sant Doménec del Call 9), wo seit über 40 Jahren alte Möbel und Skulpturen restauriert und verkauft werden.*

El Raval – Zwischen Mythen und Moderne

So beliebt bei Einwohnern und Touristen wie heute war er nicht immer, der Raval. Lange Zeit war er ein dunkler Fleck, von Stadtplanern übersehen und von Touristen und Einheimischen gemieden. Wer konnte, nahm die breiten Umgehungsstraßen und machte lieber einen Bogen um das labyrinthische Gewirr aus engen und düsteren Gassen, in denen kaum ein Sonnenstrahl je den Boden berührte und von oben die Wäsche tropfte. Das Viertel, in dem die Arbeiter, Immigranten, Seeleute und Bohemiens zu Hause waren, das Schriftsteller inspirierte und wo man nie so genau wusste, was oder wer einem an der nächsten Straßenecke begegnete – all dies begründete lange Zeit den berüchtigten Ruf des Raval.

Bis zum 14. Jh. war der Raval ein **Vorort** Barcelonas, im Grünen vor der Stadt siedelten sich Klöster, Hospize und Landwirtschaft an. Das Kloster **Sant Pau** war der erste wichtige Bau. Anfang des 18. Jh. setzte dann mit dem Beginn der Industrialisierung eine rasante **Urbanisierung** ein. Die erste Immigrantenwelle schwappte in die Stadt, vor allem aus dem länd-

Im Raval gibt es zahlreiche enge Gässchen

Die „Grinsende Katze" von Botero auf der Rambla del Raval

lichen Katalonien und später aus Südspanien. Bald platzte das Viertel aus allen Nähten, die Wohnungen wurden bis in die letzte Ecke an Arbeiter untervermietet.

Das Zusammenleben der Einwohner auf engstem Raum, enge und verwinkelte Gassen, die Hafennähe und die Ansiedlung zahlreicher nächtlicher Vergnügungslokale und Bars führten zu dem schlechten Ruf des Raval und seiner Bezeichnung als **Barri Xino**. Der Name „Chinesisches Viertel" bezog sich allerdings nicht auf eine besonders große chinesische Population. Der Journalist Francesc Madrid soll diesen Namen geprägt haben, nachdem er den Film „Chinatown" (1920) gesehen und Ähnlichkeiten der sozial schwachen und konfliktreichen Viertel festgestellt hatte. Und der Menschenstrom hielt an: In den 1970er-Jahren gesellten sich zu den Immigranten aus Südspanien und Nordafrika Zuwanderer der „neuen" Generation.

Redaktionstipps

➤ Besuch des modernen **MACBA** (S. 123 und des **Museu Marítim** (S. 117) in den ältesten Werften Europas.
➤ Eine der wenigen romanischen Kirchen der Stadt entdecken: **Sant Pau del Camp** (S. 120).
➤ **Shopping** in den kleinen Boutiquen in den Straßen Carrer d'Elisabets und Riera Baixa (S. 129).
➤ Nachmittags den besten *suizo* der Stadt in der traditionellen **Granja Viader** (S. 122) und abends einen Absinth in der legendären **Bar Marsella** (S. 128) trinken.
➤ Einen erlebnisreichen Abend im **Poble Sec** (S. 132) verbringen.

Auf diesem engen, sündigen Pflaster hielt man alles für möglich – nicht umsonst ist der Raval ein mythenbehaftetes und das am häufigsten in der Literatur verewigte Viertel der Stadt: Hier lässt Carlos Ruiz Zafón in seinem Weltbestseller „Im Schatten des Windes" Daniel Sempere durch die dunklen und nebligen Gassen wandern, und auch Manuel Vázquez Montalbáns berühmter Privatdetektiv Pepe Carvalho streift am liebsten durch die schmalen Straßen des Raval und lässt es sich an den Tischen des legendären Restaurants Casa Leopoldo schmecken. Das graue, düstere Viertel der Gangster und Prostituierten, das Jean Genet im „Tagebuch eines Diebes" beschreibt, gab es lange Zeit wirklich: Denn dem literarischen Raval stand eine ziemlich bittere Realität gegenüber. Drogen, Kriminalität, soziale Probleme und untragbare Wohnverhältnisse führten schließlich dazu, dass Mitte der 1980er-Jahre die Reformpläne einer umfassenden Sanierung verabschiedet wurden.

Wechselvolle Geschichte

Der Raval erstand, wenn auch in anderer Form, wieder auf: radikal saniert, vom heruntergekommenen Arbeiterviertel zum **Szenetreff**. Im nördlichen Teil findet sich heute eine Ansammlung von Museen, die Fakultät für Geografie und Geschichte, Kultur- und Kunstzentren. Den Anfang machte 1995 die Eröffnung des Museums für Zeitgenössische Kunst MACBA. Junge Künstler, Designerläden, Galerien, Restaurants und Bars zogen nach.

In den Straßen gibt es eine Mischung aus exotischen bis exklusiven Läden zu bestaunen: Zwischen pakistanischen und marokkanischen Supermärkten, islamischen Metzgern, indischen Videotheken und Kulturzentren der vielen Nationalitäten findet man die Läden junger Designer, Plattenläden, Antiquitätentrödel. Denn ethnisch gesehen gehört der Raval auch heute noch zu einem der vielfältigsten Viertel der Stadt. Doch besonders der südliche Teil, in dessen Mitte die romanische Kirche Sant Pau del Camp thront, hat die neue Entwicklung nur zum Teil mitgemacht. In den engen und dunklen Gassen ist das andere, ärmere Gesicht des Raval noch sichtbar.

Ethnische Vielfalt

Rundgang

 Orientierung

So kommt man hin: El Raval wird begrenzt vom Meer, der Rambla, dem Poble Sec (und anschließendem Montjuïc) und dem Eixample. Im Viertel gibt es keine Metrostation, aber drum herum: Placa de Catalunya, Liceu (L3), Drassanes (L3) Paral·lel (L3, 2), Mercat Sant Antoni (L3), Universitat (L1, 2).
Zum Ausgangspunkt des Rundgangs gelangt man mit der L3 (Drassanes) am Fuß der Rambla. Richtung Meer schauend hält man sich rechts zur Avinguda de les Drassanes. Direkt links befindet sich das Museu Marítim.

Die alten **königlichen Werften** (**Drassanes Reials**) beherbergen heute das großartige **Museu Marítim (1)** (Schifffahrtsmuseum). Die Werften wurde im 13.–14. Jh. unter Jaume I. zur Glanzzeit katalanischer Macht im Mittelmeer im gotischen Stil errichtet. Hunderte von Schiffen und Galeeren liefen hier für die mächtige katalanische Flotte und Händler vom Stapel, doch es wurde auch für andere Staaten und Königreiche gebaut. Die Schiffe wurden direkt ins Meer gelassen, das zu jenen Zeiten noch bis an das Gebäude heranreichte. Nach der verheerenden Niederlage der Katalanen gegen die spanischen Truppen in der ersten Hälfte des 18. Jh. wurden die Werften als Kaserne und Arsenal der spanischen Armee zum Schutz vor möglichen Aufständen genutzt. Die Drassanes sind die vollständigsten und **besterhaltenen mittelalterlichen Werften** weltweit. Die beeindruckenden majestätischen Bögen, Säulen und gi-

Königliche Werften

gantischen Gewölbe der Schiffsbauhallen sind ein großartiges Beispiel gotischer Profanarchitektur.

Vor dem Eingang steht ein Modell des **„Ictíneo II"**, des ersten dampfbetriebenen **U-Boots** der Welt (1864), das seinem Erfinder, dem Katalanen Narcís Monturiol, zu Lebzeiten aber wenig Ruhm bescherte. Höhepunkt der Ausstellung ist die **„Galera Real"**. In der Seeschlacht von Lepanto (1571) war es das Flagg-

Das erste dampfbetriebene U-Boot der Welt

schiff von Don Juan de Austria (dessen Galionsfigur in der Kathedrale zu finden ist). 1568 wurde das Schiff hier gebaut, heute ist es als originalgetreue Replik zu sehen. Hervorzuheben ist auch die spektakuläre Sammlung von **Modellschiffen**, die den größten Teil des Museums ausmacht, zudem fir den in einem Teil des Museums Wechselausstellungen statt. In der Cafeteria kann man mit Blick auf den Hof und unter mittelalterlichen Bögen seinen Füßen eine Pause gönnen. Zum Museum gehört auch das **Pailebote de Santa Eulàlia** (Segelschiff Santa Eulàlia) am Moll de la Fusta, in der Nähe des Kolumbusdenkmals, das mit dem Museumsticket besichtigt werden kann.

	Sehenswürdigkeiten		Restaurants		Ausgehen
1	Museu Marítim	1	Mailuna	1	La petita galeria
2	Església Sant Pau del Camp	2	Zarabanda	2	Almirall
3	Hotel Peninsular	3	Sésamo	3	Marmalade
4	Hotel Espanya	4	(H)Original	4	Jazz Sí
5	Església Sant Agustí	5	Café Kasparo	5	Ovella Negra
6	Antic Hospital de la Santa Creu	6	Dos Palillos	6	La Confiteria
7	Museu d'Art Contemporani de Barcelona (MACBA)	7	Elisabets	7	Ambar
8	Convent dels Àngels	8	Mamacafé	8	Bar Marsella
9	Centre d'Estudis i Recursos Culturals (CERC)	9	Ànima	9	Sifo
10	Centre de Cultura Contemporània de Barcelona (CCCB)	10	Biocenter	10	London Bar
		11	Bar Lobo	11	La Concha del Barrio Chino
	Unterkunft	12	O Toxo	12	Kentucky
1	Hotel Jazz	13	Iposa	13	Moog
2	Husa Mesón Castilla	14	Federal Café	14	Bar Pastís
3	Hosteria Grau	15	Pizzeria La Verónica		
4	Casa Camper	16	Casa Leopoldo		**Einkaufen**
5	Barceló	17	Biblioteca	1	Disco Castelló
6	Hotel Principal	18	Organic	2	La Central del Raval
7	Barcelona Mar Hostel	19	Ca L'Isidre	3	Camper
8	Hotel Gaudí			4	Vintage Galalith
				5	Fantastik

Museu Marítim, *Av. Drassanes s/n*, ☏ *93 342 99 20, www.mmb.cat, die permanente Ausstellung des Museums ist wegen umfangreicher Renovierungsarbeiten bis 2013 geschl., nur die Wechselausstellungen sind zugänglich: Mo–So 10–20 Uhr, zzt. wegen Renovierung nur 2,50 € inkl. Segelschiff (April–Okt Di–Fr 12–19.30, Sa 14–19.30, So 10–19.30 Uhr, Nov.–April jeweils nur bis 17.30 Uhr, nur Boot 1 €).*

Entlang der Avinguda de les Drassanes (wenn man aus dem Museum kommt links) geht es Richtung **Rambla del Raval**. Auf der Höhe des Carrer del Portal de Santa

Madrona lohnt ein Blick nach links: Hier stehen die Überbleibsel der Mauer, die im 14.–15. Jh. um den Raval gezogen wurde. Diese intakten Reste der ansonsten 1854 abgerissenen Mauer kann man auch gut von der Avinguda del Paral·lel aus sehen.

Unten an der Rambla del Raval verläuft der Carrer de Sant Pau. Links erreicht man nach wenigen Hundert Metern die älteste Kirche des Raval und gleichzeitig den ältesten romanischen Bau der Stadt: die **Església Sant Pau del Camp (2)**. Die Kirche des hl. Paulus auf dem Felde wurde einst auf freiem Feld außerhalb der Stadtmauern errichtet. Wahrscheinlich wurde die erste Kirche 985 bei der Plünderung der Stadt durch den Maurenherrscher Al-Mansur zerstört. Die heutige Konstruktion ist ein romanischer Bau aus dem 12. Jh. mit einem viereckigen Turm, der auf dem Grundriss der alten Kirche errichtet wurde. Das Hauptportal zeigt im Tympanon Jesus mit Paulus und Petrus, wie die lateinische Inschrift darunter verrät. Über dem mit Früchten und Köpfen verzierten Bogen

Die Kirche Sant Pau del Camp

kann man die segnende Hand, Engel und Adler erkennen. Die darunterliegenden Löwen- und Stierköpfe sind noch älter als der Rest der Kirche, die Kapitelle stammen vermutlich sogar aus dem 6. oder 7. Jh.

Oase der Ruhe

Der kleine Kreuzgang ist eine wahre Oase der Ruhe. Die Kapitelle, die von maurisch anmutenden Bögen gestützt werden, sind teilweise nur grob verarbeitet und stellen Tiere und Bibelszenen dar. Auf der gegenüberliegenden Seite tritt man in den Kapitelsaal mit dem Grabstein des Grafen von Barcelona Guifré Borrell II. (ca. 874–911, s. auch S. 16), der in den von einer Kreuzkuppel überwölbten Innenraum führt. Die Inschrift auf dem Grab stammt von 912.

Església Sant Pau del Camp, *c/ Sant Pau 101, Mo 17–20, Di–Fr 10–13.30, 17–20, Sa 10–13.30 Uhr, 3 €.*

Um die Rambla del Raval

Zurück geht es über den Carrer de Sant Pau. Man überquert die links abzweigende, palmengesäumte **Rambla del Raval**, für die 1999 sechs Häuserblocks abgerissen worden waren. Heute treffen sich hier rund um die „Grinsende Katze", eine Skulptur des kolumbianischen Bildhauers Botero, die Bewohner des Viertels zum Plaudern und Domino-Spielen. Auf der sog. **Illa del Raval** erstand in den letzten Jahren der runde, silbern glänzende Bau des Designer-Hotels Barceló, Wohnungen, Büros und die noch im Bau befindliche Filmoteca de Catalunya.

Rambla del Raval

Weiter geht es den Carrer de Sant Pau entlang. An der nächsten Ecke kommt man an dem legendären Absinth-Lokal Marsella vorbei (s. S. 128). Läden und Atmosphäre dieser Straße sind ebenfalls von den Immigranten geprägt, die hier ihre Geschäfte und Restaurants eröffnet haben und gerne auf der Straße ein Schwätzchen halten.

Zwischen dem bunten Gemisch der Geschäfte ist das **Hotel Peninsular (3)** sehenswert (Sant Pau 32, s. S. 79). Es wurde 1883 als Kloster erbaut und besitzt einen interessanten Innenhof, in den man über die Treppe an der Rezeption des Hotels gelangen kann.

Das **Hotel Espanya (4)** (Nr. 9–11) ein paar Meter weiter auf der anderen Straßenseite erhielt 1904 einen Designerpreis. Das Erdgeschoss wurde von Domènech i Montaner dekoriert, der auch den Palau de la Música Catalana (s. S. 158) entwarf. Sehenswert sind der prachtvolle Speisesaal und die Bar mit dem schönen Ofen von Eusebi Arnau. Das 2010 komplett sanierte Hotel kombiniert die modernistischen Elemente mit zeitgenössischem Design.

Direkt gegenüber dem Hotel zweigt der Carrer Arc Sant Agustí ab und führt entlang der bröckelnden Fassade der **Església Sant Agustí (5)** zum gleichnamigen Platz. Einst stand hier ein großes Kloster, von dem nach einem Brand im Jahr 1835 nur noch die schlichte Kirche mit der halbfertigen, ursprünglich im barocken Stil angelegten Fassade übrig blieb. Dann aber war der Geldfluss versiegt und die Arbeiten wurden eingestellt. Sonntagvormittags füllt sich der Platz mit den Mitgliedern der philippinischen Gemeinde der Stadt, richtig voll wird es am 22. Mai, dem Tag der hl. Rita (1457). Die Kapelle der *Patrona dels impossibles* – der Schutzheiligen des Unmöglichen – zieht Tausende Anhänger dieser Heiligen an, der in ihrem Leben allerlei wundersam erscheinende Dinge widerfahren sind. Mit einer Rose in der Hand warten die Menschen in einer langen Schlange vor der stets mit vielen Rosen geschmückten Kapelle und bitten um ihr persönliches Wunder.

Schutzheilige des Unmöglichen

Antic Hospital de la Santa Creu

Folgt man dem Carrer de l'Hospital, stößt man auf die mächtigen Steinmauern des mittelalterlichen **Antic Hospital de la Santa Creu (6)** (Zutritt auch vom Carrer del Carme 27). Vor dem Durchgang zum Innenhof des ehemaligen Hospitals befindet sich rechts (Nr. 56) die kleine gotische Kapelle des alten Krankenhauses, in der heute wechselnde Bilder- und Fotoausstellungen zu sehen sind (Eintritt frei). Nach ein paar Schritten gelangt man zur mächtigen Holztür, die in den Innenhof des Hospitals mit schattigen Bänken unter Orangen- und Zitronenbäumen führt.

Für die Pause: der Innenhof des Hospital de la Santa Creu

*Erstes
Zentral-
krankenhaus*

Das Gebäude wurde Anfang des 15. Jh. im Auftrag mehrerer mittelalterlicher Hospitäler gebaut. Zwecks Rationalisierung und Einsparungen beschloss der *Consell del Cent*
(Rat der Hundert), alle Hospitäler Barcelonas zusammenzulegen. Die Grundsteinle-
gung erfolgte 1401 durch König Martí el Humà (Martin den Menschlichen). Die Arbeiten dauerten bis ins 17. Jh. hinein. In diesem Krankenhaus starb übrigens 1926 un-
erkannt Gaudí, nachdem er von einer Straßenbahn überfahren worden war. Aufgrund
seiner schäbigen Kleidung hatte man ihn für einen armen Mann gehalten.

In den alten Gemäuern befinden sich heute u. a. das Institut d'Estudis Catalans, die Biblioteca de Catalunya und die Reial Acadèmia de Medicina. Das Gebäude besteht aus
vier Flügeln, die den Innenhof umrahmen. Linker Hand liegt die alte Casa de la Con-
valscència (Rekonvaleszenshaus). Heute beherbergt sie die **Nationalbibliothek von
Katalonien** *(Biblioteca de Catalunya, www.bnc.es)*, die mit 1,5 Mio. Büchern nach der
Nationalbibliothek in Madrid die größte Bibliothek Spaniens ist. Der riesige, von gotischen Steinbögen überspannte Lesesaal kann ebenso wie der mit blau-gelben Kacheln
dekorierte Innenhof des Institut d'Estudis Catalans leider nicht besucht werden.

Auf der anderen Seite verlässt man den Hof zum Carrer del Carme. Direkt rechts liegt
die **Plaça Dr. Fleming**, ein sympathisches Plätzchen mit einem Spielplatz in der Mitte
und Restaurants mit Terrasse und super Mittagsangeboten drum herum (s. S. 127).
Auch in den umgebenden Straßen Àngels, Doctor Dou, Pintor Fortuny und Carme gibt
es eine Vielzahl von Restaurants.

Tipp
Wenn der Sinn nach einer süßen Pause steht, sollte man einen Abstecher in die
Granja Viader *unternehmen (c/ Xuclà 4, ☎ 93 318 34 86, Di–Sa 9–13.30, Mo–Sa 17–*

20.30 Uhr, So geschl.). Seit 125 Jahren wird in dem traditionellen Lokal Schokolade zubereitet, 1931 hat man hier den ersten „Cacaolat" erfunden. Die heiße Schokolade wird mit Wasser, Kakao, Mehl und Zucker zubereitet – Milch soll den Geschmack des Kakaos verändern. Wahr oder nicht, Freunde süßer Sachen sollten hier nicht vorbeigehen, ohne einen Suizo (Kakao mit Sahne) zu probieren, und dazu ein Croissant oder eines der vielen leckeren Teilchen, oder einen Flan, oder eine Mousse au Chocolat …

Süße Pause

Rund um die Plaça dels Àngels

Weiter geht es den Carrer del Doctor Dou entlang – übrigens eine der wenigen breiten Straßen des Raval, die Ende des 19. Jh. als eine Art Pilotprojekt für den Passeig de Gràcia gebaut wurde. Dann biegt man links in den Carrer del Pintor Fortuny und rechts in den Carrer dels Àngels ein und kommt so direkt auf das an der Plaça dels Àngels gelegene **Museu d'Art Contemporani de Barcelona (MACBA) (7)** zu. Der offene und helle Platz, der einen scharfen Gegensatz zu den engen Gassen des Viertels bildet, wird bevölkert von Skatern aus aller Welt, die die Rampe des Museums zum Üben der neuesten Tricks nutzen, von Touristen, Studenten der gegenüberliegenden Fakultät und flanierenden Bewohnern. In den Cafés am Platz kann man die angenehme Atmosphäre und die Sonne genießen (s. S. 127).

Museum für Zeitgenössische Kunst

Das strahlend weiße Gebäude des Museums für Zeitgenössische Kunst mitten im einst so grauen Raval wurde von dem amerikanischen Architekten Richard Meier entworfen und 1995 offiziell eingeweiht. Auch von außen ist das Gebäude beeindruckend, fast schon selbst ein Kunstwerk. Durch die Fassade wird das Tageslicht zur Beleuchtung ins Innere geleitet. Die weiße Fassade kontrastiert mit „La Ola", der Welle, der massiven Bronzeskulptur des baskischen Bildhauers Jorge Oteiza und der schwarzen Mauer von Chillida vor dem Museum.

Das MACBA beherbergt eine permanente, ständig wachsende Ausstellung zeitgenössischer Künstler wie Barceló, Tàpies (die beiden bekanntesten zeitgenössischen Künstler Kataloniens), Muntadas, Klee, Calder und Rauschenberg. Ein Teil des Museums ist katalanischer Kunst gewidmet, u. a. Oriol Maspons und Leonardo Pómes illustrieren das Leben auf den Straßen Barcelonas und die Bohemiens der *Gauche Divine* der 1970er-Jahre. Zudem gibt es Wanderausstellungen. Es wird eine gute und verständliche Audiotour angeboten.

MACBA, *Plaça dels Àngels,* ☏ *93 412 08 10, www.macba.es, Mo, Mi–Fr 11–20 Uhr (Sept.–Juni nur bis 19.30 Uhr), Sa 10–20, So 10–15 Uhr, Di geschl., 7,50 €. Führungen (gratis)*

Das MACBA

in Englisch meist Mo um 18 Uhr. Wer keine Zeit für einen Museumsbesuch hat, dem sei der Museumsshop empfohlen, der eine große Auswahl von Kunstbüchern und einige extra für das MACBA entworfene Objekte verkauft.

☞ **Tipp**

Viele Galerien

Für noch mehr Kunst sei ein Abstecher in den Carrer de Ferlandina oder Carrer del Doctor Dou empfohlen. Rund um das MACBA haben sich zahlreiche Galerien angesiedelt, z. B. die **Galeria Siesta** mit zeitgenössischem Schmuck (Ferlandina 18) oder **Roomservice BCN** (c/ Àngels 16, www.roomservicebcn.com) mit modernen Möbeln bekannter und unbekannterer Designer.

Direkt gegenüber dem Haupteingang des MACBA befindet sich das **Convent dels Àngels (8)**. Das ehemalige Augustinerkloster wurde Mitte des 16. Jh. von Bartolomeu Roig erbaut. Seit 1997 befinden sich darin der Sitz der **Forment d'els Arts Decoratives** (FAD, www.fadweb.org), einer Vereinigung verschiedener Künstler- und Designverbände, ein Kulturzentrum mit einer Ausstellungshalle (**El Fòrum dels Àngels**), ein Buchladen, Restaurant und Bar. In der Kapelle ist ein Ausstellungsraum des MACBA untergebracht *(c/ Àngels 3–7, Öffnungszeiten wie MACBA s. o., frei)*.

Im schönen Innenhof des CERC, dem Pati Manning

Ein Stück weiter am Carrer de Montalegre 7 (verläuft rechts des Museums) ist das **Centre d'Estudis i Recursos Culturals (CERC) (9)** *(www.diba. es/cerc)* in die alten Gemäuer der **Casa de la Caritat** eingezogen. Die Ursprünge dieses Armenhauses und Klosters gehen auf das Mittelalter zurück, der heutige Bau stammt aus dem 19. Jh. Hier werden Konferenzen und Ausstellungen veranstaltet, im hübschen **Pati Manning** gibt es ein Café.

Direkt nebenan liegt das **Centre de Cultura Contemporània de Barcelona (CCCB) (10)**. Im Zentrum zeitgenössischer Kultur werden Konzerte und Veranstaltungen (meist Literatur, Kultur, Politik) gegeben und wechselnde Ausstellungen gezeigt. Sehenswert ist der **Pati de les Dones**, der zentrale Innenhof, eine schöne architektonische Kombination aus Alt und Neu. Die klassische Fassade mit einer Wandleiste aus Kacheln kontrastiert mit der beeindruckenden modernen Glasfassade, die den Hof an der nördlichen Seite begrenzt. Bei Sonne spiegeln sich in der ausgeklügelten Konstruktion der Architekten Albert Villaplana und Helio Piñon die Dächer des Raval. Der gut ausgestattete **Buchladen Laie** ist spezialisiert auf Architektur und Stadtplanung.

CCCB, *c/ Montalegre 5,* ☎ *93 306 41 00, www. cccb.org, Ausstellungen: Di–So 11–20 Uhr, 5 €, zwei Ausstellungen 7 €. Nette Bar-Restaurant* **C3 BAR***, 9–21 Uhr (am Wochenende ab 11 Uhr).*

Richtung Rambla

Zurück auf der Plaça dels Àngels zweigt der Carrer d'Elisabets ab. Hier und im rechts abgehenden Carrer del Notariat findet man schöne kleine Modeläden. Der Hof links mit Palmen und Weinreben gehörte früher zu einem 1581 vom Theologen Don Diego Pérez de Valdivia gegründeten Waisenhaus. Der großartige **Buchladen Central del Raval** (Nr. 6, s. S. 129) ist in der ehemaligen Kapelle nebenan, die aus dem 17. Jh. stammt.

Bevor man sich wieder in das Getümmel der Rambla stürzt, laden die **Plaça Bonsuccés** und besonders die **Plaça Vicenç Martorell** mit ihren Cafés im windgeschützten Bogengang zu einer kleinen Pause ein. Letztere entstand 1938 durch den Abriss eines Klosters. Von der dazugehörigen

Shoppen im Carrer d'Elisabets

Casa de la Misericordia sind nur ein Wappen, eine Tür und ein Holzring *(c/ Ramelleres 17)* in der Wand erhalten, eine Art frühe Babyklappe: Über diese konnten früher anonym die ungewollten Babys zu den Nonnen gegeben werden, aber auch Spenden wurden durch die Öffnung gereicht.

Über den Carrer del Bonsuccés ist nach wenigen Metern die Rambla erreicht. Nach links hoch gelangt man schnell zur nächsten Metrostation, Plaça de Catalunya. Links geht auch der **Carrer dels Tallers** ab, er verband ehemals die ummauerte Stadt mit dem Ort Sarrià. Der Straßenname rührt von den hier im Mittelalter ansässigen *Talladors* (Metzgern).

Reisepraktische Informationen Raval

Restaurants

Mailuna (1), *c/ Valldonzella 48,* ☎ *93 301 20 02, www.mailuna.net. Essen mit Siesta gibt es in diesem etwas anderen, ansprechend dekorierten und esoterisch angehauchten Restaurant: gesunde und ökologische Küche. Und nach dem Essen kann man im oberen Stockwerk für 20 Minuten Siesta halten oder sich massieren lassen … Für den Nachmittag sind Tee und Kuchen im Angebot. In dem kleinen Laden sind natürliche Kosmetikartikel erhältlich.*
Ca L'lisidre (19), *c/ les Flors 12,* ☎ *93 441 11 39, www.calisidre.com. Feines kleines Lokal mit einer langen Tradition. Seit der Besitzer Isidre Gironés und seine Frau Montse das Restaurant in den 1970er-Jahren übernommen haben, hat es sich von einem bescheidenen*

Lokal in eines der bekanntesten Restaurants Barcelonas verwandelt. Auf der Karte stehen je nach Saison z. B. Pilzvariationen mit „butifarra", oder Ziegenlamm mit Zwiebeln in Weißwein. Große Weinkarte, teuer.

Elisabets (7), c/ Elisabets 2–4, ☏ 93 317 58 26. Gutes, einfaches Essen (Gemüselasagne, Salate, Tapas etc.) zu günstigen Preisen, daher meist recht voll.

Ànima (9), c/ Àngels 6, ☏ 93 342 49 12. In einer alten Werkstatt wurde das minimalistisch dekorierte Lokal eingerichtet, in dem man kreative mediterrane Küche probieren kann, z. B. Melonensuppe oder Lamm mit Feigen und Birnen. In der offenen Küche lässt sich der Chef durch einen Spiegel an der Decke bei der Arbeit beobachten. Absolut empfehlenswert!

Silenus, c/ Àngels 8, ☏ 93 302 26 80. In der entspannten und freundlichen Atmosphäre werden spanisch-mediterrane Gerichte mit originellem Touch angeboten. Der lang gestreckte, hohe Raum ist mit Buchseiten und alten Bildern dekoriert. Exzellente Qualität, kleine Karte, allerdings nicht billig.

Zarabanda (2), c/ Ferlandina 55. Gemütliches Restaurant mit dezentem Licht und Sofa-Ecke, Kerzen. Zufluchtsort besonders in den kalten Tagen, mit nettem Ambiente bei Kerzenschein. Super für den kleinen Geldbeutel. Die kleine Karte bietet u. a. Salate und Crêpes.

Casa Leopoldo (16), c/ Sant Rafael 24, ☏ 93 441 30 14, www.casaleopoldo.com. Eines der bekannteren Lokale der Stadt und eines der teureren des Raval: Politiker, Intellektuelle und auch viele Touristen kommen hierher. Berühmt als Lieblingslokal von Pepe Carvalho und wegen der guten und fangfrischen Fisch- und Meeresfrüchtespezialitäten. Gehobenes Preisniveau.

Bar Lobo (11), c/ Pintor Fortuny 3, ☏ 93 481 53 46. Restaurant im Gebäude des Hotels H 1898 (Companyia de Tabacs de Filipines), Schwarz-Weiß mit langen Holztischen eingerichtet, mit Terrasse. Schnelles, aber gutes Essen wie Salat mit Huhn und Champignons, Hamburger, Tapas in kosmopolitischem Ambiente, gutes Mittagsmenü. Do–Sa mit DJ bis 2.30 Uhr.

Mamacafé (8), c/ Doctor Dou 10, ☏ 93 301 29 40. Lokal in sonnigen, warmen Farben mit frischer Küche, z. B. knusprige Ravioli mit Käse, süße Zwiebeln und Tomatenmarmelade, Gazpacho. Besonders mittags gut besucht, auch abends gibt es ein günstiges Menü.

Biblioteca (17), c/ Junta de Comerç 28, ☏ 93 412 62 21. Hohe Decke, ein schmaler Gang und eine offene Küche lassen das minimalistisch in Beige gehaltene Lokal auf den ersten Blick nicht unbedingt gemütlich erscheinen. Aber hier konzentriert man sich auf das Wesentliche: das Essen – und das ist fantastisch. Freundlicher Service und eine Karte, die neben Wild und Rind auch Meeresfrüchte und Fisch bietet. Wie der Name andeutet, findet man hier auch Bücher: eine beachtliche Auswahl von gastronomischer Literatur in verschiedenen Sprachen. Gehobenes Preisniveau.

O Toxo, Los 3 Hermanos (12), c /Carmen 59, ☏ 93 442 92 57. Leckere Hausmannskost und Tapas in rustikalem Ambiente zu moderaten Preisen. Bei wichtigen Spielen wird Fußball gezeigt.

Pizzeria La Verónica (15), Rambla del Raval 2, ☏ 93 329 33 03. Immer gut besuchtes, in orange-rot gehaltenes Lokal mit knusprigen Pizzas und Salaten, allerdings ziemlich eng.

Federal Café (14), c/ Parlament 39. Von zwei Australiern mit viel Liebe geführtes Café im New Yorker Stil, in dem man auf drei Stockwerken oder der hübschen Terrasse seinen Milchkaffee schlürfen und durch die riesige Fensterfront die Leute beobachten kann. Leckeres Frühstück, Kuchen und Mittagessen.

Bar Ramón, c/ Borrell 81/Ecke Tamarit, ☏ 93 325 02 83. In der Nähe der Metro Sant Antoni gelegene rustikale, klassische Tapas-Bar, laut und voll, aber lecker!

Dos Palillos (6), c/ Elisabets 9, ☏ 93 304 05 13. Zur Casa Camper gehörige Tapas-Bar

mit asiatischem Einschlag – trendy und lecker, allerdings ziemlich teuer.

Vegetarisch – ökologisch

Sésamo (3), c/ Sant Antoni Abat 52, ☏
93 441 64 11. Spezialisiert auf vegetarische und ökologische Küche, dabei aber kei-
neswegs langweilig: Im Angebot sind z. B.
Couscous mit Gemüseragout, mit Mozza-
rella gefüllte Feigen mit Orangen-Vinaigrette
oder Baileys Brownies, dazu Wein aus ökologischem Anbau. Günstig bis mittleres Preisniveau.
Organic (18), c/ Junta de Comerç 11. Bietet leckeres vegetarisches Essen, es gibt
auch einen Ableger für Tapas: **Organic
Tapas** in der Carrer Pinto Fortuny.
Biocenter (10), c/ Pintor Fortuny 25, ☏
93 301 45 83, http://restaurantebiocenter.
es. Gutes vegetarisches Lokal mit super Sa-
latbuffet, Suppe, Pasta, Quiche und Curry,
dazu Säfte und organisch-biologische Weine.
Auch für Nichtvegetarier geeignet.
Iposa (13), Floristes de la Rambla 13, ☏
93 318 60 86. Schönes Café an der Plaça

Süße Pause in der Granja Viader, wo es allerlei
Köstlichkeiten rund um Schokolade gibt

Doctor Fleming, in dem das Mittagessen nur 7 € kostet, aber auch nur aus einem einzigen
Gericht besteht. Das aber ist sehr lecker und ideal für die, denen ein 3-Gänge-Menü mittags
zu viel ist. Dabei ist immer ein vegetarisches Gericht. Das Lokal ist klein und gemütlich, man
kann auch auf der sonnigen Terrasse essen. Außerhalb der Essenszeiten Café/Cocktailbar.

Cafés

Granja Viader, s. S. 122.
An der **Plaça dels Àngels** gibt es ein paar stets gut besuchte Cafés, von denen man den
Skatern vor dem MACBA zuschauen kann:
(H)Original (4), c/ Ferlandina 29, ☏ 93 443 39 88. „Café y Posia": Hier finden wech-
selnde Foto- und Kunstausstellungen statt, manchmal werden mittwochs Gedichte vorgetra-
gen. Das Mittagsmenü ist ganz besonders empfehlenswert. Am besten kommt man vor
14 Uhr, da dann die Museumsangestellten hierher strömen. Direkt nebenan liegt das ebenso
empfehlenswerte **Café Pla dels Àngels** (Nr. 23).
Am Carrer Montalegre haben das **CERC – El Pati Manning** – und das **CCCB – C3
Bar** – ebenfalls angenehm schattige Cafés in ihren Innenhöfen.
Café Kasparo (5), Pl. Vincenç Martorell 4. Café unter Bögen an einem Platz am Carrer
d'Elisabets, hier bekommt man auch Frühstück, das ein bisschen mehr bietet als nur Kaffee
und Croissants, Tapas und Brötchen (nur draußen).

☖ Ausgehen

Bar 68, c/ Sant Pau 68. Von 21 Uhr bis Mitternacht Restaurant, im Retro-Look mit
orangenen Lampen, danach entspannte Kneipe/Disko mit Musik von Funk, Soul bis hin zu

Mit Patina: die Bar Marsella

Pop, Rock und elektronischer Musik.

Bar Marsella (8), c/ Sant Pau 65. Seit 1820 gibt es Aufzeichnungen dieser Bar, einer wahren Legende Barcelonas, die einen eher zweifelhaften Ruf genoss und früher vor allem von Seeleuten besucht wurde. Während der Diktatur ein Treffpunkt für Dissidenten, wurde das Lokal für drei Jahre geschlossen. Auch Dalí, Picasso und Hemingway schlürften hier ihren Absinth. Heute haftet der Bar wenig Revolutionäres an, aber an der Einrichtung hat sich seitdem nicht viel verändert und die Anziehungskraft ist geblieben: immer gut besucht, viele Touristen. Die Enge und der reichlich ausgeschenkte Absinth erleichtern die Kontaktaufnahme zwischen den Gästen ...

Ovella Negra (5), c/ Sitges 5. Immer voll, laut und im Sommer ziemlich heiß: Der Lieblingstreffpunkt der Erasmus-Studenten Barcelonas, daher auch unter der Woche gut besucht. Sangria und Calimucho (Rotwein mit Cola) werden in Krügen für wenig Geld ausgeschenkt. In dem großen, mit Holzbänken bestückten Lokal, das an eine alte Taverne erinnert, gibt es auch ein paar Tapas.

Kentucky (12), c/ Arc del Teatre 11. Eine alte Hafenbar im finstersten Raval, die sich einen gewissen schäbigen Charme erhalten hat, ein Klassiker ab 2 Uhr nachts. Das Kentucky macht eigentlich auch um 3 Uhr zu, aber die Party geht meist bis zum Morgengrauen weiter.

Ambar (7), c/ Sant Pau 77. Kneipe mit Blick auf die Rambla del Raval. Jede Wand ist mit einer anderen Tapete beklebt, deren Muster den Kitsch der 1970er-Jahre aufleben lässt, eine Wand hängt voller leerer Bilderrahmen. Bunte Ansammlung von Tischen, Stühlen und Sesseln, in der ganzen Bar verteilt, Terrasse an der Rambla del Raval. Ideal, um die Nacht hier zu starten.

La Concha del Barrio Chino (11), c/ Guàrdia 14, zwischen Nou de la Rambla und Arc del Teatre. Wenige Lokale der Stadt haben sich so dem Kitsch verschrieben, und das mit Leidenschaft. Die Wände sind mit Fotos der Schwulenikone Sara Montiel tapeziert, der Rest der Dekoration ist leicht ranzig, schummriges Licht.

Bar Pastís (14), c/ Santa Mònica 4, ☎ 93 318 79 80. Diese kleine, gemütliche und wohl französischste Bar der Stadt ist auch schon gut ein halbes Jahrhundert alt – und seitdem ist hier drin die Zeit stehen geblieben. Das macht ihren Charme aus. Die Holzstühle quietschen, die Wände sind mit Fotos, Bildern und Zeichnungen übersät. Ab Mitternacht manchmal Livemusik. Für Nostalgiker und alle, die die Nacht bei einem Pastis abseits der Menschenmengen starten/beenden möchten.

London Bar (10), Nou de la Rambla 34. Modernistische Bar, gemütlich mit Holz dekoriert. Manchmal Livemusik, entspanntes Publikum, nettes Ambiente.

Almirall (2), c/ Joaquim Costa 33. Wie eine Zeitreise mutet ein Besuch der Casa Almirall an. Die älteste Bar der Stadt, 1860 gegründet, ist mit ihren rund 150 Jahren immer noch unveränderlich gut. An der Einrichtung von damals hat sich wenig geändert. Vorne stehen Tische, an denen man sein Bier und Tapas genießen kann, die Sofas weiter hinten bieten sich an für einen bequemen Cocktailabend.

Sifo (9), c/ Espalter 4. Kleine Bar mit guter Stimmung und Musik, leider meist voll und ziemlich eng, Pop, Funk.

Marmalade (3), Riera Alta 4–6. Eher schicke, dennoch gemütlich Bar, Lounge und Restaurant (großer Hamburger-Auswahl) mit leckeren Cocktails, am Billardtisch kann man sein Können unter Beweis stellen.

Die Cafés an der Plaça del Bonsuccés laden zur Pause ein

La Confiteria (6), c/ Sant Pau 128. Gemütliche Bar in einer ehemaligen Konditorei, in der noch viel vom alten Mobiliar erhalten ist.

Kiosco Cazalla, Arc del Teatre 1 (Ecke Rambla), die wohl kleinste Bar der Stadt, die eigentlich nur ein Kiosk mit Ausschank ist – das aber schon seit 1912. Nichts zum langen Verweilen, aber gut für einen Schluck zwischendurch auf einer nächtlichen Tour durch den Raval.

La petita galeria (1), c/ Lleo, kleine schmale Bar-Galerie, in der auf zwei Stockwerken wechselnde Ausstellungen gezeigt werden. Mittagsmenü und leckere Drinks.

Diskos & Livemusik

Moog (13), Arc del Teatre 3, www.masimas.com. Schon ein Klassiker der elektronischen Nacht, tgl. 23.30–5 Uhr geöffnet, Techno und House

Jazz Sí (4), c/ Requesens 2, www.tallerdemusics.com. Kleine Bar, die zu der Musikschule gehört, jeden Tag Livemusik: Mo Jazz, Di Pop/Rock/Blues, Mi traditioneller Jazz, Do Kubanisch, Fr Flamenco, Sa Jam Session de Jazz, So Jam Session de Rock.

Einkaufen
Bücher und Musik

Ras Llibreria – Galeria, c/ Doctor Dou 10, ☎ 93 412 71 99, www.rasbcn.com. Buchladen und Galerie mit Schwerpunkt Architektur, Design und zeitgenössische Kunst.

La Central del Raval (2), c/ Elisabetes 6, ☎ 93 317 02 93, www.lacentral.com. Schöner großer Buchladen in einer alten Kapelle, angenehmes Café mit nationaler und internationaler Presse, Mittagsmenü.

Disco Castelló (1), c/ Tallers 3 und 9, http://castellodiscos.com. In den Läden findet man so gut wie alles, was man sucht: Die Nr. 9 ist der größere Laden mit allem von Pop und Rock zu bis hin zu Elektro, Jazz und Metal (CDs, Platten, auch gebraucht), Merchandising-Artikeln und Tickets, in der Nr. 3 gibt es ausschließlich klassische Musik.

Revólver, c/ Tallers 11–13, www.discos-revolver.com. Hier findet man eher alternative Musik.

Kleidung und Schuhe

Camper (3), Plaça dels Àngels 3, www.camper.com (mehrere Filialen in der Stadt, z. B. Passeig de Gràcia, c/ Muntaner 248 und in den Malls). Eine der berühmtesten Schuhmarken Spaniens trat seit 1975 mit innovativem Design und ökologischer Produktion ihren Siegeszug um die Welt an. Die Auswahl ist groß, die Preise günstiger als in Deutschland.

☞ **Tipp**
Der **Carrer de la Riera Baixa** ist von einer ganzen Reihe von **Vintage- und Secondhandläden** gesäumt, hier findet man u. a. Platten, Comics, Schuhe und Kleidung wie z. B. bei **Vintage Galalith (4)** (Nr. 5) und **Holala Ibiza** (Nr. 11, auch Tallers 73 und Plaza de Castilla 2). Jeden Samstag findet ein Markt statt, der **Mercadillo Alternativo**, wobei die Läden ihre Sonderangebote auf die Straße stellen. Anschließend bietet sich die **Bar Resolís** (Nr. 22) zur Stärkung an.

Sonstiges
The Air Shop, c/ Àngels 20, www.theairshop.net. Kurioser Laden, in dem alles aufblasbar ist: vom Bilderrahmen bis zur Vase, vom Kopfkissen bis zum Airbag – alles von der Marke Païí Thio.
Fantastik – bazar bizzaro (5), c/ Joaquín Costa 62, www.fantastik.es. Allerlei Kurioses (fast 200 verschiedene Waren) aus aller Welt, für Küche und Bad, Spielzeug, Taschen und Diverses: Atomroboterspielzeug aus China, vietnamesische Waagen, Anspitzer aus dem Iran, Fahrradverzierungen aus Indien.
Chandal Shop, c/ Valldonzella 39. Bunter Laden, der eine Mischung aus Retro-Accessoires, Musik, alten Kameras und Kleidung verkauft – schön zum Stöbern.

Poble Sec

Am Fuße des Montjuïc jenseits der Avinguda Paral·lel gelegen, führte das erst im 19. Jh. urbanisierte, graue Arbeiterviertel lange ein eher vergessenes Dasein. Nicht so hip wie der Born, nicht so verrufen wie der Raval, nicht so historisch wie das Barri Gòtic ist das „trockene Dorf", das bis ins 20. Jh. hinein ein Industrieviertel war. So zählen die drei Schornsteine der alten Fabrik La Canadença am Parc Tres Xemeneies zu seinen Emblemen. Vielleicht ist es auch deshalb eines der wenigen authentischen Viertel Barcelonas.

Wenige Touristen verirren sich hierher, lange war die Bar **Quimet i Quimet** mit ihren berühmten Tapas (s. u.) der Hauptanziehungspunkt. Es haben sich je-

Häuserfassade in der Hauptstraße des Poble Sec, Carrer de Blai

	Unterkunft	10	Quimet i
0			Quimet
1	Hotel Paral·lel	11	Rosal 34
		12	La Tieta
0	**Restaurants**		
1	Can Margarit	**0**	**Ausgehen**
2	El Sortidor	1	Tinta Roja
3	Jon Mai	2	Cerveseria Jazz
4	La Tomaquera	3	Barcelona
5	La Bodegueta		Rouge
	del Poble Sec	4	Mau Mau
6	Bella Napoli		Underground
7	Blai Tonight	5	Gran Bodega
8	El Duende		Saltó
	del Poble Sec	6	Sala Apolo
9	Barramón		

Poble Sec

doch mittlerweile einige Adressen dazugesellt, die es durchaus lohnend machen, sich einen Abend über die Avinguda Paral·lel hinaus treiben zu lassen, um dabei alte Tavernen mit moderner Küche oder aber versteckte originelle Bars zu entdecken.

Vom **Mirador del Poble Sec** hat man einen schönen Blick auf die Altstadt.

Wen es in den Untergrund zieht: Das Museum für Stadtgeschichte bietet geführte Touren in die Tunnel unter der Stadt an, die im Krieg als Bunker genutzt wurden. Das **Refugio 307** im Poble Sec ist gut erhalten und bietet eine Vorstellung von den Schrecken des Krieges. Der Besuch ist nur als geführte Tour möglich.
Refugio 307, c/ Nou de la Rambla 169, ☎ 93 256 21 00, www.museuhistoria.bcn.es. Sa/So 10–14 Uhr, 3 €, Reservierung erforderlich.

👉 Orientierung

So kommt man hin: Das Viertel Poble Sec ist recht klein, von den Metrostationen Paral·lel oder Poble Sec läuft man zu keinem der unten genannten Tipps mehr als 10–15 Minuten. Von der Rambla aus kann man auch den Raval zu Fuß durchqueren. Spät in der Nacht ist dies allerdings nicht mehr empfehlenswert.

© graphic

Reisepraktische Informationen Poble Sec

 ### Ein Abend im Poble Sec

Das ehemalige Industrie- und Arbeiterviertel wartet mit vielen attraktiven Adressen für einen rundum unterhaltsamen Abend mit Tapas-Bars, Restaurants und Bars auf:

Der Aperitif: ein paar Tapas

Quimet i Quimet (10), *c/ Poeta Cabanyes 25, ☏ 93 442 31 42. Sehr klein und meist voll, aber berühmt: Für viele die besten Tapas der Stadt gibt es in diesem alteingesessenen Laden. Riesige Weinauswahl. Leider keine Stühle.*

Rosal 34 (11), *c/ Roser 34, ☏ 93 324 90 46, www.rosal34.com. Anstatt Vorspeise, Hauptgericht und Nachtisch gibt es hier von allem kleine Portionen –* **pica-vins** *nennen sie das Konzept, kleine Portionen und Wein. Die sog. „cocina de autor" wird hier in hochwertiger Qualität zu einem bezahlbaren Preis angeboten. Traditionelles wird kreativ variiert. Die berühmten „patatas bravas" bekommen hier den Zusatz „en espuma": Sie werden in cremigen Schichten aus Kartoffeln und Knoblauch-Mousse in einer Art Martini-Glas mit einem Schuss Chili-Öl serviert, mit Wachteleiern gefüllte Artischocken werden mit Kaviar garniert. Es gibt aber auch „normale" Tapas. In einer alten Taverne eingerichtet, ist das Lokal modern dekoriert, klein und gemütlich. Man kann an der Bar oder an den Tischen essen.*

Jon Mai (3), *Pl. del Surtidor 15. Typische Tapas-Bar, rustikales Ambiente, die Wände sind mit maritim inspirierten Bildern geschmückt. Ohne Luxus, aber superleckere klassische Tapas und angenehme Terrasse zu einem mehr als angemessenen Preis.*

La Tieta (12), *c/ Blai 1. Kleine Bar mit günstigen Weinen und Tapas.*

Blai Tonight (7), *c/ Blai 23. Im Schiffslook dekorierte Bar, in der es supergünstige Montaditos (Pintxos) und andere Kleinigkeiten gibt. Nicht vergessen, die Zahnstocher aufzubewahren!*

Das Essen

El Duende del Poble Sec (8), *c/ Poeta Cabanyes 11, ☏ 93 600 59 00. Der Kobold von Poble Sec heißt das kleine, familiär geführte Restaurant, das in entsprechendem Ambiente als „Wald" mit Grün an den Wänden und kleinen Kobolden dekoriert ist. Leckere Hausmannskost zu moderaten Preisen.*

Can Margarit (1), *c/ Concòrdia 21, ☏ 93 441 67 23, nur abends. Wie eine kleine Zeitreise zu den Ursprüngen des Viertels ist ein Essen im Can Margarit. Hier sieht es noch genauso aus wie anno 1900, als die Bodega im Anbau eines Bauernhauses von 1851 eröffnet wurde. Das Essen ist einfache Hausmannskost, besonders wird das Kaninchen mit eingemachten Zwiebeln und Kartoffeln empfohlen. Am Eingang bekommt man ein Gläschen, das man aus einer der vielen alten Weinfässer auffüllen kann. Günstig bis mittlere Preisklasse.*

La Tomaquera (4), *c/ Margarit 58. Ein Klassiker im Viertel, spezialisiert auf traditionelle katalanische Küche. Rustikal und ziemlich laut, grummeliger Service, aber das Essen ist gut und günstig. Keine Kreditkarten, keine Reservierung, nur Hauswein.*

Bella Napoli (6), *c/ Margarit 14. Falls der Sinn nicht nach Tapas oder typischer katalanischer Küche steht: Das nette kleine Lokal bietet eine typisch italienische Speisekarte mit guter Pizza und Pasta, teils mit recht langen Wartezeiten. Reservierung empfohlen. Günstig.*

La Bodegueta del Poble Sec (5), *c/ Blai 47, ☏ 93 442 08 46, abends. Von der ehemaligen Taverne werden noch die Flaschen aufbewahrt, aber sie musste einem Restaurant traditioneller katalanischer Küche weichen. Es ist im Stil eines alten Bauernhauses dekoriert, mit karierten Tischdecken und wartet mit einem Speisenangebot auf, das all denen gefallen wird, die nicht gerne Extravagantes auf ihrem Teller sehen. U. a. gegrilltes Fleisch, Würste, Torradas*

(Art Toastbrot) und katalanische Cannelloni stehen auf der Karte.

Barramón (9), c/ Blai, 28–30, ☎ 93 442 30 80. Auf der Hauptstraße (Fußgängerzone) des Poble Sec mit angenehmer Terrasse kann man hier zu Cocktail oder Bier verschiedene Risotto-Gerichte, Carpaccio, Salate und kanarische Spezialitäten probieren.

El Sortidor (2), Pl. del Surtidor, ☎ 93 518 85 44 www.elsortidor.com. Alteingesessenes Lokal, gemütlich und romantisch mit modernistischer Fensterfront, leider etwas laut. Mediterrane Küche mit Fisch, Fleisch und Pasta, aber auch Tapas. Mittleres Preisniveau.

 Ausgehen

Barcelona Rouge (3), c/ Poeta Cabanyes 21. Diese recht kleine, in Rottönen gehaltene und gemütliche Wohnzimmer-Bar bietet exzellente Cocktails (darunter einige mit Absinth), die es einem hinterher schwer machen, von den bequemen Sesseln und Sofas wieder aufzustehen … Vielleicht bleiben auch deshalb viele den ganzen Abend hier. DJ. Manchmal gibt es Kunst- und Kulturveranstaltungen.

Gran Bodega Saltó (5), c/ Blesa 36, www.bodegasalto.net. Von den alten Bodegas des Viertels hat diese wohl die originellste Dekoration: Steve Forster, einer der besten bildenden Künstler der Stadt, war dafür verantwortlich. Er hat einen Teil der alten Einrichtung bewahrt, im Spiel mit modernen Elementen. Kleine Bühne, ab und zu mit Livemusik.

Cerveseria Jazz (2), c/ Margarit 43. Kleine rustikale Bar mit einer langen Theke, an der man es sich mit seinem Bier gemütlich machen kann. Jazzmusik im Hintergrund, ein paar kleine Gerichte (exzellente Burger!) gibt es auch. Hier kann man das im L'Hospitalet de Llobregat hergestellte Bier Glops probieren (Infos: www.llupolsillevats.com).

Tinta Roja (1), c/ Creu dels Molers 17, ☎ 93 443 32 43, www.tintaroja.net. Ein Hauch von Buenos Aires der 1940er-Jahre weht durch diese schlauchartige, bunt dekorierte argentinische Bar. Ab und zu gibt es Veranstaltungen, hauptsächlich Tango, aber auch Jazz, Flamenco und Bossanova werden gespielt. Man kann aber auch einfach auf einen entspannten Cocktail herkommen. Kleinigkeiten zum Essen.

Mau Mau Underground (4), c/ d'en Fontrodona, 33, www.maumaunderground.com. In einem alten Warenhaus direkt neben der Sala Apolo, gemütliche Sofas, günstige Drinks und entspannte Atmosphäre. Wer länger in der Stadt bleibt, kann für 12 € Clubmitglied von Mau Mau werden und bekommt dafür Rabatte für Getränke in der Bar und zahlreiche Kulturveranstaltungen in Barcelona.

Sala Apolo (6), Nou de la Rambla 113, Ecke Av. Paral·lel, www.sala-apolo.com. In dem großen Saal (zwei Stockwerke) mit Balkon und großen Kronleuchtern, in Rot und Holztönen gehalten, finden nicht nur Konzerte statt: Am Wochenende verwandelt sich die Sala Apolo in die Heimat des Klassikers und „Mutter" der elektronischen Musik in Barcelona: den **Nitsa Club** (Programm: www.nitsa.com), der immer noch die besten internationalen DJs und deren Gefolge anzieht. Wer nicht nur elektronische Musik mag, kann direkt nebenan die **Sala 2** besuchen, wo alle möglichen Musikrichtungen zu hören sind.

Die Rambla – Ein endloses Spektakel

Redaktionstipps

➤ Ohne Eile über die Rambla flanieren.
➤ Im **Mercat de la Boqueria** (S. 137) eine Pause einlegen und sich ein Glas Cava und ein paar Tapas in einer Bar gönnen, z. B. bei Quim de la Boqueria.
➤ Die wunderbaren Pralinen von **Escribà** probieren (S. 144).
➤ Die prachtvolle Oper **Gran Teatre del Liceu** besuchen (S. 139).
➤ Nicht verpassen sollte man einen Abstecher zu einem der schönsten Plätze der Stadt: zur königlichen **Plaça Reial** (S. 140).

Die Rambla, pulsierende Lebensader im Herzen der Altstadt und „ewiger Strom des Lebens", ist die wohl mit Abstand bekannteste Straße Barcelonas. Tag und Nacht von Menschenströmen bevölkert, hat sie viele Gesichter, viele Namen: Hier mischen sich flanierende Touristen und Einheimische, Verkäufer von Taschen und Brillen oder in Fernost produziertem Spielzeug, Porträtmaler und die fantasievoll verkleideten „lebenden Statuen", die sich am Rande zwischen Blumenständen und Zeitungskiosken postieren. Als eine „Parade der Flötisten, Börse der Komödianten und friedliche Zurschaustellung menschlicher Geheimnisse" beschrieb Pere Colomines (geb. 1870 in Barcelona, gest. 1939 in Buenos Aires), Schriftsteller und Bankier aus Barcelona, einst die Rambla. Die Atmosphäre ist von den unterschiedlichsten Menschen geprägt, die die Rambla zu jeder Tageszeit bevölkern. Von ihrem Beginn an der Plaça de Catalunya bis zum Kolumbusdenkmal am Meer hat die etwa 1,2 km lange Rambla fünf verschiedene Bezeichnungen, die traditionell den jeweiligen Abschnitt charakterisieren. Daher wird die Flaniermeile, die in der Mitte reine Fußgängerzone ist, auch im Plural auf Katalanisch **Les Rambles** (span. Las Ramblas) genannt.

Einst ein ausgetrocknetes Flussbett

Die von Bäumen gesäumte Straße verläuft wie ein grüner Fluss durch die Altstadt zum Meer. Ihren Namen verdankt sie der Tatsache, dass der Straßenverlauf einst ein ausgetrocknetes Flussbett war, das nur nach starken Regenfällen Wasser führte. So geht der Name Rambla auf das arabische Wort *ramla* („sandiges Flussbett") zurück. Im 13. Jh. wurde das damalige Flussbett im Zuge der Expansion in den zweiten Befestigungsring der Stadt mit einbezogen. Es war die einzige breite Straße der sonst engen und übervölkerten Stadt. Am Wegesrand fanden Märkte statt und es wurde Handel getrieben. Ab dem 16. Jh. ließen sich hier mehrere Klöster nieder. Im Zuge der Säkularisierung im 19. Jh. wurde ein Großteil der klösterlichen Gebäude abgerissen, Wohnhäuser errichtet und Bäume gepflanzt. Die Rambla nahm langsam ihr heutiges Aussehen an.

Die Meinungen über die jüngste Entwicklung gehen allerdings auseinander. Zu touristisch, zu dreckig, nicht mehr das, was es einmal war, meinen manche. Aber was wäre ein Barcelona-Besuch, ohne einmal die berühmteste Straße der Stadt zum Meer hinunterzuschlendern, einen Abstecher in den bekanntesten Markt Barcelonas zu unternehmen und sich von dem nicht enden wollenden Menschenstrom treiben zu lassen.

☞ **Hinweis**
Auf der belebten Rambla ist es besonders anzuraten, stets sorgsam auf seine Wertsachen zu achten!

Orientierung

So kommt man hin: Metro: Catalunya (L3, L1).

Spaziergang über die Rambla

Der Spaziergang beginnt am nördlichen Ende an der Plaça de Catalunya und folgt der Rambla mit ein paar Abstechern bis zum Meer. Als Erstes betritt man die sog. **Rambla de Canaletes**. Sie erhielt diesen Namen aufgrund des berühmten Brunnens **Font Canaletes (1)**. Er liegt auf dem Mittelstreifen an der rechten Seite, kurz vor dem Carrer dels Tallers. Im Gewühl der Rambla kann man ihn leicht übersehen. Berühmtheit erlangte der Brunnen aufgrund einer Legende, die besagt, dass jeder, der von ihm trinkt, immer wieder in die Stadt zurückkehren wird. Die Rambla de Canaletes ist zudem der traditionelle Treffpunkt der Anhänger des FC Barcelona, um in kleinem Kreis zu fachsimpeln oder mit Tausenden große Siege zu feiern.

Brunnen der Wiederkehr

Die darauf folgende **Rambla dels Estudis** lag bis zum Abriss der Stadtmauern am Rande der Stadt und war an ihrem oberen Ende verschlossen. Das Tor zur Stadt befand sich an der Avinguda del Portal de l'Àngel. Ihr Name geht auf die *Estudi General* zurück, einem Vorläufer der Universität, 1402 von König Martí el Humà (Martin der Menschliche) gegründet. Das Universitätsgebäude auf der Rambla wurde Mitte des 16. Jh. errichtet, bis der Bourbone Philipp V. Anfang des 18. Jh. die damals aufmüpfigen Studenten aus der Stadt vertrieb. Der zwischenzeitlich militärisch genutzte Bau wurde Mitte des 19. Jh. abgerissen.

Vorbei am **Teatre Poliorama** *(www. teatrepoliorama.com)* mit seiner schönen Fassade, das 1912 in dem Gebäude der *Academia de las Ciencias y Artes* (1883) eröffnet wurde, gelangt man auf den volkstümlich **Rambla dels Ocells** genannten Abschnitt der Rambla dels Estudis. Der Name rührt von dem traditionellen Vogelmarkt *(mercat dels ocells)* her, auf dem die Händler auf der Sonnenseite der Rambla fast 150 Jahre lang ihre zwitschernde Ware zum Kauf anboten.

An der Ecke zum Carrer del Pintor Fortuny lohnt ein Blick auf die baro-

Blick auf das grüne Band der Rambla

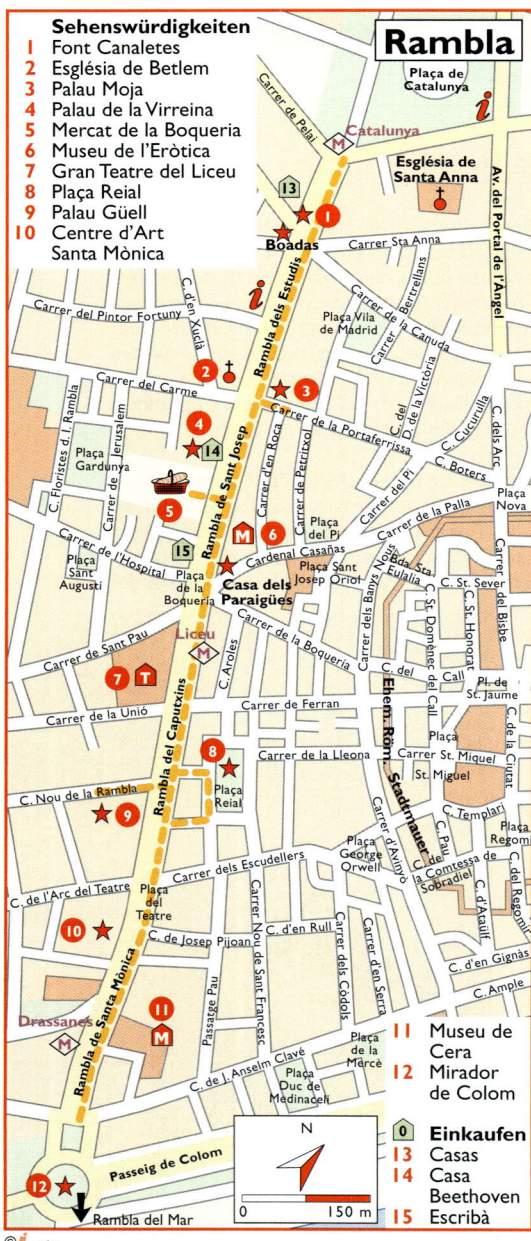

Sehenswürdigkeiten
1. Font Canaletes
2. Església de Betlem
3. Palau Moja
4. Palau de la Virreina
5. Mercat de la Boqueria
6. Museu de l'Eròtica
7. Gran Teatre del Liceu
8. Plaça Reial
9. Palau Güell
10. Centre d'Art Santa Mònica

11. Museu de Cera
12. Mirador de Colom

Einkaufen
13. Casas
14. Casa Beethoven
15. Escribà

cke Fassade der alten **Companyia de Tabacs de Filipines**, in der sich heute das Luxushotel **H 1898** befindet (Nr. 109).

Ein Haus weiter, an der Ecke Rambla 107 und Carrer del Carme, erhebt sich die mächtige, ab 1680 erbaute **Església de Betlem (2)**. Sie entstand an der Stelle einer früheren Jesuitengründung des 16. Jh. Die Kirche, die 1936 ausbrannte, ist eine der wenigen Barockbauten in Barcelona. Die üppige Barockausstattung fiel den Flammen völlig zum Opfer, sodass sich das einschiffige Kircheninnere mit Seitenkapellen heute nüchtern präsentiert. Heute finden in einem Raum der Kirche wechselnde Ausstellungen statt. Das Eingangsportal am Carrer del Carme zieren ein Relief der Geburt Christi in Bethlehem und die Statuen der Ordensheiligen Ignatius von Loyola und Francisco Borgia.

Direkt gegenüber, auf der Ecke des Carrer de la Portaferrissa, liegt der **Palau Moja (3)** (Nr. 118). Den Stadtpalast ließ Pere de Cartellà im späten 18. Jh. im klassizistischen Stil erbauen. Mitte des 19. Jh. gestaltete Josep Flaugier die Fassade neu. Der Eingang zum Palau Moja, in dem wechselnde Ausstellungen stattfinden (Eintritt frei), befindet sich am Carrer de la Portaferrissa. Im Erdgeschoss werden im Buchladen der katalanischen Regierung (Nr. 118, Llibrería Generalitat) u. a. Bücher über Barcelona und Katalonien sowie katalanische Lehr- und Sprachbücher verkauft.

Der nächste Abschnitt ist die **Rambla de Sant Josep**, besser als **Rambla de les Flors** bekannt, die ihren Namen einem ganz offensichtlichen Umstand verdankt: Ein Blumenstand nach dem anderen reiht sich mit seiner bunten Pracht auf dem Mercat de les Flors aneinander. Rechter Hand erreicht man den **Palau de la Virreina (4)**, den mächtigsten Bau der Rambla mit klassizistischer Fassadengliederung und Rokoko-Dekoration. Aus dem eleganten Innenhof gelangt man über eine Treppe mit schmiedeeisernem Geländer

Mercat de Sant Josep, besser bekannt als La Boqueria

in die im französischen Stil dekorierte *planta noble*. Dort finden wechselnde Ausstellungen zeitgenössischer Kunst statt. Im Informationsbüro der Kulturabteilung kann man u. a. Eintrittskarten für Konzerte und Theatervorstellungen kaufen (s. S. 70).
Palau de la Virreina, *Centre de la Imatge, Rambla 99, http://virreinacentredela imatge.bcn.cat, Di–So 12–20 Uhr, frei.*

Ein Stückchen weiter erreicht man den kulinarischen Höhepunkt eines Spaziergangs über die Rambla: den **Mercat de la Boqueria (5)** (offiziell **Mercat de Sant Josep**). Er ist der älteste und mit Abstand bekannteste Markt Barcelonas. Im Mittelalter fand auf der Rambla ein Freiluftmarkt statt, an der Stelle des heutiges Marktes stand das im 15. Jh. errichtete Kloster der Barfüßigen Karmeliter des Sant Josep. Nachdem das Gebäude 1835 abgebrannt war, entstand wenige Jahre später an seinem Standort eine erste offene Markthalle. Die charakteristische und beeindruckende Gusseisenkonstruktion wurde 1914 nach dem Vorbild der Pariser Markthallen erbaut.

Ältester Markt der Stadt

Große Auswahl im Mercat de la Boqueria

Tapas bei El Quim de la Boqueria

Über die Jahrzehnte hat sich der Markt seine Anziehungskraft bewahrt. Ein Gang durch die Reihen der Stände zeigt warum: Hat man sich erst einmal durch den vollen Eingangsbereich einen Weg ins Innere gebahnt, berühren Farben und Gerüche alle Sinne. Es geht vorbei an kunstvoll getürmtem Gemüse und Obst, an Mengen von allem möglichen Meeresgetier auf Eis wie Riesengarnelen, Austern, Muscheln, Steinbutt oder Barsch und an zahllosen verschiedenen Schinken und Käsesorten, die Appetit machen. In einer der zahlreichen **Bars** bekommt man marktfrische Küche im wahrsten Sinne des Wortes – natürlich auch gerne mit einem Glas Cava. Die dank ihres Besitzers weltweit bekannteste Bar ist die am Eingang links gelegene **Bar Pinotxo**, die seit 50 Jahren hervorragende Tapas bietet. Weniger berühmt, aber nicht minder gut und vielleicht etwas weniger voll ist es an den anderen Theken des Marktes: Bei **El Quim de la Boqueria** oder am **Kiosco Universal** kann man sich bei ein paar Tapas das Treiben des Marktes anschauen.

Marktfrische Tapas

Mercat de la Boqueria, *www.boqueria.info, Mo–Sa 8–20.30 Uhr, die Bars öffnen bereits gegen 6 Uhr und bieten Marktarbeitern und hungrigen Nachtschwärmern ein stärkendes Frühstück.*

> ☞ **Hinweis**
>
> *Möchte man für unterwegs oder zu Hause etwas einkaufen, lohnt es, sich etwas weiter in den Markt hineinzuwagen. An den meisten Käse- und Schinkenständen gibt es mit dem Transport kein Problem: Gerne schweißen die Verkäufer die Ware auf Wunsch vakuumverpackt ein.*

Schräg gegenüber der Markthalle liegt das **Museu de l'Eròtica (6)**. Hier sind über 800 Exponate zum Thema erotische Kunst und Kultur zu sehen: Zeichnungen, Gemälde, Fotografien, Skulpturen und Objekte. Verschiedene Sammlungen illustrieren die Geschichte der Erotik in unterschiedlichen Kulturen, wie z. B. eine Sammlung orientalischer Kamasutra-Zeichnungen.

Museu de l'Eròtica, *Rambla 96, www.erotica-museum.com, Mo–So Okt.–Mai 10–20, Juni–Sept. 10–21 Uhr, 9 €.*

Parken mit System

Nebenan erhebt sich mit der Nr. 94 seit 1992 der **Palau Nou de la Rambla**. Dieses „intelligente" Gebäude soll das erste in Europa gewesen sein, das ein vollautomatisiertes Parksystem in Betrieb nahm. Neben dem elfstöckigen Parkhaus beherbergt das Gebäude verschiedene Läden. Durch die große Öffnung in der Fassade kann man den Glockenturm der Kirche Santa María del Pi sehen.

Ungewöhnlicher Fassadenschmuck an der Casa dels Paraigües

Zwei Häuser weiter steht das unter dem Namen **Casa dels Paraigües** (Haus der Regenschirme) bekannt gewordene Gebäude. Ein chinesischer anmutender Drache und mehrere Schirme schmücken die Fassade des Hauses, das einem Schirmfabrikanten gehörte.

Die nun folgende **Rambla del Centre** wird auch **Rambla dels Caputxins** genannt aufgrund eines Kapuzinerklosters, das einst hier stand. Der Abschnitt beginnt an der Pla de la Boqueria, wo sich auf dem Gehweg ein **Mosaik von Miró** befindet, der unweit von hier in der Passatge del Credit geboren wurde.

Rechts liegt nun das schöne **Gran Teatre del Liceu (7)**. Das Opernhaus von Barcelona hat eine bewegte Geschichte. Das Originalgebäude, 1847 von Miguel Garriga errichtet, war eines der größten und elegantesten Opernhäuser der Welt. Es war auch ein Prestigeobjekt: Das Liceu wurde privat von den wohlhabenden Katalanen finanziert, als Weltstadt konnte man sich eine Oper auch ohne Hilfe des klammen spanischen Königs leisten. Hier traf sich der Geldadel, wer etwas auf sich hielt, besaß eine eigene Loge, man trug Schmuck und Kleider zur Schau.

Katalanisches Prestigeobjekt

1893 erlebte die Oper dann ihre blutigste Stunde: Während der Aufführung von „Wilhelm Tell" warf der Anarchist Santiago Salvador von den oberen Rängen eine Bombe in das Theater, die 20 Tote und viele Verletzte forderte. 1994 brannte das Gebäude aus, 1999 schließlich konnte es in alter Pracht und mit neuester Technik wieder eröffnet werden. Mit knapp 2.300 Sitzen ist das Liceu heute eines der größten Opernhäuser der Welt.

Gran Teatre del Liceu, *Rambla 51–59,* ☏ *93 485 99 14, www.liceubarcelona.com, Besichtigung: ohne Führung Mo–So alle 30 Min. 11.30–13 Uhr, (20 Min., 4,20 €), mit Führung Mo–So 10 Uhr (ca. 1 Std., 9 €, inkl. Besuch des Cercle del Liceu, einem Privatclub mit einer*

Ausstellung modernistischer Malerei und dekorativer Kunst). Der Eingang zu den Touren liegt hinter dem Haupteingang der Oper im **Espai Liceu** *(nur sonntags am Haupteingang). Im Espai gibt es auch CDs und Bücher zu klassischer Musik und ein Café.*

🍴 **Café**
Gegenüber der Oper lädt eines der ältesten Cafés Barcelonas zu einer Pause ein: das stets gut besuchte und mittlerweile touristische **Café de l'Opera** *(www.cafeoperabcn.com) im Stil des Modernisme.*

Aristokrati-
sches Flair

Weiter geht es Richtung Meer. Durch die Gasse Colom (links) gelangt man von der Rambla nach wenigen Metern zur **Plaça Reial (8)**, die als elegantester Platz der Stadt bezeichnet wird. Die Platzanlage war eines der ersten Projekte der Stadterneuerung im 19. Jh. und wurde nach 1835 auf dem Grundstück eines Kapuzinerklosters errichtet. Sie ist ein Entwurf des Architekten und Städteplaners Francesc Daniel i Molina, der sich vom französischen Städtebau der napoleonischen Ära inspirieren ließ. Die Plaça Reial wurde als Wohngebiet für das Großbürgertum jener Zeit konzipiert, für Banker, Händler und Industrielle.

Mittelpunkt des Platzes ist die **Font de les Tres Gràcies** (Brunnen der drei Grazien). Die beiden Laternen an den Seiten des Brunnens wurden von Gaudí 1878 in seinen jungen Jahren entworfen und sind mit den Symbolen des Gottes Hermes, dem Schutzheiligen der Händler, verziert. Im Laufe der Jahre wurde der Platz mehrmals umgebaut, aber das aristokratische Flair blieb erhalten. Tagsüber von Touristen bevölkert, wandelt sich mit Sonnenuntergang das Gesicht. Im Säulengang öffnen Restaurants, Bars und Diskotheken, die den Platz besonders am Wochenende zu einem Hauptanziehungspunkt des Nachtlebens für Touristen werden lassen (s. S. 144).

Der Brunnen der drei Grazien auf der Plaça Reial

Das Dekret von Mendizábal

Die Plaça Reial ist eines der vielen Beispiele von Gebäuden in der Altstadt, die auf ehemaligen Kirchen- und Klostergrundstücken errichtet wurden. Grund dafür ist ein Dekret aus dem Jahr 1836. Diese von dem Politiker Juan Álvarez Mendizábal erdachte Maßnahme regelte die Enteignung der „nicht produktiv genutzten" Grundstücke der Kirche. So sollte der anstehende Krieg gegen die Karlisten finanziert und nebenbei auch noch die von chronischem Geldmangel geplagte Staatskasse aufgebessert werden.

In Barcelona bedeutete dies die Versteigerung von 80 % der Grundstücke, die die Kirche innerhalb der alten Stadtmauern besaß. Diese Maßnahme änderte das Stadtbild radikal und nachhaltig. Der Mercat de la Boqueria steht z. B. auf einem Klostergrundstück, auch das gotische Kloster Santa Caterina gab Grund und Namen dem heutigen Mercat de Santa Caterina. So stehen u. a. das Gran Teatre del Liceu und der Palau de Música Catalana (s. S. 158) auf den Ruinen alter Klöster und Kirchen.

Man hält sich rechts und kehrt durch die kleine, von einer Eisenbrücke überspannten Passatge Bacardí zurück auf die Rambla. Diese kreuzt man schräg, nach ein paar Schritten über den Carrer Nou de la Rambla gelangt man zum beeindruckenden **Palau Güell (9)**. Das Palais, eines der ersten Werke des damals 34-jährigen Gaudí (1885–1889), ist heute UNESCO-Weltkulturerbe. Eusebi Güell wollte für sich ein großbürgerliches Wohnpalais und setzte Gaudí keine Budgetgrenze – feinste und teuerste Materialien wurden verwendet. Der Grund, warum das Gebäude nicht im Eixample, der sich damals schon mitten im Expansionsprozess befand, sondern im Raval, einem Viertel mit zweifelhaftem Ruf, erbaut wurde, war pragmatischer Natur: Joan Güell, der Vater von Eusebi Güell, der selbst sieben Kinder hatte, wohnte an der Rambla, und sein Sohn wollte in der Nähe bleiben.

Modernistisches Prachtstück

Ein riesiges, schmiedeeisernes katalanisches Wappen hängt zwischen den beiden parabolförmigen Toren, durch die man in den 20 m hohen Eingangsbereich schreitet. Eine Treppe führt in den Salò Central, der von einer länglichen Kuppel überdacht wird, durch deren runde Öffnungen gedämpftes Licht ins Innere fällt.

Auch in seiner frühen Phase hatte Gaudí bereits einen Hang zu bunt gekachelten Kaminen in ungewöhnlichen Formen: Einige Prachtexemplare können auf dem Dach des Palau Güell bewundert werden. Hier hat Gaudí zum ersten Mal die aus Arabien stammende Technik verwendet, die später sein Markenzeichen werden sollte: die bunten Verzierungen aus unterschiedlich großen Keramikstücken. Im Bürgerkrieg musste die Familie Güell das Haus verlassen, es wurde konfisziert und als Kaserne und Gefängnis genutzt. 1945 überließ die Familie das Haus der Stadt Barcelona.
Palau Güell, *c/ Nou de la Rambla 3–5, ☎ 93 472 57 75, www.palauguell.cat, Di–So April–Sept. 10–20, Okt.–März nur bis 17.30 Uhr, 10 €.*

Der letzte Abschnitt der Rambla, die **Rambla de Santa Mònica**, nimmt an der Plaça del Teatre seinen Anfang. Der Name des Platzes geht auf das gegenüber gelegene **Tea-**

tre **Principal** zurück (Rambla 27), eines der ältesten Theater der Stadt von 1603. Im Holzbau mit dem Namen *Teatre de la Santa Creu* wurde die erste italienische Oper des Landes aufgeführt. Auch dieses Theater ging mehrmals in Flammen auf. Heute werden hier gelegentlich Musicals und Konzerte aufgeführt. Die heutige Fassade ist mit vier Büsten von Schauspielern vergangener Tage geschmückt. Das Denkmal auf dem kleinen Platz stellt Frederic Soler dar, bekannt unter dem Pseudonym Serafí Pitarra, der als einer der Begründer des modernen katalanischen Theaters gilt.

Hinter dem Gässchen Arc del Teatre, eine der typischen engen Straßen des Raval, gelangt man zu einem ehemaligen Augustinerkonvent (1626), in dem heute das **Centre d'Art Santa Mònica (10)** untergebracht ist. Hier werden wechselnde Kunstausstellungen gezeigt. Im Erdgeschoss gibt es Informationsmaterial zu den aktuellen Ausstellungen und Kulturveranstaltungen der Stadt.
Centre d'Art Santa Mònica, *Rambla 7, www.artssantamonica.cat, Di–Fr 14–21, Sa/So 11–19 Uhr.*

Wachsfigu-
renkabinett

Nach links kann man einen kleinen Abstecher durch die Passatge de la Banca machen, an deren Ende man auf das **Museu de Cera (11)** stößt. Barcelonas Wachsfigurenmuseum ist in dem 1882 errichteten Gebäude *Crédito y Docks*, einer alten Bank, untergebracht, das eine passende Kulisse für die Persönlichkeiten aus der spanischen und katalanischen Geschichte bietet. Daneben begegnet man Figuren aus verschiedenen Themenbereichen, etwa den üblichen Verdächtigen wie Frankenstein und Figuren aus Filmen wie „Krieg der Sterne".
Museu de Cera, *Passatge de la Banca 7, www.museocerabcn.com, Mo–Fr 10–13.30, 16–19.30, Sa/So, Fei 11–14, 16.30–20.30, im Sommer 10–22 Uhr, 15 €.*

🍸 **Kuriose Bar**
Um die Ecke liegt die kuriose Bar **El Bosc de les Fades** *(Passatge de la Banca 5), die ihrem Namen „Märchenwald" alle Ehre macht. Schauen Sie einfach mal rein.*

Zum Meer hin endet die Rambla am Portal de la Pau mit dem **Mirador de Colom (12)** bzw. **Monument a Colom**, der Kolumbussäule, die 1888 von Gaietà Buigas Monravà zur Weltausstellung errichtet wurde. Am Fuß ist die Säule von acht Löwen umgeben, der mit Bronzereliefs verzierte Sockel stellt verschiedene Szenen und Heldentaten von Kolumbus dar. Auf der Spitze der großen Eisensäule steht der in Bronze gegossene Entdecker. Mit einem Fahrstuhl geht es durch die 2,25 m dicke Säule hinauf zur Aussichtsplattform. Von dort hat man einen wunderbaren Blick auf das Meer und die Hafenfront und auf

Die Rambla del Mar

der anderen Seite auf die Rambla, die sich grün durch das Häusermeer zieht *(tgl. 10–20.30 Uhr, 4 €).*

Das mit seinen Türmen an ein Schlösschen erinnernde gelbe Gebäude am Fuß der Säule ist der Sitz der **Hafenbehörde** (Port de Barcelona). Es wurde um 1900 erbaut.

Der letzte und allerneuste Abschnitt der Rambla (erbaut 1994) ist die **Rambla del Mar**. Vom Portal de la Pau führt die geschwungene Holzbrücke hinüber zum Moll d'Espanya (s. S. 173).

El Burro Català

info

In den Souvenirshops sieht man gelegentlich Aufkleber mit einem Esel auf der katalanischen Flagge: Dieser trat vor ein paar Jahren als neues „Symbol" Kataloniens im Disput um die Vorherrschaft auf spanischen Stoßstangen auf den Plan. Auf denen hatte bis dahin der Osborne-Stier vorgeherrscht.

Warum ein Esel? Der berühmte katalanische Riesenesel (übrigens der größte Esel der Welt) ist eine durchaus gefragte Rasse und konnte nur durch ein ehrgeiziges Zuchtprogramm vor dem Aussterben bewahrt werden. Das Beispiel machte Schule: Im Baskenland klebt man sich mittlerweile (ohne jegliche politische Konnotation) Schafe *(oveja latxa)* aufs Auto, in Galizien Kühe *(la vaca gallega).* Schwere Zeiten für den spanischen Stier.

Reisepraktische Informationen Les Rambles

Nachtleben
Bars, Clubs und ganz besonders Restaurants auf und an der Rambla sind unweigerlich mit einer mehr oder weniger großen Anzahl von Touristen bevölkert und tendenziell teurer, aber nicht unbedingt besser. In der Regel lohnt es sich, sich nicht von den motivierten Kellnern an einen ihrer Tische zu Paella und Sangria locken zu lassen, sondern sich ein paar Schritte in die Seitenstraßen zu wagen.
Auf der Rambla ist eigentlich die ganze Nacht lang etwas los. Von hier schwirren die Nachtschwärmer aus in die umliegenden Bars und Diskos des Barri Gòtic und Raval. Auf dem Trockenen sitzt man hier auch nie, ambulante Bierdosenverkäufer gibt es überall und ganz besonders dort, wo sich vor Clubs oder Taxiständen eine Schlange bildet. Zudem werden hier häufig Flyer für vergünstigten Eintritt in die Diskos verteilt.

Auf der Rambla selbst befindet sich die legendäre **Cocktailbar Boadas** *(c/ Taller 1), die Lieblingskneipe Montalbáns und seines Detektivs Pepe Carvalho. Die kleine Bar ist einer der Pioniere von alkoholischen Mixgetränken in der Stadt. Der erste Besitzer, Miguel Boadas, brachte 1933 aus Kuba die Geheimnisse exotischer Cocktails mit … Dry Martini und Mojito sind besonders gut, wer sich ob der großen Auswahl nicht entscheiden kann, der fragt beim kompetenten Barmann nach einem Tipp.*
Boulevard Culture Club *(ehemals Club Fellini), Rambla 27, www.boulevardculture club.com. Drei Räume mit House, Funk und elektronischer Musik.*

An der **Plaça Reial** gibt es eine ganze Reihe Bars und Diskos, z. B.:
Jamboree, Plaça Reial 17. Mythisches Jazzlokal, in dem einst Ella Fitzgerald oder Lionel Hampton auftraten. Auch heute gibt es hier ab 21 Uhr Jazzkonzerte, ab Mitternacht wird es eine Disko (Hip-Hop, R'n'B). Hier befindet sich auch das **Tarantos**, einer der ältesten „Tablaos flamencos" der Stadt. Programm: Jamboree und Tarantos: www.masimas.com.
Sidecar Factory Club, Plaça Reial 7, gelegentlich Konzerte, Indie und Rock.
Pipa Club, Plaça Reial 3, ☎ 93 302 47 32, www.bpipaclub.com. In einer Wohnung ist der Pipa Club untergebracht, in verschiedenen Zimmern findet man die Bar, ein paar Tische und eine kleine Bühne. Obwohl man unten klingeln muss, um einzutreten, ist der Pipa Club keine Geheimadresse mehr. Die Atmosphäre ist aber angenehm und entspannt, die Umgebung originell. Ideal für ein paar Drinks nach dem Essen.

🍴 Snacks für Nachtschwärmer

War die Nacht lang und ist der Hunger groß, bietet sich auf der Rambla die **Baguetina Catalana** (dreimal vertreten) an, die bis frühmorgens geöffnet hat, oder (außer sonntags) der **Mercat de la Boqueria** ab ca. 6 Uhr.

🎁 Einkaufen

Neben zahlreichen Souvenirläden haben auch noch ein paar alteingesessene Läden überlebt, die mittlerweile schon für sich eine Attraktion sind:
Casas (13), Rambla 125. Einer der bekanntesten Schuhläden der Stadt (mit drei Filialen). Hier stellen die angesagtesten spanischen und internationalen Designer (z. B. Pedro García, Camper, Vialism, Chie Mihara) ihre neuesten Kollektionen vor.
Casa Beethoven (14), Rambla 97 (direkt neben dem Palau de la Virreina). Ein Anziehungspunkt für Musiker und Musikfreunde. Seit fast 100 Jahren werden hier Noten, vor allem Werke katalanischer und spanischer Komponisten, verkauft. Auch die Auswahl an Literatur aus den verschiedensten Musikbereichen ist unschlagbar.
Casa Gimeno, Rambla 100, gegenüber dem Mercat de la Boqueria. Für Zigarrenliebhaber ist das Ladenlokal, das seit 1920 Tabak und die besten Havannas der Stadt im Angebot hat, einen Besuch wert.
Chocolatiers Escribà (15), Rambla 83. In dem Laden mit der glitzrig-grünen Fassadendekoration im Modernisme-Stil kann man die köstliche Auswahl an Schokolade, Pralinen,

Torten und Teilchen bestaunen und gleich probieren.
Camisería Xanco, Rambla 80. Hier kann man sich seit 1820 seine Hemden maßanfertigen lassen.
Arpi, Rambla 38. Fünf Stockwerke sind dem Thema Fotografie und Film gewidmet. Hier gibt es alles, was man als Fotograf brauchen könnte.

Für's Auge und den Gaumen ein Schmaus: Chocolatiers Escribà

La Ribera/El Born und Sant Pere/Santa Caterina

Viertel im Wandel

In das mittelalterliche Gassengewirr des einstigen Nobelviertels des 13. Jh., in dessen Mitte die prächtige gotische Kirche Santa María del Mar thront, ist in den letzten Jahren mit neuen Galerien, schicken Läden, Szene-Bars und In-Restaurants neuer Glanz und Leben eingezogen. Zumindest der südliche Teil La Riberas, El Born, erlebt gerade seine zweite Blüte. Er hat sich zu einem der beliebtesten Ausgeh- und Shoppingviertel alternativer und kreativer Mode entwickelt. Ohne Probleme kann man einen ganzen Nachmittag durch die vielen kleinen Läden streifen, sich zwischendurch in einem der zahlreichen Lokale und Cafés stärken und den neuesten Trends in Gastronomie, Mode und Bars nachspüren.

Das Viertel reichte im Mittelalter einst bis zum Meer – daher der Name Ribera (*ribera* = Ufer). Der Aufschwung des Seehandels spülte immer mehr Geld in die Kassen Barcelonas. Händler, Handwerker und Adlige ließen sich im bis dahin von Fischern bewohnten Viertel nieder. Handwerker und Werkstätten aller Künste jener Zeit waren hier ansässig. Dies verraten heute noch die zahlreichen Straßennamen, die an die in diesen Straßen ansässigen und damals sehr einflussreichen Zünfte erinnern (u. a. Carrer dels Sombrerers – Straße der Hutmacher; Carrer de la Formatgeria – Straße der Käsehersteller; Carrer de la Vidriería – Straße der Glasmacher). La Ribera wurde Sitz und Ausgangspunkt des florierenden katalanischen Handels.

Auch ein Teil der Bourgeoisie, allen voran die wohlhabenden Textilhändler, ließen sich hier ihre **Stadtpaläste** errichten. Diese prächtigen Bauten konzentrierten sich am Carrer de Montcada, der Luxusstraße des mittelalterlichen Barcelona.

Stadtpaläste am Carrer de Montcada

Die abnehmende Bedeutung des Mittelmeerhandels nach der Entdeckung Amerikas, die immer dichtere Bebauung, später die Urbanisierung des Gebiets des heutigen Eixample, in dem sich der wohlhabende Teil der Bevölkerung niederließ, und die Öffnung der Via Laietana 1907 hatten einen plötzlichen **Verfall des Viertels** als Wohngebiet zur Folge. Als in den 1970er-Jahren auch der Mercat del Born schloss, verkam das Viertel in den folgenden Jahrzehnten immer mehr.

Redaktionstipps

➤ Der Besuch des **Picasso-Museums**, eine der größten Ausstellungen des jungen Picasso, ist gleichzeitig eine Tour durch die mittelalterlichen Paläste des Carrer de Montcada (S. 152).

➤ Unbedingt einmal in die gotische **Kirche Santa María del Mar** hineinschauen: Der Innenraum ist beeindruckend (S. 146).

➤ Im **Mercat de Santa Caterina** bei **Torna** an der Theke Tapas essen (S. 161).

➤ Besuch des **Palau de la Música Catalana**: berauschende Farbenpracht im Konzertsaal (S. 158).

➤ Ein Spaziergang im Grünen durch den **Parc de la Ciutadella** (S. 166).

➤ Am Abend einen Aperitif im **Va de Vi** (S. 163) nehmen, danach zum Essen in eines der vielen Lokale, z. B. ins romantische **Café de la Princesa** (S. 160).

➤ Danach einen Drink in einer der vielen **Bars am Passeig del Born**, z. B. im **Espai Barroc** (S. 163), und wer dann noch nicht müde ist, kann den Rest der Nacht in der **Sala Magic** rocken (S. 163).

Mit der **Revitalisierung** der letzten Jahre kamen neue Bewohner, Künstler, Intellektuelle und Feierfreudige. Auch hier schlägt sich diese Veränderung in teilweise horrenden Mietpreisen nieder. Bei alldem hat sich La Ribera seinen traditionellen Charme bewahrt und erfreut sich ungebrochener Beliebtheit.

Doch dass diese Welle nicht das ganze Viertel erfasst hat, merkt man, wenn man sich nördlich des Carrer de la Princesa, Mitte des 19. Jh. angelegt und „Grenze" des hippen Born, in das Gewirr von kleinen mittelalterlichen Gassen, Plätzen, Kirchen und alten Häusern der Viertel **Sant Pere und Santa Caterina** hineinbegibt. Die Atmosphäre lässt noch die fast 1.000-jährige Vergangenheit der Textilindustrie im Viertel erspüren. Seit dem 11. Jh. ließen sich die Textilmanufakturen rund um das Kloster Sant Pere de les Puel·les, den Namengeber des Viertels Sant Pere, nieder. Die Bedeutung der Textilien hat sich bis heute gehalten: Nur sind es keine Fabriken, sondern Großhändler, die sich hier heute aneinanderreihen. Viele Immigranten sind in das Viertel gezogen und haben es geprägt: Aus den Häusern und Läden klingen heute Salsa, Merengue und afrikanische Rhythmen.

Textile Vergangenheit

Rundgang – El Born: Picasso, Shopping und ein gotisches Juwel

👉 Orientierung

Lage: Das Viertel liegt jenseits der Via Laietana, zwischen dem Barri Gòtic und dem Parc de la Ciutadella, im Südosten schließt sich das Viertel der Barceloneta an.

So kommt man hin: Metro Jaume I (L4).

Um die Església de Santa María del Mar

Einst Sitz der Silber- und Goldschmiede

Der Rundgang startet bei der Metrostation an der Via Laietana und folgt dem Carrer de l'Argenteria hinein ins Viertel. Die belebte Straße mit ihren vielen Geschäften und Restaurants war einst Sitz der Silber- und Goldschmiede. Schon vom Anfang der Straße kann man die Spitzen einer mächtigen Kirche sehen. Die Straße mündet auf die Plaça Santa María del Mar, die von der gleichnamigen Kirche überragt wird. Als die ehemalige Fischersiedlung La Ribera sich in einen wohlhabenden Bezirk verwandelte, war der Ruf nach einer neuen Kirche laut geworden. Die alte romanische Kirche Santa María de les Arenes war zu klein geworden, und zu einfach für die neue Nobleza des Viertels.

Die **Església de Santa María del Mar (1)** *(tgl. 9–13.30, 16.30–20.30 Uhr)* ist gemeinhin als einer der wichtigsten und schönsten Bauten der katalanischen Gotik (s. S. 25) bekannt, der durch seine Schlichtheit, Symmetrie und Eleganz besticht. Im Gegensatz zu den in jener Zeit in Nordeuropa häufigen typisch gotischen Verzierungen mit Spitzbögen und Wasserspeiern nimmt sich die Fassade eher einfach aus. Baumeister der Kirche mit diesem einheitlichen Baukonzept war Berenguer de Montagut. Tatsächlich ist Santa María del Mar die einzige Kirche der Stadt, die im rein gotischen Stil begonnen und auch beendet wurde. Das liegt u. a. an der für damalige Verhältnisse rekordverdächtig kurzen Bauzeit von 54 Jahren. Bei Baubeginn schrieb man das Jahr 1329, und trotz einer Pestplage wurde die Kirche schon im August 1384 geweiht.

Rein gotischer Stil

Die kurze Bauzeit der Kirche sorgte für die einheitliche Architektur und die besondere Symmetrie. Denn alles war perfekt kalkuliert: Das Zentralschiff der Kirche ist 33 m hoch und 13,20 m breit. Die beiden seitlichen Schiffe sind halb so breit (6,60 m), und die Kapellen messen je die Hälfte der Schiffe (3,30 m). Somit ist die Höhe der Kirche identisch mit ihrer Breite, was von vorne gezeichnet einen perfekten Halbkreis ergibt. Auch die Abstände zwischen den 16 dicken, achteckigen Säulen im Inneren sind identisch.

Perfekte Geometrie

Über dem relativ nüchtern gehaltenen Hauptportal schmückt eine große Fensterrose die Hauptfassade, die bei dem Erdbeben 1428 herabstürzte und viele Menschen unter sich begrub. Sie wurde später erneuert. Mit 9 m Durchmesser ist sie eine der größten Fensterrosen Kataloniens.

Tritt man durch die Tür in das von den bunten Kirchenfenstern gedämpfte Licht der Kirche, ist man fast überrascht: Die mächtige Außenstruktur lässt ein ebenso massiges und schweres Inneres erwarten. Der hohe Innenraum jedoch vermittelt ein Gefühlt von Leichtigkeit. Die von außen nicht sichtbaren Strebepfeiler unterteilen die 32 Kapellen in den Seitenschiffen. Im Laufe der Geschichte wurden diese verschiedenen Handwerkszünften gewidmet, denn alle hatten sich am Kirchenbau beteiligt und bekamen als Dank ihre eigene Kapelle. Heute sind sie den Handwerkern und verschiedenen Heiligen geweiht. Die runden und bemalten Schlusssteine am Gewölbe des Mittelschiffs 32 m über dem Boden zeigen die Krönung der Jungfrau, die Geburt Jesu, die Ankündigung Marias, König Alfons und das Wappen der Stadt.

1936 wurde Santa María del Mar, wie so viele Kirchen der Stadt, angezündet und nach dem Bürgerkrieg innen originalgetreu wieder restauriert.

Berühmt ist sie heute für ihre tolle Akustik. Häufig werden hier Jazz- und Klassikkonzerte veranstaltet.

Das Hauptportal von Santa María del Mar

info

La Catedral del Poble – die Kirche des Volkes

Der Bau der Kirche Santa María del Mar gestaltete sich zunächst schwierig. Weder der König, der mit dem Bau der Werften (s. S. 117) beschäftigt war, noch die Kirche, die mit der Errichtung der Kathedrale (s. S. 96) alle Hände voll zu tun hatte, interessierten sich für den Wunsch der Bewohner nach einer neuen Kirche.

Mangels offizieller Unterstützung entschied die Bevölkerung schließlich, den Bau der Kirche selbst in die Hand zu nehmen. Und so gaben die reichen Bewohner Geld, die Ärmeren investierten ihre Arbeitskraft. Dabei taten sich besonders die *bastaixos*, die Hafenträger und ehemaligen Sklaven, hervor. Diese waren damals zwar freie Bürger, sie zählten jedoch zu den ärmsten Bevölkerungsgruppen des Viertels. Den für den Bau nötigen Stein schafften sie vom Steinbruch des Montjuïc herbei. Auf ihren Rücken schleppten sie die

Bastaixo-Figur am Tor der Kirche

riesigen Steine am Strand entlang bis zur Kirche. Ihre besondere Rolle ist heute noch zu erkennen: An den Eingangstüren wird ihnen mit zwei Figuren aus Kupfer gedacht, ebenso wie an den Kapitellen der Tür und im Altarraum. Zudem waren die acht langen, dicken Wachskerzen, die dem Kreuz Jesu am nächsten standen, die ihrer Zunft. Niemand, noch nicht einmal der König, war näher dran.

 Buchtipp

Der historische Roman „**Die Kathedrale des Meeres**" von Ildefonso Falcones erzählt fesselnd von den Schicksalen und Intrigen während des Baus der Kirche Santa María del Mar.

Abstecher zur alten Börse

Über den mit originellen Geschäften gesäumten Carrer d'Espaseria geht es in Richtung Meer zur **Llotja** am **Pla de Palau** Die alte Börse war eines der prächtigsten Beispiele des katalanischen Profanbaus des Mittelalters. Leider wurde die Fassade Ende des 18. Jh. durch die aktuelle neoklassizistische Fassade ersetzt. Einer der schönsten gotischen Säle, der Saló de Contractacions, ist jedoch erhalten geblieben. Das Innere kann in der Regel nicht besucht werden, heute hat hier die Handelskammer Barcelonas ihren Sitz. Immerhin gibt es einen virtuellen Rundgang im Internet unter www.casallotja.com.

Im Gebäude befindet sich auch die **Reial Acadèmia Catalana de Belles Arts de Sant Jordi** (Königliche Akademie der Schönen Künste), in deren Museum, einst das erste der Stadt, u. a. Werke von Marià Fortuny, Frederic Marès und Josep Maria Subirachs zu sehen sind *(Mo–Fr 10–14 Uhr, Aug. geschl., www.racba.org).*

Vorbei am Hauptportal geht man zwischen Kirche und Apotheke zu dem neben Santa María del Mar gelegenen Platz **Fossar de les Moreres (2)** (Friedhof der Maulbeerbäume). Hier sollen die gefallenen Helden der katalanischen Stadtmiliz beerdigt sein, die 1714 der Belagerung durch die Spanier mehr als ein Jahr lang heroischen Widerstand geleistet hatten. Für das Viertel La Ribera hatte die Niederlage eine besondere Bedeutung, denn ein großer Teil, um die 1.000 Häuser, wurde von dem Sieger Philipp V. abgerissen, um Platz für die Zitadelle zu schaffen.

Die katalanische Inschrift des 2001 errichteten Denkmals auf der Innenseite der Mauer lautet „*en el fossar de les moreres no s'hi enterra cap traidor, fins perdent nostres banderes serà l'urna de l'honor*" – „Auf dem Friedhof der Moreres wird kein Verräter begraben, obwohl wir unsere Fahnen verloren haben, wird dies ein Ehrengrab sein." Die Inschrift geht auf die Legende zurück, die u. a. in dem Gedicht „El Fossar de les Moreres" von Frederic Soler verarbeitet wird. Es erzählt die Geschichte und den Kampf um Barcelona romantisch verklärt: Es soll der Ausspruch des Totengräbers gewesen sein, der niemanden der Angreifer hier bestatten wollte, auch dann nicht, als sich einer von diesen als ein eigener Sohn herausstellte, der auf der Seite der Kastilier gekämpft hatte.

*Helden-
friedhof*

Passeig del Born und Antic Mercat del Born

Geradeaus geht es weiter auf den **Passeig del Born**, der zwischen Santa María del Mar und dem Mercat del Born liegt. Einst war der breite Passeig Austragungsort von mittelalterlichen Turnieren und Märkten, heute wird er von Läden, Bars und Restaurants gesäumt. Kurios sind die nummerierten Kanonenkugeln, die unter einigen Bänken liegen. Eine liegt auch auf der Treppe des Hintereingangs der Kirche Santa María del Mar. Sie stammen von dem Künstler und Dichter Joan Brossa (s. S. 94). Am Ende des Passeig del Born liegt der **Antic Mercat del Born** (Carrer del Comerç s/n). Bis in die 1970er-Jahre war er der zentrale Markt der Stadt. Mit ihrer Bauweise aus Eisen,

*Kanonen-
kugeln von
Joan Brossa*

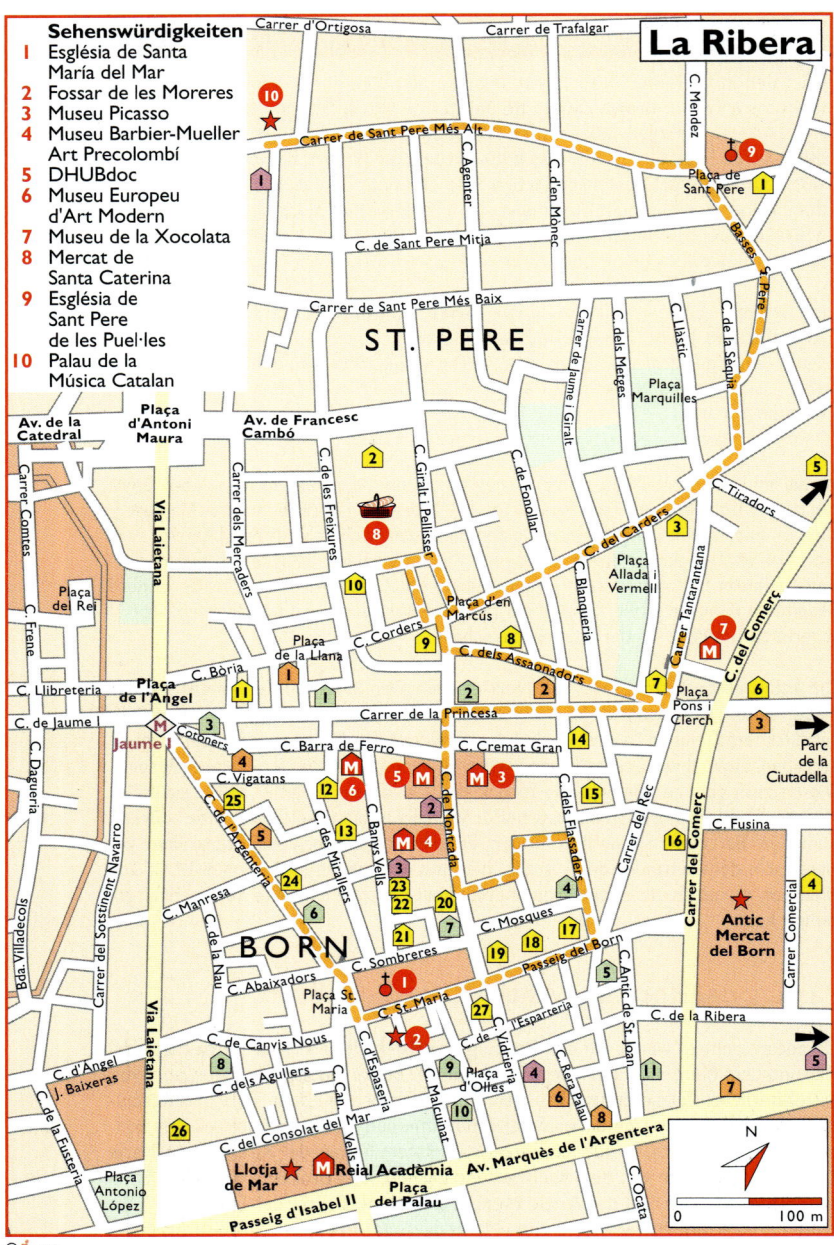

La Ribera

Sehenswürdigkeiten

1 Església de Santa María del Mar
2 Fossar de les Moreres
3 Museu Picasso
4 Museu Barbier-Mueller Art Precolombí
5 DHUBdoc
6 Museu Europeu d'Art Modern
7 Museu de la Xocolata
8 Mercat de Santa Caterina
9 Església de Sant Pere de les Puel·les
10 Palau de la Música Catalan

Unterkunft
1 Boria BCN
2 Hotel Ciutat de Barcelona
3 Chic and Basic
4 Equity Point Youth Hostel
5 Banys Oriental
6 Casa de Marcelo
7 Hostal Nuevo Colón
8 Park Hotel

Restaurants
1 Mescladís
2 Mercat de Santa Caterina
3 Mosquito Tapas
4 La Paradeta
5 Comerç 24
6 Espai Sucre
7 Tantarantana
8 Pla de la Garsa
9 Re Pla
10 Bacoa
11 Ikkiu
12 Lilipep
13 Habana Vieja
14 Montiel
15 Café de la Princesa
16 Sikkim
17 La Taverna del Born
18 Sandwich & Friends
19 Centre Cultural Euskal Etxea
20 El Xampanyet
21 Petra
22 L'Oucomballa
23 Va de Vi
24 Taller de Tapas
25 Senyor Parellada
26 La Cantinita de la Coronela
27 La Llavor dels Origens

Ausgehen
1 L'Antic Teatre
2 Espai Barroc
3 La Fianna
4 Mudanzas Bar Café
5 Sala Magic

Einkaufen
1 Rey de la Magia
2 demasié
3 Nu Sabates
4 Hofmann Pastisseria
5 Coquette
6 Cafés el Magnífico
7 E&A Gispert
8 Vila Viniteca
9 BF
10 Custo Barcelona
11 Casa Munich

Holz und Glas von Josep Fontserè (1876) ist die Markthalle ein Beispiel für die Vorläufer des Modernisme. Die Schließung des Mercat del Born war damals symptomatisch für den Verfall des Viertels. Nach jahrzehntelanger Vernachlässigung wollte man die alte Markthalle in ein Kulturzentrum verwandeln. Bei den Bauarbeiten 2001 entdeckte man dann aber darunter die Ruinen des alten Stadtviertels, das 1715 zur Errichtung der Zitadelle abgerissen worden war. Ganze Straßenzüge, Tavernen, Feuerplätze etc. traten zutage. Ende 2012 soll hier das **Centro Cultural del Born** eröffnet werden. Über Stege können Besucher dann über die archäologischen Reste wandeln. Zudem soll eine Fußgängerzone hinüber zum Parc de la Ciutadella entstehen.

Enge Gassen

Wenige Schritte vor dem Markt geht es links in den **Carrer de Flassaders**, die Straße der Deckenhersteller. Hier und im Carrer de la Cirera gibt es einige schöne Geschäfte zu entdecken. Links geht es an dem mit einem Gitter verschließbaren **Carrer Mosques** vorbei, wohl eine der engsten Gassen Barcelonas. Ein Stück weiter findet man mit der Nr. 40 den zugemauerten Haupteingang der alten Münzprägeanstalt Barcelonas, **La Seca** (Ceca), zu erkennen an dem großen Bourbonenwappen über dem mächtigen Tor. Mit einigen Unterbrechungen wurden hier vom 14. bis Mitte des 19. Jh. Münzen geprägt.

Im links abzweigenden **Carrer de la Cirera** sieht man oben am Ende der Straße die Nische der Santa María de Cervelló, eine der Schutzheiligen der

Typische Gasse im Born: der Carrer de la Cirera

katalanischen Flotte. Hier geht es links in den **Carrer Seca**, der seinen Namen der Prägeanstalt verdankt, und direkt wieder rechts durch den kleinen Carrer de l'Arc de Sant Vicenç auf den Carrer de Montcada, der rechts hoch zum Picasso-Museum führt.

Carrer de Montcada

Der Carrer de Montcada war vor einigen Jahrhunderten die vornehme Straße Barcelonas schlechthin. Vom 13. bis ins 16. Jh. ließen sich die reichen Händler Barcelonas, die etwas auf sich hielten, hier einen Stadtpalast bauen. So entstand der, im Gegensatz zu anderen Straßen des Viertels, gerade und recht breite Carrer de Montcada (nach dem Architekten Guillem de Montcada), der heute einen der besterhaltenen Komplexe des mittelalterlichen Profanbaus der Stadt bietet.

Ende des 19. Jh. verlor das Viertel mit dem Bau des Eixample die Mehrzahl seiner begüterten Einwohner. Doch in den 1950er-Jahren fand sich eine Gruppe von Persönlichkeiten der kulturellen Szene der Stadt zu den „*Amics del carrer de Montcada*", den „Freunden der Straße Montcada", zusammen. Sie brachten das Projekt ins Rollen, das die ehemals so feine, aber mittlerweile heruntergekommene Gegend als kulturelles und museales Zentrum etablieren sollte. Und das mit Erfolg. Die meisten dieser Stadtresidenzen sind heute Museen, Kulturinstitute oder Galerien.

Paläste und Museen am Carrer de Montcada

Renaissance-Innenhof

Vom ursprünglichen gotischen Gebäude des **Palau Dalmases** (Nr. 20) ist heute nicht mehr viel zu sehen, da es im 17. Jh. vollständig umgebaut wurde. Dafür kann der Stadtpalast heute mit einem der wenigen (und schönsten) Renaissance-Innenhöfe Barcelonas aufwarten. Besonders sehenswert ist die reich verzierte Treppe im Hof mit ihren drei weinumrankten Säulen und den Darstellungen darunter. Tagsüber ist das Tor leider meist verschlossen. Unten befindet sich die schöne Bar **Espai Barroc** (s. S. 163).

Direkt gegenüber liegt der **Palau Cervelló** aus dem 15. Jh., ein typisch katalanischer Palast der Gotik. Er ist heute Sitz der **Galería Maeght** *(Carrer de Montcada 25)*. Seit 1974 stellt der Ableger der bekannten Galerie aus Frankreich hier moderne Kunst in alten Räumen aus.

Ein Muss für jeden Picasso-Fan, aber auch für Architekturfreunde , ist das **Museu Picasso (3)**. Denn neben den Werken Picassos sind auch die alten Gemäuer bewundernswert, in denen es sich befindet. 1963 wurde das Museum im **Palau Aguilar** eröffnet. Als 1961 der Putz eines Saals dieses Palastes abgekratzt wurde, kamen Wandbemalungen aus dem 13. Jh. zum Vorschein. Eine dieser Malereien, die an die Eroberung von Mallorca durch Jaume I. erinnert, ist eine der wichtigsten historischen Darstellungen Kataloniens und heute im MNAC (s. S. 226) zu sehen. In den letzten Jahren wurde das Museum um weitere Gebäude vergrößert und befindet sich nun in ingesamt fünf mittelalterlichen Palästen.

Die **Casa Mauri** (Nr. 21) wurde im 18. Jh. teilweise auf Fundamenten aus römischer Zeit erbaut, die vermutlich zu einem Landhaus eines Vororts der Kolonie Barcino gehörten. Auch am **Palau Finestres** (Nr. 23), einem der ältesten Gebäude der Straße, kann man noch Originalstrukturen aus dem 13. Jh. erkennen. Er wurde auf den Resten eines Friedhofs vom Ende der Römerzeit errichtet. Das Gebäude

Eingang zum Museu Picasso

besitzt noch den quadratischen Turm und die Terrasse von früher: Von hier konnten die Händler den Hafen und die Frauen das Straßengeschehen beobachten.

Im **Palau Aguilar** befindet sich der Haupteingang zur permanenten Ausstellung des Museums. 1963 öffnete das Museum in dem gotischen Palast seine Türen – damals unter dem Namen **Colección Sabartés** (Jaume Sabartés war Freund und Privatsekretär des Künstlers), da Picassos Opposition gegen Franco ein Museum mit seinem Namen nicht möglich machte. In den folgenden Jahren überließ Picasso dem Museum so viele seiner Werke, dass die Ausstellungsräume auf die umliegenden Gebäude erweitert wurden. Die Genialität Pablo Picassos (1881–1973) ist heute an den über 3.600 permanenten Ausstellungsstücken zu bewundern. Das Museum teilt sich in drei Sektionen: Gemälde und Zeichnungen, Radierungen und Keramik.

Das Museu Picasso ist im Besitz der wichtigsten und vollständigsten Sammlung von Gemälden und Zeichnungen des jungen Picasso. Sie zeugen von einer ausgeprägten akademischen Bildung, die er in den Schulen der Schönen Künste in La Coruña, Barcelona und Madrid genoss. Picassos Beziehung zum katalanischen Jugendstil, dem Modernisme, zeigt sich in einer Reihe von Bildern, unter denen Abbildungen seiner Freunde und Gesprächspartner aus dem „Els Quatre Gats" (s. S. 111) hervorstechen. Auf seinen Reisen nach Paris kam er mit der europäischen Avantgarde in Kontakt, später folgten die „Blaue Periode" und die „Rosa Periode".

Werke des jungen Picasso

Die Radierungen stammen größtenteils aus der Zeit von 1962 bis 1972. Mit seiner technischen und thematischen Vielfalt hat Picasso die Technik der Radierungen entscheidend weiterentwickelt. Die Keramiksammlung besteht aus einer Schenkung von

Picassos Witwe Jacqueline Picasso von 1982. Es handelt sich um 41 Werke, die der Künstler zwischen 1947 und 1965 geschaffen hat.

Museu Picasso, *c/ Montcada 15–23,* ☏ *93 256 30 00, www.museupicasso.bcn.es, Di– So 10–20 Uhr, 6 €, inkl. Wechselausstellungen 10 €.*

Präkolumbianische Sammlung

Einen Zeitsprung zu Picasso bedeutet ein Besuch der Räume des direkt gegenüber gelegenen **Museu Barbier-Mueller Art Precolombí (4)**. Es ist das einzige Museum Europas, in dem ausschließlich präkolumbianische Exponate gezeigt werden (ca. 1500 v. Chr. bis 16. Jh.). Die reiche Sammlung von über 300 Skulpturen, Keramiken, Stoffen und rituellen Objekten aus Zentralamerika, dem Andenraum und Amazonien erzählt von den Kulturen dieser ersten Völker Amerikas. Die angesehene und umfangreiche Sammlung kommt ursprünglich aus Genf. Untergebracht ist sie ebenfalls in einem mittelalterlichen Palast, dem **Palau Nadal**.

Museu Barbier-Mueller Art Precolombí, *c/ Montcada 14,* ☏ *93 310 45 16, www.amigosprecolombino.es, Di–Fr 11–19, Sa/So 10–20 Uhr, 3,50 €.*

In den Räumen des ehemaligen Textilmuseums ist zzt. das Dokumentationszentrum des **Disseny Hub Barcelona**, das **DHUBdoc (5)**, in dem sich eine Bücherei befindet und Wechselausstellungen zu sehen sind. Auch dieses soll Ende 2012 an die Plaça Glòries umziehen (s. S. 185, *c/ Montcada 12,* ☏ *93 256 22 94, www.dhub-bcn.cat, Di–Do 11–18.45 Uhr).*

Zeitgenössische figurative Kunst

Um die Ecke des Carrer de Montcada, Ecke Princesa/Barra de Ferro, liegt das 2010 eröffnete **Museu Europeu d'Art Modern (6)**. Es ist auf drei Stockwerke verteilt im **Palau Gomis** von 1791 untergebracht, der Anfang des 20. Jh. im modernistischen Stil umgestaltet wurde. Die alten Gemäuer beherbergen nun zeitgenössische figurative Kunst aus dem 20. und 21. Jh., u. a. von Eduardo Naranjo und Susanne Hay.

Museu Europeu d'Art Modern, *Barra de Ferro 5,* ☏ *93 319 56 93, www.meam.es, www.fundaciondelasartes.org, Di–So 10–20 Uhr, 7 €.*

Durch die Gassen von Santa Caterina und Sant Pere

Am Ende des Carrer de Montcada biegt man rechts in den Carrer de la Princesa mit seinen vielen kleinen Läden ein.

☞ **Hinweis**
Möchte man das Schokoladenmuseum nicht besuchen, kann man vom Carrer de Montcada aus kommend auch den Carrer de la Princesa überqueren und geradeaus weiter bis zur Placeta d'en Marcús laufen (dann geht es weiter auf S. 155).

Der **Carrer de la Princesa** bildet quasi die Grenze zwischen dem neuen, hippen Born und den nördlicheren Vierteln Santa Caterina und Sant Pere. Die Gegend zwischen den Straßen Princesa, Trafalgar und Laietana hat dafür viele versteckte Winkel und Geheimnisse zu bieten, die es zu entdecken gilt. Viele Einwanderer, vor allem aus dem karibischen Raum, haben sich hier mit ihren Restaurants und Läden niedergelassen. Ein Spaziergang durch die Straßen um den Markt herum mit kleinen Lebensmittelläden, die exotische Früchte und karibisches Gemüse anbieten, Telefonshops und Frisören wird so zu einer bunten Reise.

Am Ende des Carrer de la Princesa hält man sich am Carrer de Comerç links. Wenig später kommt man links an der Ecke zu dem rosafarbenen Haus des **Museu de la Xocolata (7)**, das sich im Erdgeschoss des ehemaligen Augustinerklosters Sant Agustí Vell aus dem 14.–15. Jh. befindet. Von den bourbonischen Truppen, die übrigens wahre Schokoladenliebhaber gewesen sein sollen, wurde es als Kaserne genutzt. Das Schokoladenmuseum geht auf die Initiative der Vereinigung der Süßwarenhersteller Barcelonas zurück. Die Geschichte der Schokolade, ihrer Verbreitung seit der Ankunft in Europa sowie die angebliche und tatsächliche Wirkung medizinischer oder aphrodisierender Art werden erklärt. Höhepunkt sind die aus Schokolade geschaffenen Kunstwerke wie die Sagrada Família und andere architektonische Denkmäler der Stadt sowie Figuren, die mit ihrer detailgenauen Darstellung beeindrucken. Am Eingang des

Schokoladenmuseum in einstigem Kloster

Museums gibt es einen kleinen **Shop mit Café**, in dem auch einige Köstlichkeiten zum Verkauf angeboten werden.

Museu de la Xocolata, c/ Comerç 36, www.museudelaxocolata.com, Mo–Sa 10–19, So 10–15 Uhr, 4,30 €.

Zur Placeta d'en Marcús

Vom Schokoladenmuseum geht es zurück auf den Carrer de la Princesa, wo man nach dem **Carrer d'Allada Vermell** halbrechts in den Carrer dels Assaonadors, die Straße der Gerber, einbiegt. Auf dem erst 1994 geöffneten Carrer d'Allada Vermell befindet sich neben einer Reihe Cafés mit Außengastronomie (z. B. **Casa Paco**, Nr. 12, wo man auf der Terrasse Sandwiches essen kann) auch das 1997 eröffnete alternative Theater **L'Espai Escènic Joan Brossa** (www.espaibrossa.com).

Der Carrer dels Assaonadors mündet auf die **Placeta d'en Marcús**. Dieser kleine Platz wurde ebenso wie die Placeta de Montcada am anderen Ende der Straße für die großen Prozessionen angelegt, damit man die mächtigen Tragealtäre dort besser wenden konnte. Das Haus Nr. 1 war einst der Sitz der Gerberzunft; an dem barocken Gebäude ist eine Skulptur von Sant Joan Evangelista, dem Schutzheiligen der Gerber, zu sehen.

Wendeplatz der Prozessionen

An der Ecke zum Carrer dels Carders stößt man auf die **Capella d'en Marcús**. Die romanische Kapelle aus dem 12. Jh. ist nach ihrem Gründer, dem reichen Bankier Bernat Marcús benannt. Sie war einst die Kapelle eines Hospitals, das sich Reisenden und

Station
an der Via
Romana
Pilgern annahm. Es lag an der damaligen Hauptstraße Via Romana, dem Weg zum Fluss Besòs und nach Frankreich. Viele solcher Einrichtungen, Hospize und Herbergen, säumten zu jener Zeit diese Straße. Die Kapelle ist nicht nur aufgrund ihres Alters bemerkenswert. Sie ist der *Virgen de la Guía* gewidmet, der Schutzpatronin der „*Confraría dels Correus a Cavall i a Peu*", der „Postvereinigung zu Pferd und zu Fuß", der wohl ersten postalischen Organisation Europas aus dem Jahr 1187 (Kapelle nur zu den Messen geöffnet).

Mercat de Santa Caterina

Aus bunten Mosaiksteinchen: das Dach des Mercat de Santa Caterina

Hinter der Kapelle zweigt wenig später links der Carrer Giralt el Pellisser zum **Mercat de Santa Caterina (8)** ab. Diese sehenswerte Markthalle wurde nach einem Komplettumbau des ursprünglichen Marktgebäudes im Jahr 2005 fertiggestellt. Sie ist ein Werk des Architekten Enric Miralles, der auch das schottische Parlament in Edinburgh entworfen hat. Nach seinem frühen Tod im Jahr 2000 führte Benedetta Tagliabue das Projekt zu Ende. Die ungewöhnliche Hallenkonstruktion beeindruckt mit ihrem spektakulär geschwungenen Holzdach, auf dem aus 200.000 bunten Mosaiksteinchen in 67 Farben Früchte und Gemüse dargestellt werden. Neben den Ständen mit ihren kulinarischen und auch optischen Herrlichkeiten gibt es eine Restaurantzone (s. S. 161).

Der 1845 gegründete Markt des Viertels Santa Caterina war seinerzeit der erste überdachte Markt der Stadt. Bei den Bauarbeiten zum neuen Markt fand man menschliche Überreste, die auf den Beginn der Bronzezeit (1800–1500 v. Chr.) datiert werden. Zudem stieß man auf Keramikreste aus der Gründungszeit der Stadt. Zu Römerzeiten befand sich an der Stelle ein Friedhof. Später entstand hier ein großes Kloster der Dominikaner, die 1219 in die Stadt kamen. Der Rat der Hundert (s. S. 105) traf sich hier, bevor er das Gebäude an der Plaça Sant Jaume bauen ließ. Im Rahmen der Enteignungen (S. 141) wurde das Kloster 1845 abgerissen und der Markt errichtet.

Mercat de Santa Caterina, *Av. Francesc Cambó 16, www.mercatsantacaterina.net,* Mo 7.30–14, Di, Mi, Sa bis 15.30, Do/Fr bis 20.30 Uhr.

*Aus-
grabungen*
Direkt am Markt sind im (ziemlich kleinen) **Espai Santa Caterina**, einem archäologischen Zentrum und Teil des Museums für Stadtgeschichte, Ausgrabungsfunde zu sehen, die beim Umbau des Marktes zutage getreten waren. Zu besichtigen sind u. a. die Reste einer christlichen Nekropole aus dem 4. Jh. und die Fundamente des Klos-

ters Santa Caterina. Man kann die Ausgrabungen auch von außen durch die Scheibe sehen.

Espai Santa Caterina, *www.museuhistoria.bcn.es, Juli–Sept Mo–Sa 10–14, sonst Mo 10–14, Di, Mi, Sa 10–15, Do/Fr bis 20 Uhr, frei.*

Plaça und die Straßen Sant Pere

Durch die kleine Gasse Sant Jacinto geht es zurück auf den Carrer del Corders. Dieser Straße (die wenig später Carders heißt) folgt man nach links bis zur hübschen **Plaça Sant Agustí Vell**. Sie wird von alten Häusern umrahmt, in der Mitte steht ein Brunnen. Bei warmem Wetter gibt es auf den Caféterrassen Möglichkeiten für eine kleine Pause, etwa in der **Bar Mundial**.

Am Ende des Platzes geht es links in den Carrer Basses de Sant Pere, der nach Überquerung des Carrer del Rec Comtal zur dreieckigen **Plaça de Sant Pere** führt. Der Platz mit dem modernistischen Brunnen von Pere Falqués wird von den mächtigen Mauern des Klosters und der Klosterkirche **Església de Sant Pere de les Puel·les (9)** begrenzt. Das 945 gegründete Benediktinerinnenkloster gab dem Viertel seinen Namen. Der ursprüngliche Bau brannte ab, der jetzige ist das Produkt diverser Renovierungen nach den Bränden von 1909 und 1936. Einzig die gotische Eingangstür blieb bestehen. Auch hier bietet sich der schattige Platz für eine Pause an, z. B. bei **Candela**.

Die links abzweigenden und parallel verlaufenden Straßen **Sant Pere Més Alt, Mitjà** und **Més Baix** (die höchste, mittlere und niedrigste Sant-Pere-Straße) und die vielen kleinen sie durchkreuzenden Gassen bildeten fast 1.000 Jahre lang das Zentrum der berühmten katalanischen Textilindustrie. Der kleine Höhenunterschied des früheren Kanals Rec Comtal, der das Wasser des Flusses Besòs in die Stadt brachte, wurde als Energiequelle genutzt. Industrie gibt es hier heute nicht mehr, aber im Carrer de Sant Pere Més Alt dominieren noch heute Läden von Textilgroßhändlern. Richtung Via Laietana geht es vor der Kirche links durch den Carrer de Sant Pere Més Alt. Ab und zu lohnt ein Blick nach oben: Die **Casa Celles** (Nr. 27) ist ein monumentales klassizistisches Gebäude von 1818, das Haus Nr. 24 stammt aus dem Jahr 1700 und wurde von Puig i Cadalfach 1924 restauriert. Die rechts abgehenden Durchgänge wurden im 19. Jh. geschaffen, um die Gegend mit dem neuen Eixample zu verbinden, so z. B. die **Passatge Sert** (Nr. 51). Ist sie offen, kann man ruhig eintreten. Rechts befindet sich ein altes Industriegebäude, wo einst die Teppiche der Familie Sert gefertigt wurden, die Familie wohnte gegenüber. Dort sind heute moderne Wohnungen entstanden.

Zentrum der Textilindustrie

Ganz in der Nähe befindet sich das Haus der wohl ersten (1909) und bis 1920 einzigen **Bibliothek für Frauen** in Europa, der **CCD Francesca Bonnemaison**. Gegründet wurde sie von Francesca Bonnemaison, um die Bildung der Arbeiterinnen zu verbessern. Heute sitzt hier die Stadtviertelbibliothek, zudem finden Ausstellungen und Veranstaltungen zu frauenspezifischen Themen statt. Im ersten Stock ist der alte Lesesaal erhalten.

Erste Frauenbibliothek

CCD Francesca Bonnemaison, *c/ Sant Pere Més Baix 7, 2ª, www.bonnemaison-ccd.org, Mo–Fr 9–14, 16–20 Uhr.*

Palau de la Música Catalana

Zeichen der katalani- schen Kultur

Am Ende des Carrer de Sant Pere Més Alt gelangt man zu einem wahren Schmuck- stück des Modernisme, dem **Palau de la Música Catalana (10)**. Dieser Prachtbau des Modernisme wurde 1905–1908 von Lluís Domènech i Montaner erbaut. Und er ist mehr als ein Architekturjuwel: Er ist gleichzeitig ein Zeichen der Wiedergeburt der katalanischen Kultur. Denn Auftraggeber war 1904 der **Orfeó Català**, der Katalani- sche Chor. Diese 1891 von Lluís Millet und Amadeu Vives gegründete Institution – üb- rigens der erste offizielle Chor Kataloniens – war ein Symbol der katalanischen Re- naixença und in den letzten 100 Jahren an der Spitze der Avantgarde der katalani- schen Kultur. Ergebnis des Auftrags, der katalanischen Chormusik ein Zuhause zu schaffen, ist der prunkvolle Palau de la Música Catalana. In der reichen Dekoration sind überall die vier Streifen der katalanischen Flagge versteckt. Die Skulptur des mau- risch anmutenden Eckturms, auf den man vom Carrer Sant Pere Més Alt kommend trifft, ist eine Allegorie der *„Canció popular catalana"* („katalanisches Volkslied") des Bildhauers Miquel Blay mit hohem Symbolwert. Zwei Jungen und zwei Greise umar- men eine Nymphe, während Sant Jordi sie beschützt, die im Wind wehende katalani- sche Flagge in der Hand.

Bunte Mosaik- steinchen

Die Fassade aus rotem Backstein ist mit unzähligen bunten Mosaiksteinchen verziert. Die bunt gekachelten Säulen, jede mit einem anderen Muster, tragen die Büsten der großen Komponisten Palestrina, Bach und Beethoven. Wagner befindet sich um die Ecke. Aber erst im 2.000 Zuschauer fassenden Konzertsaal entfaltet sich der Moder- nisme in seiner ganzen eindrucksvollen Pracht: Eine fast berauschende Ansammlung von Skulpturen, bunten Fenstern, Mosaiken und anderen dekorativen Elementen strömt auf den Besucher ein. Einer der Hingucker und Höhepunkte ist die nach unten

gewölbte, riesige und spektakulär bunte Glaskup- pel. Sie stellt einen Engelschor rund um die Sonne dar. Beeindruckend sind auch die Skulpturen auf der Bühne. Links die Büste von Josep Anselm Clavé, auf die als Symbol der Verbindung zwischen neuer und alter katalanischer Volksmusik von rechts die Walküren Wagners zulaufen. Die Beet- hoven-Büste steht für die Universalmusik. Die ein- drucksvolle Orgel ist eine deutsche Produktion.

Der Palau wurde an der Stelle des ehemaligen Klosters Sant Francesc de Paula errichtet. Die Klosterkirche wurde erst im Zuge der Erweite- rung des Konzertsaals 2003 abgerissen. Diese Er- weiterung des Architekten Oscar Tusquets schuf auf dem Grundstück der alten Kirche einen klei- nen Platz, der nun den Blick auf die immensen Glasfenster erlaubt, die vorher zwischen Kirche und Palau versteckt waren. Unter dem Platz wurde ein weiterer Konzertsaal für 600 Personen ge- schaffen, der **Petit Palau**.

Reich geschmückt: Palau de la Música Catalana

1997 von der UNESCO zum Weltkulturerbe erklärt, ist der Palau de la Música Catalana heute eines der führenden Konzerthäuser der Welt. Als eine der letzten Extravaganzen des Modernisme war er nicht immer so beliebt: Bereits in den 1920er-Jahren forderten Architekten den Abriss, die Nachbarn bezeichneten ihn als „Palau de la Quincalleria" (etwa „Palast des Flitterkrams").

Mosaik an der Fassade des Palau de la Música Catalana

Glücklicherweise blieb er stehen und zählt heute zu den architektonischen Höhepunkten des Modernisme.

Palau de la Música Catalana, *c/ Sant Francesc de Paula 2,* ☎ *902 475 485, wechselnde Uhrzeiten, Touren mind. zwischen 10 und 15 Uhr (Englisch, Spanisch und Katalanisch zu je verschiedenen Uhrzeiten), Dauer: 50 Min., 12 €, Tickets und Infos zu den Führungen (auch für Konzerte) an den Kassen des Palau (c/ Palau de la Música 4–6, 10–21 Uhr) und im Laden um die Ecke: „Les Muses del Palau", c/ Sant Pere Més Alt 1, www.palaumusica.org.*

 Hinweis

Der Palau de la Música Catalana kann nur im Rahmen von Führungen besucht werden, die etwa alle 30 Min. in Spanisch, Katalanisch oder Englisch (stündl.) starten. Die Teilnehmerzahl ist begrenzt, möchte man (gerade in der Hochsaison) den Musikpalast zu einer bestimmten Zeit besuchen, empfiehlt es sich, das Ticket schon vorher zu reservieren (im Internet unter www.palaumusica.org oder Verkaufsstellen s. o.).

Führungen durch den Musikpalast

Das Haus Nr. 1 am Ende des Carrer de Sant Pere Més Alt an der Ecke zur Via Laietana lohnt eine nähere Betrachtung. Es ist das **Haus der Seidenhändler**, der *Gremi dels Velers*. Es handelt sich um ein klassizistisches Gebäude von 1763 mit prächtigen Fassadenmalereien. In einer Nische an der Hausecke ist ein barockes Abbild der Jungfrau dels Àngels zu entdecken. Es ist eines der wenigen Gebäude, die einem Abriss beim Bau der Via Laietana entgangen sind. Hier sitzt das **Col·legi de l'Art Majo de Seda**, und die Herren des Seidenhandels hatten ausreichend Macht, um den Sitz ihrer Seidenzunft zu retten.

 Orientierung

Nach links die Via Laietana entlang geht es Richtung Meer. Rechts hoch gelangt man zur Metrostation Urquinaona und zur Plaça de Catalunya. Überquert man die große Straße, befindet man sich direkt im Barri Gòtic.

Reisepraktische Infos Sant Pere, Santa Caterina und Ribera-Born

Restaurants

La Llavor dels Origens (27), *c/ Vidrieria 6–8 (weiteres Lokal am Passeig del Born 4; Eixample: c/ Enrique Granados 9; Gràcia: c/ Ramón y Cajal 12),* ☎ *93 310 75 31, www.lallavordelsorigens.com. Fast alle Zutaten der hier servierten Speisen kommen aus Katalonien, und auch die Gerichte orientieren sich an traditionellen katalanischen Rezepten. Neben einer Vielzahl von Süßspeisen, Suppen und Salaten aus ökologischem Anbau wird hier das berühmte katalanische Gericht „Mar i muntanya" („Meer und Berg"), eine Kombination von Fleisch und Meeresfrüchten in Form von Butifarra (Bratwurst) mit Garnelen oder Thunfisch, mit Hackfleisch gefüllt, serviert. Es gibt auch Deftiges wie Kaninchen und Lamm. Die Portionen sind klein, kosten um 6–8 €, sodass man gut mehrere probieren kann.*

L'Oucomballa (22), *c/ Banys Vells 20,* ☎ *93 319 53 78. Kleines, schön dekoriertes Lokal in einem Gebäude aus dem 17. Jh., in dem man bei Kerzenschein traditionelle Gerichte modern variiert probieren kann, z. B. Hirsch mit dunkler Schokoladensoße oder Truthahn mit exotischen Gewürzen bis hin zu Salaten und anderen leichteren Gerichten. Klein, aber fein (auch die Gerichte). Leider stehen die Tische etwas eng. Eher hochpreisig.*

Habana Vieja (13), *c/ Banys Vells 2. In einem alten Haus befindet sich das nostalgischcharmante kubanische Lokal. Die Wände hängen voller Bilder kubanischer Persönlichkeiten, eine kleine Treppe führt nach oben. Und natürlich isst man zu kubanischer Hintergrundmusik. Essen: „ropa vieja" (eine Art Rindfleischeintopf), dazu „tostones" (gebratene oder frittierte Gemüse- oder Bananenscheiben) oder Yucca. Sehr empfehlenswert sind auch die Cocktails.*

Petra (21), *c/ Sombrerers 13, Ecke Banys Vells,* ☎ *93 319 99 99. Direkt hinter der Kirche Santa Maria del Mar lädt dieses gemütliche und mit Bildern und Mosaiken hübsch dekorierte Restaurant zu einem eher günstigen Essen aus einfachen, aber gut und frisch zubereiteten Zutaten ein (z. B. Cannelloni mit Butifarra und Parmesan, Spaghetti mit Tintenfischsoße und Muscheln, Salate, Tagesangebote).*

Sikkim (16), *Pl. Comercial 1,* ☎ *93 268 43 13, www.sikkimbcn.com. Das mediterran gehaltene Menü (Salate, Fisch, Fleisch) wird mit fernöstlichen Gewürzen und Zutaten kombiniert, wie karamellisierte Yucca, Kokos oder Mangosoße. Lecker sind z. B. die türkischen Ravioli, gefüllt mit Kürbis und Datteln in einer Joghurt-Minz-Ingwer-Soße. In der fernöstlich inspirierten Deko und Einrichtung mit Buddhafiguren, Kerzen (um die 300 sollen es sein …) und orientalischen Möbelstücken fühlt man sich wie in 1001 Nacht. Nicht gerade günstig, aber ein prima Preis-Leistungs-Verhältnis. Recht umfangreiche Weinkarte. Nur abends.*

Café de la Princesa (15), *c/ Sabateret 1–3,* ☎ *93 268 15 18, www.cafeprincesa.com. In dem Kreuzgang eines Palasts aus dem 14. Jh., von einer Glaskuppel überdacht, liegt dieses bezaubernde, in einer kleinen Gasse versteckte Lokal. Marktfrische Küche, Fisch und Fleisch. Abends mit angenehm leiser Livemusik (Jazz, brasilianische Musik). Ideal für einen romantischen Abend. Gehobene Preisklasse.*

Espai Sucre (6), *c/ Princesa 53,* ☎ *93 268 16 30, www.espaisucre.com. Das Schokoladenmuseum und die vielen Schokoläden ließen es vermuten, und es gibt es tatsächlich: zwar kein Schokoladenrestaurant, aber eines, in dem das komplette Menü aus Süßspeisen besteht, sozusagen ein Nachtischrestaurant – der „Zuckerraum". Schlicht eingerichtet, gibt es hier auch ein paar pikante Gerichte, ansonsten öffnet sich hier der Himmel für jeden Süßspeisenliebhaber. Die Menüs bestehen aus 3 bis 5 Gängen – dazu gibt es eine Weinempfehlung. Allerdings nicht günstig, kleines Menü ab ca. 44 €.*

La Paradeta (4), *c/ Comerç 7. Wer gemütlich essen möchte, ist hier falsch. In bestenfalls Mensa-Atmosphäre gibt es hier allerdings günstig marktfrischen Fisch und Meeresfrüchte.*

Und so geht's: Am Eingang ist eine Theke mit den rohen Produkten aufgebaut, die man auswählt, ebenso die Art der Zubereitung (frittiert, gekocht, gebraten). Man zahlt an der Kasse (nur bar!, Preis nach Gewicht), bekommt eine Nummer und wartet auf seinen Aufruf über die Lautsprecher, das Essen abzuholen. Entspannt speisen ist anders, aber das Essen ist in Preis und Leistung kaum schlagbar. Es gibt auch Niederlassungen

Frische Meeresfrüchte: La Paradeta

im Carrer Riego 27 (Sants) und in der Passatge de Simó 8 (nahe der Sagrada Família).

Ikkiu (11), *c/ Princesa 11,* ☏ *93 319 28 26. Sehr kleines, schlicht eingerichtetes Lokal mit Steinwänden, wo es nicht nur Sushi, sondern japanische Hausmannskost gibt. Ständig wechselnde Karte. Mit das beste Preis-Leistungs-Verhältnis japanischer Küche in Barcelona. Mittleres Preisniveau.*

La Cantinita de la Coronela (26), *c/ Consolat del Mar 15,* ☏ *93 268 77 76. Frische und hausgemachte mexikanische Küche in moderner, in Naturfarben gehaltener Umgebung. Mittleres Preisniveau.*

Sandwich & Friends (18), *Passeig del Born 27. Hier kann man sich neben überlebensgroßen Comiczeichnungen an den Wänden an leckeren Sandwiches und an der hippen Klientel erfreuen. Die große Glasfront zeigt auf den Passeig del Born, wo bei gutem Wetter die Tische auf der immer belebten Terrasse aufgestellt werden.*

Pla de la Garsa (8), *c/ Assaonadors 13,* ☏ *93 315 24 13. Bekannt für seine Pâtés und die große Käseauswahl, ansonsten gibt es hier katalanische und mediterrane Küche, z. B. Kabeljau an Honig. Angenehme Atmosphäre und antiquierte Deko in alten Gemäuern aus dem 16. Jh.*

Re Pla (9), *c/ Montcada 2,* ☏ *93 268 30 03. Der Ableger des beliebten Restaurants Pla im Barri Gòtic (c/ Bellafila 5,* ☏ *93 412 65 52). Gemütliches Ambiente, Tapas und kleine Gerichte.*

Mercat de Santa Caterina (2). *Ebenso wie in der Boqueria gibt es wohl nirgendwo frischeres Essen als im Markt selber. Auch im Mercat de Santa Caterina gibt es einige Angebote: Zum einen sind da die* **Cuines de Santa Caterina** *(www.cuinessantacaterina.com), ein schön hergerichtetes Restaurant mit hohen Decken am Rande des Marktes, nicht ganz billig. Die Auswahl ist groß, neben mediterranen und vegetarischen Gerichten laden auch orientalische Speisen zum Probieren ein, u. a. Sushi und Huhn mit Thai-Curry (mittags und abends geöffnet). Auch im Markt selbst gibt es eine Reihe von Ständen, wo Tapas oder ganze Gerichte angeboten werden. Sehr empfehlenswert ist z. B.* **La Torna**, *eine Bäckerei, die an der Theke auch sehr leckeres Essen serviert.*

Bacoa (10), c/ Colomines 2 (direkt hinter dem Markt), ☎ 93 310 73 13. Sehr kleines Lokal mit den besten Burgern der Stadt: leckeres Fleisch vom Grill, hausgemachte Soßen, selbst gebackenes Brot.. Ob klassisch, mit Manchego-Käse, japanisch mit Teriyaki-Soße oder schweizerisch mit Rösti, oder sogar der Doppel-Burger: die Wartezeit lohnt sich! Außerdem Salate.

Mescladís, Gustos del mundo (1), Pl. Sant Pere 5. Nicht nur ein Restaurant, sondern eine gute Sache: Im Rahmen des Projekts der Fundació Ciudatania Multicultural werden Kochkurse für Erwachsene und Kinder zu Integrationszwecken abgehalten, und man bekommt regionale Küche sowie Desserts aus aller Welt zum Essen vor Ort oder zum Mitnehmen. Auch ein Fair-Trade-Shop.

Tantarantana (7), c/ Tantarantana 24, ☎ 93 268 24 10. Zwei Terrassen und ein romantisches Interieur (2 Stockwerke). Mediterrane, gesunde Küche mit viel Gemüse. Zu empfehlen: das Kalbsfilet oder Thunfisch mit Gemüse und Ingwer. Nur abends.

Senyor Parellada (25), Carrer de l'Argenteria, ☎ 93 310 50 94. Gemütlich dekoriertes Lokal im Kolonialstil mit gelben und blauen Wänden, in dem traditionelle katalanische Küche serviert wird, z. B. „bacallà a al llauna" (Stockfisch mit Paprika und Knoblauch zubereitet), zudem gibt es ein Tagesangebot. Mittleres Preisniveau.

La Báscula, c/ Flassaders 30. Schräg gegenüber vom Café de la Princesa, gemütlich, vor allem vegetarische Küche, Sandwiches, Salate, große Teeauswahl, ab und zu Ausstellungen.

Lilipep (12), c/ Pou de la Cadena 8. Klein und gemütlich, es gibt Musik und Bücher, dazu kleine Speisen bei angenehm entspannter Atmosphäre. Ideal für einen verregneten Nachmittag.

Montiel (14), c/ Flassaders 19. Gemütliches kleines Restaurant, das mit wechselnden Werken junger Künstler bestückt ist, und mit fantastischer feiner Küche aufwartet wie Enten-Apfel-Cannelloni mit Ziegenkäse, Thunfisch-Tartar oder Lamm mit Kürbis-Püree und wilden Pilzen. Gute Weinauswahl, eher teuer – aber seinen Preis wert.

Tapas

La Taverna del Born (17), Passeig del Born 27, ☎ 93 315 09 64. Hier bekommt man traditionelle Tapas wie „albóndigas" (Fleischbällchen) und „patatas bravas", oder kleine Gerichte wie „pimientos del padrón con tacos del solomillo" (Filetstücke mit kleinen Paprika). Drinnen kann es ziemlich laut werden, aber schöner sitzt man ohnehin auf der Terrasse mit Blick auf den Passeig del Born. 11–1 Uhr durchgehend warme Küche.

Centre Cultural Euskal Etxea (19), Placeta de Montcada 1–3, ☎ 93 310 21 85, www.euskaletxea.cat. Einer der Pioniere der Pintxos in Barcelona ist das baskische Kulturzentrum. Über 40 verschiedene warme und kalte Köstlichkeiten werden hier in belebter Atmosphäre aufs Weißbrot gepinnt. Es gibt auch traditionelle baskische Gerichte.

La Vinya del Senyor, Pl. de Santa Maria del Mar 5, ☎ 93 310 33 79. Leckere Tapas und vor allem eine umfangreiche, ständig wechselnde Weinkarte bietet der „Weinberg des Herrn". Dazu sitzt man herrlich auf der schönen Terrasse direkt gegenüber der Kirche Santa María del Mar.

Taller de Tapas (24), c/ l'Argentería 51, ☎ 93 268 85 59. Mit der schlicht-modernen Einrichtung und dreisprachiger Karte ist die „Tapas-Werkstatt" vielleicht nicht gerade die traditionellste Tapas-Bar, dafür muss man sich hier nicht an der Theke drängeln. Die Tapas werden frisch zubereitet. Schöne Terrasse. Mehrere Niederlassungen, u .a. an der Pl. Sant Josep Oriol (☎ 93 301 89 20).

Comerç 24 (5), c/ Comerç 24, ☎ 93 319 21 02, www.comerc24.com. Hier gibt es in schicker Umgebung feine Tapas mit asiatischen, katalanischen und italienischen Einschlägen, z. B. Reis mit Entenleber oder Entrecôte mit Kartoffeln und Wasabi. Das Kurioseste auf der Karte:

„huevo Kinder" – ein Überraschungsei. Die Überraschung in diesem Fall: ein weich gekochtes Ei in der Schale mit schwarzem Trüffel und Kartoffelschaum gefüllt. Gehobenes Preisniveau. Umfangreiche Weinkarte.

El Xampanyet (20), c/ Montcada 22, ☎ 93 319 70 03. Ein Klassiker des Viertels, der sich seit Jahren ungebrochener Beliebtheit bei Einheimischen und Touristen erfreut. Zwischen den gekachelten Wänden bekommt man hier einfache, aber gute Tapas und, natürlich, Cava. Gute Stimmung.

Va de Vi (23), c/ Banys Vell 16, ☎ 93 319 29 00. Va de Vi – es geht um Wein – heißt das mit Bildern und Skulpturen schön dekorierte gemütliche Lokal. Unter den gewölbten Decken eines alten Stadtpalastes aus dem 14. Jh. (angeblich soll hier Kolumbus nach seiner Rückkehr aus Amerika genächtigt haben) kann man hier in rustikaler Atmosphäre aus über 300 Weinen aus aller Welt, vor allem aus Spanien, von 11 bis 615 (!) € pro Flasche auswählen. Lecker ist das „pa amb tomàquet" zum „selber machen". Dazu gibt es eine große Auswahl von über 50 Käsesorten sowie iberischen und katalanischen Schinken und Würsten, allerdings nicht gerade günstig.

Mosquito Tapas (3), c/ Carders 46, ☎ 93 263 75 69, www.mosquitotapas.com. Asiatische Tapas und „dumplings" (gefüllte Teigtaschen) in einem kleinen, entspannten Lokal.

Ausgehen

Mudanzas Bar Café (4), c/ Vidriería 15. Entgegen des Trends im Born hat sich hier an der Dekoration in Holz und den schwarz-weiß gekachelten Fliesen seit fast 20 Jahren nichts mehr verändert, und so konnte die Bar ihren alten Charme bewahren. Vormittags gibt es hier auch Kaffee und Brötchen, abends kommt die riesige Auswahl an Whisky (ca. 40 Sorten), Rum (30) und Wodkas (ca. 25) zum Einsatz.

Espai Barroc (2), c/ Montcada 20, www.palaudalmases.com. In der Straße des Picasso-Museums und wie dieses in einem alten Palast untergebracht, ist diese im barocken Stil eingerichtete gemütliche Bar mit roten Samtstühlen. Donnerstags werden live Opernarien zum Besten gegeben (dann Eintritt!), an anderen Tagen Jazz und Flamenco.

Entlang des **Passeig del Born**, direkt neben Santa Maria del Mar, gibt es eine ganze Reihe Bars, so z. B. das **Miramelindo** (Nr. 15) mit schummrigem Licht und einer großen Cocktailauswahl in entspannter Atmosphäre.

La Fianna (3), c/ Banys Vells 15, www.lafianna.com. Gemütliches Lokal im Retro-Look, Lieblingstreffpunkt der hier ansässigen Briten und Amerikaner. Auf gemütlichen Sofas kann man seine Cocktails schlürfen. Zum Essen gibt es internationale Küche, die von Currygerichten über Pasta bis zu Lachscarpaccio und gegrilltem Lamm reicht. Schon ab 18 Uhr geöffnet.

Sala Magic (5), Passeig de Picasso 40, www.magic-club.net. Der Rockclub der Stadt: Bereits in den 1970er-Jahren eröffnet, rocken bis heute Leute jeden Alters auf der Tanzfläche. Oft Konzerte, Programm auf der Website.

Auch **oberhalb des Carrer de la Princesa** findet man eine Reihe von Bars, z. B. am Carrer d'Allada Vermell, wo man es sich auf der Terrasse der **Casa Paco** (Nr. 10) bei einem Drink gut gehen lassen kann, in der kleinen, wohnzimmerähnlichen Bar legt manchmal ein DJ auf. Auf der großen Terrasse des **L'Antic Teatre (1)** (c/ Verdaguer i Callis 12) kann man im Sommer bei einem Drink wunderbar den Abend ausklingen lassen – oder starten.

Einkaufen

Zum Teil findet man in den alten Gemäuern schöne Lädchen mit originellen Dingen, z. B. den besten Keksladen der Stadt und einen Laden nur mit Zauberzubehör. Andere kombinieren einen Modeladen mit einer Cocktailbar oder einer Galerie. Besonders viele Läden gibt es in den Straßen Espaseria, Rec, Princesa und Flassaders. Hier eine kleine Auswahl:

Kulinarisches

La Botifarreria de Santa María, c/ Santa María 4, www.labotifarreria.com. Die Metzgerei mit der wohl größten Auswahl der berühmten **Butifarras** (katalanische Wurstspezialität), die hier in eigener Herstellung aus katalanischem Rind und den unterschiedlichsten Zutaten wie Leber, Käse, Fisch, Gemüse und sogar Schokolade zubereitet werden. Auch andere Wurstwaren und selbst hergestellter Käse.

Fast ein Museum: E&A Gispert

Cafés el Magnífico (6), c/ Argenteria 64, www.cafeselmagnifico.com. Hier werden seit 1919 die besten Bohnen der Welt getestet und eigene Mischungen kreiert. Ein Genuss für jeden Kaffeefreund. Direkt gegenüber kommen auch Teefans auf ihre Kosten: Bei **Sans & Sans Colonials** (Nr. 59) gibt es über 200 Sorten Tee und Zubehör.

E&A Gispert (7), c/ Sombrerers 23, www.casagispert.com. Direkt hinter der Kirche Santa María del Mar befindet sich diese traditionsreiche Rösterei mit Charme, schon fast ein Museum. In einem alten Ofen werden Früchte getrocknet und Nüsse geröstet. Nicht günstig, aber die verschiedenen Schokoladensorten mit getrocknetem Obst und Nüssen können süchtig machen.

Vila Viniteca (8), c/ Agullers 7, ☎ 93 777 70 17, www.vilaviniteca.es. Eine schier unübersichtliche Menge (ca. 4.000 Sorten sollen es sein) ausgesuchter Weine, Cavas und Liköre.

La Carte des Vins, c/ Sombrerers 1, ☎ 93 268 70 43. Wein, Literatur über Wein (auch in Englisch) und Weingläser. Es gibt mehrere Niederlassungen, u. a. einen Stand im Mercat de la Boqueria, und im Eixample, Roger de Lluria, 137.

demasié (2), c/ Princesa 28. In dem türkisfarbenen Laden gibt es „galetes exageradament bones" – „übertrieben gute Kekse", und das in einer ordentlichen Auswahl. Probieren Sie selbst!

Hofmann Pastisseria (4), c/ Flassaders 44, www.hofmann-bcn.com. Lust auf Süßes? Die absolut besten Kuchen und Nachtische der Stadt gibt es bei Hofmann.

Barcelona Reykjavik, c/ Princesa 16. Wer kein Weißbrot mehr sehen mag: Hier gibt es leckeres, traditionell gebackenes Brot, Kuchen und Törtchen. Weitere Niederlassungen: c/ Doctor Dou, 12 (Raval) und c/ Asturies 20 (Gràcia).

Schuhe

Originelle bis extravagante Exemplare findet man z. B. bei **U-casas** (c/ Espaseria 4), eine gute Auswahl bekannter Marken bietet auch die in der ganzen Stadt vertretene Kette **Tascón (13)** (Passeig del Born 8), bei **Czar** (Passeig del Born 20) gibt es die neuesten Trends und Modelle von Sportschuhen, und bei **Nu Sabates (3)** *(c/ Cotoners 14) bekommt man traditionell hergestellte Schuhe und kann auch sein eigenes Modell anfertigen lassen – zum entsprechenden Preis.*

Vialis, *c/ Vidrieria 15. Die kleine Kette mit eigener Kollektion eröffnete 1996 hier im Born ihren ersten Laden, mittlerweile gibt es sie auch in Madrid und Berlin. Schöne Schuhe und Taschen, originell, aber duchaus trag- und bezahlbar (weitere Filialen u. a.: c/ Elisabets 20 und L'Illa Diagonal, s. S. 52).*

Casa Munich (11), *c/ Antic de San Joan 4–6, www.munichsports.com. Katalanische Kultfirma, die ihre eigenen Turnschuhe herstellt. Im schwarz-weiß gestreiften Ladenlokal im 1940er-Jahre-Stil kann man sie erstehen.*

Mode und Accessoires

Café de la Princesa, *c/ Flassaders 21. Neben dem Restaurant befindet sich in den mittelalterlichen Gemäuern ein Designerladen, der neben Mode und Schmuck auch allerlei Dekoratives für zu Hause bietet.*

Como Agua de Mayo, *c/ Argenteria 43. Ausgesuchte Mode spanischer Designer, zudem eine Auswahl von Schmuck und Schuhen findet man in dieser kleinen (leider recht teuren) Boutique.*

Custo Barcelona (10), *Pl. Olles 7, www.custo-barcelona.com. Das Designer-Aushängeschild der Stadt und internationales Symbol des trendigen Barcelonas sind die farbenfrohen Kreationen von Custo. Weitere Niederlassungen in der ganzer Stadt, z. B. Eixample (Rambla de Catalunya 95)*

BF (9), *c/ Espartería 1. Schöne und leider nicht ganz günstige Taschen der Barceloneser Designerin Beatriz Furest.*

Lobby, *Ribera 5 (hinter dem Mercat del Born),* ☏ *93 319 38 55. Versteckt gelegen, doch das Suchen lohnt. In dem großzügigen Designerladen findet sich Exklusives und Kreatives für Männer und Frauen von jungen Designern, zudem Schuhe, Kosmetik, Parfüm und Accessoires.*

onland born, *c/ Princesa 25, www.on-land.com. Auswahl junger unabhängiger Designer aus Barcelona und Nordeuropa, eigene Linie – und nicht mal so teuer.*

Desigual, *c/ Argenteria 65, www.desigual.com. „Verschieder" heißt die aus Barcelona und Ibiza stammende, experimentierfreudige Marke, die moderne und ziemlich bunte Sportswear und Streetwear verkauft. Zahlreiche Shops (u. a. in allen Shoppingcentern).*

Der Carrer del Rec wartet mit einer ganzen Reihe schicker Läden auf, z. B. **La Comercial** *(Nr. 52 und 73) mit sehr femininer Mode, gegenüber ist der Shop für Männer, in der Nr. 46 gibt es bei* **Menchén Tomás** *eine eigene Linie einer romantisch angehauchter Kleider, bei* **Coquette – Born to be Beautiful (5)** *(Nr. 65) gibt es eine Auswahl junger eupäischer Mode.*

Sonstiges

Rey de la Magia (1), *c/ Princesa 11,* ☏ *93 319 39 20, www.elreydelamagia.com. Hier wird seit 125 Jahren all das verkauft, was ein Zauberer für seine Tricks so braucht. Zaubervorstellungen, einen kleinen Laden und Museum gibt es im* **Teatro Museu** *(c/ Jonqueres 15, nahe Pl. Urquinaona.*

Las Lolas Planet, *c/ Barra de Ferro 8 (Querstraße zum c/ Montcada). Auch wenn es nicht von hier kommt: Flamencozubehör führt der kleine Laden in seinem „paraíso flamenco".*

Ivo & Co, *c/ Rec 20,* ☏ *93 268 33 31. Nostalgisch anmutender Deko-Schick, alte und neue Stücke. Einfach schön zum Gucken.*

Parc de la Ciutadella: Grüne Oase im Herzen der Stadt und die Weltausstellung von 1888

 Orientierung

So kommt man hin: Metro: Arc de Triomf oder durch das Viertel Sant Pere. Ein Spaziergang durch den Park dauert (ohne Zoobesuch) nicht länger als eine Stunde, der Park ist offen von 10 Uhr bis Sonnenuntergang.

Ein Spaziergang im Parc de la Ciutadella bietet eine Verschnaufpause im Grünen, etwas abseits vom Lärm und Gewusel der Stadt. Im Sommer ist aber auch hier viel los, werden die Grünflächen zum Sonnen, Ausruhen und zu sportlicher Betätigung genutzt. Ursprünglich war der heutige Stadtpark ein Teil des Viertels La Ribera. Der Bourbone Philipp V. (1683–1746) ließ nach seinem Sieg 1714 (s. S. 18) für den Bau einer Zitadelle um die 1.000 Häuser abreißen. Nach langen Diskussionen wurde für die **Weltausstellung 1888** die Zitadelle abgerissen und das Gelände unter der Leitung von Josep Fontserè in einen der ersten öffentlichen Parks der Stadt verwandelt. Trotz der enormen Verschuldung Barcelonas, verschaffte es den Bewohnern eine besondere Genugtuung, vor Madrid die erste spanische Stadt zu sein, in der eine Weltausstellung stattfinden sollte. Das bis dato kaum bekannte Barcelona, das damals gerade erst über seine mittelalterlichen Mauern hinauswuchs, sah sich selbstbewusst auf einer Höhe mit Paris und London.

Buchtipp
*Der Roman „***Stadt der Wunder***" von Eduardo Mendoza erzählt vor dem Hintergrund der Weltausstellungen 1888 und 1929 die Geschichte des Emporkömmlings Onofre Bouvila, der vom Verteiler anarchistischer Pamphlete zum reichsten Mann Spaniens aufsteigt.*

Parc de la Ciutadella

Ronda de Sant Pere
Carrer d'Alí Bei
C. de Ribes
Carrer d'Alí Bei
C. de Trafalgar
Arc de Triomf
Estació d'Autobuses Barcelona-Nord
C. de Ribes
Av. Vilanova
Carrer de Nápols
Carrer de Sardenya
Arc de Triomf
Passeig de Sant Joan
Passeig de Lluís Companys
Carrer de Roger de Flor
C. des Almogàvers
N
0   50 m
Plta. Comerç
Picnic
Carrer de Comerç
C. de Buenaventura Muñoz
Avinguda Meridiana
Passeig de Pujades
Museu de la Xocolata
Castell dels Tres Dragons
Kaskade
Carrer de Wellington
Hivernacle
Passeig de Picasso
Museu Martorell
C. de Llull
Carrer de Ramon Trias Fargas
Carrer de Comerç
C. de Ramon
Av. Marquès de l'Argentera
Plaça d'Armes
Parlament de Catalunya
Estació de França
PARC DE LA CIUTADELLA
C. de Villena
Passeig Circumval·lació
Zoo
Ciutadella Vila Olímpica
Avinguda d'Icària
Barceloneta

© graphic

Spaziergang durch den Park

Der **Arc de Triomf** wurde als Haupteingang für die Weltausstellung 1888 gebaut. Architekt war Josep Vilaseca i Casanovas (1848–1919), der die traditionelle Bauweise mit einem neuen
Material, nämlich Backstein, kombinierte.
Im oberen Teil sind Skulpturen verschiedener Bildhauer, u. a. Josep Llimona zu
sehen, die die Barcelonesen beim Emp-
fang ihrer Gäste zeigen.

Über den **Passeig Lluís Company** mit
seinen modernistischen Laternen gelangt man nach Überquerung des Passeig
Pujades zum Eingang des Parks. Das
große Gebäude links ist der **Palau de
la Justícia**, der ehemalige Justizpalast,
mit einer mächtigen Fassade. Ende des
19. Jh. wurde er von Enrique Sagnier und
Domènech Estapà in einer frühen Phase
des Modernisme entworfen. Der Bau
wurde ausschließlich mit Material aus
dem Steinbruch des Montjuïc errichtet.

Triumphbogen im Parc de la Ciutadella

Vor dem Eingang zum Park steht das
Denkmal des Bürgermeisters Rius i Tau-
let, der einst die Weltausstellung in die Stadt holte und ihr so zu internationaler Bekanntheit verhalf. Ein Gang durch den Park führt an den architektonisch sehenswerten Überbleibseln der Ausstellung vorbei.

Der Eingang wird flankiert von zwei Statuen, die Handel und Industrie symbolisieren
und die progressiven Ideen jener Zeit repräsentieren. Am Eingang Avinguda Marquès de
l'Argentera sind zwei weitere Statuen zu sehen, Allegorien für Landwirtschaft und See-
fahrt. Man befindet sich nun auf dem von Bäumen flankierten, breiten Weg. Links sieht
man die riesige, auf Industrierädern montierte Skulptur von Antonio Clavé von 1988.

*Symbole für
Handel und
Industrie*

Direkt rechts vom Eingang fällt ein großes rotes Backsteingebäude ins Auge, die auch
als **Castell dels tres dragons** bekannte „Burg der drei Drachen". Lluis Domènech
i Montaner errichtete den Bau, der das Café und Restaurant der Weltausstellung beherbergte, 1887–1888. Es ist eines der ersten modernistischen Gebäude Barcelonas.
Das wie eine Burg anmutende, zinnenbekrönte Gebäude vereint Elemente des mittelalterlichen katalanischen Zweckbaus mit maurischen Einflüssen wie blau-weißen
Keramikwappen.

Direkt dahinter befindet sich der **Hivernacle** (Wintergarten). Den als Gewächshaus
konzipierten Pavillon errichtete 1883–1887 Josep Amargós i Samaranch aus Glas und

Beliebtes Motiv: das Parlament von Katalonien

Gusseisen, den typischen Materialien jener Epoche. Heute werden dort mitunter Konzerte abgehalten, das Café ist nur gelegentlich im Sommer geöffnet.

Ein Haus weiter liegt das **Museu Martorell**. Es war das erste Gebäude der Stadt, das explizit mit dem Ziel erbaut wurde, ein Museum zu beherbergen. Stifter war Francesc Martorell Peña, entworfen wurde es von Antoni Rovira i Trias (1879–1882) im neoklassizistischen Stil. Die beiden Statuen neben dem Eingang stellen die Naturwissenschaftler Félix de Azara und Jaume Salvador dar.

☞ Hinweis

*Die beiden Gebäude sind Teil des **Museu de Ciències Naturals** (Museum für Naturwissenschaften), dessen Hauptgebäude das 2011 eröffnete **Museu Blau** im **Fòrum** ist (s. S. 183). Beide sind zzt. wegen Renovierungsarbeiten geschlossen, danach sollen wieder geologische und zoologische Sammlungen in die Burg der drei Drachen einziehen, im Museum Martorell soll die Beziehung zwischen Mensch und Naturwissenschaften aufgezeigt werden. Aktuelle Infos unter www.museuciencies.bcn.cat.*

Nur ein Stückchen weiter lässt man rechts den **Umbracle** aus Backstein und Holz hinter sich (Josep Fontserè i Mestres, 1883). Es ist eine Art Gewächshaus, in dem das feuchte Klima tropische Pflanzen wachsen lässt.

Zoologischer Garten

Am Ende des Wegs gelangt man zum Eingang des **Parc Zoològic**, der etwa ein Drittel des Parks einnimmt. Der Zoo wurde 1892 eröffnet. Neben den rund 450 Tierarten kann auch ein künstlicher Berg bestaunt werden, der die Sierra de Montserrat imitiert.
Parc Zoològic, *www.zoobarcelona.com, tgl. 10–17.30, im Sommer bis 20, Frühjahr/Herbst bis 19 Uhr, Metro: Barceloneta, Ciutadella, Arc de Triomf, Marina.*

Vor dem Eingang zum Zoo steht die Statue des General Prim. Er war Held der Septemberrevolution von 1868, die Isabell II. stürzte. Prim hatte sich für den Abriss der alten Zitadelle stark gemacht. Weniger positiv ist die Bombardierung des Viertels Gràcia in Erinnerung, weshalb zu Beginn des Bürgerkriegs die *Juventudes Libertarias* dieses Viertels die Statue aus dem Jahr 1887 vom Sockel stießen und die Bronze zu Kriegsmaterial umarbeiteten. Die heutige Statue wurde nach dem Krieg anhand einer fotografischen Vorlage von Frederic Marès geschaffen.

☞ Hinweis

Verlässt man den Park am Zoo auf der Avinguda Marquès de l'Argentera, gelangt man zur Barceloneta. Auf dem Weg liegt die **Estació de França**, *bis in die 1980er-Jahre der Hauptbahnhof Barcelonas (heute Sants und demnächst La Sagrera). Das Bahnhofsgebäude wurde von Pedro Muguruza Otaño entworfen und 1929 zur Weltausstellung eröffnet. Es besticht durch seine monumentale Architektur und Materialien wie Marmor, Bronze und Glas.*

Nach links gelangt man zwischen der Parròquia Castrense (18. Jh.) und dem IES Verdaguer zum **Parlament de Catalunya**. Das Gebäude des Parlaments Kataloniens ist eines der wenigen, die von dem alten Komplex der Zitadelle geblieben sind. Es wurde als Arsenal 1717 von Jorge Próspero de Verboom errichtet, später war es königliche Residenz. Nach Umbauten von Pere Falqués (1932) tagte hier das Parlament von Katalonien. Unter Franco geschlossen, wird es seit 1980 wieder als Parlament genutzt.

Überrest der Zitadelle

Auf der **Plaça de les Armes** vor dem Parlament befindet sich eine Brunnenanlage in einem kleinen runden Teich mit einer der berühmtesten katalanischen Skulpturen. Die unter dem Namen **El Desconsol** („Der Kummer") bekannte Skulptur stammt von Josep Llimona (1903). Das Original wurde allerdings Mitte der 1980er-Jahre in Sicherheit gebracht und durch eine Replik ersetzt.

Weiter geht es links am hübschen, sehr kleinen See vorbei, auf dem man Ruderboote mieten kann. Rechts am Wege steht seit 1907 ein riesiges **Mammut** aus Stein, Teil eines nicht fortgeführten Plans des Naturwissenschaftlers Norbert Font i Sagué (1874–1910), der eine Reihe prähistorischer Tiere in Originalgröße aus Stein im Park präsentieren wollte.

In der Nordostecke des Parks erreicht man die berühmte

Lebensgroßes Mammut aus Stein

Monumental: die Kaskade

*Monumen-
tale Brun-
nenanlage*

und mächtige **Kaskade**. Der Springbrunnen wurde ebenfalls für die Weltausstellung von 1888 von Josep Fontserè angelegt. Auch Gaudí soll an dem monumentalen und üppig verspielten Werk als junger Student mitgewirkt haben. Zu beiden Seiten sind breite Treppen angelegt, die hinauf zum Triumphbogen führen. Darauf thront der Wagen der Aurora, eine Skulptur aus Eisen von Rossend Nobas. Die Steinskulptur darunter zeigt Venus in einer Muschel (von Venanci Vallmitjana).

Nach links erreicht man wieder den Eingang. Über den Passeig Lluís Company geht es zurück zur Metrostation Arc de Triomf. Hält man sich am Ausgang links, gelangt man auf dem Carrer de la Princesa (s. S. 154) direkt ins Viertel La Ribera.

Restaurant-Tipp
Im **Restaurant Picnic** *am Carrer del Comerç/Ecke Passeig Picasso gibt es am Wochenende bis 17 Uhr leckeren Brunch, unter der Woche Mittagsmenü und Abendessen, Kuchen, Wein und Cocktails (☏ 93 511 66 61).*

Barcelona und das Meer – Port Vell, Barceloneta, Poblenou

Als eine der großen mediterranen Städte Europas hat das Meer Barcelona und seine Menschen seit jeher geprägt. Aber erst durch den Umbau im Rahmen der Olympischen Spiele wurde Barcelona wieder zur in der Literatur vielbeschworenen Stadt am Meer – und legte sich nebenbei das Image der Trendmetropole am Mittelmeer zu. Dies ist auch an den am Meer gelegenen Vierteln nicht spurlos vorbeigegangen. Während im Port Vell, dem alten Hafen, nicht mehr viel Altes zu sehen ist und mit Diagonal Mar ein komplett neues Viertel entstanden ist, hat sich die Barceloneta ihren alten, maritimen Charme bewahrt.

Vom einst sumpfigen Ufer, an dem viele hundert Jahre später die Barceloneta entstehen sollte, soll einst ein Sohn der Stadt, Lucius Minicius Quadronius Verus, gen Griechenland aufgebrochen sein. Ihm gebührt die Ehre, als erster Barcelonese aller Zeiten 129 v. Chr. an den Olympischen Spielen teilgenommen zu haben und als Olympiasieger des Wagenrennens in die Geschichte eingegangen zu sein. Fast 2.000 Jahre später wurde auf dem neu gewonnen Stück Land eine Fischersiedlung gebaut. Nachdem sich der ursprüngliche alte Hafen südlich des Montjuïc immer mehr mit Sand gefüllt hatte, wurde Ende des 15. Jh. mit dem Bau des Hafendamms begonnen. An dessen östlicher Seite lagerten sich die Sedimente des Meeres und des Flusses Besòs ab, dort entstanden eine Landzunge und später die Barceloneta. Mitte der 1960er-Jahre kehrte der

Redaktionstipps

➤ Wer sich für das Leben im Meer interessiert, sollte das **Aquarium** nicht verpassen (S. 173).
➤ Die wechselhafte Geschichte Kataloniens im **Museu d'Història de Catalunya** entdecken (S. 174).
➤ Den **Passeig Marítim** (S. 178) entlang flanieren und das Mittelmeer genießen.
➤ Unbedingt in einem der traditionsreichen Lokale **Fisch essen**, z. B. Tapas im **Can Paixano** oder im **Vaso de Oro** (S. 179).
➤ Lebendig wird das Thema Stadtentwicklung im ehemaligen Industrieviertel **Poblenou** und im neuen Viertel **Diagonal Mar** (S. 182).
➤ Neue Kunst in alter Fabrik: Die **Fundaciò Vila Casas** (s. S. 184).

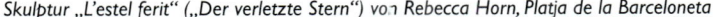

Hafen an seinen ursprünglichen Platz im Deltagebiet des Llobregat zurück. Vom Montjuïc hat man übrigens einen faszinierenden Blick auf die riesige Containerlandschaft.

Der nun nicht mehr genutzte **Port Vell** verfiel zusehends, und das alte Hafengelände war bis in die 1980er-Jahre nach Meinung vieler Barcelonesen tatsächlich nicht mehr

Skulptur „L'estel ferit" („Der verletzte Stern") von Rebecca Horn, Platja de la Barceloneta

als das – alt, und zudem ziemlich hässlich. Dann näherten sich die Olympischen Spiele und waren der Anstoß zu größeren städtebaulichen Plänen. Es entstand im Zuge der Wiederbelebung der maritimen Fassade eine neue Freizeitzone mit modernem Yachthafen, dem Port Olímpic, Geschäften und Restaurants.

Bis 1714 war die **Barceloneta** kaum bewohnt, dann ließen sich die durch den Bau der Zitadelle (s. S. 166) im Viertel La Ribera wohnungslos gewordenen Menschen, vor allem Fischer und Seeleute, hier in selbst gezimmerten Baracken nieder. Außerhalb der Mauern gelegen, waren sie Angriffen vom Meer aus schutzlos ausgeliefert. Nach mehreren gescheiterten Anläufen, hier feste Häuser zu errichten, hatte der General-

Militärisch geplantes Viertel

kapitän von Barcelona, der Marquis de la Mina, ein Einsehen. 1754 war Baubeginn. Militäringenieur Juan Martín Cermeño und der Architekt Francisco Paredes legten das Viertel, recht militärisch, wie auf einem Reißbrett an: Parallele Straßen mit identischen Häuserblocks, die dreieckige Giebel hatten und nur einstöckig sein durften, damit die von der Zitadelle kommenden Kanonenkugeln der Spanier über sie hinwegfliegen konnten. Mitte des 19. Jh. wurde mit der fortschreitenden Industrialisierung und der

Wohnungsnot den Bewohnern der Barceloneta gestattet, anzubauen. Angesichts der engen Bebauung konnte dies nur in eine Richtung geschehen: nach oben. Bis zu fünf Stockwerke wurden auf die niedrigen Häuser draufgesetzt. Im späteren 20. Jh. entwickelte sich das Industrie- und Hafenviertel dann zunehmend zum Badeort der Stadt. Die Bewohner kamen und kommen zum Meer und um guten Fisch zu essen.

Die Barceloneta hat sich, zwischen den modernen Bauten des Moll d'Espanya und dem Port Olímpic gelegen, bis heute den Charme eines Fischerdorfs bewahrt. Hier riecht es nach Meer, laden enge und feuchte Gassen, kleine Plätze und eine erstaunlich große Auswahl von guten Fischrestaurants zum Entdecken ein. Bisher ist der Bau- und Renovierungsboom am Viertel mehr oder weniger vorübergegan-

Moderne Architektur am Port Olímpic

gen. Aber auch hier sind bauliche Veränderungen zu erwarten: Die für Besucher so pittoresken engen Gassen, an denen die Wäsche im Wind flattert, bieten teilweise sehr beengte und wenig ideale Wohnbedingungen. Ein hochmodernes Gebäude gibt es schon: Der von Weitem sichtbare Sitz der Firma Gas Natural ist ein architektonisch origineller Glaspalast. Er steht übrigens an der Stelle, wo sich vor über 160 Jahren die erste Gasfabrik Spaniens niedergelassen hatte. Die **Torre de les Aigües**, der Wasserturm, ist einer der letzten stehenden Teile der alten Fabrik.

Viertel im Umbruch

Rundgang Port Vell, Barceloneta und das Olympische Dorf

 Orientierung

So kommt man hin: Port Vell und Barceloneta erstrecken sich zwischen Meer und der Ciutat Vella. Metrostationen: Drassanes (L5), Barceloneta (L4), Ciutadella – Vila Olímpica (L4). Zum Beginn des Rundgangs gelangt man mit der L3, Station Drassanes, dann geht es 5 Min. zu Fuß die Rambla hinunter bis zum Mirador de Colom.

Port Vell

Der Spaziergang beginnt auf dem Platz vor dem **Mirador de Colom (1)** am Fuße der Rambla (s. S. 142), an dem das gelbe Zollgebäude (1902) mit den vier Türmchen steht. Um die Ecke am Moll de la Fusta liegt übrigens das **Segelschiff „Santa Eulàlia" (2)** vor Anker, das als Teil des Seefahrtsmuseums besucht werden kann (s. S. 120).

Über die **Rambla del Mar**, die elegant geschwungene und aufklappbare Holzbrücke, spaziert man auf die andere Seite zum **Moll d'Espanya**. Von hier hat man einen guten Blick auf den Yachthafen und den nebenan erbauten **Moll de Barcelona**, an dessen Spitze sich das **World Trade Center**, u. a. mit einem Fünf-Sterne-Hotel, erhebt. Am Ende der Rambla del Mar liegt das **Maremàgnum**, ein riesiges Shoppingcenter.

Neben dem Einkaufszentrum liegt das **Aquarium (3)** von Barcelona, die größte Attraktion des Port Vell. Als eines der größten Aquarien Europas bietet es faszinierende Unterwasserwelten. Zahlreiche Arten von Meeresbewohnern sind hier zu bestaunen: Fische jeder Größe und Farbe (um die 11.000 sollen es sein, etwa 450 Arten), Pinguine und Piranhas, Korallen bis hin zu seetüchtigen Würmern. Jedes Aquarium stellt einen anderen maritimen Lebensraum dar. Höhepunkt ist das **Oceanario**, eine Nachbildung des Ökosystems des Mittelmeers. Mit 6 Mio. Litern Wasser ist das Ozeanarium das größte und spektakulärste der Aquarien, unter dem man durch einen 80 m langen Glastunnel wandern kann. Neben einer Menge anderer Fische sind hier auch die Stars des Aquariums zu Hause: die Haie. In der interaktiven Ausstellung für Kinder, **Explora!**, werden drei Ökosysteme des Mittelmeers mit ihren Bewohnern gezeigt. Mehr als 50 Attraktionen laden zum Sehen, Anfassen, Hören und Entdecken ein.

Faszinierende Unterwasserwelten

L'Aquàrium, *Moll d'Espanya del Port Vell,* ☎ *93 221 74 74, www.aquariumbcn.com, tgl. 9.30–21, Wochenende bis 21.30, Juli/Aug. bis 23 Uhr, 17,75 €.*
Nebenan liegt das **IMAX-Theater**, das Filme u. a. in 3D zeigt (☎ *93 225 11 11, www.imaxportvell.com).*

Vom begrünten Hügelchen am Moll d'Espanya mit ein paar Bänken und der Replik des U-Boots „**Ictíneo II**" von Narcís Monturiol (1819–1885) hat man einen schönen Blick auf den Palau del Mar, den Yachthafen und die Häuser der Barceloneta. „Ictíneo II" war übrigens das erste dampfbetriebene U-Boot der Welt und wurde 1864 im Hafen von Barcelona zu Wasser gelassen. Am Pla de Palau steht die bunte Skulptur des Pop-Artisten Roy Lichtenstein „**El cap de Barcelona**" („der Kopf Barcelonas"). Dahinter erhebt sich das mächtige Gebäude der **Post** mit seiner verzierten Fassade.

Geschichte Kataloniens

Rechts geht es Richtung Marina Port Vell. Das große gelblich-rötliche Backsteingebäude auf der anderen Seite der Marina ist der **Palau de Mar**. Im Erdgeschoss sind eine Reihe Restaurants, aber den Großteil des Gebäudes belegt das **Museu d'Història de Catalunya (4)**. Das Gebäude ist ein riesiges altes Lagerhaus vom Ende des 19. Jh. und das einzige, das die Neuentwicklung des alten Hafens überlebt hat. Das Museum bietet auf zwei Stockwerken, multimedial aufbereitet, detaillierte Informationen zur Geschichte Kataloniens: von den prähistorischen Ursprüngen über die Geburt der Nation, den wirtschaftlichen und politischen Auf- und Abstieg bis hin zum Bür-

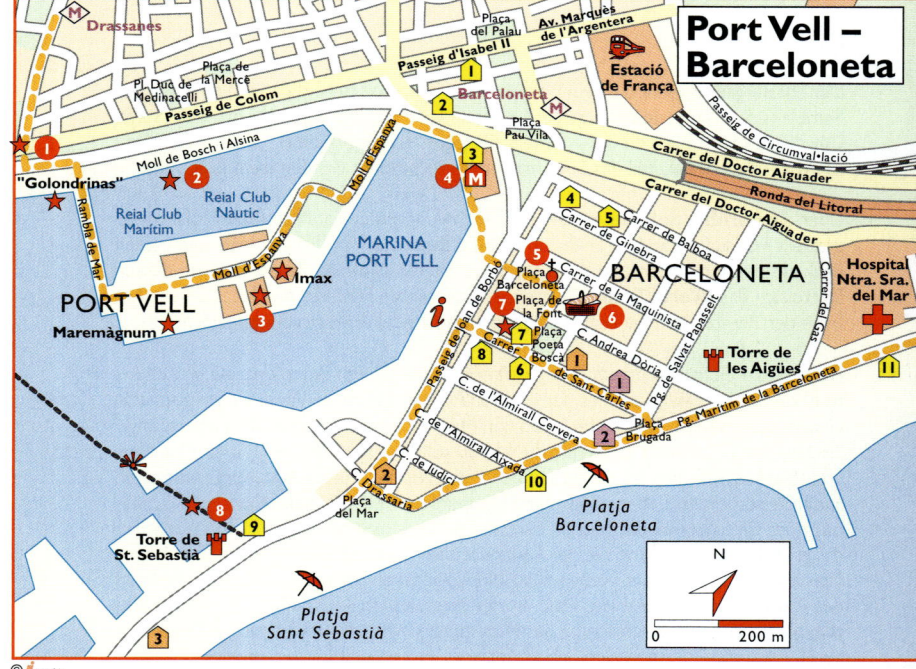

© *i graphic*

gerkrieg, zur Franco-Zeit und zur Rückkehr zur Demokratie, wobei die späteren Jahre den interessanteren Teil darstellen. Sehenswert ist das Museum auch deshalb, weil Katalonien hier nach vielen Jahren von Madrid diktierter Geschichte (1714 bis Mitte 19. Jh., 1936 bis zum Tod Francos 1975) seine Sicht der Dinge darstellt. Alle Beschriftungen auch in Englisch. Empfehlenswert ist das

Die Rambla de Mar mit ihrer geschwungenen Holzbrücke

Restaurant 1881 in der 4. Etage mit schöner Terrasse und Blick auf den Hafen (allgemein zugänglich, Mittagsmenü).

Museu d'Història de Catalunya, *Pl. de Pau Vila 3 (Palau del Mar),* ☎ *93 225 47 00, www.mhcat.net, Di–Sa 10–19, Mi 10–20, So 10–14.30 Uhr, 4 €.*

Sehenswürdigkeiten

1 Mirador de Colom
2 Segelschiff „Santa Eulàlia"
3 Aquarium
4 Museu d'Història de Catalunya
5 Església Sant Miquel del Port
6 Mercat de la Barceloneta
7 Cooperativa Obrera La Fraternitat
8 Transbordador Aeri del Port

Restaurants

1 Set Portes
2 Can Paixano
3 Restaurant 1881
4 Vaso de Oro
5 Jai-Ca
6 SomoRRostro
7 La Cova Fumada
8 Can Solé
9 Torre d'Alta Mar
10 Can Majó
11 Arenal
12 Agua
13 Ca La Nuri Platja
14 Arola
15 El Chiringuito de Moncho's

Unterkunft

1 Barcelonetasuites
2 Equity Point Sea Hostel
3 W Hotel
4 Hotel Arts

Ausgehen

1 Absenta Bar
2 Santa Marta
3 CDLC

Kirche Sant Miquel del Port an der Plaça de la Barceloneta

Barceloneta

Weiter Richtung Meer geht es am Moll de la Barceloneta entlang. Hier breiten im Sommer viele Verkäufer ihre Tücher aus und bieten vor allem Taschen und Sonnenbrillen zum Kauf an. Am **Passeig de Joan de Borbó** geht es gerade hinunter bis zum Strand.

Auf dem Weg zum Meer lohnt sich jedoch ein kleiner Umweg durch das Herz der Barceloneta. Durch einen kleinen Durchgang links (bei Hausnr. 21) gelangt man in das Innere des Viertels. Schon nach wenigen Metern stößt man auf die ruhige **Plaça de la Barceloneta** mit der **Església Sant Miquel del Port (5)**. Sie ist dem Schutz-

Dreischiffige Barockkirche heiligen des Viertels gewidmet. Mitte des 18. Jh. wurde die dreischiffige Barockkirche im Rahmen der Bebauung der Landzunge nach dem Entwurf des Architekten Damià Ribes erbaut. Über der Tür ist der Erzengel Michael dargestellt, beflügelt und mit Schwert und Schild. Auf der barock gestalteten Fassade sind auch Sant Elmo und Santa Maria de Cervelló, die Schutzheiligen der katalanischen Flotte und Fischer, zu sehen. Sie wurden um reichen Fang und sichere Wiederkehr gebeten. In schweren Stürmen sollen einst unverheiratete Kapitäne im Namen der Heiligen geschworen haben, im Fall ihres Überlebens die erstbeste Frau zu heiraten, die ihnen über den Weg lief. So soll es an stürmischen Tagen ein erhöhtes Frauenaufkommen am Hafen gegeben haben …

Rechts neben der Kirche in dem Haus mit den Blumenornamenten an der Fassade der Nr. 41 (Carrer de Sant Miquel) erinnert eine kaum lesbare **Plakette** an Ferdinand de Lesseps, der hier während seiner Zeit als französischer Konsul 1858 gewohnt hat. Der Ingenieur hat den Bau des Suezkanals initiiert. Schön ist der Brunnen auf dem Platz mit dem Wappen Barcelonas.

Verlässt man den Platz Richtung Meer und biegt direkt links in den Carrer d'Escuder ein, lohnt an der **Plaça de la Font** der **Mercat de la Barceloneta (6)** einen Besuch. Mit ihrer modernen Struktur sticht die Markthalle aus den umliegenden Häusern hervor. 1884 eröffnet und damit einer der ältesten überdachten Märkte der Stadt, entstand die Halle in der für diese Zeit typischen Eisenkonstruktion mit einem Hauptschiff und zwei Seitenschiffen. Architekt war Antoni Rovira i Trias. Der Markt wurde unter Beibehaltung der alten Struktur aufwendig restauriert und bietet neben den mit zahlreichen Köstlichkeiten bestückten Ständen auch mehrere Restaurants (s. S. 179).

Eine der ältesten Markthallen

Am Ende der Plaça Poeta Boscà verläuft der Carrer de Sant Carles. Wer mag, kann die Straße nach links bis zu ihrem Ende spazieren, um den Brunnen an der Plaça Brugada in Augenschein zu nehmen: Der Bildhauer Rafael Solanic hat die **Font de Carmen Amaya** (1959) der berühmtesten Flamencotänzerin der Stadt gewidmet (auch vom Passeig Marítim über die kleinen Treppen zu erreichen). Carmen Amaya wurde 1916 in einer Ansiedlung aus Andalusien stammender Gitanos geboren. Diese Barackensiedlung hieß **Somorrostro** und lag bis zu ihrem Abriss 1920 zwischen der Barceloneta und dem Poblenou. Die Tänzerin wurde mit ihrem Auftritt bei der Weltausstellung 1929 weltberühmt, tourte jahrelang erfolgreich durch Amerika und spielte in verschiedenen Filmen mit. Der Brunnen zeigt fünf tanzende und musizierende Kinder.

Folgt man dem Carrer de Sant Carles nach rechts, stößt man an der Ecke zum Carrer del Comte de Santa Clara (Nr. 8) auf das Haus der früheren **Cooperativa Obrera La Fraternitat (7)**, das so gar nicht zu den restlichen Bauten der Barceloneta passt. *La Fraternitat* ist eine der ältesten Genossenschaften der Region, 1879 an diesem Ort gegründet. Das alte Haus der Genossenschaft wurde 1914 abgerissen und das aktuelle wenige Jahre später im modernistischen Stil erbaut, das einzige Jugendstilgebäude in diesem sonst eher bescheidenen Viertel. Architekt war Francesc Guàrdia i Vial, der Schwiegersohn von Domènech i Montaner. Heute befindet sich darin die Bibliothek des Viertels.

Das einstöckige Haus gegenüber (Nr. 6) mit dreieckigem Giebeldach ist eines der wenigen Häuser, das noch in der Originalform von 1755 steht. Es ist etwas heruntergekommen, lässt aber einen Eindruck davon gewinnen, wie es hier früher ausgesehen haben mag. Durch die zunehmende Bevölkerungsdichte war der Wohnraum so knapp, dass die Häuser bis zu vier Mal unterteilt wurden und den Arbeiterfamilien nur noch winzige Wohnungen ließen.

Zurück auf dem Passeig de Joan Borbó folgt man diesem bis zur Spitze der Barceloneta und zur **Plaça del Mar**. Der rechte Turm ist die **Torre de Sant Sebastià**. Von hier startet die Gondel des **Transbordador Aeri del Port (8)** hinüber zum Aussichtspunkt am Montjuïc. Ein Zwischenstopp wird am Moll de Barcelona eingelegt. Die Tour in den kleinen roten Gondeln kann man auch nur bis zur Mittelstation **Torre Jaume I** (World Trade Center) unternehmen. Eine Gondelfahrt bietet einen tollen Blick auf Hafen und Stadt, ist allerdings auch eine recht schaukelige und mitunter langwierige Angelegenheit, da sich besonders im Sommer lange Warteschlangen bilden können. Und dann ist es eng in den etwas betagteren Gondeln – nichts für Menschen mit Platz- oder Höhenangst. Dafür ist es der eleganteste Weg vom Hafen direkt auf den Montjuïc.

Gondelfahrt

Im Sommer stets gut besucht: Strand der Barceloneta mit Blick auf den spektakulären Designer-Bau des W Hotels

Info: *Passeig de Joan de Borbó s/n, ☎ 93 4304716, Betriebszeiten: Okt.–Feb. 10.45–17.45, März–Sept. bis 19 Uhr, Preis: hin u. zurück: 12,50 €, einfach: 9 €.*

Dahinter erhebt sich das riesige, an ein Segel erinnerndes und nicht zu übersehendes **Luxus-Designerhotel W**, eines der ungewöhnlichsten und umstrittensten, aber sicherlich spektakulärsten Neubauprojekte der Stadt.

Weiter geht es am Strand entlang Richtung **Port Olímpic**. Von Weitem sieht man schon die modernen Gebäudekomplexe (u. a. das Hotel Arts), die sich auch am **Passeig Marítim** aneinanderreihen, und die bronzefarbene **Fisch-Skulptur** in der Sonne schimmern. Es ist ein schöner und entspannender Spaziergang, den man oben auf der Promenade oder unten am Strand entlang machen kann.

Olympisches Dorf

Hinter dem Port Olímpic erstreckt sich Richtung Berge die **Vila Olímpica**, das ehemalige Olympische Dorf. Weiter geradeaus kann man über die kilometerlangen und zunehmend leerer werdenden Stadtstrände unterhalb des alten Industrieviertels Poblenou fast bis zur Stadtgrenze Barcelonas am Río Besòs spazieren. Das Ende der Strandpromenade bildet das Fòrum (s. S. 183).

Reisepraktische Informationen Barceloneta und Passeig Marítim

🍴 Restaurants

Das alte Fischerviertel ist für die guten Fischrestaurants bekannt. Und die Auswahl ist groß. Von eher rustikalem Ambiente in geschichtsträchtigen Tavernen in der Barceloneta über schicke In-Lokale am Passeig Marítim lässt die Gegend nur wenige Wünsche offen. Die Restaurants im **Port Vell**, die sich unten im **Palau del Mar** befinden, sind auf Fisch und Meeresfrüchte spezialisiert. Der Blick auf den Yachthafen ist bestechend, die Preise aber durch die Lage eher hoch. Am **Passeig de Borbò** reiht sich ein Restaurant an das andere, die meisten sind ebenfalls auf Produkte aus dem Meer spezialisiert. Vorsicht bei laminierten Speisekarten in sämtlichen Sprachen, aufdringlichen Kellnern und übeteuerten Paellas. Generell lohnt es, sich ein paar Schritte ins Innere der Barceloneta zu wagen.

Set Portes (1), *Passeig Isabel II 14, ☎ 93 319 30 33, www.setportes.com, tgl. 13–1 Uhr durchgehende Küche.* Ein Klassiker: In den eleganten Speisesälen im Stil des 19. Jh. werden gute traditionelle katalanische Küche und die berühmten Paellas serviert, zudem Zarzuela (Fischeintopf) und Fidueà (Paella mit Nudeln). Das 1836 eröffnete Lokal befindet sich in den Pòrtics d'en Xifré: Das Gebäude rühmt sich, das erste zu sein, das in Spanien auf einer Fotografie erschienen ist. Berühmtheit macht anziehend, und so kann es zu den Hauptessenszeiten schon mal ziemlich voll werden. Mittleres bis gehobenes Preisniveau.

Torre d'Alta Mar (9), *Passeig Joan de Borbó 88, ☎ 93 221 00 07, www.torredealtamar. com. In der Torre de Sant Sebastià, wo die Gondeln zum Montjuïc starten, liegt dieses absolute Luxusrestaurant in luftiger Höhe mit Blick auf den Hafen und die Stadt. Auch wenn man keine Höhenangst hat, wird einem spätestens beim Anblick der Rechnung schwindelig: mit ab 100 € pro Person muss man rechnen. Die Aussicht ist allerdings einmalig.*

Restaurant 1881 (3), *Museu d'Història de Catalunya, Pl. Pau Vila, ☎ 902 520 522. Im 4. Stock des Museums für katalanische Geschichte versteckt sich dieses zauberhaft gelegene, aber teure Restaurant mit Terrasse. Spezialisiert auf Meeresfrüchte, bei denen ein Hauptgericht mit ca. 30 € zu Buche schlägt.*

SomoRRostro (6), *c/ Sant Carles 11, ☎ 93 225 00 10 www.restaurantesomorrostro. com. Das kleine Lokal bietet moderne mediterrane Küche mit Fisch und Fleisch. Gemütliches Ambiente mit Steinwänden, rot-schwarzer Einrichtung, kleinen Tischen und der Küche im Blickfeld, wo man die Köche in Aktion beobachten kann. Die Karte wechselt ständig, je nach Jahreszeit und Angebot, was Markt und Meer hergeben. Leckere Nachtische. Mittleres Preisniveau.*

Can Majó (10), *c/ Almirall Aixada 23, ☎ 93 223 54 55. Berühmtes Fischrestaurant, in der vierten Generation geführt, innen gemütlich rustikal, bekannt für die Reis- und Meeresfrüchtegerichte. Täglich kommt wechselnder, frischer Fisch auf den Tisch. Besonders schöne Terrasse, fast direkt am Meer. Mittleres bis gehobenes Preisniveau.*

Can Solé (8), *c/ Sant Carles 4, ☎ 93 221 50 12, www.cansole.cat. In dem hübschen einstöckigen Haus befindet sich eines der berühmtesten alten (1903) Fischlokale, das seine Wände mit den Fotos illustrer Gäste, wie z. B. Miró, schmückt. Fisch, Meeresfrüchte und Reisgerichte. Teuer, allerdings soll die Qualität des Essens stark abgenommen haben.*

Mercat de la Barceloneta (6), *Pl. de la Font. Im Markt gibt es zwei Lokale:* **Lluçanes** *(www.restaurantllucanes.com), wo der Sternekoch Àngel Pasqual in der offenen Küche Gerichte aus der Region Osona zaubert (teuer!), und* **Els Fogons de la Barceloneta** *(Tapas) mit Terrasse.*

Tapas

Vaso de Oro (4), *c/ Balboa 6, ☎ 93 319 30 98. Diese lange Tapas-Bar ist eigentlich immer voll, und das hat einen guten Grund. Das (angeblich) beste Bier der Stadt wird hier gezapft, und die Tapas stehen dem in nichts nach: Es gibt das klassische Angebot mit „patatas bravas", Butifarra, Solomillo, Kroketten etc. Hat man einen Platz an der Theke ergattert, lässt man ihn am besten nicht mehr los. Ansonsten hilft nur lautes Rufen. Rustikale Holzdeko mit Bierhumpen.*

Can Paixano (2), *c/ Reina Cristina 7, ☎ 93 310 08 39. Wenn man in der Straße einen kleinen Menschenauflauf sieht, dann hat man die Xampanyeria Can Paixano gefunden. Die internationale Popularität hat sich glücklicherweise nicht auf die Preise und Qualität niedergeschlagen: eine Flasche des süffigen Cava (Rosé) gibt es für ca. 5 €, und die Bocadillos zählen zu den besten der Stadt, z. B. „Lomo y queso" oder mit Paprika,*

Berühmtes Fischlokal seit 1903: Can Solé

Schinken und Roquefort. Hinten im Lokal ist ein kleiner Laden angeschlossen, in dem neben Cava auch eine Auswahl von Delikatessen verkauft wird. Einziger Nachteil: Man kann nicht sitzen. Und es ist sehr, sehr voll.

La Cova Fumada (7), c/ Baluard 56, ☎ 93 221 40 61, auch vormittags. Die rustikale kleine Bodega soll vor über 60 Jahren „La bomba", die wohl berühmteste Tapa der Barceloneta, erfunden haben: eine große Krokette mit Hackfleischfüllung. Jedenfalls schmeckt sie gut, ebenso wie der Rest der angebotenen typischen Tapas wie Butifarra, frittierte Sardinen oder Muscheln. Oft voll.

Jai-Ca (5), c/ Ginebra 13, ☎ 93 319 50 02. Kleines Tapas-Lokal auf der Ecke, mit Terrasse. Spezialität: Tapas aus dem Meer, z. B. frittierte Anchovis.

Restaurants am Passeig Marítim

Direkt am Strand hat eine Reihe schicker und eher teurerer Restaurants ihre Tische aufgestellt, aber auch hier gibt es ein günstiges Mittagsmenü, so z. B. im:

Platz in der Wintersonne am Passeig Marítim

Arenal (11), Passeig Marítim s/n, ☎ 93 221 08 10, www.arenalrestaurant.com. Elegantes Lokal mit empfehlenswertem Mittagsmenü (Mo–Fr). Tapas, Reisgerichte, Fisch, aber auch Fleisch.

Agua (12), Passeig Marítim 30, ☎ 93 225 12 72, www.aguadeltragaluz.com. Schickes Restaurant in der Nähe des Hotel Arts, das gemütlich im „Meeresstil" dekoriert ist. Großes Fenster zum Meer, aus der Küche kommen Köstlichkeiten wie gratinierter Hummer oder gebratener Fisch, auch Tapas. Terrasse am Strand.

Ca La Nuri Platja (13), Passeig Marítim 55, ☎ 93 221 37 75, www.calanuri.com. Bietet ebenfalls fangfrischen Fisch, Muscheln und Reisgerichte und Strandterrasse.

Arola (14), im Hotel Arts, Marina 19–21, www.arola-arts.com. Eines der bekanntesten und teuersten Restaurants der Stadt. Der Chef Sergi Arola serviert in elegantem, minimalistischem Ambiente seine Michelin-Stern gekrönten Kreationen. Im Sommer auch Terrasse.

Ein Stückchen weiter gibt es noch ein paar Lokale entlang der Promenade, die hauptsächlich Fisch, Paella, Reisgerichte und Tapas servieren, so z. B. **El Chiringuito de Moncho's (15)** (Ronda Litoral 36) und **Xiringuito de Escribà** (Ronda Litoral 42, ☎ 93 221 07 29), wo es neben dem Essen auch die berühmten Desserts von Escribà (s. S. 144) gibt.

Ausgehen
Port Vell

Vaixell Luz de Gas, Moll de Dipòsit. Auf dem Restaurantschiff direkt vor dem Museum katalanischer Geschichte kann man zu späterer Stunde auch nur einen Drink nehmen und den lauen Abend genießen.

Le Kasbah, *Palau de Mar, www.otto zutz.com. Hier geht es orientalisch zu, nach dem Essen kann man es sich bei einem Cocktail gemütlich machen, auch Livemusik und andere Veranstaltungen. Terrasse.*

Restaurantschiff im Port Vell am Museum für katalanische Geschichte

Barceloneta

Im Viertel selber ist das Angebot an Bars eher klein, die meisten findet man unten am Meer.

Absenta Bar (1), c/ Sant Carles 36. Diese kleine und gemütliche Eckbar am Ende des Carrer de Sant Carles wird ihrem Namen gerecht und bietet eine ordentliche Auswahl an Absinth. Auf der kleinen Bühne gibt es am Wochenende Livemusik (Jazz).

Santa Marta (2), c/ Grau i Torres 59, ☎ 93 221 51 09. Café-Bar mit Terrasse und Seeblick direkt an der Platja de la Barceloneta, leichte, mediterrane Gerichte.

Passeig Marítim und Port Olímpic

Sehen und gesehen werden gilt in den schicken Clubs am Passeig Marítim. Hier kann man nicht nur speisen, nach dem Essen verwandeln sich die Restaurants gegen Mitternacht in Clubs, z. B. das

CDLC (3), Passeig Marítim 32, ☎ 93 224 04 70, www.cdlcbarcelona.com. Der edle Carpe Diem Lounge Club direkt am Meer ist im orientalischen Stil gehalten, wo man auf Sitzkissen und Sofas bei einem Cocktail die anderen schönen und schicken Besucher beobachten kann. Ähnlich zu geht es im **Shoko**, ☎ 93 225 92 00, Passeig Marítim 36, www.shoko.biz. Asiatische Küche, Do–So nach Mitternacht wandelt sich das Shoko zum „Lounge Club", Terrasse – eher (sehr) schickes Publikum.

Catwalk, c/ Ramón Trias Fargas 2–4 (unten im Hotel Arts), www.clubcatwalk.net. Hier treffen sich die Tanzfreudigen, nachdem die Bars schließen, im Main Room wird House gespielt, oben im Sky Room R&B und Funk. Recht hoher Eintritt (ca. 12 €, teils bis 1 Uhr frei), auch die Getränkepreise sind nicht ohne.

Am **Moll de Mestral**, direkt am Port Olímpic, reiht sich am Meer eine Bar an die andere, es geht allerdings sehr touristisch zu, und es ist meist sehr voll. Zudem findet man am Hotel Arts das **Casino de Barcelona** (Marina 19–21, www.casino-barcelona.com).

🎁 Einkaufen

Einkaufen kann man im **Port Vell** im Shoppingcenter **Maremàgnum**, wo es alle gängigen Ketten gibt. Außerdem gibt es dort ein Kino und Restaurants.

In der **Barceloneta** gibt es den **Mercat de la Barceloneta** für frische Lebensmittel (s. S. 177) und die originelle Buchhandlung **Negra i Criminal**, in der es nur Krimis gibt, davon aber eine große Auswahl (c/ Sal 5, www.negraycriminal.com).

Poblenou und „Diagonal Mar" – Viertel im Umbruch

☞ Orientierung

So kommt man hin: Vom Port Olímpic ist es ein schöner, allerdings ziemlich langer Strandspaziergang bis zum Fòrum. Schneller geht es mit der Metro (L4 bis Maresme/Forum).

„Manchester Kataloniens"

Ein Spaziergang durch das Viertel Poblenou gleicht einem Gang durch die industrielle Vergangenheit und gleichzeitig technologische und architektonische Gegenwart. Ende des 19. Jh. war hier die höchste industrielle Konzentration der Stadt, was dem „neuen Dorf" den Beinamen „Manchester Kataloniens" einbrachte. Die in Kuba und ganz Amerika reich gewordenen Indianos bauten hier, außerhalb der Stadt, in der Nähe des Hafens ihre Fabriken. Mitte des 20. Jh. begannen sich die Industriebetriebe in die Peripherie zu verlagern, und Ende des 20. Jh. setzte der „Umbau" des Viertels ein.

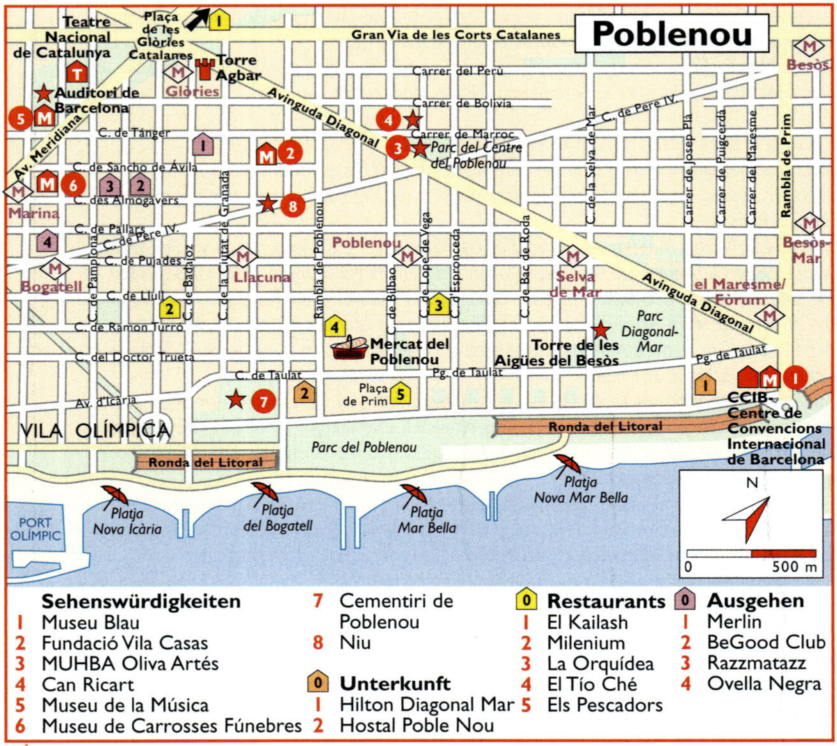

Karte: Poblenou / Vila Olímpica mit Straßennamen, Metrostationen und nummerierten Sehenswürdigkeiten. Maßstab 0–500 m, Nordpfeil.

Sehenswürdigkeiten		Ausgehen
I Museu Blau	**7** Cementiri de Poblenou	**Restaurants**
2 Fundació Vila Casas	**8** Niu	**I** El Kailash
3 MUHBA Oliva Artés		**2** Milenium
4 Can Ricart	**Unterkunft**	**3** La Orquídea
5 Museu de la Música	**I** Hilton Diagonal Mar	**4** El Tío Ché
6 Museu de Carrosses Fúnebres	**2** Hostal Poble Nou	**5** Els Pescadors

Restaurants	Ausgehen
I El Kailash	**I** Merlin
2 Milenium	**2** BeGood Club
3 La Orquídea	**3** Razzmatazz
4 El Tío Ché	**4** Ovella Negra
5 Els Pescadors	

© *graphic*

Neue Architektur am Meer: Diagonal Mar

Wenn man vom Port Olímpic aus kommend am Meer entlang Richtung Fòrum spaziert, fallen die vielen Baukräne auf, die wohl noch für einige Jahre das Bild des Viertels prägen werden. Denn der Erneuerungseifer der Stadtväter Barcelonas hat im Zuge des „Fòrum" auch das ehemalige Industrieviertel Poblenou (im Distrikt San Martí) erfasst. 1992 waren das Olympische Dorf und der neue Hafen entstanden, doch weiter Richtung Stadtgrenze am Fluss Besòs war zunächst nicht viel passiert. Seit dem Jahrtausendwechsel aber kommt mit dem sog. Plan **22@** *(www.22barcelona.com)* Bewegung in das ehemalige Industriegebiet: Der auf 15–20 Jahre angelegte Plan sieht vor, die Zone in das Technologiezentrum der Stadt zu verwandeln, neue Wohnhäuser, verbesserte Infrastruktur, Museen, Kulturzentren und Parks zu schaffen. Es begann mit dem **Fòrum 2004**, einem großen, mehrmonatigen und höchst umstrittenen Kulturevent, das die Stadtväter zum Anlass nahmen, mit einem Stadterneuerungsplan für eine der noch vergessenen Ecken der Stadt aufzuwarten. Nicht ohne Proteste: Es galt nicht nur Industriearchitektur zu schützen, den Anwohnern machte vor allem die Tatsache Angst, dass der Abriss alter Häuser und der Bau teurer Hotels die Mietpreise in die Höhe schnellen lassen würden – zu Recht. Denn Platz ist knapp in dem zwischen Bergen und Meer eingeklemmten Barcelona.

Technologiebezirk

Rund um das Fòrum

Das dreieckige, flache und bläuliche Sonnensegel mit der Spitze zum Mittelmeer zeigend, das man am Ende der Strandpromenade schon aus der Ferne als ungewöhnlich erkennen kann, steht neben dem Kongresszentrum. Es wurde im Zuge des Fòrum 2004 von den Schweizer Architekten Herzog & de Meuron errichtet. Seit 2011 befindet sich im Gebäude das sehenswerte naturwissenschaftliche **Museu Blau (1)**, das neben einem Walskelett mit der anschaulichen Ausstellung „Planeta Vida" (Planet Leben) aufwartet, die die Evolutionsgeschichte von Mensch und Erde darstellt. Zudem

Naturwissenschaftliches Museum

sind große zoologische, geologische und botanische Sammlungen zu sehen. Nebenan wird derzeit der **Zoo Marino** erbaut, der ca. 2014 eröffnet werden soll.
Museu Blau, *Pl. Leonardo da Vinci 4–5 (Edifici Fòrum), www.museuciencies.bcn.cat, Okt.– Mai Di–Fr 10–19, Sa/So bis 20 Uhr, im Sommer Di–So 10–20/21 Uhr, 7 € (inkl. Botanischer Garten am Montjuïc, s. S. 229).*

Einkaufs-zentrum der Superlative

Schräg hinter dem Gebäude liegt das riesige **Shoppingcenter Diagonal Mar**, übrigens das größte Kataloniens. Luxushotels, neue Apartmentblocks und Bürogebäude wie das weiße Telefónica-Gebäude direkt hinter dem Fòrum sprießen aus dem Boden. Der **Parc Diagonal Mar** neben der Mall stammt aus der Feder des verstorbenen Stararchitekten Enric Miralles und bietet neben viel Grün kuriose Metallkonstruktionen in einer künstlich geschaffenen Seenlandschaft. Hier erhebt sich auch der alte Wasserturm, **Torre de les Aigües del Besòs**, der bis etwa Ende 2012 restauriert wird. Neben einer neuen Aussichtsplattform wird er dann ein Museum beherbergen, das sich mit der Verwandlung des Poblenou beschäftigt.

Um den Parc Central del Poblenou

Architekturinteressierte sollten einen Abstecher zum 2008 eröffneten **Parc Central del Poblenou** machen, entweder entlang der Avinguda Diagonal oder kreuz und quer durchs Viertel, wobei man hier und da noch die Fassaden und Türme alter Fabriken entdeckt. In der Umgebung des von Jean Nouvel entworfenen Parks haben sich mehrere Fabriken zu Museen und Kunstzentren entwickelt. Um deren Abriss oder Erhaltung hat es viele hitzige Diskussionen mit den Anwohnern und Kulturgutschützern gegeben, so etwa über die ehemalige Textilfabrik **Can Framis**, die seit 2009 die **Fundació Vila Casas (2)** beherbergt. In der architektonisch interessant umgestalteten Fabrik ist heute vor allem zeitgenössische katalanische Kunst zu sehen. Vom alten Gebäude steht noch ein Turm, zudem wurden zwei alte Fabrikhallen durch einen Neubau zu Ausstellungsräumen verbunden.

Weithin sichtbar: Torre Agbar

Museo Can Framis, c/ Roc Boronat, 116–126, ☏ 93 320 87 36, www.fundaciovila
casas.com, Di–Sa 11–18, So 11–14 Uhr, Aug. geschl., Metro L1 Glòries oder L4 Llacuna.

Im ebenfalls am Park gelegenen alten Fabrikgebäude **MUHBA Oliva Artés (3)** starteten die Bauarbeiten 2010, hier wird das Museum für Stadtgeschichte Ende 2012
eine neue Niederlassung eröffnen, die sich mit der Stadtentwicklung von der Industrialisierung bis zum 21. Jh. beschäftigen wird. Aktuelle Infos: www.museuhistoria.bcn.es.

Unweit des Parks steht eine der meistumkämpften Fabriken, die mehrmals von Pro-
testierenden besetzt und von der Polizei wieder geräumt wurde. Das architektoni-
sches Erbe von **Can Ricart (4)**, in der einst Stoffe mit Druckmustern versehen wurden, ist aber nun gerettet ist: ab 2013 wird die **Hier Linguamón – Casa de les Llen-
gües** ihren neuen Hauptsitz haben und zudem ein Kultur- und Weiterbildungszentrum
sowie ein Museum über die Sprachen der Welt einrichten (www.linguamon.cat). In
einem anderen Teil des Geländes befindet sich das **Hangar**, dessen Räume Künstler
aus aller Welt als Atelier nutzen (Passatge Marqués de Santa Isabel 40, www.hangar.org).

Viele weitere kleinere Galerien und Initiativen tragen ihren Teil zum neuen Kultur-
viertel bei, wie die Kulturvereinigung **Niu (8)** (c/ Almogàvers 208, www.niubcn.com, Di–
Sa ab 17 Uhr), die Ausstellungen, Konzerte und Kurse mit dem Schwerpunkt audiovi-
sueller Kunst organisiert, oder **The Private Space** (c/ Roc Boronat 37, www.theprivate
spacebcn.com), eine Galerie in einer Mehlfabrik von 1900.

Das weithin sichtbarste Zeichen des „neuen' Viertels ist die 142 m hohe **Torre
Agbar** an der Plaça de les Glòries Catalanes, an der Kreuzung mehrerer Hauptstraßen. Der Turm sorgte mit seiner zylindrischen Form für einigen Spott und überragt
nachts in bunten Farben die Stadt (www.torreagbar.com). *Markanter Turm*

Außerdem entstand an der früher in erster Linie für Staus bekannten Plaça das **Teatre Nacional de Catalunya** (s. S. 71). Direkt nebenan steht das **Auditori**. Darin befindet sich das 2007 eröffnete **Museu de la Música (5)**, das u. a. alte Musikinstru-
mente und Dokumente zeigt. Hier kann man auf den Spuren der Musikgeschichte von
den Anfängen über die Epochen des Barock, der Klassik und Romantik etc. bis zu den
neuen Technologien des 20. Jh. wandeln. Außerdem gibt es einen Saal, der katalanischen Musikern gewidmet ist, sowie eine interaktive Abteilung.
Museu de la Música, c/ Lepant, 150, 2. Stock, ☏ 93 256 36 50, www.museumusica.bcn.
cat, Mi–Mo 10–18, So bis 20 Uhr, 4 €, Metro: Marina, Glòries (L1), Monumental (L2)

Und noch ist kein Ende der Baustellen in Sicht: Ab 2012 soll das hochmoderne **Centro del Disseny de Barcelona** auf 25.000 m² entstehen und die jetzt im Palau de
Pedralbes beheimateten Museen in sich vereinigen (aktuelle Infos: www.dhub-bcn.cat,
☏ 93 256 23 00).

Auf der anderen Seite der Avinguda Meridiana liegt das ungewöhnlichen **Museu de
Carrosses Fúnebres (6)**. Hier werden Kutschen und Wagen ausgestellt, die Ende des
19. bis Mitte des 20. Jh. für Beerdigungen genutzt wurden. *Kutschen-museum*
Museu de Carrosses Fúnebres, c/ Sancho de Ávila 2, ☏ 934 841 700, www.sfbsa.es,
Mo–Fr 10–13, 16–18, Sa/So 10–13 Uhr, frei.

Zurück Richtung Meer geht es z. B. über den Carrer de Ciutat de Granada oder Roc Boronat. Zu empfehlen ist auch ein Abstecher ins Herz des Viertels, die **Rambla del Poblenou**. Die dort ansässigen Lokale haben bis jetzt ihren Charme bewahrt, hier gibt es nur wenige Touristen und gute katalanische Hausmannskost. Von November bis März werden überall *calçots* (grillte Frühlingszwiebeln) serviert.

 La Ruta dels Cementiris

Der Friedhof des Poblenou, **Cementiri de Poblenou (7)**, mit seinen teilweise modernistischen und neoklassizistischen Grabstätten kann alleine *(Av. Icária s/n, tgl. 8–18 Uhr)* oder im Rahmen einer Tour besucht werden *(nur auf Spanisch und Katalanisch, www.cbsa.es)*. Der Friedhof war 1775 der erste, der außerhalb der damaligen Stadtmauern angelegt wurde. 1813 wurde er von den napoleonischen Truppen zerstört und im neoklassizistischem Stil wiederaufgebaut.

So kommt man hin: Bus Turístic (Ruta Fòrum), Station „Cementiri de Poblenou-Platja del Bogatell", Metro L4, Station Llacuna.

Reisepraktische Informationen Poblenou

Restaurants

Els Pescadors (5), *Pl. Prim 1, ☎ 93 225 20 18, www.elspescadors.com. Eines der ältesten Fischrestaurants Barcelonas mit gutem Ruf, besonders schön sind der alte Essraum (es gibt noch zwei moderne Speisesäle), in dem noch die Stimmung einer alten Taverne zu spüren ist, und die Terrasse. Teuer.*

El Kailash (1), *c/ Xifré 100, ☎ 93 433 07 66. In dem einfach eingerichteten, mit einem Bild des Dalai Lama dekorierten Restaurant kann man echt tibetanische Küche probieren.*

Milenium (2), *c/ Llull 101, ☎ 93 300 42 56. Vorbei an Gemüse- und Obstständen betritt man das kleine gemütlich Lokal, wo man es sich zum Frühstück bei einem Milchkaffee bequem machen kann oder mittags und abends die frische Küche probieren kann, z. B. Lachs-Ravioli, Lammcurry oder die leckeren Toasts mit iberischem Schinken.*

La Orquídea (3), *c/ Llull 230/Ecke Bilbao, ☎ 931 868 258. Bunte Restaurant-Bar mit typischen mexikanischen und venezolanischen Spezialitäten wie Tostones (frittierte Kochbananen) mit Käse und belegte Arepax (Maisbrot). Außerdem gute Cocktails.*

El Tío Ché (4), *Rambla del Poblenou 44–46, ☎ 93 309 18 72. Schon fast eine Institution im Poblenou, das 1912 (allerdings an anderer Stelle) eröffnete Café ist berühmt für seine süßen Sachen, z. B. Turrónes, Eis, Horchatas …*

Ausgehen

*Das Poblenou ist ein beliebtes Ausgehviertel, generell geht es hier nicht schick zu, sondern eher entspannt-alternativ – und teilweise thematisch: Metal-Fans finden hier ebenso ihre Kneipe wie Punks, Rocker oder Technofans. Unbestrittenes Zentrum und Matador des Nachtlebens seit den 1980er-Jahren im Viertel ist das **Razzmatazz** (s. u.).*

The Sound, *c/ Almogàvers 116, www.salarocksound.com, gegenüber vom Razzmatazz. Es wird vor allem Britpop und Indie gespielt, oft Konzerte.*

Ovella Negra del Poble Nou (4), *c/ Zamora 78, www.ovellanegra.net. Die sog. Mega-taberna funktioniert nach demselben Konzept wie die im Raval: Sie ist groß, bietet ziemlich günstige Drinks und wird gerne von Austauschstudenten frequentiert.*

Diskos

Razzmatazz (3), *c/ Almogàvers 122 und c/ Pamplona 88, www.salarazzmatazz. com. Eine echte Institution im Nachtleben ist das Razzmatazz, die riesige Disko in einer alten Fabrik. In fünf unterschiedlichen Sälen (von House bis zu aktuellem Pop/Rock) ist hier für jeden etwas dabei, dementsprechend lang sind aber auch mitunter die Schlangen, die sich dann um den ganzen Block winden. Es finden viele Konzerte statt.*
BeGood Club (2), *c/ Sancho de Ávila 78, www.begoodclub.com. Kleiner alternativer Club mit noch kleinerer Tanzfläche, auf der es ziemlich voll werden kann. Gemischte Musik, vor allem Rock und Pop, Konzerte.*
Dixi 724, *c/ Sancho de Ávila 50. Hier gibt es ziemlich günstige Drinks und Metal, Hip-Hop, Punk, Rock.*
Merlin (1), *c/ Sancho de Ávila 142, www.discotecamerlin.com. Ambiente einer mittelalter-lichen Burg, eher schick, Mainstream-Musik.*

L'Eixample – Im Zeichen des Modernisme
Ein neues Viertel entsteht

„La gente no cabe en Barcelona" – „die Menschen passen nicht mehr in Barcelona hinein" – so steht es in einem Brief eines Bewohners Barcelonas Mitte des 19. Jh. Etwas verkürzter wird hier der Grund der Entstehung des Viertels Eixample (katalanisch für Erweiterung, span. *Ensanche*) auf den Punkt gebracht. Die Lebens- und Hygieneverhält-nisse waren unerträglich geworden. Das alte, noch von den mittelalterlichen Stadtmauern umgebene Barcelona platzte durch die demografische Ent-wicklung und Industrialisierung aus allen Nähten. Als aus Madrid 1854 endlich die Erlaubnis erteilt wurde, die Mauer niederzureißen, griff jeder, der irgendwie konnte, zu Hacke und Spaten. Während von den römischen und mittelalterlichen Mauern zahlreiche Reste bis in die heutige Zeit überdau-ert haben, blieb von der Mauer aus der Zeit der Bourbonen kein Stein auf dem anderen.

1860 wurde das Stadterweiterungsprojekt des fortschrittlichen katalanischen Ingenieurs und

Casa Batlló und Casa Amatller am Passeig de Gràcia

Redaktionstipps

➤ Das ganze Viertel steht im Zeichen des **Modernisme**. Sogar die Steine des Bürgersteigs auf dem Passeig de Gràcia hat Gaudí entworfen. Die **Casa Batlló** (S. 195) ist das von außen wohl faszinierendste Gebäude, aber auch der Besuch der Dachterrasse von **La Pedrera** ist sehr empfehlenswert (S. 196).

➤ An der **Sagrada Família** kommt man bei einem Barcelona-Besuch einfach nicht vorbei. Wohl niemand kann dem Stein gewordenen Lebenswerk Gaudís seine Originalität absprechen. Trotz des hohen Eintritts sollte man sich den Besuch nicht entgehen lassen. Und schließlich ist die Aussicht von den Turmspitzen einfach grandios (S. 199).

➤ Essen im **Caldeni** – innovative katalanische Küche, die nicht gleich arm macht (S. 205).

Architekten Ildefonso Cerdà in Gang gesetzt. Sein ursprünglicher, sozialistisch inspirierter Plan einer Stadt mit großen offenen Flächen, Parks, breiten Straßen, niedrigen Häusern und gleichen Lebensbedingungen für alle scheiterte letztendlich an der Realität. Eine **egalitäre Stadtplanung** löste bei der Bourgeoisie keine Begeisterungsstürme aus, sondern eher erheblichen Widerstand. Marktkräfte und der sprichwörtliche katalanische Geschäftssinn machten diesen Plänen einen Strich durch die Rechnung.

Jeder, der irgendwie ein paar Peseten übrig hatte, beteiligte sich an diesem Goldrausch, Grundstücke wurden gekauft, in kleinere Parzellen unterteilt und weiterverkauft. „Um dieses Phänomen, dieses Fieber zu verstehen, muss man sich vor Augen halten, dass die Barcelonesen eine äußerst merkantile Rasse waren und daran gewöhnt, wie Läuse auf einem Haufen zu leben (…). Um dieses ganze Desaster zu kompensieren, verwandte man große Sorgfalt auf die Fassade und kam auf die Idee, in Stuck, Gips und Kleinkeramik Libellen und Kohlköpfe darzustellen (…), schreibt Eduardo Mendoza in dem bekanntesten Stadtroman aller Zeiten, „Stadt der Wunder" („*La Ciudad de los Prodigios*"). Die Utopie Cerdàs wurde Opfer der realen Machtverhältnisse und Spekulanten und kaum eine der ursprünglichen Vorgaben wurde eingehalten.

Schachbrett-muster

Trotzdem hat der Plan Cerdàs das Bild Barcelonas nicht nur aufgrund der modernistischen Architektur nachhaltig geprägt. Zwischen der Plaça de Catalunya/Gran Vía de les Corts Catalanes und der Avinguda Diagonal gelegen, ist der Eixample wie nach dem Schachbrettmuster angelegt, die Kreuzungen mit abgeschrägten Ecken *(chaflanes)* und von breiten Boulevards durchzogen. Die Grenze zwischen den exklusiveren und weniger exklusiven Stadtteilen war damals die Eisenbahn, die von der Plaça de Catalunya nach Sarrià fuhr. Links der Schienen waren die Grundstücke wesentlich günstiger als auf der rechten Seite. So sollen die wohlhabenderen Barcelonesen ihren Geliebten eine Wohnung im linken Teil des Eixample eingerichtet haben in der festen Überzeugung, dass ihre klassenbewussten Ehefrauen niemals die Schienen überschreiten würden … So heißen die Viertel heute **Esquerra del Eixample** (linker Eixample) und **Dreta del Eixample** (rechter Eixample).

Im rechten Teil des Eixample tobten sich die modernistischen Architekten aus, es entstand ein Wettstreit um die größten und schönsten Häuser und Paläste. Hier findet man im sog. **Quadrat d'Or** (Goldenes Quadrat), das von den Straßen Carrer d'Aribau, Avinguda Diagonal, Passeig de Sant Joan und Ronda Sant Pere und Universitat begrenzt wird, die weltberühmten Bauten von Gaudí, Domènech i Montaner und Puig i Cadafalch.

Gaudí überall: La Pedrera am Passeig de Gràcia

Rundgang – Durch das Quadrat d'Or

 Orientierung

So kommt man hin: Metro L1, L3. Der Rundgang beginnt an der Plaça de Catalunya

Die 1927 eingeweihte **Plaça de Catalunya** ist das geografische Zentrum der Stadt, das die Altstadt und die Straßen des Eixample miteinander verbindet, sowie Dreh- und Angelpunkt des öffentlichen Nahverkehrs. An der Kreuzung mit der Rambla de Catalunya steht die 1921 errichtete große **Casa Pich i Pon** (heute mit Bankfiliale der *Caja Madrid*) von Josep Puig i Cadafalch. Ebenfalls ins Auge fällt das mächtige Haus, in dem sich der **Corte Inglés**, die bekannteste spanische Kaufhauskette, befindet.

Hier beginnt **Passeig de Gràcia**. Ursprünglich war die Straße ein Feldweg, der die Stadt mit dem Dorf Gràcia verband, bevor er sich ab 1890 in die Flaniermeile der reichen Bourgeoisie verwandelte. Auf dem Passeig de Gràcia zu spazieren, ist eine Tour durch den katalanischen Modernisme. Die Steine des Gehwegs stammen von Gaudí, die berühmten Straßenlaternen, die am unteren Ende in eine Bank münden, von Pere Falqués (1906). Es finden sich mehrere dieser sog. *banco-faroles* entlang der Straße, z. B. an der Ecke Passeig de Gràcia/Valencia.

Tour durch den katalanischen Modernisme

Man lässt rechts den Corte Inglés hinter sich und überquert die Ronda Sant Pere. Das hinter dem Carrer de Casp gelegene riesige Gebäude mit dem orangeroten Dach ist die **Casa Rocamora**, 1914 im neogotischen Stil errichtet.

Sehenswürdigkeiten
1 Casas Cerdà
2 Museu del Modernisme Català
3 Fundació Francisco Godia
4 Casa Lleó Morera
5 Museu del Perfum
6 Casa Amatller
7 Casa Batlló
8 Fundació Antoni Tàpies
9 Museu Egipci de Barcelona
10 La Pedrera
11 Casa Comalat
12 Palau Baró de Quadras
13 Casa Terrades/ Les Punxes
14 Palau Ramon Montaner
15 Sagrada Família
16 Hospital de la Santa Creu i Pau

Eixample

C. de l'Encarnació
C. del Mas Casanovas
C. de Taxdir
C. de Llorens Barba
C. de Pi i Margall
de Bruniguer
Carrer de Sardenya
C. de Cartagena
C. de Padilla
16

Travessera de Gràcia

Carrer de Sant Antoni Maria Claret

Carrer de la Indústria

Avinguda de Gaudí
C. de   Còr
Hospital de Sant Pau

Passeig de Sant Joan
Carrer de Roger de Flor
Carrer de Nàpols
Carrer de Sicília
Carrer de Sardenya
Carrer de la Marina
Carrer de Lepant
Carrer del Rosselló
Carrer de Provença
Carrer de Padilla
Carrer de Castillejos
Carrer de Cartagena
Carrer del Dos de Maig
Carrer de la Independència

Sagraca Família

Palau Macaya
Plaça de la Sagrada Família
15
Plaça de Gaudí
Plaça Mossèn Jacint Verdaguer

Carrer de Mallorca

Encants

Carrer de València
12

Avinguda Diagonal

Plaça de Pablo Neruda

Carrer d'Aragó

Carrer del Consell de Cent

Carrer de Roger de Flor
Carrer de Nàpols
Carrer de Sicília
Carrer de Sardenya

Monumental

Carrer de la Diputació

Plaça de Toros Monumental

Plaça de Tetuan

Gran Via de les Corts Catalanes

Gran Via de les Corts Catalanes

Plaça de les Glòries Catalanes

Glòries

Carrer de Roger de Flor
Carrer de Nàpols
Carrer de Sicília
Carrer de Casp
Carrer de Sardenya
Carrer de la Marina
Carrer de Ribtes

Teatre Nacional de Catalunya

Carrer d'Ausiàs Marc

Auditori de Barcelona

C. d'Alí Bei

N
0   200 m

0 Unterkunft	5 Semproniana	**0 Ausgehen**
1 Hotel Omm	6 Jamonísimo	1 Luz de Gas
2 Hostal Felipe II	7 Cervesería Catalana	2 Dry Martini
3 Hotel Majestic	8 La Bodegueta	3 Distrito Diagonal
4 Hotel Axel	9 El Tragaluz	4 La Fira Club
5 Centric Hostel	10 Bar Mut	5 Premier
6 Soho Hotel	11 La Cúpula	6 Arena Madre
7 The Praktik	12 Caldeni	7 Milano
8 Residencia Australia	13 de Tapa Madre	8 City Hall
9 Hostal L'Antic Espai	14 L'Hostal de Rita	
10 Hotel Constanza	15 Madrid-Barcelona	**0 Einkaufen**
11 Hostal Goya	16 Movie	1 Josep Font
12 The 5 Rooms	17 TapaÇ 24	2 Mantequería Ravell
13 Hostal Fashion House	18 La Vaca Paca	3 Agatha Ruiz
Bed & Breakfast	19 Iurantia	de la Prada
14 Hostal Girona	20 Lolita Taperia	4 Cacao Sampaka
	21 FrescCo	5 Alibri
0 Restaurants	22 Danzarama	6 Altair
1 Ty Bihan	23 Lactuca	7 Laie
2 Paco Meralgo	24 Casa Calvet	8 FNAC
3 Speakeasy	25 Horchatería	9 Corte Inglés
4 Racó d'en Baltà	La Valenciana	

☞ **Abstecher**

Wer ein paar Schritte den Carrer de Casp nach rechts hinuntergeht, stößt beim Haus Nr. 48 auf die **Casa Calvet***, 1898 von Gaudí entworfen, auch wenn das nicht auf den ersten Blick zu erkennen ist. Im unteren Teil befindet sich heute ein (teures) Restaurant, das teilweise noch mit den Möbeln des Textilgeschäfts des ursprünglichen Besitzers, Eduard Calvet, bestückt ist (s. S. 205).*

Auf der Ecke mit der Gran Via de les Corts Catalanes liegt links der **Palau Marcet** (Nr. 13, 1887 erbaut von Tiberi Sabater). Einen Block weiter lohnt ein kleiner Abstecher in die Straße Diputació. Zwischen Pau Claris und Roger de Lluria stößt man auf *Einblicke* die hübsche **Passatge Permanyer**: Der Durchgang durch den Block gewährt Einblick in einen Innenhof des Eixample.

Gegenüber liegen die **Jardins de Torre de les Aigües** (Wasserturm, *Manantial de Água*, c/ Roger de Lluria 56) in einem der Innenhöfe eines Blocks im Eixample, der öf-

👁 **Versteckte Gärten im Eixample**

In den letzten Jahren wurden über 45 Gärten und kleine Parks, oft mit Spielplätzen, im Inneren der Häuserblocks des Eixample restauriert und für die Öffentlichkeit zugänglich gemacht – ganz im Sinne Cerdàs. Und es sollen noch mehr Oasen der Ruhe werden, die sich hinter den mächtigen Fassaden des Eixample verstecken. Schön ist z. B. der Garten hinter dem Palau Robert am Passeig de Gràcia (s. S. 197) oder die Jardines del Seminario zwischen Balmes/ Diputación und Enrique Granados. Selbst hinter dem Kaufhaus Vinçon kann man eine kleine Pause einlegen. Eine Auflistung aller Gärten mit Karte unter www.proeixample.cat.

Passatge Permanyer: Idylle in der Stadt

fentlich zugänglich ist. Am alten, roten Wasserturm wird im Sommer ein kleiner Sand-
strand mit Pool für Kinder eingerichtet *(Eintritt 1,45 €)*. Im Sinne Cerdàs war dies
einer der ersten Innenhöfe, der von der Stadt zur Erholung und Freizeit für die Bewohner umgestaltet wurde.

Begrünte
Innenhöfe

Auf der Ecke Carrer del Consell del Cent/Roger de Llúria stehen die ersten Häuser
des Eixample: die **Casas Cerdà (1)**, ab 1962 von Antonia Valls errichtet. Die Origi-
nalhäuser sind mit einer Plakette gekennzeichnet.

Auf der anderen Seite des Passeig de Gràcia liegt das **Museu del Modernisme Ca-
talà (2)**, das über 200 Stücke aus dieser Epoche ausstellt, Bilder (u. a. von Santiago
Russinyol und Ramón Casas), Skulpturen und u. a. von Gaudí entworfenen Möbel.
Museu del Modernisme Català, *c/ Balmes 48,* ☏ *93 272 28 96, www.mmcat.cat,
Mo–Sa 10–20, So 10–14 Uhr, 10 €.*

Um die Ecke befindet sich die **Fundació Francisco Godia (3)** in der Casa Garriga
Nogués, die um 1900 für einen Bankier von Enric Sagnier errichtet worden ist. Darin
befindet sich eine der bedeutendsten Privatsammlungen Spaniens, die Col·lecció Fundació Francisco Godia. Sie bietet einen Streifzug durch katalanische und internationale
Kunst vom 12. bis zum 21. Jh. mit Werken von u. a. Jaume Huguet bis hin zu Picasso
und Magritte.
Fundació Francisco Godia, *c/ Diputació 250 (zwischen Rambla Catalunya und Balmes),* ☏ *93 272 31 80, www.fundacionfgodia.org, Mo–So 10–20 Uhr, 5,50 €.*

*Katalanische
und interna-
tionale Kunst*

Wieder zurück auf dem Passeig de Gràcia stößt man wenig später auf einen der berühmtesten Blocks der Stadt: den zwischen den Querstraßen Aragó und Consell del
Cent gelegenen Häuserblock **Manzana de la Discòrdia** (Block der Zwietracht oder

Casa Lleó Morera von Domènech i Montaner

auch Zankapfel). Der Name rührt daher, dass sich auf wenigen Metern drei Gebäude der berühmtesten Modernisme-Architekten Barcelonas ballen: Puig i Cadafalch, Domènech i Montaner und Gaudí.

Das erste Haus ist die **Casa Lleó Morera (4)**: Das Haus Nr. 35 ist das Werk Lluís Domènech i Montaners, entstanden zwischen 1902 und 1906 in der Blütezeit der katalanischen Architektur. Besonders interessant ist die reich verzierte Fassade, die u. a. von mittelalterlichen Schilden inspiriert wurde. Unterstützung erhielt der Architekt von den Bildhauern Eusebi Arnau und Antoni Serra i Fiter. In der Nachkriegszeit geriet das im Bürgerkrieg teilweise zerstörte Gebäude etwas in Vergessenheit. Der ehemalige Pförtner des Hauses soll die noch unversehrten Skulpturen eingesammelt und so gerettet haben. Salvador Dalí höchstpersönlich hat ihm diese später abgekauft, einige davon sind heute im Dalí-Museum in Figueres zu sehen. Das 1992 restaurierte Haus befindet sich heute in Privatbesitz und kann nicht besucht werden.

Zwei Türen weiter befindet sich in der Perfumeria Regia das **Museu del Perfum (5)**, wo man eine Sammlung von über 5.000 aromatischen Substanzen von der Antike bis heute bestaunen kann *(Passeig de Gràcia 39, www.museudelperfum.com, Mo–Fr 10.30–20, Sa 11–14 Uhr, 5 €)*.

Haus der Familie Amatller

Mit der Nr. 41 trifft man auf die **Casa Amatller (6)**, die zwischen 1890 und 1900 von Josep Puig i Cadafalch geschaffen wurde. Die eckige Fassade ist mit Tausenden kleinen Mosaiksteinchen dekoriert. Auftraggeber dieses gotisch inspirierten Gebäudes war die Familie des Schokoladenfabrikanten Amatller, eine der mächtigsten Familien der alten katalanischen Bourgeoisie. Auf dem Balkon des Hauses mit dem schönen schmiedeeisernen Gitter zeigten sich damals die Frauen in ihren prächtigen Kleidern. Seit 1941 beherbergte das Gebäude eine private Stiftung, das Institut Amatller der hispanischen Kunst, die im Rahmen der Restaurierung aber nun umziehen soll. Zzt. kann ein Stockwerk in original modernistischer Einrichtung von 1900 im Rahmen geführter Touren besichtigt werden, nach Abschluss der Restaurierung soll das ganze Haus im Originalzustand besichtigt werden können.
Casa Amatller, *Passeig de Gràcia 41,* ☎ *934 961 245, www.amatller.org, Touren zzt. Mo–Fr stündl. 10–13, 15–18 Uhr.*

Vervollständigt wird die Discòrdia durch ein Gebäude des wohl weltweit bekanntesten Architekten des katalanischen Modernisme: **Antoni Gaudí i Cornet** (1852–1926, s. S. 202). Die **Casa Batlló (7)**, UNESCO-Weltkulturerbe, entstand 1904 bis 1906. Gaudí wollte mit diesem Gebäude eine „Vision des Paradieses" schaffen. Auftraggeber war die durch die Textilindustrie reich gewordene Familie Batlló. Das mit bunter Mosaikfassade, die die Wogen auf einem windstillen Meer widerspiegeln soll, und Keramikdach versehene Haus ist mit seinem avantgardistischen Design und dem Spiel aus Licht und Farben eines der auffälligsten Gebäude des Eixample. Die Silhouetten des Turms, der Schornsteine und die Ikonografie werden als Hommage an die Figur des Schutzheiligen von Katalonien, Sant Jordi, interpretiert, in seinem Kampf gegen den Drachen.

Auch im Inneren zeigt sich Gaudí in seinem reinsten Element: Es ist fast unmöglich, einen rechten Winkel zu finden. Durch das blau gekachelte Treppenhaus geht es nach oben. Der Dachbodengang mit seinen weißen Bögen und im Besonderen die bunten Schornsteine

Rundgang durch die Casa Batlló: Sala Principal

sind neben der Fassade wohl die sehenswerteste Attraktion des Besuchs. Nebenbei hat man einen schönen Blick auf den Passeig de Gràcia.

Casa Batlló, *Passeig de Gràcia 43, ☏ 93 216 03 06, www.casabatllo.es, tgl. 9–20 Uhr, 18,15 € inkl. Audioguide, Vorverkauf direkt am Haus, bei Telentrada ☏ 902 10 12 12 oder bei der Touristeninfo.*

Für Freunde der modernen Kunst lohnt ein Besuch des Museums der **Fundació Antoni Tàpies (8)**. Die Stiftung wurde 1984 von dem Künstler Antoni Tàpies gegründet, 1990 öffnete sie ihre Türen im ehemaligen Sitz des Editorials Montaner i Simón, einem von Lluís Domènech i Montaner in einer frühren Phase des Modernisme geschaffenen Gebäude (1881–1885). Es war der erste Bau des Eixample, der die industrielle Technik integrierte und Eisen und Ziegelstein kombinierte. Das Drahtgebilde von Tàpies auf dem Dach kam später hinzu. *Künstler der Avantgarde*

Fundació Antoni Tàpies, *c/ d'Aragó 255, ☏ 93 487 03 15, www.fundaciotapies.com, Di–So 10–19 Uhr, 7 €.*

Zurück auf dem Passeig de Gràcia befindet sich einen Block weiter am Carrer de València das **Museu Egipci de Barcelona (9)**. Das Ägyptische Museum bietet auf zwei Stockwerken rund 900 archäologische Fundstücke, vom Sarkophag über Mumien bis zu Schmuck und Keramik. Es ist eine der größten Privatsammlungen der Welt.

Museu Egipci, *c/ València 284, www.museuegipci.com, Mo–Sa 10–20, So bis 14 Uhr, 11 €.*

Highlight: die Dachterrasse von La Pedrera

Weltkultur-erbe

Nur drei Blocks weiter stößt man an der Ecke zum Carrer Provença auf ein weiteres, vielleicht das imposanteste aller Meisterwerke Gaudís und des Quadrat d'Or: Die beeindruckende **Casa Milà** oder **La Pedrera (10)** (1906–1911), was so viel heißt wie „Steinbruch". Das Haus mit der wellenförmigen Fassade, seinerzeit Grund für einigen Spott in der Stadt, wurde 1984 von der UNESCO zum Weltkulturerbe erklärt. Neben der imposanten Größe und runden Form sind die eisernen Balkone mit ihren ungewöhnlichen Formen faszinierend.

Keine gerade Linie

Auch die gesamte Innenarchitektur, Möbel sowie die kleinsten Details wie Türöffner stammen von Gaudí. Besucht werden können Innenhof, Dachboden, Dachterrasse und eine Etage. Auch hier findet man, wie in der Casa Batlló, kaum eine gerade Linie. Viel zitiert ist die Antwort Gaudís auf die Klagen der Ehefrau Milàs, wo man denn hier ein Klavier hinstellen könne. „Dann spielen Sie doch Violine", soll Gaudí achselzuckend bemerkt haben. Unten im Gebäude finden wechselnde Ausstellungen statt *(10–20 Uhr, Eintritt frei)*. Der Dachboden besteht aus beeindruckenden 270 Ziegelsteinbögen. Hier imformiert im Espai Gaudí eine Multimediaausstellung über sein Leben und Wirken. Im vierten Stock kann eine Wohnung der Barceloneser Bourgoisie Anfang des 20. Jh.

mit der Einrichtung jener Tage besichtigt werden. Der eigentliche Höhepunkt des Besuchs ist die ungewöhnliche Dachterrasse mit ihren Schornsteinen und Treppen. Von hier hat man einen tollen Blick auf die Sagrada Família und den Passeig de Gràcia.

La Pedrera (Casa Milà), c/ Provença 261–265/Ecke Passeig de Gràcia, Nov.–

Wie Fabelwesen:
die Belüftungsöffnungen von La Pedrera

Feb. tgl. 9–18.30, März–Okt. tgl. 9–20 Uhr, 14 €, Vorverkauf: Telentrada Caixa Catalunya: www.telentrada.com, Infos zum Gebäude: www.lapedreraeducacio.org. An einigen Abenden im Sommer Konzerte auf dem Dach der Pedrera (s. S. 70).

Tipp

Auf derselben Seite der Pedrera liegt ein Stückchen weiter das wohl bekannteste Designer-Kaufhaus für Inneneinrichtung der Stadt, **Vinçon** *(Passeig de Gràcia 96). Im 1. Stock, wo heute Möbel ausgestellt sind, befand sich einst das Studio von Ramon Casas, einem der bekanntesten modernistischen Maler. Es ist noch der beeindruckende Kamin zu sehen. Von der kleinen Terrasse hat man einen Blick auf die Rückseite der Pedrera.*

Designer-
Kaufhaus

Weiter Richtung Norden steht an der Ecke Passeig de Gràcia/Diagonal der **Palau Robert**. Er wurde als Privatresidenz des Aristokraten Robert i Saurís im neoklassizistischen Stil errichtet. Heute beherbergt er das **Centre d'Informació de Catalunya**, das Tourismusbüro für Katalonien, wo man Material und Informationen über alle vier Provinzen bekommen kann *(Passeig de Gràcia 107, ☎ 93 238 80 91, www. gencat.net/probert, Mo–Sa 10–19, So 10–14.30 Uhr).* Es finden auch wechselnde Ausstellungen statt (Eintritt frei). Im dahinter gelegenen kleinen Park kann man auf einer schattigen Bank seinen Füßen eine Pause gönnen. Im Sommer werden hier Konzerte veranstaltet *(Programm s. Homepage).*

Ganz oben am Passeig de Gràcia unternimmt man nach rechts einen ganz kleinen Abstecher in den Carrer de Còrsega: Rechter Hand überrascht die bunt verzierte Fassade der **Casa Comalat (11)**, die Salvador Valeri im Jahr 1911 schuf. Wiederum nach rechts geht es in den Carrer de Pau Claris. Dort liegt auf der anderen Seite der

Reich verzierte Fassade des Palau Baró de Quadras von Puig i Cadafalch

Avinguda Diagonal der **Palau Baró de Quadras (12)**, den Puig i Cadafalch 1906 erbaute. Interessant ist die reich verzierte neogotische Fassade. Das Gebäude, das heute die **Casa Ásia** beherbergt, ist öffentlich zugänglich; es finden wechselnde Ausstellungen statt *(Av. Diagonal 373 Ecke c/ Rosselló, ww.ccsaasia.es, Ausstellungssaal: Di–Sa 10–20, So 10–14 Uhr).* Hübsch ist der Eingangsbereich mit einem kleinen Brunnen.

Schräg gegenüber liegt die nicht zu übersehende, dreieckige **Casa Terrades/Les Punxes (13)**, die „Spitzen", wie das Backsteingebäude aufgrund seiner kuriosen Architektur auch genannt wird. Es ist das flächenmäßig größte Gebäude im Eixample und mutet mittelalterlich inspiriert an. Das Gebäude von Puig i Cadafalch (1903) ist öffentlich nicht zugänglich.

Rambla de Catalunya

Wenn man etwas mehr Zeit hat, lohnt ein entspannter Spaziergang über die **Rambla de Catalunya**. Etwas vergessen als Parallelstraße zum Passeig de Gràcia, wartet sie zwar nicht mit spektakulären Gaudí-Bauten auf, dafür ist es auch nicht so voll und auf dem Mittelstreifen gibt es angenehme Cafés mit Tischen unter schattigen Bäumen, schöne Läden und nette Bars, wie etwa **La Bodegueta** (Nr. 100). Einige modernistische Kleinode sind natürlich auch zu entdecken.

Die **Giraffe Coqueta** des Bildhauers Josep Granyer bildet den Beginn der Rambla de Catalunya. Direkt oben an der Avinguda Diagonal steht auf der Ecke die **Casa Serra** (1908 von Josep Puig i Cadafalch) mit ihrem Türmchen in der Mitte, in dem heute der Rat von Barcelona tagt. Ein Stück weiter fällt rechts die **Església Sant Ramon de Penyafort** ins Auge, die sich vor einem modernen Glastempel erhebt. Sie war einst Teil des Klosters Santa Maria de Montsió und stand ursprünglich in der Altstadt, wurde aber Stein für Stein hierher transportiert, damit sich die Reichen für die Messe nicht bis in die Niederungen der Altstadt begeben mussten.

Die **Passatge Mercader** (rechts in den Carrer de Provença, dann geht die Passage links ab) ist ein Schnitt durch einen Block des Eixample. Hier findet man ein paar nette Läden und hübsche Häuser. Zurück auf der Rambla ist neben vielen anderen Läden die Nr. 77 einen Blick wert: die **Farmacía Bolós** hat innen und außen die typischen modernistischen Verzierungen bewahrt. Am Ende der Rambla de Catalunya stößt man auf die Gran Via de les Corts Catalanes. Rechts geht es zur Plaça Universitat, direkt links liegt die Plaça de Catalunya.

Einen Abstecher wert: die Rambla de Catalunya

Weiter geht es den Carrer de Roger de Llúria hinunter bis zur Ecke Carrer de Mallorca. Direkt vorne auf der Ecke steht der Palau Casades, der Sitz der Anwaltsvereinigung. Der modernistische **Palau Ramon Montaner (14)** gegenüber wurde im Auftrag einer der Besitzer des Verlagshauses Montaner i Simón von Domènech i Montaner 1896 errichtet. Die Fassadenzeichnungen spielen mit ihren Motiven darauf an. Heute sitzt hier eine Delegation der spanischen Regierung. Innen ist der Palau reich mit Mosaiken und Skulpturen geschmückt.

Palau Ramon Montaner, *c/ Mallorca 278, Besuch nur im Rahmen einer Führung, Sa 10.30 Uhr in Englisch, Zeiten und Sprachen vorher bestätigen lassen:* ☎ *93 317 76 52, www.rutadelmodernisme.com, 5 €.*

Ebenfalls am Carrer de Mallorca (Nr. 291) steht die modernistische **Casa Thomas** von Domènech i Montaner, zusammen mit dem Palau Montaner eines der ersten Gebäude des Carrer de Mallorca.

 Hinweis
Von hier bzw. der Avinguda Diagonal aus kann man euch zurück auf den Passeig de Gràcia (Metro: Diagonal, Passeig de Gràcia) gehen und zur Sagrada Família mit der Metro fahren. Von hier sind es noch ca. 20–30 Min. Fußmarsch bis dorthin. Man kann auch die Bahn nehmen (L5 von Diagonal, zwei Stationen, oder ab Verdaguer eine Station bis zur Sagrada Família), viel schneller als zu Fuß ist man damit allerdings nicht. Eine Taxifahrt zur Sagrada Família kostet ca. 6–8 €.

Den Carrer de Mallorca entlang geht es bis zur **Plaça Mossén Jacint Verdaguer**, an dem das Monument des für die katalanische Sprache so wichtigen Dichters steht (s. S. 20). Nach links zweigt der **Passeig Sant Joan** ab. Diese Straße wird als Grenze des Goldenen Quadrats angesehen. Obwohl nicht ganz so prächtig wie der Passeig de Gràcia, strahlt sie mit dem begrünten Mittelstreifen und Bänken, auf denen sich die Nachbarn zum Plausch treffen, eine angenehme Atmosphäre aus. Architektonisch gibt es z. B. den modernistischen **Palau Macaya** (Nr. 108) mit einer gotisch inspirierten Fassade zu bewundern, der 1899–1901 von Josep Puig i Cadafalch geschaffen wurde. Geradeaus weiter, stößt man nach fünf Blocks auf die Sagrada Família.

Grenze des Goldenen Quadrats

Sagrada Família

 Orientierung

So kommt man hin: Metro L5, Station Sagrada Família

Für manche die originellste, für andere aber auch die hässlichste Kirche aller Zeiten, in jedem Fall aber das berühmteste Gebäude der Stadt: die Sagrada Família, mit vollem Namen **Temple Expiatori de la Sagrada Família (15)** (Sühnetempel der Heiligen Familie). Als eines der berühmtesten, wenn auch unvollendeten Werke Antoni Gaudís hat sie zeitlebens durch ihr innovatives Design und ihre Struktur polarisiert. Die Baukräne sind mittlerweile so etwas wie ein Teil des Ganzen und gehören zum Wahrzeichen Barcelonas dazu. Und noch ist kein Ende für die Fertigstellung der Sa-

Sühnetempel

grada Família in Sicht, zurzeit spricht man von 2026, dem 100. Todestag Gaudís. Im November 2010 weihte Papst Benedikt die Kirche.

Die Idee einer neuen Kirche stammt aus dem Jahr 1869, als Josep Bocabella, Gründer einer „spirituellen Vereinigung der Anhänger Josefs" (*Associació Espiritual de Devots de Sant Josep*, gegründet 1866), eine der Heiligen Familie gewidmete Kirche errichten wollte. Dank der Spenden der Anhängerschar wurde 1881 der Block im Eixample ge-

Lebenslange kauft. Erster Architekt war Francesc del Villar, der das Projekt einer neogotischen Kir-
Aufgabe che entwarf. 1882 legte der Bischof Urquinaona den Grundstein der Sagrada Família. Nach Streitigkeiten mit Bocabella nahm de Villar seinen Hut, 1883 wurde Antoni Gaudí neuer Architekt, ein Auftrag, der ihn zeit seines Lebens beschäftigte. Er entwarf eine völlig neue Kirche, zwar mit Anlehnungen an den gotischen Kirchenbau, aber auch mit ungewöhnlicher, von der Natur inspirierter Linienführung. Eine Kirche mit dem Grundriss eines Kreuzes sollte entstehen mit 18 Türmen: an jeder der drei riesigen Fassaden vier Türme, als die zwölf Apostel, vier für die Evangelisten, je einen für Maria und Josef.

1889 war die Krypta vollendet und 1892 wurde mit der Fassade der Geburt Christi begonnen. Die Glockentürme der Kirche aber wuchsen aufgrund finanzieller Probleme nur langsam. 34 Jahre später, bis zu Gaudís unerwartetem Tod 1926 durch einen Straßenbahnunfall, gelang es nur, die Apsis, die Fassade der Geburt Christi mit ihrer reichen Verzierung und einen ersten der vier Türme dieser Fassade fertigzustellen, San Bernabé (100 m). Die restlichen drei Türme erstanden nach dem Tod Gaudís bis 1930.

Dies war nur der Beginn einer Reihe von Problemen.

Fassade der Passion Christi der Sagrada Família: Zum Wahrzeichen Barcelonas gehören die Baukräne dazu

1936 brannten die Krypta und Gaudís Arbeitsraum, viele der Modelle der Kirche wurden zerstört. Ab 1940 baute der Architekt Francesc Quintana die Krypta wieder auf und rekonstruierte die Modelle, die dann als Grundlage für den Weiterbau der Kirche dienten. Aber erst 1954 nahm man die Arbeiten wieder auf und der Bau der Passionsfassade begann. Quintana, Puig Boada und Lluís Bonet Garí waren die Architekten, die mit dem Weiterbau beauftragt wurden. 1977, in dem Jahr der Wiedereinsetzung der katalanischen Regierung, wurden die vier neuen Glockentürme gekrönt.

In den letzten Jahren wurde die Passionsfassade mit den teilweise etwas futuristisch anmutenden Skulpturen von Josep Maria Subirachs vollendet, auch der Innenraum ist seit 2010 größtenteils fertig und mit bunten Fenstern verglast. Die hohen Säulen sollen an einen Wald erinnern, die sich oben verästeln und ein Blätterdach bilden.

Wann mit einem Ende der Bauarbeiten zu rechnen ist, darüber wagt mittlerweile kaum jemand mehr eine Prognose. Aber nicht zuletzt dank der zahlreichen Eintritt zahlenden Besucher wird überhaupt weitergearbeitet.

Auch im Inneren alles andere als gewöhnlich: der Altarschmuck

Fassade der Passion Christi (Façana de la Passió)

Der Haupteingang zur Kirche liegt an der zum Carrer de Sardenya zugewandten Westfassade, der **Fassade der Passion Christi**. Die Westfassade ist mit ihren klaren und nackten Linien und weniger dekorativen Elementen das komplette Gegenteil zur dekorierten und geschmückten Ostfassade der Geburt Christi. Keine Tiere und Pflanzen sind hier zu finden, die Kargheit und die Figuren sollen Verzweiflung, Trauer und den Tod Jesu versinnbildlichen. Die Fassade ist mit den zeitgenössischen Figuren des Bildhauers Josep Maria Subirachs gestaltet, der den Skizzen von Gaudí folgte. Sie stellen den Leidensweg und den Tod Jesu dar.

Leidensweg Jesu

Fassade der Geburt Christi (Façana del Naixement)

Zum Carrer de Marina und zur aufgehenden Sonne hin zeigend wurde die Ostfassade, die Fassade der Geburt Christi, fast vollständig von Gaudí selbst vollendet. Die filigran und detailreich ausgeführte Fassade soll die Freude über die Geburt Jesu zeigen. Im mittleren Rundbogen ist die Heilige Familie zwischen Ochsen und Esel zu sehen, über ihnen der Stern, Engel und Musiker um sie herum. In das gotische Schema sind modernistische Elemente eingefügt. Bei genauerem Hinschauen erkennt man eine Vielzahl von Pflanzen und Tieren, beispielsweise aus dem Mittelmeerraum wie Schild-

Geburt Christi

Die Fassade der Geburt Christi

kröten, Enten, Eulen, Pflanzen und Früchte, die dort in Stein gemeißelt sind.

Drei Portale repräsentieren die christlichen Tugenden Glaube, Liebe und Hoffnung. Das linke Portal der Hoffnung zeigt die Hochzeit von Maria und Josef, die Flucht nach Ägypten und die Jungfrau von Montserrat. Auf der anderen Seite ist über dem Portal des Glaubens Jesus zwischen den Gelehrten des Tempels abgebildet.

Richtung Süden, zum Meer hin, soll die im Bau befindlich Hauptfassade stehen, die **Fassade der Herrlichkeit** (Façana de la Gloria) mit ihren vier Türmen. **Sagrada Família**, *c/ Mallorca 401, ☎ 93 207 30 31, www.sagradafamilia.cat, Okt.–März 9–18, April–Sept. 9–20 Uhr, 12,50 € (Führung oder Audioguide 4 €), Lift (Passionsfassade und Fassade der Geburt Christi) je 2,50 €. Tickets, um die meist ziemlich lange Warteschlange zu vermeiden, gibt es auch vorab online zum Ausdrucken unter www.servicaixa.com.*

info

Antoni Gaudí i Cornet (1852–1926)

Wenige Architekten haben für ihre Stadt so eine Bedeutung erlangt wie Gaudí für Barcelona, deren Namen untrennbar miteinander verbunden sind. Der Mann mit der genialen Schöpfungskraft kam 1852 als Sohn eines Schmieds in Reus (etwa 120 km von Barcelona) zur Welt. Als kränkelndes Kind blieb er oft zu Hause auf dem Hof der Eltern und beobachtete die Natur, die er später als seine größte Lehrmeisterin bezeichnen sollte. Von seinem Vater lernte Gaudí den meisterlichen Umgang mit Eisen, das viele seiner Werke ziert, z. B. die Balkone an der Casa Milà und das Wappen am Palau Güell. 1868 zog er nach Barcelona, um seine große Leidenschaft, Architektur, zu studieren. 1878 erhielt er sein Diplom vom Direktor mit den Worten verliehen: „Heute haben wir das Diplom entweder an einen Verrückten oder ein Genie verliehen." Darüber wurde in jener Zeit durchaus diskutiert, denn Gaudí brach mit seinen runden Formen, den bunten Kacheln und einem ganz eigenen Stil, der sich an der Natur inspirierte und eine dem hellen Klima des Mittelmeers angepasste Gotik, romanische Elemente und arabische Einflüsse zu völlig neuartigen Formen verband, alle architektonischen Regeln dieser Zeit.

Eines der einschneidendsten Erlebnisse seines Lebens war das Zusammentreffen mit dem kunstliebenden Industriellen und Politiker Eusebi Güell (S. 217), der sein bester Freund und größter Förderer wurde. Die Finca Güell (s. S. 244), der Palau Güell (s. S. 141) und der Park Güell (s. S. 214) sind nur einige Beispiele dieser äußerst produktiven Freundschaft. Mit 31 Jahren erhielt der tiefreligiöse Gaudí den

Auftrag, den Bau der Sagrada Família weiterzuführen. Bis zu seinem Tod arbeitete er, am Ende wie ein Besessener, an diesem Projekt und zog sogar in die Krypta der Kirche. Mit der Zeit wurde er immer eigenbrötlerischer. Als persönliches Opfer für sein Werk führte Gaudí ein Leben in Einsamkeit und Armut. Als er 1926 auf seinem täglichen Weg zum Gebet in der Kirche Sant Felipe Neri von einer Straßenbahn erfasst wurde, hielt man ihn aufgrund seiner ärmlichen Kleidung für einen Obdachlosen und brachte ihn ins Armenhospital de la Santa Creu, wo er wenig später starb. Obwohl zu Lebzeiten nicht unumstritten, kleidete sich Barcelona in Trauer, und ein riesiger Menschenzug begleitete Gaudí auf seinem letzten Weg in die Sagrada Família, in dessen Krypta er beigesetzt wurde.

Hospital de la Santa Creu i Sant Pau

Die schräg verlaufende Avinguda de Gaudí, eine Fußgängerzone mit Cafés, Geschäften und Jugendstil-Laternen, weist den Weg zu einem weiteren Höhepunkt des Modernisme: das **Hospital de la Santa Creu i Sant Pau (16)**. Das Krankenhaus ist der „Nachfolger" des 1401 im Raval gegründeten Krankenhauses Santa Creu (s. S. 121). Dieses als bester modernistischer Komplex der Welt angesehene Ensemble wurde ab 1902 von Lluís Domènech i Montaner errichtet. Der Bau fiel mit der Industrialisierung der Stadt zusammen, und neue Ideen über Hygiene und Gesundheit begannen zu greifen. 1930 wurde der Krankenhauskomplex offiziell von Alfons XIII. eröffnet. Er besteht aus mehreren Pavillons, Straßen und Gärten.

Das Eingangsgebäude mit dem hohen Turm ist wie der Rest der Gebäude aus Backstein gebaut. Verziert ist es mit Mosaiken und Skulpturen aus Stein im Neomudéjar-Stil. Die einzelnen Pavillons sind mit unterirdischen Gängen verbunden. Einer der Pavillons hat eine ganz besondere, barocke Fassade: Sie stammt aus der Kirche Santa Marta aus dem Jahr 1733 (Carles Grau). Als diese zur Anlage der Via Laietana abge-

Unterirdisch verbunden

Hospital de la Santa Creu i Sant Pau

rissen wurde, baute man die Fassade 1928 im Hospital (zum Carrer de Sant Antoni Maria Claret) wieder auf. Heute werden die modernistischen Pavillons zu kulturellen und administrativen Zwecken genutzt, seit 2010 werden sie renoviert. Der Krankenhausbetrieb ist in neue Gebäude nebenan gezogen. Ein Infostand informiert über den Fortschritt der Bauarbeiten.

Hospital de la Santa Creu i Sant Pau, *c/ Sant Antoni Maria Claret 167, Infostand Centre del Modernisme: tgl. 9–13.30 Uhr, Führungen (in Englisch stündl. 10–13 Uhr). Information ☎ 93 317 76 52, www.rutadelmodernisme.com, www.santpau.es.*

> 👉 **Hinweis**
> *Zurück zur Plaça de Catalunya nimmt man entweder die Metro (L5), wobei man an der Haltestelle Diagonal in die grüne Linie umsteigen muss, oder aber den Bus 45 (Passeig Maritim/Horta) von Sant Antoni Maria Claret-Hospital de Sant Pau bis Pau Claris-Gran Via (zehn Stationen).*

Reisepraktische Informationen Eixample

🍴 Restaurants

Racó d'en Baltà (4), *c/ Aribau 125*, ☎ *93 453 10 44. Kleine, wechselnde Karte, originell und frisch, auf der man z. B. Entrecôte mit Pfeffersoße aus Jamaika oder Stockfisch mit Sobrasada (span. Wurstspezialität) findet. Das Lokal überrascht den Besucher mit dem etwas anderen Design (bunte Wände, kreative Lampen), das eine besondere Atmosphäre versprüht. Mittleres Preisniveau.*

Bar Mut (10), *c/ Pau Claris 192, Ecke Av. Diagonal*, ☎ *93 217 43 38. Gemütliche Bodega, Bar und Restaurant mit großer Fensterfront zur Straße, marktfrischer Küche, Tapas und Montaditos (fein belegte Brötchen). Die Preise sind leider ziemlich gesalzen.*

Caldeni (12), c/ *Valencia 452 (nahe der Sagrada Família),* ☏ *93 232 58 11, www.caldeni.com. Kleines Lokal mit wenigen Tischen (Reservierung empfehlenswert) und minimalistischer Deko, sehr netter Service. Das Essen ist erstklassig (Spezialität Fleisch), frisch zubereitet und nicht übersteuert. Nach dem Essen kann man noch die angestrahlte Sagrada Família bewundern.*

Patatas bravas mal anders im Caldeni

Semproniana (5), c/ *Rosselló 148,* ☏ *93 453 13 20. Ungewöhnlich dekoriertes Lokal mit alten Möbeln, vielen Bildern, ebenso ungewöhnlich sind manche Variationen der katalanischen Küche. Die Karte wechselt mit den Jahreszeiten, auf der man z. B. neben Kabeljau in Tintenfischsoße oder Seebarsch mit Ziegenkäse auch immer Ausgefallenes wie frische Entenleber mit Parmesan-Eiscreme findet. Gehobenes Preisniveau.*

Casa Calvet (24), c/ *Casp 48,* ☏ *93 412 40 12. Das Gebäude von 1899 gehört zu den konventionelleren Entwürfen von Gaudí. Das modernistisch eingerichtete Restaurant im Erdgeschoss ist teilweise noch mit den Originalmöbeln des Textilgeschäfts von Eduard Calvet ausgestattet. Feine katalanische und mediterrane Küche, z. B. Kalb mit Entenleber und Mandelsoße, Ravioli mit Gambas und Pilzen. Sehr elegant, gute Weinkarte, teuer.*

L'Hostal de Rita (14), c/ *Aragó 279,* ☏ *93 437 23 76. Berühmt für die großen (und guten) Portionen zu zivilen Preisen, daher abends nicht zu spät kommen.*

La Vaca Paca (18), *Passeig de Gràcia 21,* ☏ *93 488 12 82. Gut gefülltes All-you-can-eat-Buffet mit Salat, Pizza, Pasta, Fleisch, Nachtisch, Getränk und Kaffee ganz in der Nähe der Gaudí-Bauten, für knapp 10 € (abends 11 €). Terrasse, aber wenn man das Buffet wählt, kann man nur drinnen sitzen.*

Ebenfalls günstige **All-you-can-eat-Buffets** *(allerdings ohne Fleisch) gibt es bei* **FrescCo (21)** *(u. a. Ronda de la Universitat 29, Av. Diagonal 449, c/ Gran de Gràcia 30, tagsüber 8,50 €, abends und am Wochenende 9,95 €), und bei* **Lactuca (23)** *(u. a. Rambla de Catalunya 8, Ronda Sant Pere 17, c/ Provença 427, cc. 9 €).*

Madrid-Barcelona (15), c/ *Aragó 282,* ☏ *93 215 70 27. In den 1940er-Jahren als Bahnhofslokal eröffnet (hier ging die Linie Madrid–Barcelona vorbei). Heute gibt es hier gute katalanische Küche, z. B. Reis- und Stockfischgerichte. Mittleres Preisniveau.*

Ty Bihan (1), *Espai de la Bretanya, Gastronomic i Cultura, Passatge Lluís Pellicer 13,* ☏ *93 410 90 02, www.tybihan.com. Bretonisches Lokal und Kulturzentrum, dessen Spezialität die süßen und herzhaften Crêpes (Galettes, gemacht mit dunklem Mehl) sind, zu denen gut ein Glas Cidre passt. Ruhiges Ambiente, gemütlich und entspannt.*

Speakeasy (3), c/ *Aribau 162,* ☏ *93 217 50 72, www.speakeasy-bcn.com. Exklusives für verwöhnte Gaumen gibt es in diesem Lokal hinter einer „Geheimtür" der Cocktailbar Dry Martini, z. B. Iberisches Ferkel mit Mango-Ravioli und Frischkäse. Exklusiv ist allerdings auch der Preis.*

Iurantia (19), c/ *Casanova 42,* ☏ *93 454 78 87. Rot-weiß-schwarz gehaltene, moderne Pizzeria, es gibt auch Pasta, Salate, Risotto, Fleisch – alles gut und ansprechend hergerichtet und zu ordentlichen Preisen.*

Danzarama (22), *Gran Via de les Corts Catalanes 604,* ☏ *93 301 97 43. In mehreren Sälen gibt es frische mediterrane Küche, ab Mittag bis 3 Uhr nachts geöffnet, am Abend Club mit entspannter Lounge-Musik, DJ, ab 23 Uhr House, Dance.*

La Cúpula (11), c/ Sicília 255, ☎ 93 208 20 61, www.lacupularestaurant.com. Marktfrische katalanische Küche, z. B. geschmorte Erbsen mit Shrimps oder Arròs negre. Besonderheit: Man speist inmitten einer Sammlung von sieben Oldtimern der Marke Hispano-Suiza-Automobile (ausschließlich in Spanien produzierte Luxus-Automarke der 1930er-Jahre). Hübsche Innenhofterrasse. Hauptgericht 14–22 €.

El Tragaluz (9), Passatge de la Concepció, ☎ 93 487 06 21, www.grupotragaluz.com. Leichte und innovative mediterrane Küche. Unten Cocktailbar mit asiatischen Snacks, oben Restaurant. Besonderheit: ein Glasdach, das bei gutem Wetter teilweise geöffnet werden kann.

Movie (16), c/ Roger de Llúria 50, ☎ 93 272 35 69. Restaurant und Lounge in warmen Rottönen, die beiden Räume werden von einer großen Leinwand getrennt, auf der Konzerte und Videoclips gezeigt werden. Im vorderen Teil kann man es sich bei einem Cocktail in den Kinosesseln gemütlich machen, hinten das italienisch-asiatisch inspirierte Essen probieren, das in praktischen Bols serviert wird; es gibt u. a. Salate, Pasta und Risotto, nicht teuer. Später Club mit DJ.

Tapas

Cervesería Catalana (7), c/ Mallorca 236, ☎ 93 216 03 68. Das katalanische Brauhaus ist immer gut gefüllt, das liegt neben der großen Auswahl an nationalem und importiertem Bier an den stadtbekannt leckeren Tapas. Ungezwungenes Ambiente, drinnen etwas laut. Terrasse. Auch vormittags geöffnet.

de Tapa Madre (13), c/ Mallorca 301, ☎ 93 459 31 34. Recht große Tapas-Bar mit einer langen Theke, Terrasse. Es gibt typisch kastilische Tapas wie „patatas a la importancia" (Kartoffeln mit Ei, Zwiebeln, Knoblauch) und eine gute Schinkenauswahl. Tgl. ab 8 Uhr morgens geöffnet, eher teuer, aber gut.

Jamonísimo (6), c/ Provença 85, ☎ 93 439 08 47. Die wohl größte Schinkenauswahl der Stadt, natürlich gibt es hier auch den berühmten „jamón ibérico de bellota". Eigentlich ein Geschäft, aber in dem kleinen Essraum für zwölf Personen kann man den Schinken auch probieren. Einen zweiten Laden gibt es in der c/ Muntaner 328.

Paco Meralgo (2), c/ Muntaner 171, ☎ 93 430 90 27. „Pa comer algo" – „um etwas zu essen": Dazu lädt die schicke Bar ein. Tapas, „medias raciones" (halbe Portionen), Montaditos, alles frisch, alles lecker.

La Bodegueta (8), Rambla de Catalunya 100. Alte Bodega, in der es in rustikalem Ambiente gute Tapas gibt, im Sommer Tische auf der schönen Rambla de Catalunya.

TapaÇ 24 (17), c/ Diputació 269 (Passeig de Gràcia), ☎ 93 488 09 77. Gemütliches Lokal in einer alten Taverne mit offener Küche, Bar und ein paar Tischen, den ganzen Tag bis Mitternacht geöffnet. Nicht unbedingt günstig, aber sehr lecker, neben Klassikern wie „patatas bravas" steht z. B. auch ein Foie-gras-Burger auf der Karte.

Lolita Taperia (20), c/ Tamarit 104, ☎ 93 424 52 31. Beste traditionelle Tapas im 1970er-Jahre-Ambiente, am Abend Cocktails und DJ.

Äußerst gut: Tapas im TapaÇ 24

Cafés

Escribà, *Gran Via de les Corts Catalanes 546. Hauptsitz des findigen Chocolatiers, der sich neben seinen Schokokreationen auch mit Ringen aus Bonbons einen Namen gemacht hat, die europaweit verkauft werden.*

Café Vienés, *Passeig de Gràcia 132. Im Fünf-Sterne-Hotel Casa Fuster befindet sich das Café Vienés, ein wunderschön restaurierter Salon, der in den 1940er-Jahren berühmt war für die Gesprächskreise von Poeten, Schriftstellern und anderen Künstlern. Der Kaffee hat allerdings auch Fünf-Sterne-Preise. Abends Jazzclub.*

Horchatería La Valenciana (25), *c/ d'Aribau 16, ☎ 93 317 27 71. Klassiker der „Granjas-chocolaterías" (Cafés mit hausgemachten, typisch katalanischen süßen Spezialitäten) seit 1910 und berühmt für die echten Horchatas (süße Mandelmilch), Schokoladeneis und Turrónes. Nur ein paar Häuser weiter findet man* **Frutos Secos Paramí** *von den gleichen Besitzern, einen Laden mit getrockneten Früchten, Turrónes und anderen Süßigkeiten (c/ Diputació 202, auch ein Stand in der Boquería).*

Cremería Toscana, *c/ Muntaner 161. Für manche das beste Eis der ganzen Stadt gibt es in dieser italienischen Eisbar, das Fruchteisangebot ändert sich mit den Jahreszeiten.*

Ausgehen
Bars

Dry Martini (2), *c/ Aribau 162, www.drymartinibcn.com. Höchst edle, in Holztönen gehaltene Cocktailbar mit Stil und Barkeeper in weißen Jacketts, gediegenes Ambiente, für manche die beste Cocktailbar der Stadt. Einfach selbst probieren …*

La Fira Club (4), *c/ Provença 171. Das Kuriose an dieser Bar ist die Deko, die aus alten Puppen und Geräten aus Vergnügungsparks stammt. Die Stimmung ist meist gut, gespielt werden spanische und internationale Hits der vergangenen Jahrzehnte.*

Milano (7), *Ronda Universitat 35. Bekannt gute Cocktails in entspannter Atmosphäre und eher rustikaler Einrichtung aus Holz.*

Premier (5), *c/ Provença 236, www.barpremier.com. Tagsüber mit Küche, abends kann man es sich bei schummrigem Licht auf den Retro-Sofas gemütlich machen und an seinem Cocktail nippen, zu späterer Stunde wird die Musik lauter.*

Diskos

City Hall (8), *Rambla de Catalunya 2–4. In dem alten Theater direkt an der Plaça de Catalunya gibt es meist gute elektronische Musik und House (2 Säle), Terrasse, in der Woche verschiedene Musikrichtungen (Soul, Funk, Hip-Hop), aktuelles Programm unter: www.grupo-ottozutz.com.*

Luz de Gas (1), *c/ Muntaner 246, www.luzdegas.com. Ein Stückchen nördlich der Av. Diagonal gelegen (eigentlich schon Zona Alta), ein bekannter Name im Barceloneser Nachtleben, hier geht es ziemlich schick zu. In einem alten Theater, meist gute, aber entspannte Stimmung, Publikum ab 25 und älter, teuer.*

Distrito Diagonal (3), *Av. Diagonal 442, www.distritodiagonal.com. Lange rote Theke, hinten eine kleine Tanzfläche, elektronische Musik.*

Im linken Teil des Eixample, **Eixample Esquerra**, *konzentrieren sich fast sämtliche* **Schwulenbars und -clubs** *der Stadt, z.B.:*

Arena Madre (6), *c/ Balmes 32, www.arenadisco.com. Arena ist das Imperium der Gay Clubs in Barcelona. Es gibt mehrere Clubs, das Arena Madre ist der größte; Musik: House, Dance.*

Einkaufen
Kleidung und Accessoires

Auf dem Passeig de Gràcia und seinen Querstraßen findet man neben den bekannten Designer-Läden auch eine Reihe Geschäfte spanischer Designer wie:

Adolfo Domínguez, *Passeig de Gràcia 32, www.adolfodominguez.com. Einer der berühmtesten spanischen Designer kommt nicht aus Barcelona, sondern aus Galizien. Klassische Mode, die allerdings auch ihren Preis hat.*

Agatha Ruiz de la Prada (3), *c/ Consell de Cent 314–316, www.agatharuizdelaprada.com. Für Freunde farbenfroher Kleidung. Die bekannte Designerin entwirft knatschbunte Damen-, Herren-, Kindermode und Accessoires. Das Interieur ist farblich der Mode angepasst.*

Josep Font (1), *c/ Provença 304. Katalanischer Designer, der es auf die internationalen Laufstege geschafft hat: elegante Entwürfe mit einem romantischen Touch aus leichten Materialien wie Leinen, Seide und Baumwolle in pastellenen Farben.*

Vinçon, *Passeig de Gràcia 96, www.vincon.com. Designer-Laden mit einer großen Auswahl an originellen Produkten für Haus und Büro. Es lohnt ein Besuch im 1. Stock, wo noch die modernistische Innendekoration des Hauses bewundert werden kann. Von hier hat man Zugang auf eine mit bunten Kacheln verzierte Terrasse, von der man einen von vielen unentdeckten Blick auf die hintere Fassade von La Pedrera hat.*

El Corte Inglés (9), *Pl. de Catalunya, www.elcorteingles.es. In dem riesigen, bunkerähnlichen Gebäude befindet sich die größte Niederlassung Barcelonas der bekanntesten und bestsortierten Kaufhauskette Spaniens. Hier gibt es so gut wie alles. Guter Delikatessenladen im Untergeschoss beim Supermarkt.*

Bücher und Musik

FNAC (8), *Pl. Catalunya 4 (El Triangle), www.fnac.es. Die französische Kette ist auf CDs, Videos und Bücher spezialisiert und bietet dazu eine große Auswahl. Weitere Niederlassung u. a. in der Illa Diagonal (s. S. 52).*

Alibri (5), *c/ Balmes 26, ☎ 93 317 05 78, www.alibri.es. Einer der größten Buchläden der Stadt mit einem großen Angebot an fremdsprachiger Literatur.*

Altair (6), *Gran Via 616, ☎ 93 342 71 71, www.altair.es. Auf Reiseliteratur, Karten und Reiseführer spezialisiert.*

Laie (7), *c/ Pau Claris 85, ☎ 93 318 17 39, www.laie.es. Laie hat auch eine Reihe englischer Bücher, inkl. Reisebüchern und Karten. Spezialisiert auf Literatur zu Architektur, Kunst und Film. Schönes Café mit internationalen Zeitungen im Laden (Mittagsmenü; bis 21 Uhr).*

Kulinarisches

Cacao Sampaka (4), *c/ Consell de Cent 292, ☎ 93 272 08 33, www.cacaosampaka.com. Eines der größten Schokoladengeschäfte mit einer unglaublichen Auswahl. Angeschlossen ist ein schönes Café mit süßen Sachen zum Probieren. Mittags auch Sandwiches. Der Kakao, den man hier trinken kann, ist berühmt dafür, dass er so dick ist, dass der Löffel darin stehen bleibt.*

Escribà, *Gran Via 546. Größte Niederlassung des bekannten Konditors, auch Café. Leckere Kuchen, berühmt für kreative Hochzeits- und Geburtstagstorten und Schokolade (auch Rambla 83). Gute Schokolade findet man zudem bei* **Enric Rovira** *(c/ Josep Tarradellas 113, www.enricrovira.com) und* **Petit Plaisir** *(c/ Ganduxer 33, www.petitplaisir.com).*

Mantequería Ravell (2), *c/ d'Aragó 313, www.ravell.com. Alteingesessener Delikatessenladen von 1929. Mit einem kleinen Restaurant über dem Laden,* **Can Ravell**, *das gut, aber eher teuer ist (u. a. Tapas, Paella, Sandwich, Hamburger).*

Gràcia – „rebellisches" Dorf in der Stadt

Wenn man vom Passeig de Gràcia aus kommend die Avinguda Diagonal überquert, ist es fast so, als würde man die Großstadt verlassen. Die mondäne und kosmopolitische Prachtstraße verengt sich wenig später zum quirligen Carrer Gran de Gràcia. Alles ist ein wenig kleiner, ein wenig bescheidener. Besonders deutlich wird dies, wenn man durch die kleinen Straßen östlich der Hauptstraße wandelt. Hier gibt es keine weltbekannten Sehenswürdigkeiten zu bestaunen. Dafür schmale verwinkelte Straßen mit bunten Boutiquen und Cafés, sonnige Plätzchen mit unzähligen Bars.

Das Dorf Gràcia entstand einst an der Kreuzung zweier römischer Straßen. Der Name geht auf ein mittelalterliches Kloster, Santa María de Gràcia, zurück. Mit dem Abriss der Stadtmauer und dem Bau des Eixample wuchs Barcelona in Richtung Berge und hin zu den kleinen unabhängigen Gemeinden. Gràcia gehört wie Sant Andreu, Sant Gervasi und Sant Martí zu den Gemeinden, die vom wachsenden urbanen Spinnennetz 1897 eingefangen wurden. Allerdings nicht gegen erheblichen Widerstand der Bevölkerung des Dorfs.

Gràcia wuchs im 19. Jh. mit der Ankunft von Textilarbeitern und Handwerkern. Die politische Orientierung seiner Be-

Nachbarschaftlicher Plausch in Gràcia

wohner brachte dem Viertel den Ruf eines „rebellischen Dorfs" ein und bedeutete bis zum Ende des Bürgerkriegs eine latente Konfliktsituation. Die sozialistischen und anarchistischen Ideen jener Zeit fanden hier besonderen Anklang, und Arbeiterkämpfe und Streiks wurden mit besonderer Intensität ausgetragen. Die Namen der Straßen, Plätze und Märkte zeugen stolz vom aufmüpfigen Charakter des Viertels: Llibertat, Fraternitat, Progrés, Revolució.

„Rebellisches Dorf"

Die ehemals von Arbeitern und Handwerkern bevölkerte sozialistische Hochburg wurde in den 1970er-Jahren zu einem Anziehungspunkt für Künstler und Alternative. Heute noch gibt es eine ganze Reihe, wenn auch weniger radikale Nachbarschaftsvereinigungen, und das Viertel hat sich seine politische Energie bewahrt. Immer noch ist die Plaça de la Vila de Gràcia (ehemals Plaça Rius i Taulet) Treffpunkt für Protestveranstaltungen. Und bis heute ist das lebendige Viertel Treffpunkt einer alternativen Szene. War in der Vergangenheit die Industrie der charakteristischste Zug des Viertels, sind dies heute Kultur und Nachtleben. Neben zahllosen Bars, Theatern und Kinos finden viele kulturelle Veranstaltungen über das Jahr statt, von denen die **Festa Major**, der Stolz des Viertels, im August herausragt.

Gràcia & Park Güell

Unterkunft
1 Albergue Mare de Deu de Montserrat
2 Aparthotel Silver
3 Hostal San Medín
4 Hotel Medium Confort
5 Hotel Casa Fuster

Restaurants
1 Botafumeiro
2 Shojiro
3 Envalira
4 Como Catalán
5 D.O.
6 Mesopotamia
7 Café Salambó
8 Cantina Machito
9 Taverna El Glop
10 Estel de Gràcia
11 Roig Robí
12 Anònim
13 Sureny

Ausgehen
1 Alfa
2 Switch
3 Roxanne

Einkaufen
1 Camiseria Pons
2 Piano
3 Snö mito nórdico
4 Olokuti
5 Boo
6 Vinus & Brindis
7 El Celler de la Ribera
8 L'Aeroteca
9 Hibernian Books

© *graphic*

Rundgang durch Gràcia

 Orientierung

So kommt man hin: Metro: Diagonal (L3). Gràcia schließt sich nördlich an das Eixample an.

Der Rundgang startet an den **Jardins de Salvador Espriu**, am oberen Ende des Passeig de Gràcia/Ecke Diagonal. Von den Jardins, eher ein Grünstreifen als ein Garten, bietet sich ein guter Blick auf den Passeig de Gràcia. Auf der oberen Ecke befindet sich die **Casa Fuster** (Nr. 132, 1908–1911) von Lluís Domènech i Montaner. Das Gebäude verbindet klassische mit gotischen Elementen. Heute ist die Casa Fuster ein Fünf-Sterne-Hotel. Auch wenn das Wohnen im Hotel nicht für jedermanns Geldbeutel geeignet ist, lohnt sich eine kleine Pause im berühmten **Salon Vienés**, wo sich um 1900 die Künstler zu Gesprächszirkeln trafen.

Nobel-unterkunft

Weiter geht es am Carrer Gran de Gràcia entlang mit den vielen lebhaften Geschäften und schönen Modernisme-Fassaden hoch ins Viertel. Über den Carrer de Goya gelangt man rechts zur **Plaça de la Vila de Gràcia** (bis 2009 Plaça Rius i Taulet, davor Plaça de Oriente), an der sich die Casa de la Vila und der berühmte Glockenturm „**La Campana de Gràcia**" befinden. Die **Casa de la Vila** wurde mehrmals umgebaut, die heutige Version stammt von Francesc Berenguer. Von ihrem Balkon wurden die Neuigkeiten verkündet, unten auf dem Platz am Glockenturm versammelte man sich zum Protest, Kampf oder auch zum Feiern. Der Glockenturm wurde 1862–1864 von Antoni Rovira i Trias erbaut und bestand seine Feuertaufe als Symbol der Freiheit im wahrsten Sinne des Wortes 1870 (S. 212).

Geradeaus gelangt man zur **Plaça del Sol** mit der Skulptur „Astrolabi", einer Sonnenuhr mit den Figuren der Sternzeichen. Der Bekanntheitsgrad der Plaça del Sol rührt heutzutage von der hohen Konzentration von Bars, die sich um, an und im Sommer auch auf dem Platz befinden. Entlang dem Carrer de Ramón i Cajal stößt man auf einen weiteren Platz, die **Plaça de la Revolució de Septembre de 1868**, wie sie mit vollem Namen heißt. Hier gibt es übrigens das beste Eis des Viertels bei der **Gelateria Cafeteria Italiana** (Plaça de la Revolució 2).

Von hier geht eine der nettesten Straßen des Viertels ab, der **Carrer de Verdi**. Zahlreiche Restaurants, Kinos und Läden reihen sich hier aneinander. Wenig später liegen links und rechts zwei weitere Plätze: Rechts des Carrer de Verdi gelangt man zur **Plaça de la Virreina** mit der Església de Sant Joan. Unter den Bäumen haben die Cafés ihre Tische aufgestellt, z. B. das Café de la Virreina. Seinen Namen erhielt der Platz vom Vizekönig von Peru, Manuel Amat, der hier einst ein Sommerhaus besaß.

Redaktionstipps

➤ Ein **Rundgang durch Gràcia** ist weniger aufgrund monumentaler Bauten, sondern wegen der entspannten Atmosphäre, kleinen Boutiquen und sonnigen Plätzchen besonders reizvoll.

➤ Besonders lohnt ein **Besuch am Abend**. Allein um die bekannte **Plaça del Sol** finden sich ein Dutzend Bars für jeden Geschmack (S. 219).

➤ Was man aber auf keinen Fall verpassen sollte: den **Park Güell** (S. 214). Das finden andere auch, deshalb ist es meist ziemlich voll (dennoch lohnend!).

La Campana de Gràcia

Als die Regierung 1870 die Wehrpflicht einführen wollte, wehrte sich die Gemeinde, und es brach die sog. *Revolta de les Quintes* aus. Der Aufstand konzentrierte sich auf Gràcia. Die Frauen der Gemeinde brachten die Stadtregister, in denen ihre Söhne standen, in ihre Hände und entzündeten neben dem Glockenturm ein großes Lagerfeuer. Die Glocke eben dieses Turms, die **Campana de Gràcia**, ermutigte die Widerstandskämpfer durch ununterbrochenes Läuten und rief sie zu den Waffen. Trotz mehrerer Kanonenschüsse des Militärs hörte sie nicht auf zu läuten. Letztendlich wurde sie aber doch getroffen – von nur einer Kanonenkugel, sagen die einen, es brauchte drei, um sie zum Schweigen zu bringen, sagen die anderen. Die Revolte dauerte fünf Tage und forderte 27 Tote. Don Eugenio de Gaminde i Lafont, seinerzeit Generalkapitän von Katalonien, tat seinem Ruf mit der blutigen Niederschlagung der Revolte keine Ehre. Auf der Kreuzung Passeig de Gràcia und Carrer de Provença ließ er Kanonen aufstellen und drei Tage lang das Viertel beschießen, in dem ununterbrochen die Glocke auf der damaligen Plaça Oriente läutete. Die Zerstörung vieler Wohnhäuser brachte ihm den Spott der Bewohner ein. Außer einzelnen Schüssen gab es wenig Gegenwehr hin-

ter den Barrikaden. Als sich seine zahlreichen und gut ausgebildeten Soldaten ins Viertel wagten, fanden sie kaum Widerstand auf der Straße, sondern nur die Hülsen ihre eigenen Projektile ...

Die tapfer bis zum Ende läutende Glocke von Gràcia wurde zu einem Symbol des Widerstands. Der Verleger Innocenci López Bernagosi publizierte als Antwort auf diesen Gewaltausbruch im Mai desselben Jahres eine neue republikanische, antiklerikale Satirezeitschrift, die den Namen „La Campana de Gràcia" trug und mit zwischenzeitlichen Verboten von 1870 bis 1939 publiziert wurde.

Die zweite große Stunde der Glocke als Symbol der Freiheit schlug 1874, als der Putsch von General Pavía die Erste Republik beendete und ein Generalstreik ausgerufen wurde, der brutal niedergeschlagen wurde.

Der Glockenturm von Gràcia

Richtung Gran de Gràcia liegt die **Plaça del Diamant** die nach vielen Umbauten ihren Bekanntheitsgrad weniger ihrer Schönheit als dem Roman „Auf der Plaça del Diamant" von Mercè Rodoreda zu verdanken hat. Der Protagonistin ihres Buches, übrigens einer der bekanntesten Romane, die aus der katalanischen Sprache übersetzt worden sind, ist die Skulptur von Xavier Medira-Campeny mit dem Namen „Colometa" gewidmet. Während der Festa Major de Gràcia lernten sich auf diesem Platz die Protagonistin und ihr späterer Ehemann kennen. 12 m unter dem Platz befindet sich, wie unter vielen Plätzen des Viertels, ein **Luftschutzbunker**. Die meisten Bunker sind heute in Parkhäuser umgewandelt. Insgesamt gab es in Barcelona Hunderte solcher *refugios*; zu besichtigen ist zzt. das **Refugio 307** im Poble Sec (s. S. 131).

Berühmter Roman

Der Name des Platzes wie auch der umgebenden Straßen Or (Gold), Rubí (Rubin), Topacio, Perla und Esmeralda (heute Astúrias) erinnern daran, dass diese Gegend einst einem Juwelier, Josep Rosell, gehörte, der bei der Namengebung wohl mehr als nur ein Wörtchen mitzureden hatte. Durch den Carrer del Robí und Carrer de Santa Rosa gelangt man zurück auf den Carrer Gran de Gràcia, den es weiter hochgeht. An der Plaça Trilla ist zwischen den moderneren Gebäuden links noch eine altes katalanisches Bauernhaus zu sehen.

Der Modernisme hat fast in jeder Ecke der Stadt seine Spuren hinterlassen, auch Gràcia ist da keine Ausnahme. Neben den verzierten Fassaden auf der Hauptstraße lohnt ein Blick in die **Rambla de Prat**. Die modernistische Straße des Viertels, ab 1890 angelegt, ist mit einer Reihe hübscher, aber im Vergleich zum Passeig de Gràcia weniger spektakulärer Jugendstilhäuser gesäumt. Am Ende der Straße befindet sich das alte **Theater Bosc** (heute ein Kino), von dem aber nur noch die vier Masken an der Fassade übrig geblieben sind.

Links geht es dann in den Carrer de les Carolines zur **Casa Vicens**, einem frühen Werk Gaudís und seit 2005 UNESCO-Welterbe, erbaut 1883–1888 im Auftrag des Kachelherstellers Manuel Vicens. Er wollte nicht nur ein Zuhause für seine Familie schaffen, sondern die Fassade auch als Ausstellung seiner Produkte verstanden wissen. Ein Großteil der Fassade ist mit schönen bunten Kacheln verziert und bildet einen interessanten Kontrast mit dem Rot der Backsteine. Beim Bau inspirierte sich Gaudí an der arabischen, indischen und japanischen Architektur. Der Gitterzaun aus Eisen vor dem Haus orientiert sich in der Form an den Blättern einer kleinen Palme aus Katalonien. Das Haus ist in Privatbesitz und soll angeblich zum Verkauf stehen – für rund 30 Mio. €.

 Hinweis
Ein Stückchen den Carrer Gran de Gràcia wieder hinunter liegt die Metrostation Fontana (L3), von der man

Keramikdeko an der Casa Vicens

zurück ins Zentrum gelangt. Möchte man einen Besuch im **Park Güell** *anschließen, hat man mehrere Möglichkeiten: mit der Metro bis Lesseps oder Vallcarca und dann ca. 20 Min. zu Fuß (gut ausgeschildert, dabei sind jedoch einige Steigungen zu bewältigen!); man steigt an der Haltestelle Vallcarca aus und durchquert den Park von hinten, dabei kommt man an dem schönen Aussichtspunkt „Tres Cruces" vorbei. Mit dem Bus 24 (Paral·lel/Carmel) von der Haltestelle Gran de Gràcia-Santa Àgata sind es drei Stationen bis Travessera de Dalt-La Granja, dann geht es ca. 10 Min. zu Fuß bergauf. Oder man fährt ganz einfach mit dem Taxi. Die Strecke kostet von Fontana aus ca. 6–8 €.*

Park Güell – Ausflug auf die Montaña Pelada

 Orientierung

So kommt man hin: mit der Metro L3 bis Vallcarca oder Lesseps und dann den Schildern folgen, s. o.

Jenseits der Travessera de Dalt gelegen, einst Rückzugsort aus der lauten und dreckigen Stadt, war das Gebiet um den Park Güell lange nur dünn besiedelt. Aber auch hier schlug die Immobilienspekulation irgendwann zu. Von einem eher einfachen Viertel umgeben, zieht der Park Güell, 1900–1914 von Gaudí geschaffen, heute ganzjährig Tausende von Touristen an.

Auf dem 15 ha großen Gebiet stand einst eine ländliche Finca. 1899 kaufte Güell das Areal. Er wollte entsprechend den damaligen europäischen Tendenzen in der Architektur eine Gartenstadt bauen lassen und beauftragt damit Antoni Gaudí. Es sollten 60 bebaute Parzellen entstehen, umgeben von großzügigen Gärten und im Einklang mit der Natur. Zielgruppe dieser idyllischen Oase war das

Die Säulenhalle mit 86 Säulen

wohlhabende Bürgertum Barcelonas. Am Fuße der Berge und weit weg vom Lärm der Stadt sollte dies eine Vorstellung des Aufstiegs zum „Garten Eden" sein. Wenig paradiesisch war allerdings das ausbleibende Interesse der erhofften Käufer. Von den Parzellen wurden nur drei verkauft, eine davon an Gaudí selbst. Das Haus wurde ab 1900 von dessen Assistenten Francesc Berenguer erbaut. Gaudí kaufte das Haus 1906 und lebte hier bis zu seinem Tod 1926. In seinem ehemaligen Wohnhaus im Park ist heute das **Casa-Museu Gaudí** eingerichtet Hier sind u. a. Möbel, persönliche Gegenstände, einige Zeichnungen und Modelle seiner Projekte ausgestellt (☏ *93 219 38 11, www.casamuseugaudi.org, Okt.–März 10–18, April–Sept. 10–20 Uhr, 5,50 €).*

Grandios: Blick von der Säulenhalle auf die Stadt

Das 1900 begonnene Gartenstadtprojekt wurde 1914 mangels Geldmitteln eingestellt. Übrig blieben die beiden Pavillons am Eingang, die drei Kreuze an der Stelle, wo eine Kapelle gebaut werden sollte, die umgebenden Mauern und die Wege um den großen, auf Säulen errichteten Platz.

Der Haupteingang in der von Mosaiken verzierten Außenmauer wird von zwei **Pavillons** (links das mit einem blau-weißen Türmchen verzierte Pförtnerhaus, rechts die Verwaltung) flankiert. Beide Dächer der Natursteinhäuser erinnern an eine dekorierte Zuckergussglasur. In einem befindet sich heute die Ausstellung **Güell, Gaudí y Barcelona**, in dem die Geschichte und verschiedene Elemente des Parks beschrieben werden (*Teil des MHCB, www.museuhistoria.bcn.es, tgl. 10–20, im Winter bis 18 Uhr, 2 €*). Der zweite Pavillon beherbergt ein Geschäft.

Natursteinhäuser mit Zuckerguss

Durch das mit Palmenblättern verzierte schmiedeeiserne Tor geht es auf eine zweiteilige Treppe zu, die von Brunnen geteilt wird. Die **Grotte** rechts war sozusagen die Garage: Hier sollten bei Regen Pferde und Wagen untergestellt werden. In der Mitte der weißen Treppe befindet sich eines der wohl meistfotografierten Motive des Parks: die große bunte **Echse**, mit Keramiksplittern dekoriert.

Oben angelangt, tritt man in eine kuriose Säulenhalle, die **Sala hipóstila** oder „**Saal der hundert Säulen**", obwohl es nur 86 gibt. Ursprünglich sollte sie als Markthalle dienen. Die dicken Sandsteinsäulen im griechisch-dorischen Stil, am äußeren Rand nach innen geneigt, sind hohl: Durch sie wird Regenwasser aufgefangen und in eine Zisterne geleitet, die die Bewohner der Gartenstadt mit Wasser versorgen sollte. Es lohnt ein Blick an die wellige Decke zu den schönen Mosaikverzierungen. Über die seitliche

Säulenhalle

Beliebtes Fotomotiv: die Echse

Treppe gelangt man auf das „Dach" der Halle, die **Gran Plaça Circular**. Von dem großen runden Platz hat man einen spektakulären Blick auf Stadt und Meer. Er wird umrundet von einer wellenförmig gewundenen Bank, die mit bunten Keramikstücken verziert ist. Hier sollte der Treffpunkt und Theaterplatz der Gartenstadtbewohner sein.

Tropfstein-höhlen und Grotten

Bei einem Gang durch den Park stößt man immer wieder überraschend auf Tropfsteinhöhlen und Säulengänge, Kolonnaden und Grotten. Sie sind Viadukte und Abstützungen, die Gaudí errichten ließ, um das steile Gelände nicht einebnen oder abtragen zu müssen. Die Stadtverwaltung kaufte das Gelände 1922 den Erben Güells ab und verwandelte es in einen öffentlichen Park. Von der UNESCO wurde er 1984 zum Weltkulturerbe ernannt.
Haupteingang Park Güell, *Carrer d'Olot 7, Mai–Aug. 10–21, März/Nov. bis 19, April/Okt. bis 20, Dez.–Feb. bis 18 Uhr.*

Ausflug zur Colònia Güell

Kirche von Gaudí

Hat man in Barcelona von Gaudí noch nicht genug bekommen, bietet sich ein Ausflug zur **Colònia Güell** an, 2005 zum UNESCO-Welterbe erklärt. 1890 gab Eusebi Güell eine Arbeitersiedlung und eine Textilfabrik außerhalb Barcelonas, in **Santa Coloma de Cervelló**, in Auftrag. Antoni Gaudí baute die Kirche, allerdings entstanden aus finanziellen Gründen nur das Eingangsportal mit den schrägen Säulen, die Krypta und eine Treppe. Die Krypta wird von einigen als wegweisendes Werk Gaudís bezeichnet, in dem er viele der architektonischen Lösungen späterer Bauten, u. a. der Sagrada Família, ausprobierte. Die sich aus der Natur inspirierende sternförmige Krypta wurde aus Ziegel- und Basaltstein errichtet, die dem Raum einen eher rustikalen Ton geben. Die Weihwasserbecken bestehen aus riesigen Muscheln. Neben der Kirche kann man auch das ganze Fabrikgelände und ein Infozentrum besichtigen.

Colònia Güell, *c/ Claudi Güell 11, Mai–Okt. Mo–Fr 10–19, Sa/So 10–15, Nov.–April Mo–Fr 10–17, Sa/So 10–15 Uhr, 6 €.*

Anfahrt: *FGC ab Pl. Espanya Linien S 8, S 33 und S 4, Richtung Martorell/Igualada/Manresa, ca. alle 15 Min., Fahrtdauer ca. 25 Min. bis zur Station Colonia Güell.*

Wer war Eusebi Güell i Bacigalupi?

info

Ohne Eusebi Güell, den Industriellen, Politiker und Mäzen Antoni Gaudís, wäre Barcelona um einige Attraktionen ärmer – und wer weiß, ob Gaudí sein Genie ohne ihn in dieser Form hätte ausleben können. Der Park Güell, der berühmteste Park der Stadt, der Palau Güell, die Finca Güell, die außerhalb gelegene Colonia Güell – Eusebi Güell hat deutliche Spuren in Barcelona hinterlassen und sein Name ist heute noch allgegenwärtig. Geboren 1846 als Sohn eines reichen Indiano, der sein Vermögen wie so viele Katalanen in Kuba gemacht hatte, und einer Adligen aus Genua, erbte er den Geschäftssinn und das Vermögen seines Vaters und wurde zu einem der reichsten Männer Kataloniens. Diesem Status nicht abträglich war die Hochzeit mit der Tochter eines reichen Adeligen. Güell gründete u. a. die erste Zementfabrik Kataloniens und war politisch tätig. Seine Liebe aber galt der Kunst: Musik, Literatur und Malerei. Ganz besonders hat es ihm Antoni Gaudí angetan, dessen Ausstellungsstück, eine Vitrine, auf der Weltausstellung in Paris 1878 ihn so faszinierte, dass er um ein Treffen mit dem Architekten bat. Die Freundschaft und Zusammenarbeit hielt bis zu seinem Tod 1918.

Reisepraktische Informationen Gràcia

Restaurants

Botafumeiro (1), *c/ Gran de Gràcia 81, ☎ 93 218 42 30, www.botafumeiro.es.* Das legendäre galizische und nach Meinung nicht weniger beste Fisch- und Meeresfrüchte-Restaurant Barcelonas – und das will schon etwas heißen. Dies schlägt sich allerdings auch im Preis nieder. Gediegenes Ambiente, viel Holz, an der langen Bar bekommt man günstiger Tapas und „medias raciones" der gleichen Gerichte, die auch im Restaurant serviert werden. Am Eingang schwimmen im Aquarium einige der Tiere, die dann später auf dem Teller landen.

Café Salambó (7), *c/ Torrijos 51, ☎ 93 218 69 66, www.cafesalambo.com.* Direkt neben dem Kino Verdi Park gelegen, lädt dieses schöne Lokal mit „intellektuellem Ambiente" auf einen Drink nach dem Film ein. Einer der Gründer ist der Schriftsteller Pedro Zarraluki. Auf den beiden Stockwerken und der Terrasse gibt es Tapas, Pasta, Fleisch und Suppe. Gemütlich.

Mesopotamia (6), *c/ Verdi 65, ☎ 93 237 15 63.* Traditionelle Küche aus dem Irak von Pius Alibek. Der studierte Philologe wandelte sein Lokal zu einer Institution der exotischen Restaurants in Barcelona. Hühnchen an Rosenwasser und Aubergine mit Joghurt und Sesam stehen u. a. auf der Karte. Mittleres bis gehobenes Preisniveau.

Envalira (3), *Pl. del Sol 13*, ☎ *93 218 58 13. Kleines, eigentlich wenig gemütliches und recht lautes Restaurant „de toda la vida" – das es eben schon immer so gab. Gute und günstige traditionelle katalanische Küche wie Fischsuppe und Eintöpfe. Besonders gut sind die Reisgerichte, z. B. „arròs a la milanesa" mit Schinken, Huhn und Käse überbacken, oder die Paella. Wird gern von der Nachbarschaft frequentiert.*

Taverna El Glop (9), *c/ Sant Lluís 24*, ☎ *93 213 70 58, www.tavernaelglop.com. Das kleine, weiße Eckhaus bietet traditionelle katalanische Küche in rustikalem Ambiente: gegrilltes Fleisch, Fisch oder Gemüse, Salat mit warmem Ziegenkäse, Torrada (großes Toast), Schnecken mit Knoblauchsoße („cargols a la llauna"), Patés und Tapas.*

Estel de Gràcia (10), *c/ Francisco Giner 23*, ☎ *93 368 44 29. Angenehmes Lokal mit einfacher Dekoration, hohen Decken und sehr netter Bedienung. Hier bekommt man gut und günstig süße und salzige Crêpes, Salate, Pizza und Nudelgerichte, Fisch und Fleisch.*

Roig Robí (11), *c/ Séneca 20*, ☎ *93 218 92 22, www.roigrobi.com. Fast 30 Jahre gibt es das Lokal schon in Barcelona, und bis heute wird traditionelle katalanische Küche mit innovativem Einschlag serviert, z. B. Stockfisch (der beste „esqueixada de bacallà – Stockfischsalat), Seehecht oder Kalbsfilet aus den Pyrenäen, allerdings sehr teuer. Zwei Speisesäle und ein sehr schöner grüner Innenhof.*

Cantina Machito (8), *c/ Torrijos 47*, ☎ *93 217 34 14. Direkt neben dem Kino Verdi Park, in knalligen mexikanischen Farben eingerichtet. Das Essen (z. B. Tacos, Enchiladas) ist gut, authentisch und vor allem reichlich und nicht teuer.*

Shojiro (2), *c/ Ros de Olano 12*, ☎ *93 415 65 48. Ungewöhnliche, aber gelungene Mischung katalanischer und japanischer Küche, aus der dann Gerichte wie „Mar i muntanya" – Tataki vom Thunfisch mit Leber – entstehen. Nur Menüs, gehobenes Preisniveau (auch günstiges Mittagsmenü).*

Como Catalán (4), *c/ Virtut 11. Einfaches Lokal mit gutem und günstigem argentinischem Essen, Fleisch und Hühnchen vom Grill und hausgemachte Nudeln.*

Anònim (12), *c/ Riera de Sant Miquel 19*, ☎ *93 368 52 94. Klein und schlicht eingerichtetes Lokal, das von Absolventen der berühmten Gastronomieschule Hofmann (s. S. 248) geführt wird. Mediterran inspirierte, moderne Küche, die saisonal angepasst wird. Ausgefallene Nachtische, wie Lasagne aus grünen Äpfeln mit weißer Schokolade und Erdbeersoße.*

Tapas

D.O. (5), *c/ Verdi 36. Immer gut besucht ist diese schmale Bar, wo es eine große Auswahl an guten Weinen und Kleinigkeiten zum Essen gibt.*

Sureny (13), *Plaça de la Revolució 17*, ☎ *93 213 75 56. Die Tapas-Bar an einer Ecke des Platzes bietet traditionelle Tapas und einige ausgefallenere Variationen, alles aus bester Qualität.*

 **Ausgehen
Bars**

Alfa (1), *c/ Gran de Gràcia 36. An der Theke vorbei gelangt man zur Tanzfläche (meist*

Guten Wein gibt es im D.O.

ziemlich voll), wo gut gelaunt zu Funk, Britpop, Indie und Oldies getanzt wird. Retro-Deko mit Schallplatten an der Decke.

Um die **Plaça del Sol** gibt es bestimmt ein Dutzend Bars, u. a. das **Cafe del Sol** (Pl. del Sol 16), eine der bekanntesten Kneipen, natürlich mit Tischen auf dem Platz, aber auch drinnen ist es gemütlich.

La Baignoire, c/ Verdi 6. Kleines Café mit Kronleuchtern, goldener Blümchentapete und guten Caipirinhas, entspannte Atmosphäre.

Copa Café, Sant Creu 5 (direkt an der Pl. de la Virreina) Restaurant, Bar, Cocktails, ab 11 Uhr geöffnet, Do–Sa Musik. In Schwarz-Weiß gehalten und mit Werken wechselnder Kunstausstellungen dekoriert.

Switch (2), c/ Francisco Giner 24. Chill-out-Musik in relaxter Umgebung, alternatives Publikum.

Roxanne (3), Martínez de la Rosa 27. Gemütlicher Laden mit Vintage-Möbeln, rosa Wänden und schummrigem Licht – und mit Hunderten Büchern zum Thema Musik bestückt. Gelegentlich Konzerte, Lesungen, Filmvorführungen. Leckere Sandwiches und Cocktails.

Kino

Am Carrer de Verdi gibt es im **Verdi** (Nr. 32) und **Verdi Park** (c/ Torrijos 49, direkt um die Ecke) Filme in Originalfassung mit Untertiteln (weitere Kinos mit Filmen in Originalfassung, span. „VO", s. S. 71), ☎ 93 238 79 90, www.cines-verdi.com.

Einkaufen
Kleidung/Schmuck/Accessoires

Am **Carrer Gran de Gràcia** findet man neben modernen Läden auch alteingesessene Geschäfte, z. B.

Camiseria Pons (1), Gran de Gràcia 49, www.camiseriapons.com. Im Jahr 1900 gegründet und in vierter Generation von der Familie Pons geführt. 1987 wurde der alte Hemdenladen in ein Geschäft für Damen- und Herrenmode internationaler und spanischer Marken von jungen Designern wie Julie Sohn und Dos Besos umgewandelt.

Besonders in und um den **Carrer de Verdi** kann man schöne kleine Boutiquen mit Stücken eigener und internationaler Designer entdecken, z. B. bei **Piano (Tina García) (2)**, c/ Verdi 20. Originelle Mode aus schönen Materialien zu günstigen Preisen bietet dieser kleine, mit Antikmöbeln dekorierte Laden. Ein Stück weiter in der Nr. 15 gibt es das Pendant für Männer: **El Piano Man**.

Suite, c/ Verdi 6, www.martargustems.com. Eher elegant, eigene Linie und junge spanische Designer.

Boo (5), c/ Perla 20, www.boobcn.com. Im Stil der 1950er gehaltener Laden mit originellen Entwürfen im Retro-Stil spanischer und internationaler Designer, auch Schuhe, Taschen und Bücher. Mode für Männer und Frauen.

Snö mito nórdico (3), c/ Sèneca 33. Erster Laden in Barcelona nur von skandinavischen Designern; Kleidung, Schmuck, Kosmetikprodukte.

Olokuti (4), c/ Asturies, 36–38. Fair-Trade- und Bioprodukte von Kinderkleidung über Bücher, Schmuck, Dekoartikel etc. Das Besondere: der zauberhafte Garten hinterm Laden, wo man herrlich die Ruhe genießen kann. Kekse und Getränke gibt's im Shop.

Kulinarisches

Der **Mercat de la Llibertat** an der Plaça Llibertat 27 ist ein modernistisches Schmuckstück mit schmiedeeisernen Verzierungen, die Markthalle von 1888 wurde 2009 komplett re-

noviert. Außerdem gibt es den **Mercat Abaceria Central** *an der Travessera de Grà-cia 186.*
Vinus & Brindis (6), *c/ Torrent de L'Olla 147*, ☎ *932 180 30 37, www.vinusbrindis.com. Große Weinauswahl mit kompetenter Beratung.*
El Celler de la Ribera (7), *c/ del Cigne 12*, ☎ *93 238 87 88. Wein und Delikatessen.*

Bücher und mehr

L'Aeroteca (8), *c/ Montseny 22*, ☎ *93 218 17 39, www.aeroteca.com. Für Flugzeugfans: Bücher, Software, Modelle und alles, was mit der Welt des Fliegens zu tun hat, findet man hier. Im Online-Shop wählt man aus rund 14.000 Produkten wählen, im Laden gibt es immerhin etwa die Hälfte.*
Hibernian Books (9), *c/ Montseny 17*, ☎ *93 217 47 96, www.hibernian-books.com. Neue, aber vor allem Secondhandbücher in Englisch und ein paar anderen Sprachen (kein Spanisch), große Auswahl.*

Montjuïc – Berg der Wunder

Ein bisschen übertrieben ist es schon, den im Süden der Stadt gelegenen Montjuïc überhaupt als Berg zu bezeichnen – er ist gerade mal 173 m hoch. Wie ein Wachturm thront er am Meer zwischen Plaça Espanya und Containerhafen. Der Name könnte auf den Jupiterberg (lat. *Mons Jovis*) der Römer oder auf *Mons Judaicus (Mont Jueu)* zu-

rückgehen, da sich hier früher ein Friedhof der Juden befunden haben soll. Schon immer war der Montjuïc ein beliebtes Ausflugsziel. Die Familien zogen mit Kind und Kegel hier hinaus, um einen Tag im Grünen zu genießen.

Die ersten Siedler dieser Gegend, die Iberer, sollen sich schon im 3.–2. Jh. v. Chr. an den Hängen des Montjuïc niedergelassen haben. Und nicht nur die Tatsache, dass aus den Steinbrüchen des Montjuïc ein Großteil des Materials für den Bau der mittelalterlichen Gebäude

Blick auf die Stadt vom Palau Nacional

Barcelonas gewonnen wurde, verschafft ihm besondere Bedeutung. Hier fanden die internationalen Großereignisse der **Weltausstellung 1929** statt und ein Großteil der Wettkämpfe der **Olympischen Spiele 1992**, die eine ganze Reihe von Museen, Sportanlagen, Theatern, Konzerthallen und Gärten hinterließen und dem Berg sein heutiges Gesicht gegeben haben. Auch legendäre **Autorennen**, wie das 24-Stunden-Rennen vom Montjuïc und ab 1969 sogar die Formel I führten über die kurvigen Straßen. An der Plaça Espanya befindet sich heute die **Messe Barcelonas**.

Dabei ist der Berg für die Barcelonesen nicht nur mit positiven Erinnerungen verbunden. Denn das auf der Spitze thronende **Castell de Montjuïc** diente lange Zeit dazu, die Stadt in Schach zu halten und gegebenenfalls zu bombardieren. Während der Arbeiterunruhen und unter Franco diente es als Gefängnis und in den Steinbrüchen hinter der Festung wurden viele Oppositionelle hingerichtet

Redaktionstipps

▶ Ein Besuch des **MNAC**: 1.000 Jahre Kunst in einem Museum (S. 226).
▶ An Kitsch kaum zu überbieten, und gerade deshalb so schön: die Wasserspiele der **Font Màgica** (S. 224).
▶ Blick vom **Mirador de l'Alcalde** auf Stadt und Containerhafen (S. 232.

Transport zum und auf dem Montjuïc

Angesichts der Auswahl an Museen auf dem Montjuïc, für die man mehrere Tage bräuchte, soll der hier vorgestellte Rundgang eher einen Überblickscharakter haben. Die Entfernungen sollte man nicht unterschätzen, der Montjuïc ist größer, als es auf den ersten Blick scheint. Aber schöne Wege durch die Parks, einige Rolltreppen oder der Bus lassen einen die Strecken ohne größere Probleme bewältigen.

Den Besuch startet man am einfachsten an der **Plaça Espanya**, Metro: Plaça Espanya (L3). Wenn man aus dem U-Bahn-Ausgang kommt, sind die beiden venezianischen Türme und der Palau Nacional am Fuße des Montjuïc kaum zu übersehen.
Bus: Ab Pl. Espanya fährt der **Bus 193 (PM)** fast alle Museen und Sehenswürdigkeiten bis hoch zum Castell de Montjuïc an, Abfahrt Av. Reina María Cristina, neben den beiden Türmen. Zudem verkehren ab verschiedenen Startpunkten in der Stadt die Nr. 50, 55 und (selten) 61.
Funicular de Montjuïc: die Standseilbahn startet an der Metrostation Paral·lel (L3), verläuft weitgehend unterirdisch und endet nur wenige Minuten von der Fundació Joan Miró entfernt an der Av. Miramar (Teil des TMB, s. S. 61).
Telefèric de Montjuïc: Start der Gondel (8 Sitze) an der Station des Funicular, Ende am Castell de Montjuïc (März–Okt. tgl. 10–19, Juni–Sept. bis 21, sonst bis 18 Uhr, einfache Fahrt 6,50 €, Hin- und Rückfahrt 9,30 €.
Transbordador Aeri: Die spektakulärste, aber auch teuerste und ganz sicher langsamste Variante (s. S. 177), eine Gondel, die über den Hafen von der Barceloneta bis zur Plaça Armada oberhalb der Jardines Mossèn Costa i Llobrera schwebt. Von hier ist es noch ca. 1 km bis zur Fundació Joan Miró als nächste Sehenswürdigkeit.

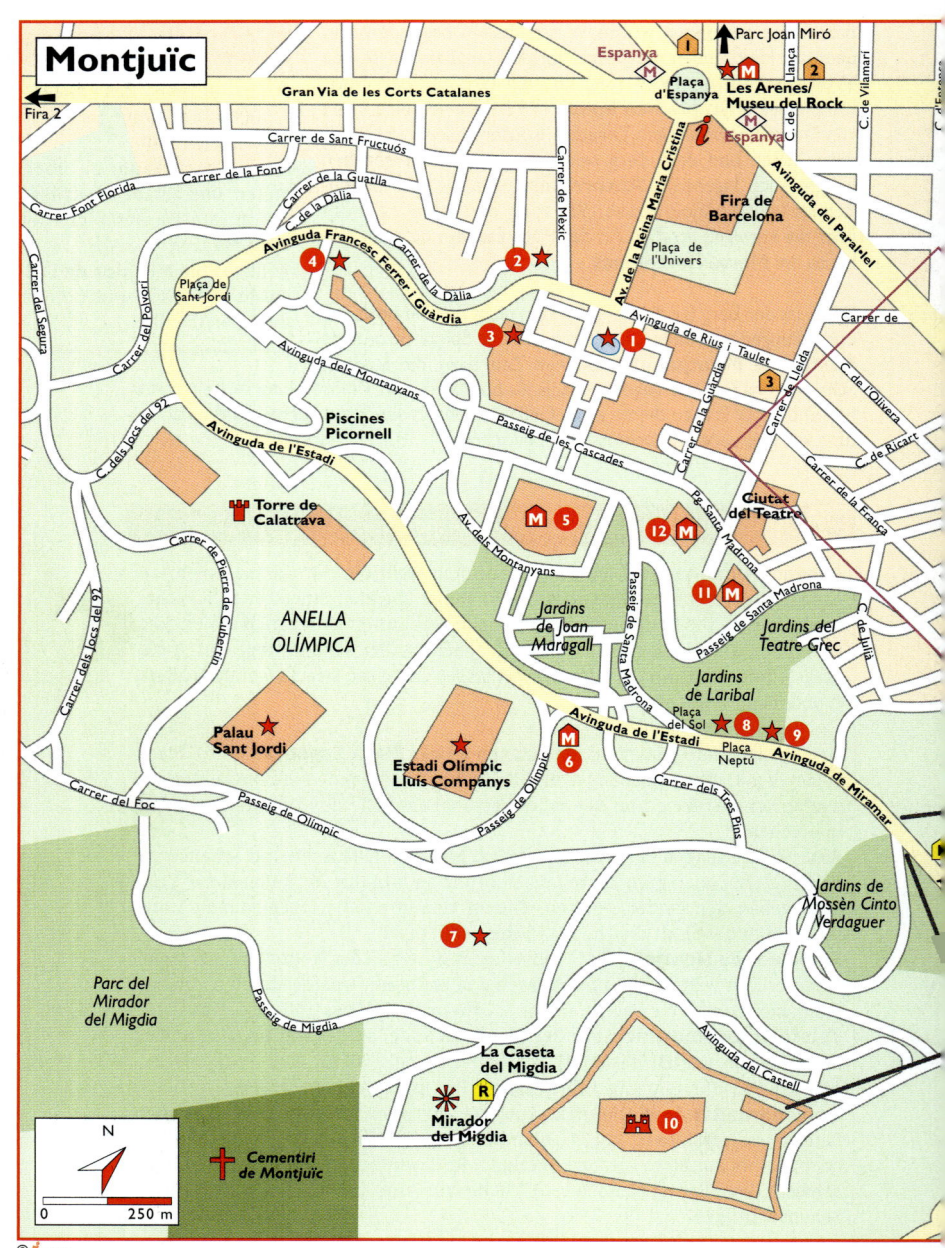

Montjuïc

Gran Via de les Corts Catalanes

Fira 2

Carrer de Sant Fructuós

Carrer de la Font

Carrer Font Florida

Carrer de la Guatlla

C. de la Dàlia

Carrer de Sant Fructuós

Carrer del Polvorí

Plaça de Sant Jordi

Avinguda Francesc Ferrer i Guàrdia

Carrer de la Dàlia

Avinguda dels Montanyans

Avinguda de l'Estadi

Piscines Picornell

C. dels Jocs del 92

Torre de Calatrava

Carrer de Pierre de Coubertin

ANELLA OLÍMPICA

Carrer dels Jocs del 92

Palau Sant Jordi

Estadi Olímpic Lluís Companys

Carrer del Foc

Passeig de Olímpic

Passeig de Olímpic

Àv. dels Montanyans

Passeig de les Cascades

Jardins de Joan Maragall

Passeig de Santa Madrona

Passeig de Santa Madrona

Jardins de Laribal

Plaça del Sol

Avinguda de l'Estadi

Plaça Neptú

Carrer dels Tres Pins

Avinguda de Miramar

Jardins del Teatre Grec

Ciutat del Teatre

Carrer de Mèxic

Av. de la Reina Maria Cristina

Plaça de l'Univers

Fira de Barcelona

Avinguda de Rius i Taulet

Carrer de la Guàrdia

Carrer de Lleida

Fira de Barcelona

Espanya

Parc Joan Miró

Plaça d'Espanya

Les Arenes/ Museu del Rock

Espanya

C. Llança

C. de Vilamarí

C. d'Entença

Carrer de

C. de l'Olivera

C. de Ricart

Carrer de la França

C. de Júlia

Parc del Mirador del Migdia

Passeig de Migdia

Jardins de Mossèn Cinto Verdaguer

Avinguda del Castell

Avinguda del Paral·lel

La Caseta del Migdia

Mirador del Migdia

Cementiri de Montjuïc

N

0   250 m

© graphic

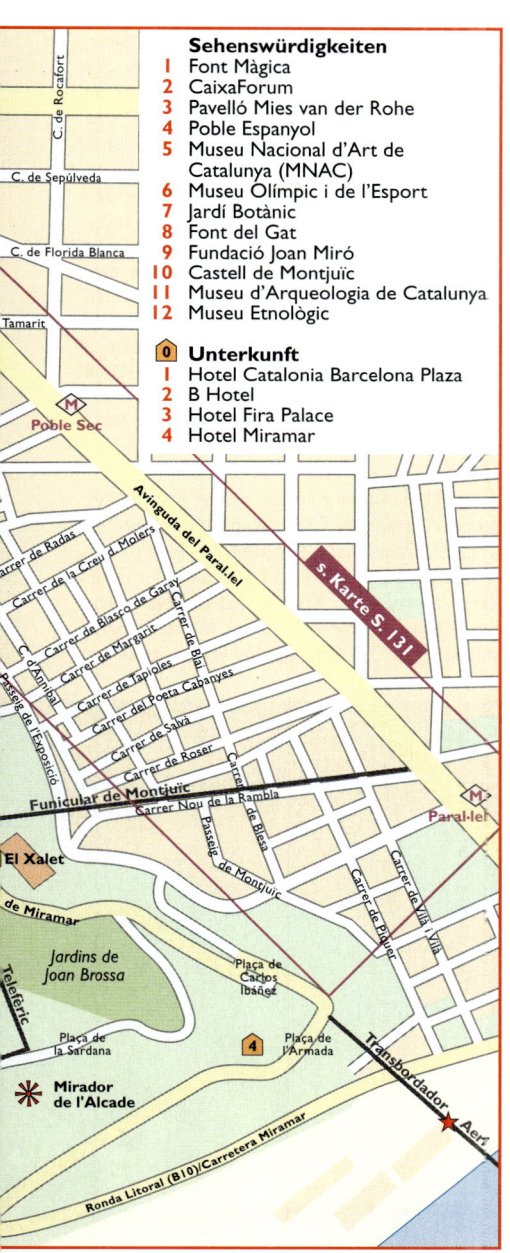

Sehenswürdigkeiten
1 Font Màgica
2 CaixaForum
3 Pavelló Mies van der Rohe
4 Poble Espanyol
5 Museu Nacional d'Art de Catalunya (MNAC)
6 Museu Olímpic i de l'Esport
7 Jardí Botànic
8 Font del Gat
9 Fundació Joan Miró
10 Castell de Montjuïc
11 Museu d'Arqueologia de Catalunya
12 Museu Etnològic

Unterkunft
1 Hotel Catalonia Barcelona Plaza
2 B Hotel
3 Hotel Fira Palace
4 Hotel Miramar

Sehenswertes

Die **Plaça Espanya** und die Avinguda Reina María Cristina sind, wie vieles auf dem Montjuïc, ein Erbe der Weltausstellung von 1929. Die Plaça Espanya, ein großer Kreisverkehr, beeindruckt mit einem riesigen Brunnenmonument in der Mitte, das der Architekt Josep Maria Jujol, ein Schüler Gaudís, und verschiedene Bildhauer geschaffen haben. Am Platz fällt das große, runde Gebäude ins Auge: Die Plaça de Toros **Les Arenes**, im neoarabischen Stil 1900 errichtet, ist Barcelonas neuestes, Mitte 2011 eröffnetes Einkaufszentrum mit Kinos, Spa, Restaurants etc. Eine Besonderheit ist die 360°-Grad-Aussichtsplattform.

Einkaufszentrum in Stierkampfarena

Im **Museu del Rock** im 4. Stock der Mall dreht sich alles um Rockmusik. Dabei wird die Geschichte des Rock von den Anfängen bis heute dargestellt, zudem sind den bekanntesten Vertretern wie den Beatles und Rolling Stones eigene Abteilungen gewidmet. Insgesamt gibt es Hunderte Erinnerungsstücke, Platin-Schallplatten, Kleider und signierte Instrumente zu sehen, u. a. von Paul McCartney, Eric Clapton, Michael Jackson. In der Sektion *on Stage* kann jeder selbst auf einer Bühne seine Rockstar-Qualitäten zum Besten geben und auf einer DVD mit nach Hause nehmen. Das **Happy Rock Bar & Grill** bietet neben Elton Johns Badewanne als Tisch Fleisch vom Grill und Salate.
Museu del Rock, *Gran Via 373–385, www.museudelrock.com, Di–So 10–22 Uhr, 9 € (Mo–Mi abends 5 €).*

Rockmusik im Mittelpunkt

Die beiden „venezianischen Türme" am Platz bildeten den Eingang zur Weltausstellung 1929. Sie verdanken ihren Namen dem Architekten Ramon Raventós, der sich von der Form des Campanile am Markusplatz in Venedig inspirieren ließ. Von hier aus hat man einen guten Blick auf die von den heutigen Messepavillons flankierte Av. Reina María Cristina, die Brunnen und Treppen, und als krönenden Abschluss den Palau Nacional.

Farben-
prächtige
Wasserspiele

Am Ende der Straße gelangt man über eine breite Treppe zu einem großen „magischen Brunnen", der **Font Màgica (1)**. Laut ihrem Erfinder, dem poetisch veranlagten Ingenieur Carles Buïgas, ist dies „der schönste und größte aller Brunnen". Die „Magie" verdankt der Brunnen der zu jener Zeit einzigartigen Idee von Buïgas, eine Brunnenanlage mit Wasserspielen zu schaffen, deren künstlerisches Element die wechselnden Wasserformen und Farben sind. Seit den 1970er-Jahren wird auch Musik dazu gespielt, und bis heute erfreuen sich die „Shows" der Font Màgica, mittlerweile fast zu einem Wahrzeichen der Stadt geworden, ungebrochener Beliebtheit. Den besten Blick hat man oben vom Palau Nacional, den besseren Klang unten auf der Treppe.
Wasserspiele: *Okt.–April Fr/Sa 19–21, Mai–Sept. Do–So 20–24 Uhr (Musik alle 30 Min.).*

CaixaForum (2)
Hält man sich am Ende der Avinguda Reina María Cristina rechts, gelangt man auf der Avinguda Francesc Ferrer i Guàrdia (ehem. Marquès de Comillas) nach wenigen Metern zur CaixaForum in der alten Textilfabrik Casaramona. Das rote, von einem Turm gekrönte Backsteingebäude erbaute Puig i Cadafalch 1911 im Stil des Modernisme. Mit mehr als 700 Werken nationaler und internationaler Künstler beherbergt es eine der größten Sammlungen zeitgenössischer Kunst Spaniens. Moderne Kunst, Fotografien und Plastiken sind in Wechselausstellungen auf 3.000 m² auf drei Ebenen zu sehen.

Font Màgica: Magische Wasserspiele, im Hintergrund der Palau Nacional

Vorbei an einem „Baum" aus Glas des japanischen Architekten Arata Isozaki geht es die Treppe hinunter in den weißen, modernen Marmorvorbau, der mit dem Backsteinrot und den Verzierungen der alten Fabrik kontrastiert. Im Eingangsbereich befindet sich der besonders im Bereich zeitgenössischer Kunst gut ausgestattete **Buchladen Laie**. Über eine Treppe geht es hoch in das Innere der alten Fabrik und zu den verschiedenen Ausstellungen. Hier gibt es auch ein nettes **Café**, zudem viele kulturelle Veranstaltungen wie Vorträge, Konzerte, Filme etc.

CaixaForum, *Av. Francesc Ferrer i Guàrdia, 6–8,* ☎ *93 476 86 00, www.caixaforum.com, Mo–So 10–20, Sa bis 22 Uhr, Eintritt frei. Anfahrt: Metro bis Pl. Espanya, dann 5–10 Min. zu Fuß, oder von der Av. Reina María Cristina mit dem Bus 13, 50 oder 193, Haltestelle: Av. Francesc Ferrer i Guàrdia.*

Replik von „Der Morgen" von Georg Kolbe im Pavelló Mies van der Rohe

Pavelló Mies van der Rohe (3)

Direkt gegenüber liegt der für die Weltausstellung 1929 errichtete deutsche Pavillon des Architekten Ludwig Mies van der Rohe (1886–1969). Obwohl 1930 wieder abgebaut, entwickelte er sich zu einer Schlüsselreferenz nicht nur der Bauten Mies van der Rohes, sondern der modernen Architektur des 20. Jh.: Die einfache und flache, damals aber höchst innovative architektonische Struktur aus reinen Materialien wie Marmor und Glas war eine radikale Änderung in der Raumnutzung und hatte großen Einfluss in der Entwicklung der modernen Architektur. Aus diesem Grund wurde der Pavillon originalgetreu am selben Ort 1986 wieder aufgebaut. Im Inneren befindet sich die von Mies van der Rohe speziell für diesen Pavillon entworfene „**Silla Barcelona**", der Barcelona-Stuhl. Aus Leder und Metall gefertigt, verwandelte er sich in eine Ikone modernen Designs und dauerhaften Erfolgs: Noch heute wird er gefertigt und verkauft. Die Frauenskulptur im kleinen Teich ist eine Reproduktion des Bildhauers Georg Kolbe (1877–1947).

Moderne Architektur

Pavelló Mies van der Rohe, *Av. Francesc Ferrer i Guàrdia,* ☎ *93 423 40 16, www. miesbcn.com, tgl. 10–20 Uhr, 4,60 €. Anfahrt: s. CaixaForum.*

Poble Espanyol (4)

Ein Stück weiter die Straße hoch liegt das ebenfalls 1929 errichtete Poble Espanyol, in dem typische und repräsentative Bauten verschiedener Regionen Spaniens dargestellt werden. Immerhin 600 Dörfer besuchte man seinerzeit; 117 maßstabsgetreu nachgebaute Gebäude, Straßen und Plätze entstanden. Heute mutet ein Besuch des „Spanischen Dorfes" vielleicht etwas kitschig an, auf der anderen Seite sind die typische Plaza Mayor, die weißen Gässchen Andalusiens oder ein altes Rathaus aus Guadalajara nett anzuschauen. Wann sieht man schon mal halb Spanien auf einem Fleck vereint. Die zahlreichen Läden verkaufen heute wie damals Handwerkserzeugnisse und Souvenirs aus ganz Spanien, allerdings recht teuer.

Ganz Spanien auf einem Fleck

Unterhaltung

Auf der Plaza Mayor gibt es eine Reihe Cafés und Restaurants sowie einige Anlauf-stellen für nächtliche Events: Neben der hippen **La Terrrazza,** *im Sommer erste Adresse für fröhliches Techno-Tanzen unter freiem Himmel, und der Disko* **The One** *kann man sich hier in der Taverne* **Tablao de Carmen** *(☎ 93 325 68 95, www.tablaodecarmen.com) eine „typisch spanische" Flamencoshow ansehen.*

Innerhalb des Poble Espanyol kann man die **Fundació Fran Daurel** besuchen *(www.fundaciofrandaurel.com, Mo–So 10–19 Uhr).* Diese Privatsammlung besteht u. a. aus Werken Werke von Dalí, Tàpies, Barceló und Picasso.
Poble Espanyol, *Av. Francesc Ferrer i Guàrdia 13,* ☎ *93 508 63 00, www.poble-espanyol. com, Mo 9–20, Di–Do bis 2, Fr bis 4, Sa bis 5, So bis 24 Uhr, 9,50 €, abends (tiquet nit): 5,50 €. Geschäfte im Sommer 10–20, im Herbst bis 19, sonst bis 18 Uhr geöffnet. Anfahrt: Von der Metrostation Plaça Espanya ca. 1 km zu Fuß (bergauf!), oder Bus 13, 50, 193.*

Museu Nacional d'Art de Catalunya (MNAC) (5)

Von der Font Màgica gelangt man über einige (Roll-) Treppen hoch zum **Palau Nacional** und dem sehr empfehlenswerten Nationalmuseum. Oben angelangt, lohnt ein Blick zurück, denn es bietet sich eine weite Aussicht auf die Stadt und den Tibidabo.

1.000 Jahre Geschichte

Der Palau Nacional, Sitz des Museums, wurde von den Architekten Eugeni P. Cendoya und Enric Català für die Weltausstellung 1929 als Teil des Eingangsbereichs erbaut, der an der Plaça Espanya begann. Eher Größe und Lage als architektonische Schönheit haben ihn zu einem emblematischen Gebäude der Stadt werden lassen. Damals in Eile erbaut (hier fand die Eröffnung statt), sollte er, wie alle anderen Bauten der Weltaus-stellung auch, im Anschluss wieder abgerissen werden. Das geschah nicht, und 1987 wurde mit den Umbauten begonnen, um ihn als modernes Museum nutzen zu kön-nen. 1995 öffnete das MNAC seine Pforten. „**Ein Museum, 1.000 Jahre Ge-**

Monumental: der Palau Nacional

schichte" – das ist der Slogan des katalanischen Nationalmuseums, und er lässt erahnen, welche Dimensionen den Besucher auf 45.000 m² erwarten.

Romanische Kunst (Art romànic)

Die Sammlung romanischer Kunst zählt weltweit zu den bedeutendsten Sammlungen aus dem 11.–13. Jh. Dabei stechen im Besonderen die Wandmalereien hervor, in Größe und Qualität einzigartig. Zu den Höhepunkten zählen die Fresken der Apsis aus den Kirchen Sant Climent de Taüll und Santa María de Taüll. Aus vielen kleinen Kirchen der katalanischen Pyrenäen wurden zum Schutz vor Diebstahl und Zerstörung Wandbilder abgelöst und teilweise auf die Nachbildungen der Originalwände wieder aufgetragen.

Kirchenfresken der Pyrenäen

Gotische Kunst (Art Gòtic)

Die gotische Abteilung vereint katalanische Kunst und Werke der Katalonien kulturell verbundenen Gebiete von Ende des 13. bis zum 15. Jh. Zu sehen ist die ganze Bandbreite wie Wandmalereien, Tafelbilder, Schmiedekunst, Stein-, Holz- und Marmorskulpturen. Die Kunstepoche der Gotik ist die wohl brillanteste Zeit katalanischer Kunst. Wichtige Künstler waren u. a. Bernat Martorell, Jaume Huguet und Bartolomé Bermejo.

Renaissance und Barock (Art del Renaixement i del barroc)

Die Abteilungen Renaissance und Barock stellen in 16 Räumen Kunst aus Katalonien, anderen Teilen Spaniens, Italien und Flandern von Anfang der Herrschaft Karls V. bis zur napoleonischen Ära aus (16.–18. Jh.) und bieten einen guten Überblick über die Entwicklung der europäischen Kunst dieser Jahrhunderte. Dazu gehört die **Sammlung Cambó (Llegat Cambó)**. Die Gemäldesammlung des katalanischen Politikers und Kunstsammlers Francesc Cambó (1876–1947) umfasst Werke europäischer Meister vom Ende des 14. Jh. bis ins frühe 19. Jh. Vertreten sind Werke des italienischen Quattrocento, die großen venezianischen Meister des Cinquecento, flämische Malerei vom 16.–17. Jh. und Werke des Goldenen Zeitalters Spaniens bis hin zum venezianischen und französischen Rokoko und Werken von Francisco de Goya.

Die in zwei Bereichen ausgestellte **Sammlung Thyssen-Bornemisza**, die sich früher im Klarissinnenkloster Monestir de Pedralbes befand, bietet europäische Kunst vom 13.–18. Jh., von der Gotik bis zum Rokoko.

Moderne Kunst (Art Modern)

Das Museum wartet mit der bedeutendsten Sammlung katalanischer Kunst aus dem 19. und beginnenden 20. Jh. auf. Eine ganze Reihe von Strömungen aus dieser Zeit haben ihre Spuren hinterlassen: Neoklassizismus, Realismus, Modernisme, Noucentisme, die Generation 1917 und die Avantgarde. Besonders relevant war in Katalonien die Bewegung des **Modernisme**. Die ausgestellten Werke der bekanntesten Maler, Bildhauer und Architekten jener Zeit vermitteln einen Eindruck vom künstlerischen Reichtum dieser Epoche. Eines der bekanntesten Bilder des Museums ist „*Ramon Casas y Pere Romeu en un tándem*", das Ramon Casas für das Lokal Els Quatre Gats (s. S. 111) malte. Dort ist heute eine Kopie zu sehen. Zudem sind einige modernistische Einrichtungsgegenstände zu sehen, u. a. von Puig i Cadafalch, Homar und Gaudí, die aus den berühmten Modernisme-Bauten Casa Amatller, Casa Lleó Morera und Casa Batlló

Bedeutende Sammlung katalanischer Kunst

stammen. Den Entwürfen von Gaudí ist ein eigener Saal gewidmet, wo Teile des eisernen Palmenzauns der Casa Vicens sowie Mobiliar aus den Häusern Batlló, Calvet und der Kirche der Colònia Güell zu sehen sind.

Zeichnungen, Radierungen, Fotografie und Münzen

In der Sammlung von **Zeichnungen und Radierungen** (*Col·leció de dibuixos, gravats i cartells*) können Exponate bewundert werden, die die wichtigsten Strömungen der katalanischen Kunst vom Ende des 17. Jh. bis zur Avantgarde widerspiegeln. Die **Fotosammlung** (*Col·leció fotografia*), bestehend aus über 6.000 Bildern, reicht von den Anfängen der Fotografie über Arbeiten des Fotojournalismus und Neorealismus bis hin zu zeitgenössischen Bildern. Des Weiteren gibt es eine **Münzsammlung** (*Gabinet Numismàtico de Catalunya*, GNC), mit 130.000 Stücken vom 6. Jh. v. Chr. bis zur Neuzeit die größte Ansammlung von Münzen, Medaillen und Wertpapieren Spaniens. **MNAC**, *Parque de Montjuic*, ☎ *93 622 03 76, www.mnac.cat, Di–Sa 10–19, So 10–14.30 Uhr, 8,50 € (2 Tage gültig, inkl. Wechselausstellung und Audiotour). Restaurant Oleum, Cafeteria, Museumsshop, Buchladen. Anfahrt: Metro Plaça Espanya, dann ca. 10 Min. zu Fuß (teilweise Rolltreppen), oder Bus 193 (Av. de Maria Cristina-MNAC), 55 (MNAC/Museo Etnológico), 50 (Av. del Estadio/Piscinas Picornell), 13 (Poble Espanyol)*

Hinter dem Palau Nacional geht es über eine Rolltreppe hinauf zum Olympiastadion und dem Telekommunikationsturm von Calatrava. Oben an der Avinguda de l'Estadi angelangt, hält man sich links.

 Hinweis
Zum Ethnologischen Museum und Archäologischen Museum s. S. 232.

Vor der Rolltreppe links ist der Eingang zu den **Gärten des Dichters Joan Maragall** mit dem Palacete Albéniz in der Mitte, einem Pavillon von 1929 (Juan Moya), der später mit Malereien von Dalí verschönert wurde. Zudem gibt es im Park eine Reihe von Statuen von Marés, Monjo, Maragall und anderen. Der Park ist nur am Wochenende 10–15 Uhr geöffnet.

Olympiastadion und Museu Olímpic i de l'Esport

Das Olympiastadion, für die Weltausstellung 1929 errichtet und heute nach dem 1940 von Franco erschossenen Präsident der Generalitat Lluís Companys benannt, wurde für die Olympischen Spiele 1992 umgebaut, vergrößert und modernisiert. Die alte Fassade von Pere Doménech i Roure blieb jedoch erhalten. Geht man rechts am Stadion an den Ticketschaltern vorbei, blickt man auf die einer fliegende Untertasse erinnernden **Palau Sant Jordi** (s. S. 71) und den futuristischen **Telekommunikationsturm** mit seiner einfallsreichen und wohl einzigartigen Form von Santiago Calatrava. Der Sockel wurde als Hommage an Gaudí mit gebrochenen Keramikstücken dekoriert.

Erinnerung an 1992

Direkt neben dem Olympiastadion kann man im **Museu Olímpic i de l'Esport (6)** auf vier Etagen die für Barcelona so bedeutenden Olympischen Spiele nacherleben. In einer Multimedia-Ausstellung wird die Geschichte des Sports und der Olympischen Spiele von den Griechen bis heute erzählt, dem Thema Sport in Spanien und Katalonien ist ein eigenes Kapitel gewidmet. Über eine Rampe geht es vom Eingangs- in den Ausstellungsbereich. Außerdem gibt es eine **Hall of Fame**, zudem sind die gesam-

melten Erinnerungsstücke des Ex-IOC-Präsidenten Juan António Samaranch zu sehen.
Museu Olímpic i de l'Esport, *Av. de l'Estadi 60,* ☏ *93 292 53 79, www.museuolimpic bcn.cat, Okt.–März Di–Sa 10–18 (im Sommer bis 20 Uhr), So 10–14.30 Uhr, 4,50 €, Anfahrt: Bus 55, 193.*

Jardí Botànic (7)

Der Botanische Garten hinter dem Stadion ist als eine Repräsentation der mediterranen Vegetation anlegt, in deren Klima immerhin 25 % der derzeit bekannten Pflanzen wachsen und gedeihen. Dabei herrscht mediterranes Klima nicht nur am Mittelmeer: Geografisch geordnet sind u. a. die Vegetationen Chiles, Australiens, Kaliforniens und Südafrikas zu sehen.
Jardì Botànic, *c/ Doctor Font i Quer 2,* ☏ *93 256 41 60, www.jardibotanic.bcn.cat, Juni–Aug. Mo–So 10–20 Uhr, sonst je nach Jahreszeit bis 18/19 Uhr, 3,50 €. Anfahrt: Metro Plaça Espanya, dann Bus 193, 50, 55.*

Parc Laribal

Zurück auf der Avinguda de l'Estadi geht es rechts zur Fundació Joan Miró. Auf dem Weg liegt links an der Ecke Passeig de Santa

Landmarke: der Telekommunikationsturm von Santiago Calatrava

Madrona/Avinguda Miramar der im Sommer angenehm kühle Parc Laribal mit seinen Treppen, kleinen Brunnen und schattigen Bänken, die an einem heißen Tag kurze Erholung bieten. Im Park findet man die berühmte **Font del Gat (8)**, den Katzenbrunnen. Verewigt ist dieser in dem alten katalanischen Volkslied „*Baixant de la Font del Gat*", in dem ein Soldat hier sein Mädchen trifft. Gegenüber erhebt sich ein 1925 von Josep Puig i Cadafalch erbautes Gebäude, in dem sich heute ein Restaurant mit einer schönen Terrasse mit Orangenbäumchen befindet (*La Font del Gat, Passeig Santa Madrona 28, s. S. 233*).

Katzenbrunnen

Fundació Joan Miró (9)

Zurück auf der Straße gelangt man wenig später zur Fundació Joan Miró. Das weiße Gebäude wurde von dem katalanischen Architekten und Freund Mirós Josep Lluís Sert (1975) entworfen. Im Besitz der Stiftung ist die wohl größte öffentliche Sammlung von Mirós Werken, die mit etwa 300 Bildern, 150 Skulpturen und über 8.000 Zeichnungen so groß ist, dass in den acht Sälen nur Teile davon ausgestellt werden können. In der Sala Tapiz sind z. B. extra für die Stiftung entworfene Textilwerke Mirós (*sobreteixims*) zu sehen, daneben gibt es einen Skulpturenraum und einen Bereich mit Werken der 1960/70er-Jahre. Auf der Dachterrasse können Skulpturen unter freiem Himmel bewundert werden.

Umfangreiche Miró-Sammlung

Interessant ist auch der Merkurbrunnen, **La Font de Mercuri**. Der Amerikaner Alexander Calder, ein Freund Mirós, hat ihn für den Pavillon der spanischen Republik der Weltausstellung 1937 in Paris geschaffen. Das Merkur (Quecksilber) sorgt nicht nur für die Bewegung, sondern ist auch eine Hommage an die republikanischen Minenarbeiter von Almadén. Im spanischen Pavillon wurde damals auch Picassos „Guernica" gezeigt.

Fundació Joan Miró, ☎ 93 443 94 70, *www.bcn.fjmiro.es, Di–Sa 10–19, Juli–Sept. bis 20, Do bis 21.30, So 10–14.30 Uhr, 9 €, Wechselausstellungen 4 €, Restaurant mit Terrasse in der Fundació. Anfahrt: Bus 50, 55, 192, oder ab Metrostation Paral·lel (L3) den Funicular de Montjuïc nehmen, dann links halten, ca. 10 Min. zu Fuß.*

info

Joan Miró i Ferrá

Joan Miró, 1893 als Sohn eines Uhrmachers und Goldschmieds in Barcelona geboren, wurde mit seinen bunten Bildern, Keramikarbeiten und Skulpturen aus abstrakten Formen einer der bekanntesten Künstler des 20. Jh. Neben der 1975 eröffneten Fundació Joan Miró sind seine Spuren in der ganzen Stadt zu entdecken: das riesige Keramikdekor am Flughafen von Barcelona, das Mosaik auf der Pla de la Boqueria (Rambla dels Caputxins), der Parc Miró mit der riesigen Skulptur „Frau mit Vogel".

Noch unentschlossen über seine Zukunft, besuchte er ab 1907 die Handelsschule und die Kunstakademie in Barcelona. Zur Aufgabe seiner künstlerischen Tätigkeiten gezwungen, arbeitete Miró als Angestellter bei der Drogerie Dalmau i Oliveres. Nach einer schweren Erkrankung widmete er sich ab 1912 nur noch der Malerei und studierte an der Kunstschule von Francesc Galí. 1918 hatte er in der Galerie Dalmau seine erste Einzelausstellung in Barcelona. 1919 kam er das erste Mal nach Paris, wo er Picasso und später auch die surrealistische Gruppe um

die französischen Dichter Breton, Aragon, Éluard, Prévert und Péret traf, der er sich anschloss. Während des Bürgerkriegs lebte er in Paris, kehrte aber 1942 in sein Geburtshaus in der Passatge del Crèdit zurück. Ab 1955 widmete er sich besonders Keramiken und Skulpturen.

Am 25. Dezember 1983 starb Joan Miró in Palma de Mallorca und wurde auf dem Friedhof am Montjuïc beigesetzt.

Miró-Mosaik auf der Rambla dels Caputxins

Castell de Montjuïc (10)

Weiter geht es auf der Avinguda Miramar bis zu den im Frühjahr in allen Farben blühenden Gärten **Jardins de Mossèn Cinto Verdaguer**. Links liegt das Olympiaschwimmbad mit einer fantastischen Aussicht auf die Stadt. Durch den treppenförmig angelegten Park, an dessen Eingang eine Dante-Skulptur steht, gelangt man zu Fuß hinauf zum Castell de Montjuïc.

Olympiaschwimmbad

Gondelfahrt mit Ausblick

Wer nicht mehr laufen mag, kann auch die (allerdings ziemlich teure) Gondel nehmen, die von der Haltestelle des Funicular de Montjuïc in 15 Min. mit Panoramablick auf Barcelona zur Festung hinauffährt (s. o.).

Tipp

Im Sommer gibt es am Castell de Montjuïc **Freilichtkino** *und* **Jazzkonzerte** *mit Aussicht, Infos zu Daten und Programm unter www.salamonjuic.org.*

Ein kleiner Wachturm mit weitem Blick auf das Meer, von dem aus ankommende Schiffe erspäht werden konnten, war das erste Gebäude auf der Spitze des Montjuïc. 1640, während der Revolte gegen Philipp IV., wurde hier eine erste Befestigung gebaut. Die heutige, sternförmige Festung stammt aus dem 18. Jh. 1808 zogen die Franzosen hier ein, wenig später wurde sie in ein Gefängnis umgewandelt. 1842/43 wurde Barcelona zur Niederschlagung der Proteste gegen die Truppen des Generals Espartero von hier aus bombardiert, ein Jahr später traf es das Viertel Gràcia. In der Festung, die auch als Militärgefängnis genutzt wurde, gab es besonders während der Semana Trágica (1909) zahlreiche Festnahmen und Hinrichtungen. Während der Arbeiterunruhen 1919 waren über 3.000 Arbeiter hier eingepfercht. Auch im und nach dem Bürgerkrieg diente das Castell als Gefängnis. Viele Gegner Francos wurden nach dem Bürgerkrieg hier hingerichtet, u. a. 1940 der Präsident der Generalitat, Lluís Companys.

Wechselhafte Geschichte

Bis 1960 befand sich hier ein Militärgefängnis. Das von Franco eingeweihte Militärmuseum wurde aufgelöst, nachdem das Kastell 2008 von Madrid an die Stadt Barcelona übergeben wurde. Geplant sind u. a. ein Friedensmuseum und Ausstellungsräume zur Geschichte der Festung und ihre Bedeutung für Barcelona. Der eigentliche Höhepunkt eines Besuchs aber ist die fantastische Aussicht.
Castell de Montjuïc, Ctra. de Montjuïc 66, ☎ 932 564 445, Okt.–März tgl. 9–19, April–Sept. 9–21 Uhr. Anfahrt: Metro Plaça Espanya, dann Bus 50, 192, oder Funicular de Montjuïc, anschließend ca. 10 Min. zu Fuß oder mit der Gondel.

Picknick mit Aussicht

Hinter dem Castell liegt der **Parc del Migdia**. Am Picknickplatz genießt man vom **Mirador del Midgia** die Aussicht auf das Meer und den Containerhafen. Empfehlenswert: Eine Pause an der **Caseta del Migdia**, der einzigen Adresse in Barcelona mit Außengastronomie, wo man einen Sonnenuntergang bis zum Ende genießen kann. Nur draußen, einfache Gerichte vom Grill, Livemusik, wechselnde Öffnungszeiten, zzt. Juni–Sept. Mi–So ab abends, am Wochenende ab mittags, aktuelle Infos unter www.lacaseta.org.

Nationaltanz Sardana

Plaça de la Sardana

Geht man die Carretera de Montjuïc hinunter, stößt man an der Plaça de la Sardana auf das bekannte **Denkmal der Sardana**, mit dem der katalanische Volkstanz in Stein gemeißelt ist.

Vorher lohnen ein paar Schritte zum Aussichtspunkt **Mirador de l'Alcalde** mit Blick auf die Hafenfront Barcelonas. Einen Blick wert ist auch der Boden des Miradors, eine Art Collage aus Steinen, Scherben und Stahl.

> **Hinweis**
> *Wieder hinunter in die Stadt kommt man mit dem Telefèric und Funicular de Montjuïc, Bus 13, 50, 55, 193, oder dem Transbordador Aeri (Infos s. S. 177).*

Weitere Museen auf dem Montjuïc

Museu d'Arqueologia de Catalunya (11)

Das Archäologische Museum von Katalonien sitzt im alten **Palau de les Arts Gràfiques**, dem Palast der Grafischen Künste von 1929. Die chronologisch und geografisch geordnete Ausstellung führt mittels archäologischer Funde durch die Geschichte Kataloniens von den ersten Menschen der Gegend bis zum Mittelalter. Der Besucher bekommt auch eine Vorstellung von den anderen auf der Iberischen Halbinsel und im Mittelmeerraum ansässigen Kulturen, mit denen die frühen Bewohner in Kontakt standen. Die Sammlung beinhaltet schöne griechische, römische und karthagische Funde.

Museu d'Arqueologia de Catalunya, *Passeig de Santa Madrona 39–41, ☏ 93 423 21 49, www.mac. cat, Di–Sa 9.30–19, So 10–14.30 Uhr, 3 €. Anfahrt: Bus: PM, Bus 55, 193 (Haltestelle Passeig de Madrona).*

Direkt nebenan liegt die **Ciutat del Teatre**, die Theaterstadt (s. S. 72).

Museu Etnològic (12)

Völkerkunde

Das Völkerkundemuseum von Barcelona bietet in seinen Räumen neben wechselnden Ausstellungen mit verschiedenen Schwerpunkten über 60.000 Exponate aus Afrika, Ozeanien, Asien und Lateinamerika.

Museu Etnològic, *Passeig de Santa Madrona 16–22, ☏ 93 424 68 07, www.museu etnologic.bcn.cat, 25. Sept.–Mai Di, Do, Sa 10–19, Mi, Fr 10–14, So 10–14, 15–20 Uhr, sonst Di–Sa 10–18, So 10–14, 15–20 Uhr, 3,50 €.*

Reisepraktische Informationen Montjuïc

Restaurants

Neben dem Font del Gat kann man im teuren **Xalet El Montjuïc** speisen (Av. Miramar 31, www.xaletdemontjuic.com, Eingang neben Olympiaschwimmbad), das in erster Linie durch die Aussicht besticht, und an der **Caseta del Migdia** (s. S. 231), die aber nur beschränkte Öffnungszeiten hat.

La Font del Gat, Passeig Santa Madrona 28, ☎ 93 289 04 04, Funicular Montjuïc oder Bus 55, nur mittags. Das im Park Laribal versteckte Restaurant liegt zwischen der Fundació Miró und dem Olympiastadion und ist besonders durch die schöne Terrasse mit Orangenbäumchen (Aufschlag) attraktiv. Mittlere Preisklasse.

Daneben gibt es **Restaurants in den Museen**:
MNAC, **Restaurant Oleum**: Eher hochpreisige, katalanische Küche, dafür tafelt man im eleganten Thronsaal, ☎ 93 289 06 79, Di–Sa 13–16, 19.30–23.30, So 13–16 Uhr. Zudem Café mit Terrasse im Museum.
Fundació Miró: Restaurant mit Terrasse.
Poble Espanyol: Mehrere Lokale rund um die Plaza Mayor.
Kioske mit Getränken, Eis und Snacks wie Hotdogs, belegte Brötchen u. a. findet man überall verstreut, z. B. oben am Castell de Montjuïc, an den Treppen zum Palau Nacional, am Olympiastadion.

Diskos

La Terrrazza, im Poble Espanyol, www.laterrrazza.com. Im Sommer die Adresse auf dem Montjuïc: Open Air kann man sich hier bei elektronischer Musik mit partyfreudigem Publikum vergnügen. In der Nachbildung eines vornehmen mallorquinischen Hauses im Poble Espanyol untergebracht, im großen Patio befindet sich, umgeben von vier Bars, die Tanzfläche. Nur im Sommer Fr, Sa und feiertags bis zum Morgen geöffnet. Außerdem im Poble: die moderne Disko **The One**.

Veranstaltungen/Theater/Konzerte

auf dem Montjuïc: s. S. 71.

Einkaufen

In der alten Stierkampf-arena **Las Arenas** an der Plaça Espanya ist eine neue Mall entstanden mit zahlreichen Geschäften, Fitnesscenter, Veranstaltungs- und mehreren Kinosälen.
Las Arenas, Gran Via de les Corts Catalanes 373–385, www.arenasdebarcelona.com, Öffnungszeiten Geschäfte: Mo–Sa 10–22 Uhr.

Am Fuße des Montjuïc: Plaça Espanya mit neuer Mall in alter Stierkampfarena: Las Arenas

Tibidabo –
Ein Besuch auf dem magischen Berg

In Versuchung geführt

Raus aus der Stadt, hinaus ins Grüne führt ein Besuch auf Barcelonas „Rücken", den Tibidabo, auch La Montaña Mágica, den magischen Berg genannt. Mit 512 m ist er der höchste Punkt der Sierra de Collserola und bietet die beste Aussicht auf Stadt und Umland. Dazu passt die Legende zur Entstehung des Namens, der auf einen Vers der Bibel zurückgehen soll. Darin zeigt der Teufel Jesus die Königreiche der Erde und führt ihn mit den Worten in Versuchung: „All dies werde ich dir geben (in Vulgärlatein: *tibi dabo*), wenn du niederkniest und mich anbetest." So zumindest steht es geschrieben in Dokumenten aus dem 16. Jh. Für die stolzen Einwohner Barcelonas eine klare Sache: Womit, wenn nicht mit der großartigen und schönen Stadt Barcelona, hätte Jesus in Versuchung geführt werden können?

Wege zum Tibidabo

So kommt man hin: Von der Plaça de Catalunya mit der **FGC L7** bis zur Av. del Tibidabo (sechs Stationen, ca. 15 Min.). Weiter geht es – wenn sie fährt (nur am Wochenende im Sommer und auch dann nicht immer) – mit der nostalgischen **Tramvia Blau** (Hin- und Rückfahrt 4,50 €). Ansonsten verkehrt der **Ersatzbus 196**, der mit dem normalen TMB-Ticket genutzt werden kann. Die Haltestelle der Tramvia ist ganz unten an der Av. del Tibidabo, die Bushaltestelle ein paar Meter weiter oben.

Bus und Tram enden an der **Plaça Doctor Andreu**, Startpunkt des **Funicular del Tibidabo**. Seit 2011 ist der **Sky Walk** des Vergnügungsparks tgl. geöffnet, daher ist der Funicular del Tibidabo ebenfalls tgl. von 11 bis mind. 17 Uhr in Betrieb (Hin- und Rückfahrt 4 €). An den Tagen, an denen der Rest des Parc d'Atraccions geöffnet ist, richten sich die Betriebszeiten nach den Öffnungszeiten des Parks. Dann kann man, etwas schneller, auch den **Tibibus** ab

Die Standseilbahn: Funicular del Tibidabo

Pl. Catalunya nehmen (2,80 €), der direkt bis nach oben fährt.

Alternative über Vallvidrera: Mit den Bahnen der FGC ab Pl. Catalunya (S1 und S2) bis zur Station Peu Funicular fahren, dort die Standseilbahn **Funicular de Vallvidrera** bis zur Bergstation Vallvidrera Superior nehmen. Von dort geht es mit dem Bus del Barri 111 oder zu Fuß (20–25 Min.) auf die Spitze des Tibidabo. Für alle Verkehrsmittel gilt das TMB-Ticket.

Ein Ausflug lohnt sich besonders bei einer Wetterlage mit klarer Sicht, denn der Ausblick ist grandios. Los geht es an der Plaça John Kennedy am Fuße der Avinguda del Tibidabo. Ein Blick nach oben offenbart die Ansicht auf die **Rotonda** an der Ecke zum Passeig de Sant Gervasi. Nach mehreren Umbauten ist von dem ursprünglich als Hotel konzipierten Gebäude nur der auffällige und

Blick vom Tibidabo auf das Riesenrad des Vergnügungsparks, auf die Stadt und das Meer

kuriose Turmaufsatz mit seinen bunten Verzierungen geblieben. Weiter geht es mit der nostalgischen **Tramvia Blau** (oder Bus), die langsam über die Avinguda del Tibidabo mit ihren schönen und teilweise prachtvollen Häusern Richtung Berg rattert.

Links steht die **Casa Roviralta** (Nr. 31), die sich mit ihrer weißen Fassade und der interessanten Dachkonstruktion von anderen Jugendstilbauten durch ihre Schlichtheit abhebt. Besichtigt werden kann das Haus nicht, es sei denn, man speist in dem schönen (und teuren) Restaurant **Asador de Aranda** (s. S. 239). Durch steile Straßen mit großen Häusern kurvt die Tramvia hoch bis zur Plaça Doctor Andreu, an dem das empfehlenswerte Restaurant **La Venta** mit schöner Terrasse liegt. Hier geht es weiter mit der Standseilbahn **Funicular del Tibidabo**. Oben angekommen steigt man direkt am Vergnügungspark und der Kirche des hl. Herzens, Sagrat Cor, aus.

Parc d'Atraccions Tibidabo

Auf der Spitze des Tibidabo liegt der sog. **Sky Walk** auf 500 m Höhe, an dem man zwischen den etwas nostalgisch anmutenden Attraktionen umherspazieren und den Blick vom höchsten Aussichtspunkt der Stadt genießen kann, dem Mirador del Vallès. Der Zugang ohne Nutzung der Fahrgeschäfte ist gratis. Ein kurzer Weg (315 m) führt durch die Botanik vorbei an verschiedenen Spielen und der ersten Radiostation Spaniens bis zum Gran Hotel la Florida.

Freizeitvergnügen

Der **Parc d'Atraccions Tibidabo** (Plaça del Tibidabo) wurde 1901 auf Betreiben des Apothekers Salvador Andreu eingerichtet. Einige der ganz alten Attraktionen gibt es auch heute noch, wie etwa das „Horrorschloss". Die bekannteste Attraktion ist wohl das Flugzeug, das langsam seine Runden dreht. Es stammt aus dem Jahr 1928 und ist eine Replik des Modells, das den ersten Flug zwischen Barcelona und Madrid bewältigte. Der neuere Teil des Parks wartet mit modernen Fahrgeschäften wie einer Achterbahn auf. Eine nostalgische Kuriosität ist das **Museu d'Autòmates**, das Automatemuseum. In einem ehemaligen Theater (1909) ist eine Sammlung von Spielzeugautomaten aus aller Welt vom Ende des 19. Jh. bis heute zu sehen. Puppen, die sich sich

durch Münzeinwurf zu bewegen begannen, und mechanisches Spielzeug, das einst die Kinder zum Staunen brachte, versetzen den Besucher in eine andere Zeit.
Parc d'Atraccions Tibidabo, *Tickets für den ganzen Park: Erwachsene 25,20 €, Kinder unter 120 cm 9 €. Alternativ kann man auch nur ein Kombiticket für die Fahrgeschäfte am „Sky Walk" kaufen (Camí del Cel, 11,10 €, Kinder 7 €), der die klassischen Fahrgeschäfte beinhaltet (u. a. Karussell, Flugzeug, Automatenmuseum). Öffnungszeiten: Der Sky Walk hat zzt. tgl. ab 11 Uhr geöffnet, Rest des Parks schwankende Öffnungszeiten, im Sommer i. d. R. Mi–So 12–21/23 Uhr, im Winter nur am Wochenende, Infos unter www.tibidabo.net.*

Temple del Sagrat Cor

Überragt wird der kleine Platz hinter dem Vergnügungspark vom **Temple del Sagrat Cor,** der Kirche des hl. Herzens, die mehr durch die Aussicht als durch ihre Architektur besticht *(www.templotibidabo.org).* 1886 wurde das schöne Plätzchen auf der Spitze des Tibidabo Giovanni Bosco, dem Gründer des Ordens der Salesianer, zur Verfügung gestellt, um dort eine Kirche zu errichten. Zunächst gab es nur eine kleine Kapelle (die auch heute noch steht), 1902 wurde der Bau unter der Leitung von Enric Sagnier begonnen. Resultat war ein monumentales Gebäude neogotischen Stils, gekrönt von einer die Stadt überblickenden **Christusstatue.** Erst 1961 waren die Bauarbeiten beendet. Für 2 € bringt der Fahrstuhl in der Kirche Besucher in luftige Höhen *(10.30–14, 15–19 Uhr).* Noch ein kleines Stückchen Treppe, und man ist ganz oben an der Christusstatue angelangt, auf immerhin 575 m über NN.

Christus-statue mit Ausblick

Torre de Collserola

Wer noch nicht genug Ausblick hatte, kann mit der Torre de Collserola noch einen draufsetzen. Von der Kirche hat man einen guten Blick auf den wie eine riesige Antenne anmutenden Fernsehturm. Bis dorthin sind es von der Spitze des Tibidabo ca. 10–15 Min. zu Fuß – den Turm kann man eigentlich gar nicht verpassen. Die Torre de Collserola wurde 1992 in Betrieb genommen. Architekt war Norman Foster. Mit 288 m ist der Turm das höchste Bauwerk der Stadt. Durch eine Sicherheitskontrolle gelangt man in das Innere. Der Turm ist der Knotenpunkt katalanischer Telekommunikation. Oben befindet sich auf einer der 13 Plattformen der **Mirador** (Aussichtpunkt) mit einer 360°-Panoramasicht. Aus einer Gesamthöhe von 560 m über dem Meeresspiegel kann man einen Rundum-Blick auf die Stadt und das Umland genießen, der bei klarem Wetter bis zu 70 km weit reicht. Der Ausblick durch die Scheiben ist beeindruckend, aber im wahrsten Sinne des

Der Fernsehturm Torre de Collserola

Wortes atemberaubend ist die flotte Fahrt in 155 m Höhe mit einem gläsernen Fahrstuhl.

Torre de Collserola, *Ctra. de Vallvidrera al Tibidabo s/n,* ☏ *93 211 79 42, www.torrede collserola.com, Juli–Aug. Mi–So 12–14, 15.15–19 Uhr, März–Juni, Sept.–Dez. nur Sa/So 12–14, 15.15–18 Uhr, Jan/Feb. geschl., 5 €.*

Wieder hinunter nach Barcelona geht es entweder zurück über den Tibidabo oder durch Vallvidrera.

Vallvidrera

Wer sich für Vallvidrera entscheidet, läuft noch etwa 15 Min. zu Fuß bis zum **Funicular de Vallvidrera**, der von der Bergstation Vallvidrera Superior (im modernistischen

Stil erbaut) wieder hinabfährt. Von der Plaça del Tibidabo aus bringt einen auch der Bus del Barri 111 in wenigen Minuten zur Standseilbahn. An der unteren Station Peu Funicular kann man direkt in die Bahnen der FGC (S1 und S2) umsteigen, die ca. 15 Min. für die Fahrt ins Zentrum (Plaça de Catalunya) benötigen.

Hinweis
Wer Zeit und Lust hat, kann nach nur einer Station in Sarrià aussteigen und den entspannten Spaziergang durch die **Zona Alta** *(s. S. 240) anschließen.*

Einstige
Sommer-
frische

Der kurze Weg führt durch Vallvidrera. Das Beeindruckendste dieses kleinen Viertels, das bis ins 19. Jh. ländlich geprägt war und als Sommerfrische diente, ist ohne Zweifel der Ausblick. Nicht ganz so mondän wie in Pedralbes schmiegen sich hier kleine Häuschen an den Hang, deren Bewohner das Treiben der Stadt lieber von oben aus der Ferne betrachten und den Blick auf Barcelona und das Meer genießen.

Ausflug zum Parc de Collserola

Wandermög-
lichkeiten

Der **Parc de Collserola** zwischen den Flüssen Llobregat und Besòs lädt mit über 8000 ha Grünfläche und zahlreichen ausgeschilderten Wander- und Fahrradwegen zu einem Ausflug ins Grüne ein. Wer etwas mehr Zeit mitgebracht hat und sich bei einer Tour vom Rummel der Stadt entspannen möchte, sollte sich an das **Infozentrum** wenden. Hier wird man über mögliche Rundgänge informiert und bekommt Kartenmaterial. Dorthin gelangt man in etwa 15 Min. von der Plaça de Catalunya mit der S1 Richtung Terrassa oder der S2 Richtung Sabadell, Haltestelle **Baixador de Vallvidrera**. Von der Haltestelle sind es noch ausgeschilderte 10–15 Min. bergauf. Zu Fuß von hier zur Torre de Collserola sind es etwa 35 Min.

Infozentrum: *Ctra. de l'Església 92,* ☎ *93 280 35 52, www.parccollserola.net, Infozentrum tgl. 9.30–15 Uhr.*

Die gegenüber dem Infozentrum gelegene Vil·la Joana, ein typisch katalanisches Bauernhaus der Sierra de Collserola aus dem 18. Jh., beherbergt das **Museu-Casa Ver-**

Vom Tibidabo überblickt man den Parc de Collserola

daguer *(Ctra. de l'Església 104,* ☎ *93 204 78 C5, www.museuhistoria.bcn.es, nur Sa/So, feiertags 10–14 Uhr).* Das Haus war die letzte Wohnstätte von Jacint Verdaguer (1845–1902). Die Ausstellung erinnert an Leben und Werk des wichtigsten Autors der Renaixença (s. S. 20). Er wird mit mehr als 50 Werken als einer der Begründer der zeitgenössischen katalanischen Literatur angeseher.

Abstecher zum CosmoCaixa Museu de la Ciencia

Etwas abgelegen, aber durchaus sehenswert ist das Naturwissenschaftliche Museum. Es bietet auf 50.000 m² einen faszinierenden Einblick in die Welt der Wissenschaften. Die Ausstellung veranschaulicht die Erdgeschichte vom Urknall bis heute. Eine geologische Mauer und ein „überschwemmter Wald" *(bosque inundado),* der auf 1.000 m² den Regenwald Amazoniens mit über 100 Arten (Pflanzen und Tieren) nachbildet, sind die Höhepunkte. Zudem gibt es ein Planetarium und interaktive Abteilungen für Kinder, wo man riechen, hören und fühlen darf (**el Clik**, 3–6 Jahre, **el Flash**, 7–9 Jahre). Im **Toca Toca!** genannten Bereich ist Anfassen von Flora und Fauna u. a. aus den Vegetationszonen Wüste, Urwald und Mittelmeer ausdrücklich erlaubt.

Vom Urknall bis heute

CosmoCaixa, *Isaac Newton 26,* ☎ *93 212 60 50, www.cosmocaixa.com, Di–So 10–20 Uhr, Mo geschl., 3 €. Anfahrt: Bus Nr. 17, 22, 58, 73, 75, 60, 196; FGC: Station Av. del Tibidabo; zu Fuß: von der Av. del Tibidabo kommend, biegt man kurz vor der großen Ronda de Dalt links in den Carrer de Bosch i Alsina ein, von dort kann man das Museum schon sehen.*

Reisepraktische Informationen Tibidabo

🍴 Restaurants

Oben am Park gibt es das Restaurant **La Masia del Tibidabo (3)** *(Restaurant nur mittags, Cafeteria bis 20 Uhr)* und **Kioske**, die Chips, Hotdogs, Eis etc. verkaufen.
Asador de Aranda (4), *Av. del Tibidabo 31,* ☎ *93 417 01 15, www.asadoraranda.com.* Das Lokal ist in der Casa Roviralta im Modernisme-Stil untergebracht. In fünf schön eingerichteten Sälen wird feine kastilische Küche serviert. Gehobenes Preisniveau.
La Venta (5), *Pl. Doctor Andreu,* ☎ *93 212 64 55, www.restaurantelaventa.com.* Marktfrische, mediterrane Küche gibt es am Fuße des Tibidabo. Das Restaurant ist mit vielen Blumen und Mosaiken an der Wand gemütlich eingerichtet. Eher hochpreisig. Im 1. Stock hat sich das dazugehörige Lokal **Mirador de la Venta** niedergelassen, das mit nur sieben Tischen, einem besseren Ausblick und einer originelleren Küche („kreativ-katalanisch"), aber dafür höheren Preisen aufwartet.

🍸 Ausgehen

Mirablau (6), *Pl. Doctor Andreu 2,* ☎ *93 418 56 67.* Der Hauptanziehungspunkt des Mirablau ist die Aussicht: Tagsüber Café und Tapas-Bar, abends kann man sich an der Theke niederlassen und bei einem Cocktail die Stadt unter sich glitzern sehen. Ab 23 Uhr Disko, unten kann man auf einer kleinen Fläche bei wenig Luft und Popmusik tanzen. Ein Stückchen weiter unten besticht das **Mirabé** *(c/ Manuel Arnús 2)* ebenfalls mit schönem Ausblick.
Vetro (7), *c/ Adrià Margarit 27, www.vetro.es.* Schicke Disko mit zwei Stockwerken am Fuße des Tibidabo, elegantes Ambiente und Publikum. Recht teuer, moderne Popmusik und Hits der 70er- bis 90er-Jahre.

Dörfliches Flair in Barcelonas Oberstadt: Plaça Consell de la Vila

Barcelonas Oberstadt – Zona Alta (Sarrià und Pedralbes)

Die Zona Alta erstreckt sich unterhalb des Tibidabo und wird in etwa südlich von der Avinguda Diagonal und westlich vom Carrer de Balmes begrenzt und umfasst die Gebiete **Sarrià**, **Sant Gervasi de Cassoles** und **Pedralbes**. Hier sitzt das Geld, und das sieht man. Obwohl die Innenstadt weniger als eine halbe Stunde entfernt ist, scheinen die wuselige Altstadt und der Verkehrslärm in weiter Ferne zu liegen.

Redaktionstipps

➤ Eine kleine kulinarische Tour durch die Oberstadt: Austern essen bei **Gouthier** (S. 247), direkt um die Ecke die angeblich besten *patatas bravas* ganz Spaniens in der **Bar Tomás** (S. 247) probieren und zum Abschluss den berühmten *Postres Reials* der **Pastisseria Foix** (S. 241) genießen, der auch auf der Hochzeit der spanischen Prinzessin gereicht wurde.

➤ Die gemütliche, eher **dörfliche Atmosphäre Sarriàs** genießen und in die für Barcelona ungewöhnliche Stille im **Monestir de Pedralbes** (S. 243) eintauchen.

Ähnlich wie in Gràcia ist hier noch das dörfliche Flair spürbar. Bereits im Jahr 986 soll der Name des Ortes das erste Mal aufgetaucht sein. Mitte des 19. Jh. wurde die Straße nach Barcelona gebaut, die zunächst nur ebenso langsam wie beschwerlich mit der Kutsche befahrbar war. Wenig später nahm die zweitälteste Eisenbahnlinie Spaniens ihren Betrieb auf, und der Zeitaufwand für einen Besuch in der Stadt verkürzte sich drastisch. Die Bourgeoisie entdeckte das „Dorf" für sich. Die Familien des wohlhabenden Bürgertums ließen hier Schulen für ihre Kinder und für sich selbst Sommerhäuser bauen. Zu Beginn des 20. Jh. war Sarrià, zu dem auch das sich südwestlich anschließende Pedralbes gehört, die reichste Gemeinde der Gegend. 1921 wurde sie schließlich Barcelona eingemeindet.

Um das alte Zentrum Sarriàs herum und unten am Tibidabo entlang findet man heute teure Wohngegenden, restaurierte Sommerhäuser, Privatschulen, Privatkliniken und Parks. Vormittags ist hier wenig los, nach Unterrichtsende füllen sich die Straßen mit Schülern. Touristen gibt es hier weniger. Monumentale Sehenswürdigkeiten sind denn auch weniger zu erwarten. Aber wem der Sinn nach einem entspannten Spaziergang fernab vom Trubel steht, der ist in Barcelonas Oberstadt genau richtig. Denn einiges zu entdecken gibt es doch.

 Orientierung

So kommt man hin: Von der Pl. Catalunya nimmt man die S1, S2, S55 oder L6 zur Haltestelle Sarrià. Vom linken Ausgang (Acceso Cardenal Sentmenat) biegt man rechts in den Carrer Mare de Déu de Núria ein und nimmt dann den links abgehenden Carrer de Canet.

Rundgang durch die Oberstadt

Während sich das Viertel Richtung Süden in eine, wenn auch mondäne, Großstadt verwandelt, ist der alte Kern Sarriàs noch eher dörflich. Kaum hat man sich ein Stückchen von der breiten und lauten Via Augusta entfernt, bezaubert Sarrià durch Charme und Ruhe. Vom **Carrer de Canet**, dem Ausgangspunkt des Rundgangs, biegt man wenig später links in den Carrer de Cornet i Mas ein. Von der Ecke hat man einen schönen Blick in den Carrer de Canet. Die Straße wird links flankiert von zwölf typischen, einstöckigen Dorfhäuschen, die Mitte des 19. Jh. für die Arbeiter des landwirtschaftlichen Betriebs Can Canet gebaut wurden.

Dörflicher Kern

Auf der **Plaça Sant Vicenç de Sarrià** können sich Austernliebhaber auf der Terrasse des **Gouthier** (s. S. 247) gütlich tun. Danach geht es rechts in den Carrer de Mañé i Flaquer und auf der hübschen Hauptstraße des alten Sarrià, Carrer Major de Sarrià, wieder hoch. Nur ein paar Schritte weiter liegt links die **Bar Tomás**, wo es die besten *patatas bravas* (Kartoffeln mit einer scharfen Mayonnaisesauce) des Landes geben soll. Ob sie ihren Ruf tatsächlich verdient haben, entscheidet man am besten selbst.

Etwas weiter oben ist die Konditorei am Carrer Major de Sarrià 57 eine Versuchung wert. Hier eröffnete Josep Foix 1887 die **Pastisseria Foix** *(Filiale Plaça Sarrià 12)*. Die große Auswahl an Pralinen und Teigwaren macht einem die Entscheidung, was man probieren möchte, wirklich schwer. Und alles ist so lecker, wie es aussieht – am besten lässt man sich mit einer Auswahl auf der nächsten Bank nieder. Der berühmte

Ein Traum: Süßes aus der Pastisseria Foix

*Katalanischer
Vertreter des
Surrealismus*

Dichter (und ebenfalls Konditor) Josep Vicenç Foix (1893–1987) wurde in dem Haus geboren. Foix, überzeugter Katalanist und Freund Mirós und García Lorcas, gilt als der wichtigste katalanische Vertreter des Surrealismus. Während der Franco-Zeit benannte Foix seine Desserts und Törtchen in der Konditorei mit Begriffen, die im Kastilischen und Katalanischen identisch sind – und umging so das Verbot des Katalanischen.

Weiter oben liegt links die malerische Passatge Mallofré, wenig später gelangt man zur Plaça Consell de la Vila. Der einladende kleine Platz, an dem sich das **alte Rathaus**

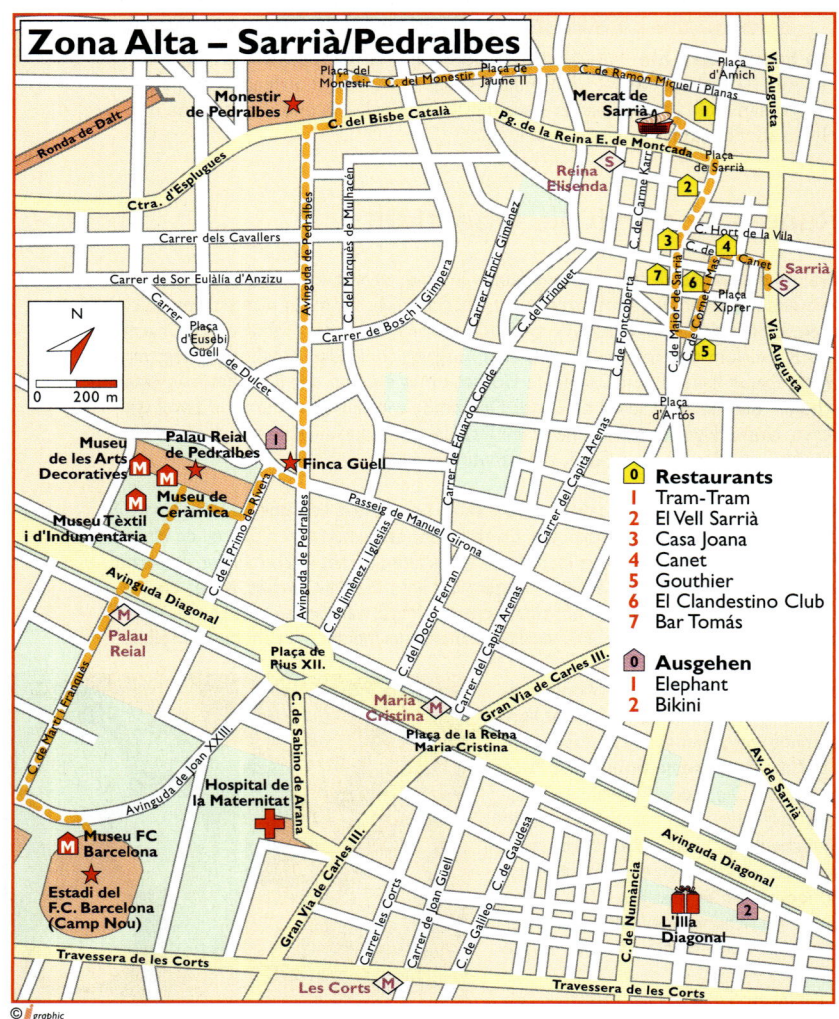

Zona Alta – Sarrià/Pedralbes

Restaurants
1 Tram-Tram
2 El Vell Sarrià
3 Casa Joana
4 Canet
5 Gouthier
6 El Clandestino Club
7 Bar Tomás

Ausgehen
1 Elephant
2 Bikini

© graphic

im neoklassizistischen Stil (1896) erhebt, spiegelt das dörfliche Flair wider: Nachbarn plaudern auf den Bänken, Kinder spielen ... Im Foyer des Rathauses kann man, wenn es offen ist, die „Giganten" *(gegants)* stehen sehen. Diese Riesenfiguren aus Pappmaché werden bei den zahlreichen Festivitäten in Prozessionen durch die Straßen Barcelonas getragen. An der Ecke zum Carrer Major de Sarrià ist im Sommer die Terrasse des **Vell Sarrià** (s. S. 247) geöffnet, eines der bekanntesten Restaurants des Viertels.

Der Carrer Major mündet auf die Plaça Sarrià, an der bis 1850 der Friedhof der Kirche Sant Vicenç lag. 1781 entstand auf den Ruinen einer gotischen Kirche die heutige **Església de Sant Vicenç** im klassizistischen Stil nach Entwürfen von Josep Mas, der u. a. auch Architekt der Basilika de la Mercè und des Bischofspalasts war. Nachdem sie im Bürgerkrieg abgebrannt war, wurde die Kirche wieder aufgebaut und neu gestaltet. Schräg gegenüber befindet sich in einem Adelspalais aus dem 17. Jh. mit Fassadenmalereien die zweite Filiale der **Pastisseria Foix** (s. S. 241), wo man im Jugendstil-Ambiente eine der süßen Köstlichkeiten bei einem Milchkaffee probieren kann.

Süße Sünden

Von der Plaça Sarrià geht es links in den Passeig de la Reina Elisenda, am backsteinernen **Mercat de Sarrià** vorbei in eine der Querstraßen rechts, die auf den Carrer Ramon Miquel i Planas führen. Links geht es von dort an vielen Schulen und großen Häusern hinter Bäumen und Mauern vorbei knapp 1 km Richtung Kloster.

Monestir de Pedralbes

Das Klarissinnenkloster wurde 1326 von Königin Elisenda de Montcada, der vierten (und letzten) Ehefrau des Königs Jaume II. von Aragón, gegründet. Die Montcadas waren eine der mächtigsten Adelsfamilien Kataloniens. Das ehemalige Kloster strahlt noch heute die Ruhe und Ehrfurcht vergangener Tage aus. Der schöne Kreuzgang umgibt den begrünten Innenhof mit dem maurischen Brunnen, die dreigeschossigen Ar-

Klarissinnen-kloster

Kreuzgang und Innenhof des Monestir de Pedralbes

kadengalerien verstärken das Gefühl der Abgeschlossenheit. Das Kloster gilt als eines der besten Beispiele der katalanischen Gotik (s. S. 25).

Zu besichtigen sind u. a. verschiedene Zellen, Küche, Krankenstation, Kapitel- und Speisesaal. Interessant ist die **Kapelle San Miguel** direkt rechts vom Eingang. Sie ist mit wunderschönen Fresken im Stil der italienischen Gotik von Ferrer Bassa dekoriert, der 1346 mit den Kunstwerken in der Kapelle begann. Sie stellen u. a. Szenen aus dem Leben Jesu dar. Im ehemaligen Schlafsaal *(Sala Dormidor)* der Nonnen sind heute die **Klosterschätze** zu bewundern, eine Auswahl der schönsten, in sieben Jahrhunderten in diesem Kloster zusammengetragenen Kunstwerke. Es handelt sich vor allem um Gemälde, Möbel, liturgische Gegenstände, Goldschmiedekunst, Altarbilder, Bücher und Schriftrollen aus dem Archiv sowie tägliche Gebrauchsgegenstände wie Keramik und Textilien.

Kloster-schätze aus sieben Jahr-hunderten

Museu-Monestir de Pedralbes, *Baixada del Monestir 9,* ☏ *93 256 34 34, www.museu historia.bcn.cat, April–Okt. Di–Fr 10–17, Sa bis 19, So bis 20 Uhr, Nov.–März Di–Sa 10–14, So bis 18 Uhr, 7 €. Die Eintrittskarte ist ein Kombiticket und gilt für alle Teile des Museums für Stadtgeschichte (MHCB, u. a. Pl. del Rei. S. 101).*

Nach dem Klosterbesuch geht es am „Kreuz von Pedralbes" vorbei über die Avinguda de Pedralbes zu Fuß ca. 15 Min. bergab. Etwas unterhalb des Klosters befindet sich auch eine Bushaltestelle (22, 63, 64 und 78), nach zwei Haltestellen ist man unten an der Avinguda Diagonal angelangt.

Finca Güell

Kurz bevor man die Avinguda Diagonal erreicht, liegt rechts die **Finca Güell**. Die Familie Güell war damals im Besitz eines Großteils des um das Kloster herum gelegenen Landes. 1883 wollte Güell seine riesige Finca ausbauen, einen Teil der Arbeiten vergab er an den jungen Antoni Gaudí, sein erster Auftrag an ihn. Dieser entwarf den Garten und die mit ihrer Keramikdekoration arabisch anmutenden Pavillons am Eingang. Vor allem wegen des beeindruckenden Drachentors am Eingang, das man von der Straße aus sehen kann, lohnt sich der kurze Stopp. Das Tor ist ein Meisterwerk der Eisenschmiedekunst. Der Drachen mit seinen Fledermausflügeln, schuppigem Körper und aufgerissenem Maul bewacht symbolisch den Eingang zum Garten der Hesperiden.

Berühmtes Drachentor

Finca Güell, *Av. de Pedralbes 7, Besuch nur im Rahmen von Führungen, Sa/So in Englisch 10.15 und 12.15 Uhr. Man sollte sich vorher telefonisch nach der Sprache und zeitlichen Änderungen erkundigen,* ☏ *93 317 76 52, www. rutadelmodernisme.com.*

Drachentor der Finca Güell

Palau Reial de Pedralbes

An der Finca geht man nach rechts und direkt wieder nach links, um den englischen Park des **Palau Reial de Pedralbes** zu betreten. Er lädt mit seinen Brunnen und schattigen Bänken zum Spazieren und Ausruhen ein. Im hinteren Teil des Parks liegt der Königliche Palast von Pedralbes. Eigentlich ist dieses gro-

Palau Reial de Pedralbes

ße gelbe Gebäude mit seinen beiden großen Flügeln gar nicht richtig königlich: Es stammt aus dem frühen 20. Jh. und wurde 1924 König Alfons XIII. als Geschenk übergeben, damit dieser hier bei seinen Besuchen in Barcelona nächtigen konnte. Mit dem Ausruf der Republik ging das Gebäude in die Hände der Stadt über, zzt. beherbergt es drei Museen.

Das **Museu de Ceràmica** zeigt Keramik und Töpferkunst in einer beachtlichen Auswahl. Zu sehen sind Objekte vom 12. Jh. über maurische Arbeiten bis hin zu zeitgenössischen Exponaten von Picasso und Miró. Das **Museu de les Arts Decoratives** (Kunstgewerbemuseum) veranschaulicht, wie im Laufe der Zeit die menschlichen Bedürfnisse und Wünsche durch Erfindungsreichtum in Gebrauchsgegenstände umgesetzt wurden. Gegenstände des täglichen Bedarfs sind zu sehen sowie Mobiliar aus verschiedenen Epochen, angefangen mit Möbeln mit eher religiösem Charakter aus dem 13.–15. Jh. Eine Abteilung gibt Einblick in spanisches Industriedesign aus dem 20. Jh. Auch das **Museu Tèxtil i d'Indumentària**, das Textil- und Bekleidungsmuseum, Teil des Disseny Hub Barcelona, befindet sich im Palau. Die Exponate umfassen Kleidung, Stoffe, Accessoires und Schmuck aus dem 4. Jh. bis hin zu Kleidern heutiger Luxusmarken wie Chanel und Dior.

Drei Museen im Königlichen Palast

Palau Pedralbes, Av. Diagonal 686, alle Museen Di–So 10–18 Uhr, das Ticket für 5 € berechtigt zum Eintritt in alle Museen, Info: ☎ 93 256 34 65, www.dhub-bcn.cat, www.museuceramica.bcn.cat. **Hinweis**: Das Textil- und das Kunstgewerbemuseum sollen nach Fertigstellung des Disseny Hub Ende 2012 an der Pl. Glòries dorthin umziehen (s. S. 185).

Direkt vor dem Park befindet sich eine Haltestelle der L3 (Palau Reial), die zurück ins Zentrum fährt. Der Fußballfan aber wird sich trotz müder Füße eine weitere Sehenswürdigkeit nicht entgehen lassen: **Camp Nou**, das Stadion des FC Barcelona, das vom Park etwa 15 Min. zu Fuß entfernt ist. Dazu geht es auf der anderen Straßenseite den Carrer de Martì i Franquès runter bis zum Stadion.

Camp Nou und Museu FC Barcelona President Núñez

Für die stolzen Anhänger des FC Barcelona ist der 1899 gegründete Fußballclub mehr als nur ein Verein (s. S. 43). So leistet sich einer der mitgliederstärksten Vereine der Welt nicht nur das größte Fußballstadion Europas, sondern auch ein eigenes Museum. Hier

FC Barcelona

kann man so ziemlich alles, was sich mit *Barça* in Verbindung bringen lässt, auf 3.500 m² Ausstellungsfläche bewundern. Das Museum wurde 2010 aufwendig modernisiert. Die Clubgeschichte wird anhand der zahlreichen Pokale, Fotos, Sportutensilien und allerlei Erinnerungsstücken dokumentiert und audiovisuell aufbereitet. Auch Kunstwerke mit sportlicher Thematik von Künstlern wie Dalí, Miró und Tàpies sind ausgestellt. Die Sammlung „Futbolart" bietet ein Universum von Kuriosem, Altem und allem, was mit der Geschichte des Fußballsports vom 19. Jh. bis heute zu tun hat.

Der ziemlich happige Eintritt ins Museum beinhaltet die sog. **Camp Nou Experience**: Eine Tour (mit Audioguide) durch das Stadion, u. a. zu Mannschaftskabinen, Spielfeld, Ersatzbank und Pressesaal. In dem riesigen Laden am Stadion bekommt man alles Vorstellbare in den Vereinsfarben Rot-Blau.

Museu FC Barcelona, *c/ d'Aristides Maillol*, ☎ *93 496 36 00, www.fcbarcelona.com; Museum: April–Anfang Okt. Mo–Sa 10–20, sonst 10–18.30, So 10–14.30 Uhr, „Camp Nou Experience" bis 1 Std. vor Schließung, bei Spielen 10–15 Uhr (keine Stadiontour), 22 €. Tickets, auch für Spiele, auch im Internet: www.fcbarcelona.com. Anfahrt: L3 (Palau Reial), direkt gegenüber vom Palau Real über den c/ Martì i Franquès runter bis zum Stadion.*

Zona Alta, Sarrià/Sant Gervasi

[Karte: Zona Alta, Sarrià/Sant Gervasi mit Straßennamen wie Carrer del Rector Ubach, Carrer de Calaf, Jardins de Moragas, Turó Parc, Carrer de Bori i Fontestà, Carrer dels Madrazo, Carrer de Laforja, Carrer de Mestre Nicolau, Carrer de Marià Cubí, Avinguda Diagonal, Carrer de l'Avenir, Plaça de Candona, Carrer de Muntaner, Carrer d'Aribau, Carrer de Dènia, Carrer d'Alfons XII, Av. de Sarrià, Loreto, Plaça Doctor Ignasi Barraquer, Plaça de Francesc Macià, Travessera de Gràcia, Plaça de Gal·la Placídia, Carrer de Tarradellas, Av. de Josep Tarradellas, Carrer del Comte d'Urgell, Carrer de Buenos Aires, Avinguda Diagonal, Carrer d'Aribau, Carrer de Balmes, Via Augusta, N]

Restaurants
1 Mandri
2 Via Veneto
3 Abasolo Etxea
4 La Mifanera
5 18 de Octubre
6 Hofmann

Ausgehen
1 Sala BeCool
2 Bubblic Bar
3 Gimlet
4 Flash Flash
5 Sala B
6 Costa Breve
7 Sutton Club
8 Otto Zutz

0   100 m

© graphic

Reisepraktische Informationen Sarrià/Zona Alta

 ### Restaurants
Im alten Sarrià

Tram-Tram (1) *(Karte S. 242), c/ Major de Sarrià 121,* ☎ *93 204 85 18. Ein altes Haus in Sarrià wurde mit Antikmöbeln bestückt und in ein Luxusrestaurant mit kreativer Küche verwandelt, besonders romantisch ist der Garten. Auf der Karte stehen z. B. knusprige Artischocken mit Leber und karamellisiertem Ei. Gehobenes Preisniveau.*

El Vell Sarrià (2) *(Karte S. 242), c/ Major de Sarrià 93,* ☎ *93 204 57 10, www.elvell sarria.com. In einem Haus von 1745, mit einer schönen Terrasse zur Plaça de la Vila, wo man sich auch heute noch wie in einem Dorf fühlt. Familiäres Ambiente, aber das Beste ist das Essen, die Reisegerichte sind allesamt empfehlenswert mit Meeresfrüchten (a la marinera), mit Stockfisch (bacallà), mit Fisch und Fleisch (Mar i muntanya). Gute Fischgerichte. Gehobenes Preisniveau.*

Casa Joana (3) *(Karte S. 242), c/ Major de Sarrià 59,* ☎ *93 203 10 36. Traditionelle Hausmannskost, alte Bilder und goldene Lampen, gutes Mittagsmenü, günstig bis mittleres Preisniveau.*

Canet (4) *(Karte S. 242), c/ Canet 38,* ☎ *93 205 07 68, www.canetsarria.com. Kleines, gemütliches Lokal, in dem Holz und Rottöne vorwiegen. Serviert wird katalanische Küche mit kreativem und persönlichem Touch, z. B. „fideuá" mit Knoblauchsoße, „butifarra" mit Zwiebeln, Dorade aus dem Ofen. Mittleres Preisniveau.*

Gouthier (5) *(Karte S. 242), Pl. Mañé i Flaquer 8 (Pl. Sant Vicenç),* ☎ *93 205 99 69. Kleines Designerlokal für Austernliebhaber, denn diese sind die Spezialität des Hauses, außerdem verschiedene Delikatessen wie Räucherlachs, Tintenfisch, Kaviar Gute Wein- und Cavaauswahl, und dabei nicht übertrieben teuer. Schöne Terrasse.*

El Clandestino Club (6) *(Karte S. 242), c/ Jaume Piquet 1,* ☎ *93 204 10 36. Mediterrane Küche wie Salat mit Feta und mariniertem Lachs, Pasta, Fleisch- und Fischgerichte (große Auswahl an Stockfischgerichten) in modernem Design, trotzdem gemütlich mit Kerzen und angenehmer Hintergrundmusik.*

Bar Tomás (7) *(Karte S. 242), Major de Sarrià 49,* ☎ *93 203 10 77. Neben verschiedenen Tapas, Bocadillos und einfachen Gerichten gibt es hier die angeblich besten „patatas bravas" der Stadt.*

Ein echter Klassiker: Bar Tomàs

Zona Alta

18 de Octubre (5) *(Karte S. 246), c/ Julián Romea 18 (fast Av. Augusta),* ☎ *93 218 25 18. Sehr kleines, gemütliches Restaurant mit nur acht Tischen, etwas rustikal. Katalanische Küche wie Seeteufelfilet à la Cava oder mit Stockfisch gefüllter Kürbis. Mittlere Preisniveau, Reservierung empfohlen.*

La Mifanera (4) *(Karte S. 246), c/ Sagués 16 (nahe Pl. Francesc Macià),* ☎ *93 240 59 12.* „Mi Fan" bedeutet gekochter Reis auf Chinesisch: Das kleine, in Rot und Weiß gehaltene Lokal verdankt seinen Ruf vor allem seinen Reisgerichten aus aller Welt, u. a. nach äthiopischer, pakistanischer und natürlich auch katalanischer Art mit Thymian und Kaninchen. Auch Tapas. Gehobenes Preisniveau.

Via Veneto (2) *(Karte S. 246), c/ Ganduxer 10,* ☎ *93 200 72 44, www.viaveneto restaurant.com.* Schon seit 1976 serviert das Via Veneto erstklassige katalanische Küche in modernistischem Ambiente. Dalí soll hier gern gespeist haben. Große Weinauswahl. Sehr gehobenes Preisniveau.

Mandri (1) *(Karte S. 246), c/ Mandri 34.* Das Lokal konkurriert mit der Bar Tomás um die besten „patatas bravas" der Stadt. Man kann schön draußen sitzen, wie in den vielen Bars und Restaurants am Carrer de Mandri, die bevorzugt von den wohlhabenden Bewohnern des Viertels frequentiert werden.

Abasolo Etxea (3) *(Karte S. 246), c/ Marià Cubí 190, Ecke Calvet,* ☎ *93 200 48 77.* Baskisches Lokal mit guten Pintxos und baskischen Gerichten, idealer Startpunkt für eine lange Nacht.

Hofmann (6) *(Karte S. 246), c/ La Granada del Penedes, 14–16,* ☎ *93 218 71 65, www.hofmann-bcn.com.* Das Restaurant der renommierten Hotelfach- und Kochschule bietet im dazugehörigen Lokal die Werke ihrer Köche, die feine und kreative Küche mit französischem Touch zubereiten. Teuer.

Nachtleben

Rund um den **Carrer de Marià Cubí** und **Carrer d'Aribau** gibt es in der bekannten Ausgehzone eine beachtliche Auswahl an Bars und Diskos.

Bars

Flash Flash (4) *(Karte S. 246), c/ Granada del Penedès 25,* ☎ *93 237 09 90.* Seit 1970 gibt es diese weiß-schwarze Designer-Bar mit den runden Fenstern, und so sieht sie heute auch noch aus. Spezialität sind die über 70 verschiedenen Tortilla-Gerichte. Cocktails.

Gimlet (3) *(Karte S. 246), c/ Santaló 46 (zwischen Alforja und Marià Cubí),* Designerbar mit bekannt guten und originellen Cocktails, auch besondere Wünsche werden gerne zusammengemixt.

Bubblic Bar (2) *(Karte S. 246), c/ Marià Cubí 183.* Immer gut gefüllte Bar, R 'n' B, Funk und gute Stimmung.

Diskos

Sala B (5) *(Karte S. 246), c/ Muntaner 244, www.luzdegas.com.* Elegant und gute Stimmung, große Tanzfläche, Fr und Sa häufig Konzerte, ansonsten Musik der 70er bis 90er.

Costa Breve (6) *(Karte S. 246), c/ Aribau 230, www.salacostabreve.com.* Schönes Lokal mit „Fashion"-Ambiente – schickes, sehr junges Publikum, aktuelle Pop-/Dance-Musik.

Sutton Club (7) *(Karte S. 246), c/ Tuset 13, www.thesuttonclub.com.* Schicker Laden, Lieblingsclub der reichen Sprösslinge der Barceloneser Oberschicht, die fast alle eine VIP-Karte besitzen – dementsprechend schick und teuer.

Otto Zutz (8) *(Karte S. 246), c/ Lincoln 15, www.ottozutz.com.* Zwar nicht mehr so tonangebend in der Barceloneser Nacht wie in den 1980er-Jahren, aber immerhin noch da und am Puls der Zeit und neuesten Trends. In einer alten Fabrik im New Yorker Stil, mehrere Stockwerke mit House, Funk/Hip-Hop und Soul. Ziemlich schick und entsprechend nicht unbedingt günstig.

Sala BeCool (1) *(Karte S. 246), Pl. Joan Llongueras 5, www.salabecool.com. Unter der Woche zwei Räume, einer mit Techno/House, in dem anderen geht es etwas alternativer zu mit Indie, Rock, am Wochenende Konzerte, viele Uni-Partys.*

Elephant (1) *(Karte S. 242), Passatge dels Tillers 1, ☏ 93 334 02 58, http://elblogde elephant.com. In der Nähe des Palau Reial, für die Reichen und Schönen und die, die es gerne wären. Eleganter Club in einem alten Sommerhaus, indisch angehauchte Terrasse und Garten mit Marmorskulpturen und Bronzeelefanten. Fr–Sa gibt es abends neuerdings Fingerfood (inkl. Nachtisch, Wein und ein Getränk nach dem Essen 25 €).*

Bikini (2) *(Karte S. 242), Av. Diagonal, 547 – L'Illa, ☏ 93 322 08 00 (hinter der Illa Diagonal), www.bikinibcn.com. Ein Klassiker in der Stadt mit drei verschiedenen Sälen, je nach Wochentag unterschiedliche Musik (Latin, Black, Elektronik), das Publikum eher in und jenseits der 30, häufig Konzerte.*

Up & Down, *Av. Doctor Marañón 17, ☏ 93 448 61 15, www.upanddownbarcelona.com. Klassiker in der Oberstadt. Allerdings an neuer Adresse, direkt neben dem Camp Nou: Oben Restaurant und Cocktails, unten Tanzfläche, Terrasse. Je nach Wochentag wechselnde Musik.*

Einkaufen
Altes Zentrum in Sarrià

Am Carrer Major de Sarrià gibt es ein paar kleine Läden, aber wenn man zum Einkaufen hierkommt, dann eigentlich nur aus einem Grund: die süßen Dessert aus der **Pastisseria Foix**, *c/ Major de Sarrià 57, ☏ 93 203 07 14, www. foixdesarria.com. Weitere Filiale an der Plaça Sarrià 12–13, ☏ 93 203 04 73.*

Den besten Nachtisch gibt es in Sarrià in der Pastisseria Foix

Sarrià – Sant Gervasi de Cassoles, Les Corts

Bei **Castañer** *(c/ Mestre Nicolau, 23, www.castaner.com) bekommt man die berühmten Edel-Espadrilles (Leinenschuh mit Hanf- oder Strohsohle) der Designerin Cristina Castañer (auch im Corte Inglés an der Plaça de Catalunya).*

In der Gegend nördlich der Plaça Francesc Macià, z. B. am **Carrer del Rector Ubach** *und an der* **Avinguda de Pau Casals** *findet man eine ganze Reihe von Edelboutiquen: von Hermès über Luis Vuitton bis zu Baby Dior. Bei* **Tutusaus** *(c/ Pérez Cabrero 5, ☏ 93 209 83 73) kann man bei einer Verkostung im Laden mit einer riesigen Käseauswahl wieder zu Kräften kommen (auch Schinken, Wurstwaren, Leber, Kaviar …).*

An der Metrostation **María Cristina** *gibt es gleich mehrere Kaufhäuser und Shoppingcenter: Direkt am Ausgang findet man einen recht großen* **Corte Inglés**, *direkt gegenüber das* **Pedralbes Centre**, *ein Einkaufszentrum, in dem es vor allem hochpreisige Mode gibt. Etwa 10 Min. die Avinguda Diagonal hinunter gelangt man zur* **Illa Diagonal**, *einem riesigen Shoppingcenter, das einen ganzen Block im Eixample einnimmt.*

Die Umgebung von Barcelona

Die Umgebung Barcelonas bietet reizvolle Ziele, die man gut an einem Tag mit öffentlichen Verkehrsmitteln besuchen kann. Ob man einen Tag am Strand verbringen, zum Kloster von Montserrat pilgern, auf den Spuren der Römer in Tarragona wandeln oder die surrealistischen Werke von Dalí bestaunen möchte – Katalonien hat einiges zu bieten.

Nördlich von Barcelona, Richtung Frankreich, liegt die Provinz Girona mit der zerklüfteten Costa Brava, seit jeher beliebtes und gut besuchtes Feriengebiet. Doch auch landeinwärts gibt es etwas zu entdecken, allen voran die Provinzhauptstadt **Girona** mit ihrem wunderschönen mittelalterlichen Zentrum und das gut 30 km von Girona entfernte **Figueres**, das seine Bekanntheit vor allem dem Dalí-Museum verdankt. Startet man früh genug, können auch beide Städte an einem Tag besucht werden.

Das **Kloster Montserrat** mit seiner faszinierenden Landschaft ist wahrscheinlich das am häufigsten besuchte Nahziel von Barcelona, aber auch ein Besuch des Cava- und Weinlandes **Penedès** ist es wert, Barcelona für einen Tag den Rücken zu kehren.

Hauptanziehungspunkt in Figueres ist das faszinierende Dalí-Museum

An der Küste entlang nach Süden hinunter führt ein Besuch des quirligen Badeorts **Sitges** und der einstigen Hauptstadt des römischen Iberia, **Tarragona**.

 Information in Barcelona
Turisme de Catalunya, *Palau Robert, Fasseig de Gràcia 107,* ☎ *93 238 80 91 / 92 / 93, www.gencat.net/probert. Unter www.catalunyaturisme.com gibt es umfangreiche Infos über ganz Katalonien.*

Nahverkehr
Organisierte Touren
Catalunya Bus Turístic *(Montserrat, Weingüter und Sitges, Figueres, Girona, Vic, Reus), Abfahrt an der Pl. Catalunya, Buchung bei der Touristeninfo oder* ☎ *93 285 38 32, www. barcelonabusturistic.cat, www.barcelonaturisme.com (online mit 10 % Rabatt), je nach Tour ca. 60–70 € (im Sommer, meist ab April).*
Explore Catalunya *(Tagestouren in die Pyrenäen, Montserrat, Cava, Girona, Tarragona, Sitges),* ☎ *93 165 1044, www.explorecatalunya.com, ab 79 €, max. 15 Personen.*

Girona

Orientierung

Lage: ca. 80 km nordöstlich von Barcelona, Hauptstadt der Provinz Girona, ca. 80.000 Einwohner.

So kommt man hin: Mit dem **Zug** ab Sants (www.renfe.es, Regionalzug pro Strecke 6,75 €, MD (*media distancia* „Mittelstrecke") 9,15 €, Fahrtdauer ca. 80 Min., es gehen je nach Wochentag und Tageszeit 1–2 Züge pro Stunde), vom Bahnhof in Girona sind es etwa 15–20 Min. bis zur Altstadt (zu Fuß). Mit dem **Auto** über die AP-7 oder die Nationalstraße N II Richtung Frankreich. Der **Flughafen** der Costa Brava liegt etwa 12 km von Girona entfernt.

Überblick

Wunderschöne Altstadt

Von den Römern im 1. Jh. v. Chr. gegründet, wurde das an der Vía Augusta strategisch wichtig gelegene Girona später zur Festung ausgebaut. Ihre Glanzzeit hatte die Stadt im frühen Mittelalter, sodass sie heute einen der bedeutendsten monumentalen Komplexe Kataloniens mit wunderschönen romanischen und gotischen Bauten bietet. Vier Flüsse durchqueren Girona, der größte, der Fluss Onyer, teilt es in die moderne und mittelalterliche Stadt. Im neuen Stadtgebiet finden sich u. a. modernistische Gebäude wie die Fábrica Teixidor und die Casa de la Punxa von Rafael Masó sowie der Parc de la Devesa mit seinen riesigen Platanen.

Das einzig nennenswerte Museum auf dieser Flussseite ist das **Museu del Cinema** (*c/ Sèquia 1, ☎ 97 241 27 77, www.museudelcinema.cat, Juli/Aug. tgl. 10–20, Mai, Juni,*

Altstadthäuser in Girona am Fluss Onyer

Sept. Di–Sa 10–20, So 11–15, Okt.–April Di–Fr 10–18, Sa 10–20, So 11–15 Uhr, 5 €). Im Filmmuseum kann man die 500-jährige Geschichte des bewegten Bildes bestaunen – angefangen bei chinesischen Schattenspielen über die Kamera der Gebrüder Lumière bis zur heutigen Technik.

Auch der Bahnhof befindet sich in der Neustadt. Aber die beeindruckendsten Monumente liegen in der Altstadt, deren Gassengewirr

Ein Spaziergang über die alten Stadtmauern bietet schöne Ausblicke

entspannt zu Fuß erkundet werden kann. Besonders hervorzuheben sind die Kathedrale mit dem breitesten mittelalterlichen Kirchenschiff der Welt und das alte jüdische Viertel El Call, eines der am besten erhaltenen in Katalonien.

> **Tipp: Spaziergang über den Passeig de la muralla**
> *Auf den alten karolingischen (9. Jh.) und mittelalterlichen (14./15. Jh.) Stadtmauern, die das historische Zentrum umschließen, lässt sich ein besonders schöner Spaziergang (Passeig Arqueològic) unternehmen, bei dem man einen herrlichen Blick auf die Stadt und das Umland hat. Der Zugang zum längsten Stück liegt hinter der Kathedrale an den Jardins de la Francesa (etwa 30 Min. Weg bis zum Ende an den Jardins de la Francesa, man kann auch vorher an verschiedenen Stellen wieder hinabsteigen). Auf einen anderen Teil der Stadtmauer gelangt man hinter dem Archäologischen Museum an den Jardins John Lennon.*

Über die alten Stadtmauern

Das Barri Vell

Verschiedene Brücken führen über den Fluss Onyer in das Barri Vell, von denen man einen schönen Blick auf die bunt angemalten Häuser der Altstadt genießt, die sich im Fluss spiegeln. Im Hintergrund ragen die Kathedrale und die Kirche Sant Feliu hervor. Am Ende des Pont de Pedra kommt man auf die lebhafte **Rambla de Llibertat**, die mit ihren vielen kleinen Geschäften, die das Flussufer säumen, zum Bummeln einlädt.

Geht man von der Brücke geradeaus weiter und biegt die erste Straße links ein, gelangt man zur Plaça del Vi mit Rathaus und Theater. Folgt man dem Carrer Ciutadans mit seinen schönen alten Herrenhäusern, stößt man auf die **Fontana d'Or**, ein prächtiges Gebäude romanisch-gotischen Ursprungs, mit dessen Bau im 13. Jh. begonnen wurde. Seit 1921 ist es *Monument Nacional*. Heute befindet sich darin die **Kulturstiftung der Caixa** mit wechselnden Ausstellungen *(c/ Ciutadans 19, www.fundaciocaixa degirona.org, Mo–Sa 10–20, So 11–14 Uhr)*.

Wenig später steigt man rechts die Treppen der Pujada Sant Domenèc hinauf und genießt dabei einen schönen Blick auf die Fassade der Kirche Sant Martí. Folgt man diesem Weg nach oben, kommt man zum gotischen **Convent de Sant Domenèc**. Biegt man nicht rechts ab, wird die Gasse geradeaus weiter zum **Carrer de la Força**, der Hauptstraße des Call von Girona, deren Verlauf der einstigen römischen Vía Augusta entspricht. Um diese Straße herum lebte eine der größten jüdischen Gemeinden Kataloniens im Mittelalter. Hier lohnt das interessante **Museu d'Història dels Jueus**

Umgebung von Barcelona

P.N. de la
Zona Volcànica
de la Garrotxa

N260

Olot

Puigsacalm
1515

Sant Esteve
d'en Bas

Gironella

153

152

Solsona

Pantà de
Sant Ponç

Olost

Pantà de Susqueda

Pantà de
Rialp

Puig-reig

1313

Vilanova
de Sau

1410

Vic

Sant Sadurní
d'Osormort

Ponts

Cardona

Riu Llobregat

Sanauja

Balsareny

Puig Rodó
1056

N141

P.N. del
Montseny

1412

Torà de
Riubregós

Sallent

Moià

Matagalls
1700

Guissona

Artès

1413

Calaf

N141

Manresa

P.N. Sant
Llorenç del
Munt i l'Obac

152

Sant Celoni

251

Cervera

241

1411

la Garriga

Montmaneu

Òdena

P.N. de la
Muntanya
de Montserrat

A18

Castellar d.V.

1415

Cardedeu

N11

S. 261

Monistrol

Granollers

Sant Andreu
de Llavaneres

N11

Igualada

C16

Montserrat

C55

Arenys
de Mar

241

A2

E9

155

Santa Coloma
de Queralt

Terrassa

Mataró

Solivella

PENEDÈS

Sant Quintí
de Mediona

Martorell

Sant Sadurní
d'Anoia

S. 265

B-10

Barcelona

S. 264

AP-7

N340

Valls

Vilafranca
del Penedès

Viladecans
Gavà

P.N.
del Garraf

C32

N240

Sitges

C31

Aeroport
de Barcelona
El Prat

Rode de Barà

S. 267

COSTA
DE GARRAF

Vilanova i
la Geltrú

S. 268

Tarragona

COSTA DAURADA

Aeroport Reus

© *graphic*

den Besuch *(c/ Força 8, ☎ 97 221 67 61, www.girona.cat/call/cat/, Juli/Aug. Mo–Sa 10–20, So 10–14, Sept.–Juni Di–Sa 10–18, So/Mo 10–14 Uhr, 2 €)*. Das Museum für jüdische Geschichte illustriert die Geschichte der jüdischen Gemeinden im mittelalterlichen Katalonien, im Besonderen in Girona. Veranschaulicht wird das alltägliche Leben jener Zeit, Bräuche, Traditionen und die Architektur katalanischer Synagogen. Der zweite Stock beherbergt die wichtigste Sammlung hebräischer Grabsteine Spaniens. Sie stammen vom jüdischen Friedhof in Girona am Fuße des Montjuïc und aus Castelló d'Empúries, wobei die meisten Grabsteine weit weg von ihrem ursprünglichen Standort gefunden worden waren.

Jüdische Geschichte

Ein Stück weiter beherbergt das ehemalige Kapuzinerkloster Sant Antoni das **Museu d'Història de la Ciutat** *(c/ Força 27, ☎ 97 222 22 29, www.girona.cat/museu ciutat, Di–Sa 10–14, 17–19, So 10–14 Uhr, 3 €)*. Das Museum für Stadtgeschichte erzählt die Geschichte Gironas von den Anfängen bis heute.

☞ Hinweis

In dem parallel zum Carrer de la Força am Fluss entlang verlaufenden **Carrer de Balletries** *steht mit der Nr. 29 das Haus des Architekten Rafael Masó (1880–1935), einem großen Namen des Noucentisme.*

Wenige Schritte weiter erreicht man die Plaça de la Catedral mit der imposanten Freitreppe und der an ihrem oberen Ende thronenden **Catedral de Girona** *(www.catedraldegirona.org, Kathedrale und Museum April–Okt. 10–20, Nov.–März 10–19 Uhr, 5 € inkl. Audioguide für Kathedrale, Domschatz und Kreuzgang, sonntags vormittags können nur Kreuzgang und Museum besucht werden, Eintritt frei)*. Über die imposante

Kathedrale von Girona

Fototermin vor dem Seiteneingang der Kathedrale

Freitreppe steigt man zum Eingang hinauf. Die Kathedrale blickt auf eine lange Baugeschichte zurück: Sie weist romanische Reste der 1015 begonnenen Kirche auf (Kreuzgang und Torre de Carlomagno – Turm Karls des Großen – im lombardischen Stil). Ab 1312 begann man mit dem Wachstum der Stadt, die romanische Kirche zu erweitern. Spektakulär ist das riesige gotische Schiff, das breiteste der mittelalterlichen Architektur weltweit, das ursprünglich aus drei Schiffen bestehen sollte. Die Hauptfassade ist im Stil des Barock verziert.

In der **Domschatzkammer** ist neben Goldschmiedekunst und verschiedenen liturgischen Gerätschaften das bedeutendste Textilkunstwerk der Romanik in Katalonien zu sehen, der *Tapís de la Creació* (Schöpfungsteppich) vom Anfang des 12. Jh.

Rechts (die Treppen hinaufsteigend) der Kirche liegt die Plaça dels Apòstols, über die man zum **Museu d'Art** im alten Bischofspalast gelangt, das eine bedeutende Sammlung romanischer und gotischer Kunst beherbergt *(Pujada de la Catedral 2,* ☎ *97 220 38 24, www.museuart.com, März–Sept. Di–Sa 10–19, sonst bis 18, So 10–14 Uhr, 2 €).*

Arabische Bäder

Hinter der Plaça de la Catedral hält man sich rechts und erreicht die **Banys Arabs** *(c/ Ferrán el Catòlic s/n,* ☎ *972 21 32 62, www.banysarabs.org, April–Sept. Mo–Sa 10–19, So 10–14, Okt.–März tgl. 10–14 Uhr, 2 €).* Die arabischen Bäder stammen nicht aus der maurischen Zeit, sondern sind ein romanischer Bau aus dem 12. Jh., inspiriert von der islamischen Architektur.

Steigt man hier die Treppen gegenüber dem Eingang der Bäder weiter hinauf, kann man dem **Passeig de la Muralla** folgen, einem archäologischen Spaziergang entlang der alten Stadtmauer (s. S. 253).

Ein Stück hinter den Bädern liegt einer der besterhaltenen romanischen Komplexe Kataloniens, das **Kloster Sant Pere des Galligants** und die gegenüberliegende **Capella Sant Nicolau** mit ihrem oktogonalen Turm. Das wahrscheinlich schon im 10. Jh. gegründete Benediktinerkloster ist ebenso wie die Kapelle ein romanischer Bau im lombardischen Stil (12. Jh.) mit interessanten Kapitellen und einem schönen Kreuzgang. In Kirche und Kreuzgang des Klosters befindet sich das **Museu d'Arqueologia** (c/ Santa Llúcia 8, ☏ 972 20 46 37, www.mac.es, Juni–Sept. Di–Sa 10.30–13.30, 16–19, So 10–14, Okt.–Mai 10–14, 16–18, So 10–14 Uhr, 2,30 €). Die archäologische Sammlung stellt die Besiedlung der Region anhand von Funden aus dem Nordosten Kataloniens von der Frühgeschichte bis zum Mittelalter dar.

Archäologi-
sche Funde

Hinunter Richtung Fluss biegt man links in den Carrer de Barça ein. Hier erreicht man die **Stiftskirche Sant Feliu** *(Plaça de Sant Feliu s/n)*. Vom romanischen Ursprungsbau aus dem 14. Jh. sind noch einige Teile erhalten geblieben. Gotisch ist das dreischiffige Kircheninnere, während der ehemals gotische Glockenturm nach einem Blitzschaden im 16. Jh. einige Veränderungen erfuhr. Die Fassade ist im barocken Stil gestaltet.

👁 Blumenschmuck

Im Frühjahr sind während der **Temps de Flors** *für ein paar Tage viele Gebäude in der Altstadt wunderschön mit Blumen dekoriert. Aktuelle Daten im Internet unter www. gironatempsdeflors.net.*

Reisepraktische Informationen Girona

ℹ Information

Oficina de Turismo, c/ Joan Maragall 2, ☏ 872 975 975, www.girona.cat/turisme, Mo–Sa 9–20, So 9–14 Uhr.
Punt de Benvinguda, c/ Berenguer Carnicer 3, ☏ 972 211 678, www.gironabooking.com. Eine weitere Infostelle, hier können außerdem Hotels, Touren, Restaurants etc. gebucht werden.

🛏 Unterkunft

Residencia Bellmirall €€, c/ Bellmirall 3, ☏ 972 20 40 09. Direkt neben dem Historic Hotel gelegen, in einem Haus aus dem 16. Jh. Sieben einfache Zimmer, manche ohne Aussicht, dafür günstig.
Historic Hotel €€€, c/ Bellmirall 4A, ☏ 972 22 35 83, www.hotelhistoric.com. In der Nähe der Kathedrale mitten in der Altstadt kann man in historischen Gemäuern nächtigen (mit dem eigenen Auto nicht erreichbar), schlicht, aber gemütliche Zimmer.
Ciutat de Girona €€€, c/ Nord 2, ☏ 972 48 30 38, www.hotel-ciutatdegirona. com. 44 modern eingerichtete Zimmer, im Eixample in der Nähe des Flusses Onyer gelegen. Ab 120 €/DZ.

🍴 Restaurants

Überall in der Altstadt gibt es viele Cafés und Tapas-Bars. Auch unter den Bögen der Plaça de la Independència gibt es viele Einkehrmöglichkeiten.
La Penyora, c/ Nou del Teatre 3, ☏ 972 21 89 48. Gemütliches, kleines Restaurant mit schöner Deko, bei Künstlern beliebt. Leckere Küche, z. B. Canelones mit Gambas oder Lachs mit Sardellensoße. Mittleres Preisniveau.
La Llarga, Av. Sant Francesc 11, ☏ 972 20 10 18, www.lallarga.com. Originelle Küche, dabei nicht teuer, allerdings auch nicht übermäßig gemütlich. In der Nähe der Plaça de Catalunya, auch zum Mitnehmen.
Pati Blau, Bisbe Lorenzana 15, ☏ 97 224 42 99. Traditionelle Küche, familiäre Atmosphäre, bei einem guten Preis-Leistungs-Verhältnis.

Figueres

 Orientierung

Lage: 100 km nordöstlich von Barcelona, 38 km nördlich von Girona, Kreisstadt des Alt Empordà, Provinz Girona, ca. 36.000 Einwohner.
So kommt man hin: Mit dem **Zug** ab Sants (www.renfe.es, 9,80 €, MD 13,25 €, etwa stündlich, Fahrtdauer rund 2 Std.); mit dem **Auto** über die AP-7 oder die Nationalstraße N II.

Figueres wurde im Jahr 943 erstmals urkundlich erwähnt, und bereits 1267 wurden dem Ort die Stadtrechte verliehen. Figueres ist die Heimatstadt Salvador Dalís, und sein Museum, in dem auch seine Grabstätte liegt, ist mit Abstand der Hauptanziehungspunkt der ansonsten etwas verschlafenen Stadt. Doch auch wenn die meisten Besucher wegen Dalí kommen, es gibt auch noch ein paar andere Museen.

Sehenswürdigkeiten

Von Bahnhof kommend gelangt man über die Plaça del Gra mit ihrer 1887 von Puig i Saguer entworfenen Überdachung aus Eisen, Holz und Ziegeln, wo mehrmals wöchentlich ein Lebensmittelmarkt stattfindet, und die Plaça de Catalunya zur Rambla. An deren Beginn erhebt sich das Denkmal von Narcís Monturiol, ebenfalls Sohn der Stadt und Erfinder des U-Boots (s. S. 119). Die Rambla entstand 1831 an der Stelle eines trockengelegten Bachs und ist von Häusern im Stil des Modernisme und Noucentisme geprägt. Die Cafés laden mit ihren Terrassen auf ein paar Tapas oder ein kühles Getränk ein.

Geburtshaus Dalís

In der Verlängerung der Rambla, dem Carrer Monturiol, steht das **Haus Nr. 6**, in dem am 11. Mai 1904 Salvador Dalí geboren wurde. Noch ein Stück weiter in dieser Richtung liegt das **Museu de la Tècnica de l'Empordà** *(c/ Fossos 12, www.mte.cat, Di–Sa 10–14, 16–19 Uhr, 3 €)*. Zu sehen sind Exponate aus der Zeit der industriellen Revolution: vom ersten Motor bis zum Telefon und anderen damaligen technischen Errungenschaften.

Technikmuseum

Zurück an der Rambla, steht direkt am Anfang das **Museu Empordà** *(Rambla 2, www.museuemporda.org, Mai–Okt. Di–Sa 10–20, im Winter bis 19 Uhr, So 11–14 Uhr, 4 €)*, das sich der Archäologie und Kunst der Region widmet. Ausgestellt sind u. a. archäologische Funde der Comarca von der Frühgeschichte bis heute. Der Schwerpunkt der Sammlung beschäftigt sich mit der katalanischen Malerei des 19. und 20. Jh. Außerdem finden Wechselausstellungen statt.

Von der Rambla zweigt links ein kleiner Durchgang (Forn Nou) ab, der zur Plaça Josep Pla führt. Hier sieht man das 1914 von Llorenç Ros y Cuesta errichtete modernistische **Theater** sowie ein Denkmal des Namengebers.

In einer Querstraße auf der anderen Seite der Rambla (ausgeschildert) liegt das **Museu del Joguet de Catalunya** *(c/ Sant Pere 1, www.mjc.cat, Juni–Sept. Mo–Sa 11–19, So 11–18, sonst Mo–Sa 11–18, So bis 14 Uhr).* Das 1982 im ehemaligen Hotel Paris eingeweihte Spielzeugmuseum beherbergt mehr als 4.000 Ausstellungsstücke, darunter Puppen, Tiere aus Pappe, Autos, Flugzeuge, Verkleidungen und Puppenküchen. Mit einigen Spielzeugen haben Kinder gespielt, die später einmal berühmt werden sollten: Salvador Dalí, Federico García Lorca, Joan Miró, Joan Brossa, Quim Monzó … *Spielzeug- sammlung*

Wenige Schritte weiter aufwärts kommt man an der Plaça del Ajuntament vorbei zur **Església de Sant Pere**, in der Dalí getauft wurde. Das gotische Gebäude steht an der Stelle einer frühchristlichen Kirche. Die Fassade wurde Ende des 16. Jh. im klassizistischen Stil erneuert, die Kuppel stammt aus dem 18. Jh. Ab 1941 wurde die im Bürgerkrieg stark zerstörte Kirche wieder aufgebaut.

Direkt hinter der Kirche liegt an der Plaça Gala-Salvador Dalí das weltbekannte Dalí-Museum: das **Teatre-Museu Dalí** *(☎ 972 67 75 00, www.salvador-dali.org, 12 €, inkl. Ausstellung Dalí-Joies im Nebenbau, Nov.–Feb. 10.30–18, März–Juni, Okt. 9.30–18, Juli–Sept. 9–20 Uhr).*

Das Museum befindet sich im alten Gemeindetheater, das im 19. Jh. errichtet und gegen Ende des Bürgerkriegs zerstört wurde. Auf diesen Ruinen, so entschied Dalí, sollte sein Museum entstehen, und es wurde nach seinen Vorstellungen gebaut. Es lohnt sich, einmal um das Gebäude mit seiner kuriosen Dekoration herumzuwandern. Dalís Vorliebe für Brot, dem er die symbolische Bedeutung künstlerischer Kreativität beimaß, wird hier an der Außenwand des Museums deutlich. Auch Figuren am Eingang haben ein Brot auf dem Kopf. *Museum nach Dalís Vorstellungen*

Am Gebäude des Teatre-Museu Dalí gibt es viele Details zu entdecken

Das „Regen-Taxi" im Dalí-Museum

Die beachtliche Sammlung seiner Werke reicht von den Anfängen und ersten künstlerischen Experimenten mit dem Impressionismus, Futurismus und Kubismus bis zu seinen berühmten surrealistischen Werken. Neben den Werken Dalís sind auch Arbeiten einiger anderer Künstler zu sehen, u. a. Antoni Pitxot, Evarist Vallés (sowie die Privatsammlung Dalís mit Werken von Fortuny, Urgell, Duchamp und anderen.

Die **Sammlung Dalís-Joies** in einem Nebenbau zeigt Schmuckstücke, die Dalí in den Jahren 1941–1970 entworfen hat.

Etwas außerhalb der Innenstadt liegt das **Castell de Sant Ferran** (ca. 800 m vom Teatre-Museu Dalí am Ende des Carrer Pujada al Castell, *www.castellsantferran.org*). Die Festung, mit einer Fläche von 32 ha eine der größten Europas, wurde ab 1751 aufgrund der sich häufenden französischen Überfälle im 17. und 18. Jh. erbaut. 6.000 Mann und 500 Pferde konnten hier Platz finden, allerdings war das Fort niemals Kriegsschauplatz.

Reisepraktische Informationen Figueres

Information

Oficina de Turisme, *Plaça del Sol s/n*, ☎ *972 503 155*, *www.figueres.cat*, *im Sommer Juli/Aug. Mo–Sa 8.30–20, So 9–15 Uhr, sonst etwas kürzer. Mobile Infostellen (Juli-Sept.) an der Plaça Gala-Salvador Dalí und Plaça de l'Estació (am Bahnhof).*

Unterkunft/Restaurants

Hotel Duran, *c/ Lasauca 5*, ☎ *972 50 12 50*, *www.hotelduran.com. 60 in warmen Farben ausgestattete Zimmer, zentral gelegen. Ab 85 €/DZ. Im Haus: das Restaurant* **Celler de Ca la Teta** *von 1855.*
Hotel Restaurant Empordà, *Av. Salvador Dalí 170*, ☎ *972 50 05 62*, *www.hotel emporda.com. Gehobene Küche zu gehobenen Preisen, wie Wildbarsch mit Limette und Polenta. Auch Hotel.*

Restaurants

Antaviana, *c/ Llers 5 (wenige Meter vom Dalí-Museum)*, ☎ *972 51 03 77. Kleines gemütliches Lokal mit katalanischer Küche wie Stockfisch und Lamm.* **Tapas-Bars** *mit schöner Terrasse gibt es u. a. an der Rambla, wie* **Sentits Gastrobar** *(Nr. 32).*

Montserrat

 Orientierung

Lage: ca. 60 km nordwestlich von Barcelona.
So kommt man hin: Mit dem **Auto**: Von der Autobahn AP-7 die Ausfahrt Martorell nehmen, weiter auf der C-16 (Barcelona Terrassa) durch den Túnel von Vallvidrera, Ausfahrt Montserrat auf die A-2 (Barcelona-Lleida), Ausfahrt Montserrat auf die C-25.
Mit der **Bahn** (empfohlen): Von der Plaça Espanya mit der R5 (Barcelona-Manresa) der FGC (stündlich 7.36–20.36 Uhr, Infos www.fgc.cat) zu den Abfahrtsorten der Gondel und der Zahnradbahn (s. S. 263).

„Der Mensch wird nirgendwo seine Ruhe finden, außer im eigenen Montserrat", schrieb Goethe. Auch wenn das Kloster sich besonders im Sommer nicht unbedingt als eine Oase der Ruhe erweist, ist ein Besuch durchaus lohnend. Möchte man mal „allein" sein, sollte man hier übernachten. Das Kloster von Montserrat liegt auf 725 m Höhe inmitten bizarrer Felsformationen, die vom Fluss abrupt in die Höhe schießen. Der Name Montserrat, „zersägter Berg", rührt von der ungewöhnlichen geologischen Formation her. Den höchsten Punkt bildet der San Jeroni (1.236 m).

Montserrat hat für Katalonien eine starke symbolische Bedeutung: Die *Mare de Deu de Montserrat*, aufgrund ihrer Farbe bekannt als *La Moreneta* („die Braune", die dunkle Farbe hat die Figur allerdings erst im Laufe der Jahrhunderte angenommen), ist die beliebteste Jungfrau Kataloniens. Davon zeugen auch die vielen Gaben im Opferraum: Fotos, Kreuze, Krücken und sogar Hochzeitskleider als Fürbitte oder Dank für kleine oder größere Wunder.

Gondelfahrt zum Kloster Montserrat mit spektakulären Ausblicken

Während des Franco-Regimes kam dem Kloster eine besondere Bedeutung zu: Da es Rom unterstand, war es ein Zufluchtsort der katalanischen Sprache und Kultur sowie für den einen oder anderen Nationalisten auf der Flucht – es wurde weiter auf Katalanisch gepredigt, getraut und getauft. 1970 schlossen sich hier 300 Intellektuelle ein, um gegen die Diktatur Francos zu protestieren.

Schon im Jahr 880 soll laut Legende das Abbild der Jungfrau in einer Höhle gefunden worden sein. 1025 gründeten der Abt von Ripoll und Bischof von Vic das Kloster von

Widerstandsort: das Kloster von Montserrat

Montserrat. Im 12. und 13. Jh. wurden die romanische Kirche gebaut und die Schnitzfigur (12. Jh.) geschaffen, die man heute noch im Inneren der Kirche bewundern kann. 1881 erklärte Papst Leo XIII. die Jungfrau von Montserrat zur Schutzheiligen von Katalonien. Heute leben hier etwa 80 Mönche.

Besichtigung

Im neben der Touristeninformation gelegenen **Espai Audiovisual** *(tgl. 9–17.30, Sa/So bis 18.45 Uhr, 2 €)* mit dem Thema „Montserrat portes endins" (Montserrat von Innen) kann man sich über das Leben der Mönche, die Geschichte der Klosters und die Umgebung informieren.

Die heutige **Basilika** *(7.30–20 Uhr)* stammt aus dem 16. Jh., die Fassade aus dem Jahr 1901. Während der französischen Besatzung wurde das Kloster von den napoleonischen Truppen zerstört (1811/12) und ab 1858 wieder aufgebaut. Die Figur der Jungfrau erreicht man durch den rechten Teil der Kirche, an deren Ende eine kleine Treppe in den **Camarín de la Virgen** (Raum der Jungfrau, *8–10.30, 12–18.30 Uhr)* hinaufführt. Von der **Musikschule Escolania,** einer der ältesten und besten Knabenchöre Europas, gibt es hier Mo–Fr um 13 Uhr und sonntags um 12 Uhr eine Kostprobe, sonntags wird zudem um 18.45 Uhr zum Vespergottesdienst gesungen *(www.escolania.cat, Ende Juni–Anfang Aug. ist die Escolania im Urlaub).*

Ikonografie der Jungfrau von Montserrat

Das **Museu de Montserrat** *(Mo–Fr 10–17.45, Sa/So bis 18.45 Uhr, 6,50 €)* beherbergt sechs Sammlungen, insgesamt sind über 1.300 Kunstwerke verschiedener Jahrhunderte zu sehen. Das älteste Ausstellungsstück ist ein ägyptischer Sarkophag (22. Jh. v. Chr.) in der Abteilung „Archäologie des biblischen Orients". Dort sind weitere Kostbarkeiten aus Mesopotamien, dem antiken Griechenland, dem Heiligen Land und aus Zypern ausgestellt. In der Sammlung „**Nigra Sum**", Ikonografie der Heiligen von Montserrat, werden die Darstellungsformen der Jungfrau über die Jahrhunderte anschaulich gemacht. Darunter findet sich eine Skulptur der Jungfrau von Montserrat von Josep Subirachs (2001), der auch die Skulpturen der Fassade der Passion Christi der Sagrada Família schuf. Außerdem zu sehen sind Goldschmiedekunst, alte Malerei (13.–18. Jh.) mit Werken u. a. von El Greco, Berruguete und Caravaggio, moderne Malerei (19.–20. Jh.) mit vielen Werken katalanischer Künstler wie Fortuny, Rusiñol oder Casas.

Umgebung

Das Gebirge, welches das Kloster umgibt, ist seit 1987 ein Naturpark, in dem man herrlich wandern kann. Im Informationsbüro erhält man Kartenmaterial mit eingezeichneten Wanderrouten. Außerdem gibt es zwei weitere Drahtseilbahnen: zur **Einsiedelei Sant Joan** und zur **Santa Cova** (Heiligen Höhle).

Reisepraktische Informationen Montserrat

 Information
Oficina de Turismo Montserrat, ☎ 93 877 77 01, www.montserratvisita. com, www.abadiamontserrat.net, Mo–Fr 9–17.30 (im Sommer etwas länger) Uhr, Sa/So und feiertags bis 18.45 Uhr. Hier sind z. B. Führer und die Karte „Freilichtmuseum" erhältlich, zudem können die Reservierungen für die Unterkünfte vorgenommen werden.

Detail der Fassade der Basilika von Montserrat

Anfahrt: Gondel/Zahnradbahn und Kombitickets
Telefèric de Montserrat: *Abfahrt der Gondel alle 15 Min. von der Talstation Montserrat-Aeri. Die nur 5-minütige Gondelfahrt über die 1350 m lange Strecke bietet grandiose Ausblicke, allerdings nur für Schwindelfreie empfohlen. März–Sept. 9.40–14, 14.35–19, Nov.–Ende Feb. 10.10–14, 14.35–17.45 Uhr. Info und Fahrplan:* ☎ *93 237 71 56, www.aeride montserrat.com, Hin- und Rückfahrt 9 €. Fahrtdauer mit Zugfahrt ab Barcelona: ca. 50 Min.*
Cremallera de Montserrat: *Abfahrt der Zahnradbahn von Montserrat, stündl. ab Monistrol de Montserrat (eine Station nach Montserrat Aeri). Die 5 km lange Strecke mit der Zahnradbahn dauert ca. 15 Min. Info und Fahrplan:* ☎ *902 31 20 20, www.cremallerade montserrat.com, Hin- und Rückfahrt 8,45 €. Fahrtdauer mit Zugfahrt ab Barcelona: ca. 1 Std.*
Tickets: *Am besten löst man am Automaten an der Plaça Espanya ein Kombiticket (für Zug und Gondel oder Zahnradbahn, hin und zurück ca. 16,55 €). An der Station in Barcelona gibt es einen Montserrat-Infostand, das Personal hilft beim Ticketkauf. Zudem gibt es die Tickets TransMontserrat und TotMontserrat. Im Ticketpreis* **TransMontserrat** *(24 €) sind Hin- und Rückfahrt ab Plaça Espanya, Cremallera inkl. der beiden Drahtseilbahnen in Montserrat (Sant Joan und Santa Cova) sowie der Eintritt zum Espai Audiovisual (s. S. 262) enthalten. Das Ticket* **TotMontserrat** *(39 €) schließt zudem den Eintritt zum Museum und ein Essen im Selfservice-Restaurant ein. Erhältlich am Bahnhof Plaça Espanya und im Touristenbüro an der Plaça de Catalunya.*

Unterkunft/Verpflegung
Man kann entweder im komfortablen **Hotel Abat Cisneros** *oder in den* **Cel·les Abat Marcet** *(einfache Apartments) übernachten. Infos und Preise unter www.montserratvisita.com. Zur Verpflegung stehen Restaurants, Shop und Cafeteria zur Verfügung.*

Cava- und Weintouren – Das Alt Penedès

Die sanft geschwungenen Hügel des Cava- und Weinlandes Penedès laden zum Entdecken ein. Seit dem Mittelalter wird in der Region Wein angebaut, 90 % der Cava-Produktion kommt aus dem Penedès.

Hinweis
Generell sollte man bei den Bodegas, die man besuchen möchte, vorher anrufen und einen Termin reservieren. In den meisten Bodegas ist eine Besichtigung möglich, aber viele haben nur beschränkte Öffnungszeiten bzw. öffnen nur nach Anmeldung.

Vilafranca del Penedès

Orientierung

Lage: ca. 50 km westlich von Barcelona.
So kommt man hin: Mit der **Bahn**: Cercanías (R4) fährt 1- bis 2-mal in der Stunde von Sants und Pl. Catalunya (www.renfe.es), die Fahrt dauert ca. 50 Min. Mit dem **Auto**: über die AP-7, Ausfahrt Vilafranca del Penedès.

Die Hauptstadt des Weins liegt am Fluss Foix. Den schon von Weitem sichtbaren Glockenturm der gotischen **Basílica de Santa María** aus dem 13. Jh. kann man besteigen und den schönen Panoramablick in die Umgebung genießen. Die zentral gelegene **Plaça de la Vila** wird von der modernistischen Fassade des Rathauses bestimmt. Um den Platz herum erstreckt sich die Altstadt mit einigen gotischen Gebäuden.

Nicht fehlen darf natürlich ein Besuch des neuen **VINSEUM** *(Pl. Jaume 1, www.vinseum. cat, Di–Sa 10–14, 16–19, So 10–14 Uhr)*. Das Weinmuseum ist im Palau Reial (12./ 13. Jh.) untergebracht und informiert über die Geschichte und Herstellung des Rebensafts. Am Ende gibt es ein Gläschen zum Probieren.

Stadtfest
Besonders lohnt es sich, während der landesweit bekannten **Festa Major** Ende August in das Städtchen zu kommen. Das Stadtfest wird mit allem, was die katalanische Tradition zu bieten hat, begangen: Drachen, Teufel, Giganten, *castellers* (Menschenpyramiden) und Volkstänzen. Infos unter www.festamajor.info.

Bodegas

Verkostung und Führung
Bodega Miguel Torres, *Finca El Maset s/n, Pacs del Penedès, 4 km von Vilafranca, ☎ 93 817 74 87, www.torres.es (Buchung der Tour), Mo–Sa 9.15–16.45, So 9.15– 13 Uhr. Der bekannteste Wein der Umgebung kommt von der Bodega Torres, der Besuch durch Weinberge und Produktion dauert ca. 1 Std. (7 €), außerdem gibt es ein Besucherzentrum mit Shop und einer Videovorführung.*
Jean Leon, *Pago Jean Leon, 08775 Torrelavit (6 km, die C-15 Richtung Igualada, Ausfahrt „El Pla del Penedès/Torrelavit"), ☎ 93 899 5512, www.jeanleon.com, Besuchszeiten (Reservierung nötig): Mo–Sa 9.30–17.30, So 9.30–13 Uhr, Rundgang und Kostprobe: 10 €.*

Reisepraktische Informationen Vilafranca del Penedès

Information
Oficina de Turisme, *Cort 14, ☎ 93 892 03 58, Mo 16–19, Di–Sa 9–13, 16–19, So 10–13 Uhr, auch c/ de la Fruita 13, www.turismevilafranca.com, www.altpenedes.net, www.enoturismealtpenedes.net.*

Unterkunft
Hotel Pedro III, *Pl. del Penedès 3, ☎ 93 890 31 00, www.hotelpedrotercero.com. Einfaches und sauberes Hotel im Zentrum.*

Restaurant
Cal Ton, *Casal 8, ☎ 93 890 37 41. Feine, kreative Küche (für manche das beste Restaurant der Stadt), die mit den guten Weinen der Region (beraten lassen) am besten schmeckt.*

Sant Sadurní d'Anoia

👉 Orientierung

Lage: ca. 40 km westlich von Barcelona.
So kommt man hin: Mit der **Bahn**: Cercanías (R4) fährt 1- bis 2-mal in der Stunde von Sants und Pl. Catalunya, die Fahrt dauert etwa 30 Min. Mit dem Auto: AP-7 Richtung Tarragona-Lleida, Ausfahrt Nr. 27 Sant Sadurní d'Anoia.

Sant Sadurní d'Anoia ist die Hauptstadt des Cava, des katalanischen „Champagners". Der Ort selbst ist mit 12.000 Einwohnern eine typische Kleinstadt. Anfang Oktober ist bei den **Cavatast**, einer Art Cava- und Gastronomiefestival, die ganze Stadt auf den Beinen *(Info und Daten: www.cavatast.cat)*. Der hierzulande bekannteste Cava ist **Freixenet**. Die Kellerei hat ihren Sitz direkt neben dem Bahnhof und kann deshalb auch ohne Auto gut besucht werden. Die Tour beinhaltet u. a. eine Fahrt mit einem kleinen Zug und Kostproben.

Zentrum des Cava

Cavas Freixenet, *c/ Joan Sala 2, ☎ 93 891 70 96, www.freixenet.es, meist Mo–Sa 9.30–16, So 10–13 Uhr, im Winter kürzer, Tour vorher im Internet reservieren. Dauer: 1,5 Std. inkl. Verkostung, 6,10 €.*

Die schönsten Gebäude aber haben die etwas außerhalb der Stadt gelegenen **Cavas**

Weltbekannt: der Cava von Freixenet

Im Stil des Modernisme entworfen: die Cavas Codorníu

Codorníu, deren älteste Einrichtungen von Puig i Cadafalch im Stil des Modernisme entworfen wurden. Durch die fast 40 km langen Kellerreihen fährt man mit einem Zug, am Ende gibt es, wie überall, ein Glas zum Probieren. **Cavas Codorníu**, *Av. Jaume Codorníu s/n, 08770 Sant Sadurní d'Anoia, ☏ 93 891 33 42, www.codorniu.com, Mo–Fr 9–17, Sa/ So 9–13 Uhr, Tour nur mit Reservierung.*

Im Zentrum von Sant Sadurní gibt es außerdem ein gutes Dutzend weiterer Cava-Kellereien, die (nach Anmeldung) besucht werden können, z. B. **Jaume Giró i Giró** *(c/ Montaner i Oller 1, ☏ 93 891 01 65, www.cavagiro.com, 8 €)* oder **Caves Blancher** *(Pl. Pont Romà, ☏ 93 818 32 86, www.blancher.es).*

Reisepraktische Informationen Sant Sadurní d'Anoia

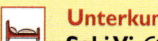 **Information**
Oficina de Turisme, *c/ Hospital 26, ☏ 93 891 31 88, www.turismesantsadurni.com.*

🛏 **Unterkunft**
Sol i Vi, *Ctra. de San Sadurní d'Anoia a Vilafranca del Penedès, Km 4, 08729 Lavern, Subirats, ☏ 93 899 32 04, www.solivi.com. Das katalanische Landhaus mit 25 schönen Zimmern liegt mitten in den Weinbergen, 4 km von Sant Sadurní entfernt. Schwimmbad, gutes Restaurant mit mediterraner Küche.*

🍴 **Restaurants**
Cal Blay Vinticinc, *c/ Josep Rovira 27, ☏ 93 891 00 32, www.calblay. com. Elegantes Lokal in einer alten, modernistischen Bodega. Typische katalanische Küche, gutes Preis-Leistungs-Verhältnis. Mo, Mi–So 13–15.30 Uhr, Fr/Sa auch abends geöffnet. Im* **Café de l'Ateneu** *(c/ Josep Rovira 14) ist es günstiger, gutes Mittagsmenü, auch Tapas.*

Kellereibesuch mit Weinverkostung

Sitges

 Orientierung

Lage: 35 km südwestlich von Barcelona an der Costa de Garraf.
So kommt man hin: Mit dem **Zug**: Renfe, ca. alle 15 Min. von Sants, Dauer ca. 30 Min. Mit dem **Auto**: über die C-32 oder C-31.

Das in der Nähe von Barcelona gelegene Sitges ist eines der Lieblingsziele für einen Tagesausflug am Meer: Menschenleere Strände darf man denn hier zwar nicht erwarten, aber für einen Sprung ins Wasser und einen Bummel durch die Gassen des hübsche Städtchens lohnt die halbstündige Bahnfahrt. Durch die Gassen mit den weiß getünchten Häusern läuft man vom Bahnhof etwa 1 km hinunter bis zum Meer, wo sich links und rechts der Església Sant Bartomeu i Santa Tecla die Sandstrände erstrecken. Der Badeort ist einer der Pioniere des Tourismus in Katalonien. Zwar lag Sitges nahe an Barcelona, war aber recht schwierig zu erreichen – bis 1881 die Eisenbahn Einzug hielt. Zehn Jahre später ließ sich hier Santiago Rusiñol, einer der bekanntesten Maler des katalanischen Jugendstils, nieder. Er machte das Örtchen zu einem kulturellen Treffpunkt der Modernisten. Heute ist Sitges für seine langen Sommernächte, als „rosa" Hauptstadt des Mittelmeers und für den bunten Karneval bekannt.

Beliebtes Ausflugsziel

Das **Museu Cau Ferrat**, das ehemalige Studio von Santiago Rusiñol, wurde Anfang des 20. Jh. zu einem Treffpunkt der Künstler des Modernisme. Es sind Werke Rusiñols und anderer Künstler ausgestellt, darunter einige Zeichnungen von Picasso, außerdem eine Sammlung von schmiedeeisernen Plastiken und Keramik.

Daneben liegt das **Museu Maricel de Mar**: Das alte Hospital de Sant Joan beherbergt die Kunstsammlung Péres-Rosales mit Werken von der Romanik bis zur Avantgarde *(c/ Fonollar s/n, 2011 wurden beide Museen grundlegend modernisiert und renoviert, Eröffnung Ende 2011, Infos: www.sitgestur.cat).*

Das **Museu Romàntico**, ein Haus aus dem 19. Jh. mit Möbeln und Einrichtung jener Zeit, zeigt eine alte Puppensammlung und Gegenstände aus dem damaligen Alltag gutbürgerlicher Familien *(Can Llopis, Sant Gaudenci 1, ☏ 93 894 29 69, Di–Sa 9.30–14, 16–19, So 10–15 Uhr, 3,50 €, nur geführte Touren).*

Reisepraktische Informationen Sitges

 Information
Oficina de Turisme, Pl. Eduard Maristany, 2, ☏ 93 894 4251, www.sitgestur.cat.

 **Unterkunft**
Hotel Alexandra, c/ Termes, 20, ☏ 938 941 558, www.hotelalexandrasitges.com. 5 Min. vom Strand nahe des Bahnhofs gelegen, luftige (mit Klimaanlage), saubere Zimmer (z. T. mit schönem Balkon oder Terrasse), hilfsbereite Eigentümer. In der Hochsaison ab 65 €/DZ. Insgesamt prima Preis-Leistungs-Verhältnis!

Am Strand von Sitges

 Restaurants/Ausgehen
Entlang des **Passeig de la Ribera** reihen sich viele Restaurants aneinander. Ein gutes (allerdings nicht unbedingt günstiges) ist **Cal Pinxo** (Nr. 5, ☎ 93 894 86 37, www.cal pinxositges.com). Im Städtchen selber gibt es eine große Auswahl an Restaurants und Cafés, überall bekommt man Pizza, Sandwich, Salat und Drinks.
La Nansa, c/ Carreta 24, ☎ 93 894 19 27. Mediterrane und lokale Küche.
La Cava del Retiro, Àngel Vidal 17. Am Wochenende werden Jazzkonzerte gegeben.

Veranstaltungen
Oldtimer Rallye (im Frühjahr, www.rallyesitges.com), **internationales Film-festival** (im Herbst, www.cinemasitges.com), **Musikfestivals** (im Sommer).
Karneval: Seit 100 Jahren geht es hier alljährlich hoch her im Karneval, der donnerstags mit der Ankunft der Carnestoltes-Könige beginnt und am Mittwoch mit der „Beerdigung der Sardine" endet. Sonntagabend findet der Umzug „Rua de la Disbauxa" statt, dienstags geht die Parade „Rua de l'Extermini" um.

Tarragona

☞ Orientierung

Lage: 90 km südwestlich von Barcelona, Hauptstadt der Provinz Tarragona, 130.000 Ein-wohner.
So kommt man hin: Mit dem **Bus** (www.alsa.es, ☎ 902 42 22 42) oder der **Bahn** ab Sants (www.renfe.com, ca. 16 €, Fahrtdauer ca. 80 Min., (mit dem Express geht es etwas schnel-ler, mit dem AVE sind es sogar nur 34 Min. (dafür 35 €); die Züge fahren mindestens stünd-lich). Mit dem **Auto**: über die N-340 oder C-31. Der **Flughafen Reus** ist nur 8 km entfernt.

Tarraco, das heutige Tarragona, war einst die Hauptstadt des römischen Iberia und ungleich bedeutender als das kleine Barcino. Es wurde während des Zweiten Punischen Kriegs 218 v. Chr. gegründet und im Jahr 2000 zum UNESCO-Weltkulturerbe erklärt. Ihre Hauptattraktionen hat die auf einem Hügel am Meer gelegene Stadt den Römern zu verdanken: Amphitheater, Zirkus, Mauern, Aquädukt und vieles mehr sind in teilweise erstaunlich gutem Zustand erhalten.

Römische Hauptstadt

Der alte Teil der Stadt, **Part Alta**, ist heute noch von römischen und mittelalterlichen Stadtmauerresten umgeben. Wie Barcelona sprengte auch Tarragona im 19. Jh. seine Mauern und schuf einen modernen Eixample, dessen zentrale Achse die **Rambla Nova** (1854) bildet. Sie führt vom Zentrum des modernen Tarragona, von der Plaça Imperial Tarraco, bis zum Meer hinunter. Die breite, von Platanen gesäumte Straße wurde im 19. Jh. an der Stelle der alten Stadtmauer errichtet. Das Gebäude Nr. 46 ist das modernistische **Teatro Municipal** von Josep Maria Jujol, der 1915 auch den hübschen Mercat Central an der Plaça Corsini im Stil des Modernisme entwarf.

☞ **Hinweis**
*Zum **Historischen Museum von Tarragona** (MHT, www.museutgn.com) gehören viele Sehenswürdigkeiten der Stadt: Entwurfsmodell Tarraco, Museumshaus Castellarnau, Stadtmauer (archäologischer Rundgang), Prätorium und römischer Zirkus, römisches Amphitheater, Lokalforum bzw. Forum der Kolonie, Steinbruch von Mèdol und Casa Canals. Jedes einzeln kostet 3 € Eintritt, ein Kombiticket für alle 10 € (ein Jahr gültig). Die Casa Canals und Casa Castellarnau haben zzt. verkürzte Öffnungszeiten wegen Personalmangels, das soll sich aber wieder ändern.*

Am romanischen **Portal del Roser** startet der **Passeig Arqueològic** (Karwoche bis Sept. Di–Sa 9–21, So 9–15, sonst Di–Sa 9–17, So 10–15 Uhr, www.museutgn.com). Er führt an den Resten der römischen Stadtmauer und einigen Skulpturen vorbei. Die Mauer ist eines der ältesten römischen Bauwerke Spaniens und wurde etwa im 3. Jh. bis Mitte des 2. Jh. v. Chr. geschaffen. Auf der anderen Seite der Part Alta liegt das **Portal del Sant Antoni** (18. Jh.), einer der alten Zugänge zur Altstadt.

Am Carrer de Granada im einstigen jüdischen Stadtteil lohnt die **Casa Canals**, ein herrschaftliches Herrenhaus aus dem 17. Jh., den Besuch (c/ Granada 11, Mitte April–Sept. Di–Sa 10–15 Uhr – geplante Verlängerung bis 21, im Winter bis 19 Uhr –, Fr–Sa 10–21, So 10–15 Uhr). Teile der römischen Mauern wurden beim Bau integriert. Das Wohnzimmer ist im Stil des Modernisme eingerichtet.

Weiter geht es zur lebhaften **Plaça del Fòrum** mit ihren vielen Cafés. Der abzweigende Carrer de Merceria, auf dem sonntags ein Trödelmarkt stattfindet, führt zum Pla del Palau mit der **Catedral de Santa María**, die über der Altstadt thront. Die Kathedrale von Tarragona steht für die Blütezeit der Stadt im Mittelalter, als der Erzbischof des katalanisch-aragonesischen Reiches hier residierte. Der Baustil des mächtigen Gotteshauses, auf den Ruinen einer frühchristlichen Basilika entstanden, zeigt den Übergang von der Romanik zur Gotik (12.–14. Jh.). Das **Museu Diocesa**, in einem Teil des Kreuzgangs der Kathedrale, zeigt über 300 Kunstwerke aus der Zeit der Romanik, der hispanisch-arabischen Epoche, der Gotik und der Renaissance. Eine Besonderheit sind die beiden Retabel (San Miguel und Santos Juanes), die Bernat Mar-

Kunst im Kreuzgang der Kathedrale

Römisches Amphitheater in Tarragona

torell zugeschrieben werden *(Pla del Palau 2, ☎ 977 223 671, http://museu.diocesa. arquebisbattarragona.cat, Mitte März–Mitte Okt. Mo 15–18, Di–Sa 10–18, Okt.–März 10–14 Uhr, So geschl., 2,80 € inkl. Audioguide).*

Von der Kathedrale aus geht es den hübschen Carrer Major mit den vielen kleinen Läden hinunter bis zum Carrer de Cavallers (rechts abgehend). Die Straße war die einstige Edelmeile der Stadt, wo die wohlhabenden und bedeutenden Familien lebten. Hier kann man das Haus der Familie Castellarnau besuchen, die **Casa Castellarnau** *(Nr. 14, Mitte April–Sept. Di–Sa 10–15 Uhr – geplante Verlängerung bis 21, im Winter bis 19 Uhr –, So 10–15 Uhr).* Das Haus verfügt über einen Innenhof im Stil der Gotik und Renaissance sowie reich dekorierte Säle mit Mobiliar aus dem 18./19. Jh. Ausgestellt sind u. a. Funde aus der Römerzeit sowie eine Münzen-, Keramik- und Glassammlung.

Römische Kunst

Zurück auf dem Carrer Major gelangt man wenig später zur belebten **Plaça del Font**, an der das Rathaus steht. Ein Stückchen weiter Richtung Meer stößt man auf die Plaça del Rei, die vom Archäologischen Museum und dem Prätorenpalast begrenzt wird. Das **Museu Nacional Arqueològic** beherbergt eine wertvolle Sammlung römischer Kunst *(Pl. del Rei 5, ☎ 97 723 62 09, www.mnat.es, Juni–Sept. Di–Sa 9.30–20.30, sonst bis 18, So 10–14 Uhr, 2,40 € inkl. Museu i Necròpolis Paleocristians).*

Residenz des Statthalters

Der Turm neben dem Museum ist der **Prätorenpalast** aus dem 1. Jh., er soll einst Teil des Provinzforums gewesen sein. Die Residenz des römischen Statthalters wurde im Mittelalter umgebaut, als hier die katalanischen Grafen bei Besuchen in der Stadt nächtigten. Heute befindet sich darin ein Teil des Museu d'Història de Tarragona und der Zugang zum Ende des 1. Jh. erbauten **römischen Zirkus**, dessen Reste man in unterirdischen Gängen besichtigen kann (*Mitte April–Sept. Di–Sa 9–21, sonst bis 19, So 10–15 Uhr*). Über 30.000 Menschen konnten hier einst ihren Helden in der Arena zujubeln.

Nur wenige Meter weiter Richtung Meer erstreckt sich das **Amphitheater**, in dem die Gladiatorenkämpfe stattfanden und das in keiner römischen Stadt von Weltrang fehlen durfte (*MHT, Passeig de les Palmeres, Mitte April–Sept. Di–So 9–21, Okt.–April Di–Sa 9–19, So 10–15 Uhr*). Es stammt aus dem 1.–2. Jh., ein Teil der Tribünen ist noch erhalten. In der Mitte finden sich die Reste der romanischen Kirche Santa Maria del Miracle (12. Jh.).

Amphitheater vor Meereskulisse

Von der Promenade am Meer, am Ende der Rambla Nova, hat man eine gute Sicht – nicht umsonst heißt sie **Balcó del Mediterrani**, „Balkon des Mittelmeers". Hinter dem Theater kann man über die Treppen zum Meer hinabsteigen (Platja del Miracle).

Die Geschichte des Hafens von Tarragona, einst einer der größten des Mittelmeers, wird im **Museu del Port** dokumentiert (*Refugi 2, Moll de Costa, ☎ 97 725 94 00, www.porttarragona.es, Juni–Sept. Di–Sa 10–14, 17–20, sonst 10–14, 16–19, So 11–14 Uhr, 2 €*).

Im Sporthafen hat sich eine Reihe von Bars und Diskos angesiedelt. Aber das eigentlich typische Fischerviertel ist **El Serrallo** zwischen der Mündung des Flusses Francolí und dem Hafenpier. Es entstand, als die Häuser rund um den Hafen wegen der neuen Eisenbahnlinie umziehen mussten. Hier findet man den Fischmarkt, Bars und Fischrestaurants. Fisch und Meeresfrüchte werden übrigens lokaltypisch mit der pikanten Romesco-Soße serviert, die aus Tarragona stammt. An der Plaça Bisbe Bonet/Ecke Trafalgar steht am Meer die kleine neogotische **Kirche Sant Pere** von 1880. Am Platz lädt u. a. das empfehlenswerte Fischrestaurant **L'Onada** mit Blick auf den Hafen und die Fischbörse zur Einkehr ein.

Lokale Romesco-Soße

Reisepraktische Informationen Tarragona

ℹ️ Information
Patronat Municipal de Turisme de Tarragona, c/ Major 39, ☎ 977 25 07 95, www.tarragonaturisme.cat, 10–20 (im Winter bis 18), So 10–14 Uhr, weitere Büros an der Rambla Nova und am Camp de Mart.

🛏️ Unterkunft
Husa Imperial Tarraco, Passeig de les Palmeres s/n, ☎ 97 723 30 40, www.hotelhusaimperialtarraco.com. Modernes Hotel mit 170 Zimmern und Swimmingpool. Aber das eigentlich Erwähnenswerte ist der tolle Blick aufs Meer. Ab 70 € im DZ.

🍴 Restaurants
Ca l'Oscar, Plaça del Rei 4. Gemütliches Lokal, in dem man auch schön draußen sitzen kann, mit rustikaler spanischer Küche, u. a. gute Paella. Mitten im Zentrum gelegen am archäologischen Museum.
La Cucafera, Plaça de Santiago Rusinyol 5, ☎ 977 24 20 07. Am Fuß der Kathedrale gelegenes kleines Lokal mit mediterraner Küche, Terrasse.

6. ANHANG

Kleiner Sprachführer

Katalanisch	Spanisch	Deutsch

Begrüßung

bon dia	buenos días	Guten Morgen/Guten Tag
bona tarda	buenas tardes	Guten Tag (nachmittags)
bona nit	buenas noches	Guten Abend/Gute Nacht
hola	hola	Hallo
Come està/estàs?	¿Como está/estás?	Wie geht es Ihnen/Dir?
Molt bé, gràcies	Bien, gracias	Gut, danke
Com es diu vostè?	¿Como se llama?	Wie heißen Sie?
Em dic …	Me llamo …	Ich heiße …
D'on ve?	¿De donde es?	Woher kommen Sie?
Soc alemany/alemanya austríac/austríaca, suís/suïssa	Soy aleman/a, austríaco/a, suizo/a,	Ich bin Deutsche/r, Österreicher/in, Schweizer/in
adéu	adiós	Tschüss/Auf Wiedersehen
fins demà	hasta mañana	bis morgen
fins després	hasta luego	bis später
senyor	señor	Herr
senyora	señora	Dame

Wichtige Begriffe

si us plau (sisplau)	por favor	bitte
moltes gràcies	muchas gracias	vielen Dank
de res	de nada	keine Ursache, gern geschehen
perdoni	perdón	Entschuldigung
sí	sí	ja
no	no	nein
amb	con	mit
dreta	derecha	rechts
esquerra	izquierda	links
obert/tancat	abierto/cerrado	geöffnet/geschlossen
Em sap greu	Lo siento	Es tut mir leid
metge	médico	Arzt
hospital	hospital	Krankenhaus
farmàcia	farmacia	Apotheke
accident	accidente	Unfall

Fragen/Phrasen

Parla alemany/anglés?	¿Habla alemán/inglés?	Sprechen Sie Deutsch/Englisch?
No, ho sento.	No, lo siento.	Nein, tut mir leid.
Aprenc el català/espanyol.	Estoy aprendienco catalán/español.	Ich lerne Katalanisch/Spanisch.

Katalanisch	Spanisch	Deutsch
És clar que sí.	Claro que si.	Natürlich.
Com diu	¿Como dice?	Wie bitte?
No l'entenc bé.	No le entiendo bien.	Ich verstehe Sie nicht gut.
No ho entenc.	No lo entiendo.	Ich verstehe das nicht.
Em pot ajudar, sisplau?	¿Me puede ayudar, por favor?	Können Sie mir bitte helfen?
M'he perdut.	Estoy perdido/a.	Ich habe mich verirrt.
On és …	¿Donde está … ?	Wo ist …
(l'oficina de turisme)?	(la oficina de turismo)	(die Touristeninformation)?
Busco …	Busco …	Ich suche …
(un hotel)	(un hotel)	(ein Hotel)
Té una habitació individual/doble …	¿Tiene una habitación individual/doble …	Haben Sie ein Einzel-/Doppelzimmer …
… per una nit?	… para una noche?	… für eine Nacht?
… amb esmorzar?	… con desayuno?	… mit Frühstück?
… amb balcó?	… con balcón?	… mit Balkon?
… amb dutxa?	… con ducha?	… mit Dusche?
Quant val?	¿Cuanto vale?	Wie viel kostet das?

Zeit

avui	hoy	heute
ahir	ayer	gestern
demà	mañana	morgen
ara	ahora	jetzt
setmana	semana	Woche
dilluns	lunes	Montag
dimarts	martes	Dienstag
dimecres	miércoles	Mittwoch
dijous	jueves	Donnerstag
divendres	viernes	Freitag
dissabte	sábado	Samstag
diumenge	domingo	Sonntag
mes	mes	Monat
gener	enero	Januar
febrer	febrero	Februar
març	marzo	März
abril	abril	April
maig	mayo	Mai
juny	junio	Juni
juliol	julio	Juli
agost	agosto	August
setembre	septiembre	September
octubre	octubre	Oktober
novembre	noviembre	November
desembre	diciembre	Dezember

Katalanisch	Spanisch	Deutsch

Touristisch relevante Begriffe

habitació individual	habitación indivicual	Einzelzimmer
habitació doble	habitación doble	Doppelzimmer
amb bany	con baño	mit Bad
amb dutxa	con ducha	mit Dusche
aeroport	aeropuerto	Flughafen
puerto	port	Hafen
estació	estación	Bahnhof
preu	precio	Preis
entrada	entrada	Eintrittskarte
bitllet d'anada i tornada	billete de ida y vuelta	Hin- und Rückfahrkarte

Zahlen

zero	zero	0
un	uno	1
dos	dos	2
tres	tres	3
quatre	cuatro	4
cinc	cinco	5
sis	seis	6
set	siete	7
vuit	ocho	8
nou	nueve	9
deu	diez	10
onze	once	11
dotze	doce	12
tretze	trece	13
catorze	catorce	14
quinze	quince	15
setze	dieciséis	16
disset	diecisiete	17
divuit	dieciocho	18
dinou	diecinueve	19
vint	veinte	20
trenta	treinta	30
quaranta	cuarenta	40
cinquanta	cincuenta	50
seixanta	sesenta	60
setanta	setenta	70
vuitanta	ochenta	80
noranta	noventa	90
cent	cien	100
mil	mil	1000

Hinweis
Siehe auch Kulinarischen Sprachführer, S. 40

Literatur

➤ Albert, Caterina (Víctor Català): **Solitud: Eine Liebesgeschichte aus Katalonien**. Der bekannteste Roman der Schriftstellerin ist ein Porträt einer jungen Frau, die sich aus der Einsamkeit der katalanischen Pyrenäen und ihrer Ehe befreit. Piper 2009.

➤ Falcones, Ildefonso: **Die Kathedrale des Meeres**, Fischer Taschenbuch Verlag 2009. In seinem historischen Roman erzählt Ildefonso Falcones von den Schicksalen und Intrigen, die die Errichtung der Kirche Santa María del Mar im 14. Jh. begleiteten.

➤ Genet, Jean: **Tagebuch eines Diebes**. Das französische Enfant terrible schreibt über seine Wanderjahre durch ganz Europa in den 1930er-Jahren und auch über seinen Aufenthalt in Barcelona, den er vor allem im heruntergekommenen Raval verbrachte. Nur gebraucht erhältlich.

➤ Giménez-Bartlett, Alica: **Gefährliche Riten.** Der erste Fall der toughen Kommissarin Petra Delicado, in dem sie zusammen mit ihrem dickschädeligen Kollegen, Subinspektor Fermín Garzón aus der Provinz, einem Vergewaltiger auf der Spur ist. Mittlerweile gibt es sieben Bände. Piper.

➤ Hughes, Robert: **Barcelona** (auf Englisch). Auf 570 Seiten schreibt Hughes mit Freude am Detail eine umfassende Chronik Barcelonas. Vintage 1993.

➤ Jakob, Markus: **Lesereise Barcelona: Metro zum Strand oder die vermessene Stadt**. Kenntnisreiche und tiefblickende Reportagen aus der „tosenden Stadt". Piper 2010.

➤ Marsé, Juan: Der Roman **Letzte Tage mit Teresa** (1966) handelt von der Beziehung eines *murciano*, eines Zuwanderers aus Südspanien, und einer katalanischen Studentin aus wohlhabenden Verhältnissen vor dem Hintergrund der Studentenunruhen und sozialer Konflikte. **Der zweisprachige Liebhaber** (1993) ein Roman mit starkem Lokalkolorit, der zur Zeit der massiven Einwanderung aus Südspanien nach dem Krieg spielt, erzählt die Geschichte einer glühenden Nationalistin, die ihren Mann wegen eines Andalusiers verlässt. Wagenbach 2008 bzw. 2011.

➤ Mendoza, Eduardo: **Stadt der Wunder**. Der berühmte Roman erzählt die Geschichte des Onofre Bouvila zwischen den Weltausstellungen 1888 und 1929, in der er vom Verteiler anarchistischer Pamphlete zum reichsten Mann der Welt wird. Vor dem Hintergrund der ereignisreichen Jahre der Stadt werden eine Reihe ungewöhnlicher Figuren vorgestellt. Suhrkamp 2007.

➤ Montalbán, Manuel Vázquez schuf mit seinem Helden seiner Krimi-Reihe, dem Privatdetektiv **Pepe Carvalho**, eine Kultfigur, der auf der Suche nach der Lösung seiner Fälle unermüdlich durch die Straßen Barcelonas streift. In **Verloren im**

Labyrinth wagt er sich auf der Suche nach einer verlorenen Tochter und einem jungen Griechen im vorolympischen Barcelona in die Tiefen der Barceloneser Unterwelt. Piper.

➤ Monzó, Quim: **100 Geschichten**. Sämtliche Werke des bekanntesten katalanischen Autors der Gegenwart wurden zur Buchmesse 2007 in einem Sammelband herausgegeben. Frankfurter Verlagsanstalt 2007. 2009 erschien ein weiterer Band mit Kurzgeschichten: **Tausend Trottel**. Frankfurter Verlagsanstalt.

➤ Orwell, George: **Mein Katalonien**. Bericht über den Spanischen Bürgerkrieg. Orwell beschreibt seine persönlichen Erfahrungen im Bürgerkrieg. Diogenes.

➤ Pla, Josep: **Gaudí: Die blauen Augen von Barcelona** (2005), ein bebildertes Gaudí-Porträt. Ebenso im Berenberg Verlag erschien mit **Dalí** (2004) ein biografischer Essay über Salvador Dalí. Josep Pla (1899–1981) gilt als der berühmteste Schriftsteller Kataloniens des 20. Jh., der im Besonderen Chroniken, Biografien und Erinnerungen verfasste. Er schrieb nur wenige Erzählungen und Romane (u. a. Enge Straße, Ammann 2007, und Der Untergang der Cala Galiota, Berenberg 2007).

➤ Rodoreda, Mercè: **Auf der Plaça del Diamant**. Die Autorin beschreibt eindringlich das harte Leben der Protagonistin Colometa im Barcelona der Nachkriegszeit. Dieser Roman machte Mercè Rodoreda weltberühmt. Suhrkamp 2007.

➤ Solana, Teresa: **Mord auf Katalanisch**. Ein amüsant zu lesender Krimi, bei dem man viel vom Flair Barcelonas spürt und einiges über die Katalanen lernt … eine prima Urlaubseinstimmung. Mehrere Bände. Piper 2008.

➤ Subirana, Jaume (Hrsg.): **Willkommen in Katalonien**. Eine literarische Entdeckungsreise. 33 katalanische Autoren schreiben über ihr Land, ihre Identität, vom Meer und den Bergen, von ihrer Sprache, ihrer Mentalität, ihrem Lebensgefühl. dtv 2007.

➤ Tusset, Pablo: **Das Beste, was einem Croissant passieren kann**. Der nichtsnutzige Sohn reicher Eltern gerät auf der Suche nach seinem entführten Bruder in eine Fülle von Abenteuern auf den Straßen Barcelonas. Heyne 2009.

➤ Worthmann, Merten: **Gebrauchsanweisung für Barcelona**. Amüsantes und Kenntnisreiches über die Bewohner der Stadt. Piper 2006.

➤ Zafón, Carlos Ruiz: **Im Schatten des Windes**. Der Bestseller erzählt die faszinierende Geschichte des Jungen Daniel Sempere im grauen Barcelona der Franco-Zeit und dem geheimnisvollen „Friedhof der vergessenen Bücher". Suhrkamp 2005. 2010 erschien **Das Spiel des Engels**, das bis zu Semperes Großvater zurückreicht. Fischer Taschenbuch Verlag.

Stichwortverzeichnis

Bildnachweis

Alle Farbabbildungen stammen von der Autorin Maike Stünkel, außer

Titelfoto: age fotostock / LOOK-foto
S. 95, 201: Mauricio Araya
S. 96, 108, 113: Carquinyol
S. 115: Bracketing Life
S. 127: Vincent Desjardins
S. 130, 133: Jaume Meneses
S. 140: Alex Nikada/istockphoto
S. 153: Oh Barcelona
S. 161: Cubby T Bear
S. 178: Motarile
S. 215/vordere Umschlagklappe Punkt 1: Sam Burt/istockphoto

Reisen individuell

"Die Reisejournalistinnen Daniela Kebel und Andrea Lammert machen in „101 Reisen für die Seele" Lust auf die ganze Welt. Besser gesagt, auf die Orte, die man als Oasen der Ruhe bezeichnen kann. In der Wüste Namibias entdecken sie eine Stille, die beinahe ohrenbetäubend laut ist. In der Arktis ist es das Gefühl einer fast unbesiegbaren Natur, die Ehrfurcht weckt. Aber die Orte liegen oft auch ganz nah: zum Beispiel in einem Kloster in Deutschland, das Menschen, die dem Alltagsstress entfliehen wollen, für einige Tage Ruhe und Einkehr bietet. Die Autorinnen stellen 101 Orte und Touren auf der ganzen Welt vor, die sie selbst als ganz besonders erlebten, und haben damit einen Reiseführer der etwas anderen Art verfasst. Das Buch verzichtet bewusst auf allzu viel Service. Auf je einer Doppelseite wird im Stil einer emotionalen Reisegeschichte je eine Destination vorgestellt."

Westdeutsche Zeitung

"Was als Buchtitel sehr esoterisch angehaucht klingt, erweist sich aber als handfester Ratgeber mit ungewöhnlichen Orten und Reiseideen in aller Welt, wobei der Schwerpunkt auf Europa gelegt wurde."

Badische Zeitung

Das komplette Verlagsprogramm unter:
w w w . i w a n o w s k i . d e

Portugal individuell

"Ab ins Getümmel: In Lissabon kann man leicht den Überblick verlieren. Iwanowskis Reisehandbuch erleichtert dem Individualreisenden die Qual der Wahl. Praktisch ist die Unterteilung in den Theorieteil mit Informationen zu Geschichte, Politik, Wirtschaft und Gesellschaft; und dem Praxisteil, der die einzelnen Stadtviertel konkret beschreibt mit zahlreichen Tipps zu öffentlichen Verkehrsmitteln, empfehlenswerten Restaurants, außergewöhnlichen Geschäften, sehenswerten Gebäuden und zur Planung des Nachtlebens." **Badische Zeitung**

"Individualtouristen finden mit dem Stadtführer zu Portugals Hauptstadt die bekannten und auch die unbekannten Winkel der Metropole. Die beiden Autorinnen beschreiben detailliert und gut recherchiert die Sehenswürdigkeiten, bieten aber auch interessante Vorschläge für eigene Routen zwischen Tradition und Moderne. Ausflüge in die Umgebung ergänzen das Buch ebenso wie viele hilfreiche Tipps. Ob Kartenmaterial oder Reisepraktisches: der handliche Führer ist nicht nur vor Ort, sondern schon bei der Vorbereitung äußerst hilfreich." **Fränkische Nachrichten**

Das komplette Verlagsprogramm unter:
w w w . i w a n o w s k i . d e

101... - Geheimtipps

WELTWEIT GRÖSSTE REISEMESSE

ITB Berlin
BuchAwards
2011

Die besondere
Reiseführer-Reihe

256 Seiten, Euro 12,- (D)

256 Seiten, Euro 12,- (D)

256 Seiten, Euro 10,- (D)

256 Seiten, Euro 12,- (D)

256 Seiten, Euro 12,- (D)

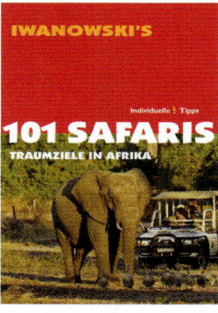

266 Seiten, Euro 10,- (D)

256 Seiten, Euro 12,- (D)

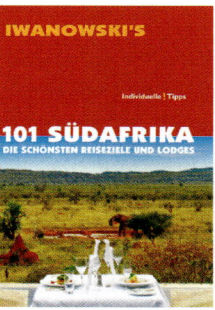

256 Seiten, Euro 12,- (D)

256 Seiten, Euro 12,- (D)

www.iwanowski.de

Reisegast in ...

„Mit den unentbehrlichen Tipps für alle, die sich ein Land mit persönlichen Kontakten erschließen möchten. Die Reihe zeichnet sich aus durch eine humorvolle, verständliche Sprache von Fachautoren aus dem Zielgebiet."   **Literatur-Report**

978-3-933041-36-4

978-3-923975-71-6

978-3-923975-78-5

978-3-933041-24-1

978-3-923975-82-2

978-3-86197-004-0

978-3-933041-30-2

978-3-923975-84-6

978-3-933041-88-3

978-3-933041-59-3

„Ein sehr nützliches Buch, das mit Vorurteilen aufräumt, Verhaltenspeinlichkeiten vermeiden hilft und das Verständnis fördert."
Die Zeit über Reisegast in Polen

„Flott geschrieben, knapp und übersichtlich zusammengefasst, ist der Band die passende Lektüre für unterwegs. Das Fazit für Korea-Reisende: Kaufen!"
Asia Bridge über Reisegast in Korea

Das komplette Verlagsprogramm unter:
w w w . i w a n o w s k i . d e

IWANOWSKI'S *i* REISEBUCHVERLAG

FÜR INDIVIDUELLE ENTDECKER

REISEHANDBÜCHER

Europa
Barcelona
Dänemark*
Finnland*
Irland*
Island*
Liparische Inseln *
Lissabon
Madeira*
Mallorca, Wanderführer*
Malta mit Gozo*
Moskau & Goldener Ring
Nordspanien & Jakobsweg*
Norwegen*
Paris
Piemont & Aostatal*
Polens Ostseeküste & Masuren*
Provence mit Camargue*
Rom mit Latium
Schottland*
Schweden*
Tal der Loire mit Chartres*

Asien
Hong Kong
Oman*
Peking
Rajasthan mit Delhi & Agra*
Shanghai
Singapur
Sri Lanka/Malediven*
Thailand mit Phuket*
Tokio mit Kyoto
Vereinigte Arabische Emirate mit Dubai & Abu Dhabi *
Vietnam*

Afrika
Äthiopien*
Botswana*
Kapstadt & Garden Route*
Kenia/Nordtanzania*
Mauritius mit Rodrigues*
Namibia*
Namibia/Naturschutzgebiete*
Südafrikas Norden & Ostküste*
Südafrika*
Uganda/Ruanda*

Amerika
Bahamas
Chile mit Osterinsel*
Florida*
Hawaii*
Kalifornien
Kanada/Osten*
Kanada/Westen*
Karibik/Kleine Antillen*
New York
USA/Große Seen*
USA/Nordosten*
USA/Nordwesten*
USA/Ostküste*
USA/Süden*
USA/Südwesten*
USA/Westen*

Australien / Neuseeland
Australien mit Outback*
Neuseeland*

101 Geheimtipps...
101 Berlin – Geheimtipps und Top-Ziele für Entdecker
101 Florida – Geheimtipps und Top-Ziele
101 Hamburg – Geheimtipps und Top-Ziele
101 Indien – Geheimtipps und Top-Ziele
101 Inseln – Geheimtipps für Entdecker
101 London – Geheimtipps und Top-Ziele
101 Namibia – Die schönsten Reiseziele, Lodges & Gästefarmen
101 Reisen für die Seele – Relaxen & Genießen in aller Welt
101 Safaris – Traumziele in Afrika
101 Skandinavien – Geheimtipps für Entdecker
101 Südafrika – Die schönsten Reiseziele und Lodges
101 USA – Geheimtipps für Entdecker

REISEGAST IN...
Ägypten
China
England
Indien
Japan
Korea
Polen
Russland
Südafrika
Thailand

* mit herausnehmbarer Reisekarte

Iwanowski's Reisebuchverlag GmbH • Salm-Reifferscheidt-Allee 37 • D- 41540 Dormagen
TEL: 0 2133/2 60 311 • FAX: 0 2133/26 03 33 • E-MAIL: INFO@IWANOWSKI.DE
www.iwanowski.de